NORTE VERDADEIRO

OBJETIVA

Bruce Henderson

Norte Verdadeiro

Peary, Cook e a Corrida ao Pólo

Tradução
Marta Miranda O'shea

Objetiva

Título original
True North – Peary, Cook, and the Race to the Pole

Todos os direitos desta edição reservados à
EDITORA OBJETIVA LTDA., rua Cosme Velho, 103
Rio de Janeiro – RJ – CEP: 22241-090
Tel.: (21) 2199-7824 – Fax: (21) 2199-7825
www.objetiva.com.br

Capa
Raul Fernandes sobre *design* original de Kathleen DiGrado

Foto da capa
Robert E. Peary, *Descarregando provisões do* Roosevelt, 1902-1905, © Grupo Keystone

Revisão
Ana Kronemberger
Umberto Figueiredo Pinto
Antônio dos Prazeres

Editoração Eletrônica
Abreu's System Ltda.

H496n

Henderson, Bruce

Norte verdadeiro : Peary, Cook e a corrida ao pólo / Bruce Henderson, tradução de Marta Miranda O'Shea. – Rio de Janeiro : Objetiva, 2006

347 p. ISBN 85-7302-742-8

Tradução de : *True North : Peary, Cook, and the race to the Pole*

1. Pólo Norte – Exploração. 2. Peary, Robert Edwin (1856-1920). 3. Cook, Frederick Albert (1865-1940). I. Título

CDD 910.91

A George Plimpton,
que sugeriu esta história de exploração polar
a uma nova geração de leitores.

"A descoberta do pólo é repleta de romance:
faz parte do épico da humanidade."
LINCOLN STEFFENS

Sumário

Nota do Autor 11

Prólogo 15

Primeira Parte PREDESTINADOS

Capítulo 1 O Apelo do Norte 27

Capítulo 2 Expedição ao Norte da Groenlândia 41

Capítulo 3 Novatos no Ártico 49

Capítulo 4 Morte na Geleira 69

Capítulo 5 Regidos por Mão-de-ferro 80

Capítulo 6 O Bebê da Neve 92

Capítulo 7 "*Resort* no Verão Polar" 104

Capítulo 8 Caça ao Tesouro 112

Capítulo 9 Destino Antártida 120

Capítulo 10 O Explorador do Gelo 138

Capítulo 11 O Topo do Continente 149

Capítulo 12 O Norte Mais Longínquo 163

Segunda Parte AO PÓLO

Capítulo 13 "Fome Desesperada" 183

Capítulo 14 "Desta Vez Vencerei" 195

Capítulo 15 Busca Polar 205
Capítulo 16 "Em Frente! Marche!" 218
Capítulo 17 "Cheguei ao Pólo" 237
Capítulo 18 "Cravada no Pólo" 259
Capítulo 19 Acometido por "Depressão" 277

Resultado 289

Notas Acerca das Fontes 315

Bibliografia 331

Índice Remissivo 335

Nota do Autor

No começo do século XX levantou-se uma polêmica internacional em torno da descoberta do Pólo Norte geográfico, a pedra mais valiosa da coroa da exploração humana do planeta e um destino perseguido durante quase quatrocentos anos. Seguindo-se um debate público acirrado que cobriu as primeiras páginas de todos os jornais, o assunto foi resolvido em benefício de um explorador norte-americano, em detrimento de outro, embora cada um deles tivesse afirmado ser o primeiro a chegar ao topo do mundo, onde todos os meridianos de longitude se encontram e onde a única direção a tomar é o sul.

Nas décadas seguintes, surgiram opiniões contundentes, em diversos locais, de que a história havia se enganado. De acordo com essa análise revisionista, o engenheiro civil da Marinha dos EUA, Robert E. Peary, prestigiado por ter descoberto o Pólo Norte na sua última tentativa, foi inverídico quanto às distâncias percorridas na sua "investida ao pólo", local que jamais teria atingido; e a reivindicação antes desacreditada de que o médico Frederick A. Cook teria superado Peary com a diferença de um ano tem sido considerada legítima, pois suas descrições detalhadas do Pólo Norte — as primeiras a serem publicadas — foram confirmadas por exploradores posteriores. Se a reivindicação é verdadeira, uma grave injustiça foi infligida a Cook, que, antes da espetacular controvérsia em torno da descoberta do pólo, desfrutava de uma reputação tão impecável quanto a de qualquer explorador de seu tempo, mas que acabou totalmente desacreditado e rotulado de charlatão.

A controvérsia durou mais que os dois homens. Hoje, ainda há indivíduos e grupos, supostos peritos em assuntos relacionados aos pólos, que são defensores convictos de um dos reivindicadores, tomando por base as informações e evidências disponíveis — do ponto de vista científico, circunstancial e psicológico.

No início, Peary e Cook eram companheiros que se deixavam levar pela aventura e pela glória; no final, eram rivais carregados de ressentimento. Suas tentativas desesperadas de alcançar o pólo, e, igualmente, suas tentativas também desesperadas de garantir seus lugares na história, ao retornarem do Extremo Norte, foram chamadas pelo jornalista Lincoln Steffens de "a história do século". Foi um outro século, é claro, mas o conto extraordinário sobrevive.

O PÓLO NORTE É DESCOBERTO PELO DR. FREDERICK A. COOK

NEW YORK HERALD

2 DE SETEMBRO DE 1909

PEARY DESCOBRE O PÓLO NORTE APÓS OITO TENTATIVAS EM 23 ANOS

NEW YORK TIMES

7 DE SETEMBRO DE 1909

PRÓLOGO

1909

Um médico do Brooklyn e dois jovens caçadores esquimós de uma tribo setentrional da Groenlândia, que juntos sobreviveram à mais longa de todas as viagens de trenó puxado por cachorros e, por conseguinte, passaram o pior inverno de todos acocorados numa caverna de gelo como se fossem seres da Idade da Pedra, encaravam mais uma vez a morte. Visto que não se tivera notícias deles por mais de um ano, em alguns círculos tinham sido considerados perdidos, e não havia qualquer equipe de busca à sua procura.

Na etapa final de uma árdua viagem de retorno iniciada no ano anterior, os exploradores, durante várias semanas, tinham percorrido trilhas nas praias desertas a leste da ilha de Ellesmere, na tentativa de alcançar o ponto que representava a civilização nessas latitudes: a costa ocidental da Groenlândia, onde encontrariam comida e abrigo.

Quando emergiram da hibernação forçada, em meados de fevereiro, enfrentaram tempestades sucessivas nas imediações do estreito de Jones na região de cabo Esparbo. Após cada tempestade, viam-se obrigados a contornar geleiras, atravessando terríveis turbilhões de neve, quase sempre lutando contra vendavais que os faziam cambalear como bêbados. Nem mesmo durante a longa caminhada para o norte, na primavera anterior, tinham enfrentado tamanha dificuldade. Puxando apenas um trenó preso com tiras aos ombros, pois já não dispunham de cachorros, tinham aliviado a carga ao descartar roupas e equipamentos desnecessários.

Aos poucos, o Ártico despertava da longa noite invernal, que na sua mais alta latitude implicava ausência de luz solar direta durante seis meses e tempestades congelantes, nas quais a temperatura chegava a menos 45 graus Celsius. Na caminhada de longas semanas, sob céus que aos poucos clareavam, não avistaram qualquer coisa viva para ser caçada, nem focas, nem morsas, nem lebres, nenhum boi-almiscarado,* nem mesmo uma ave solitária voando onde quer que fosse. Achavam-se no topo da cadeia alimentar, e abaixo deles não havia qualquer sinal de vida.

Quando terminou a última provisão, começaram a comer coisas que normalmente não são consideradas alimentos. Metade de uma vela de cera e três copos de água quente constituíam uma refeição. Pedaços de couro de leão-marinho usados como capa impermeável foram cortados, fervidos e comidos durante vários dias; embora a mastigação fosse difícil, causando a quebra de alguns dentes, o couro, enquanto durou, saciou a fome voraz que sentiam. Em seguida cozinharam e consumiram metros de corda feita de pele de morsa.

Expostos a ventos e temperaturas abaixo de zero que abriam talhos nas áreas expostas de seus rostos, seguiam em frente, com toda dificuldade, cada fibra dos corpos enfraquecidos tremendo de frio e fome. A energia armazenada à base de alimento de pouco valor nutritivo fazia-os definhar; sob os agasalhos de peles eram esqueletos ambulantes.

No dia 20 de março descobriram que não estavam sozinhos. À luz crepuscular que imprimia ao gelo um tom acinzentado e sinistro, reuniram-se em silêncio ao redor de pegadas na neve fresca; eram de um urso muito maior que um homem. Estavam cientes da existência do urso branco semi-aquático na região ártica. O médico sabia pronunciar o nome científico do animal: *Ursus maritimus.* Para os esquimós era *nanuk*, que os caçadores nativos consideravam a caça mais valiosa. O macho

* Mamífero da família dos bovídeos, original da América do Norte, de pelagem abundante, pernas curtas e chifres curvos. O ruminante do Ártico, há cerca de um século, esteve em risco de extinção devido à caça, por sua pele e carne de valores elevados. [N. da T.]

adulto chegava a pesar 700 quilos; sobre as quatro patas, media 1,80m, e de comprimento alcançava 2,50m. De pé nas patas traseiras, o que fazia ao se sentir ameaçado, chegava à altura imponente de 3,50m, ou mais. Com freqüência, na primavera ou no verão, podia-se ver ursos isolados, no meio do gelo arrastado pela corrente, nadando de um bloco para o outro, deliciando-se com focas que eles caçavam. Os esquimós consideram o urso um errante solitário, dotado de sabedoria e força. Além de nadar, caminha bem sobre superfícies sólidas, dispondo de saliências esponjosas e pretas por baixo das patas de quase 30 centímetros de comprimento, que se agarram ao solo para dar tração. No gelo, o urso se movimenta com agilidade surpreendente, e é capaz de galopar com a mesma velocidade de um cavalo quando percorre distâncias curtas. Tímido por natureza, torna-se perigoso quando confrontado, e costuma seguir a presa antes de atacá-la, deixando-lhe poucas chances de escapar. Nas épocas de escassez, sobrevive à base de algas e relva, mas, sendo carnívoro, prefere se alimentar de focas, aves e renas. Embora somente as fêmeas hibernem, enquanto os machos se mantêm ativos durante o inverno, quando chega a primavera todos os "ursos marítimos" estão magros e famintos, ansiosos para dar início à comilança. A entrada preferida: filhotes de foca, recém-nascidos, que brincam no solo gelado no início da primavera. Ursos polares têm um faro poderoso e, quando famintos, são capazes de perseguir seres humanos.

As pegadas eram recentes, indicando que o urso ainda se encontrava naquela área e não teria dificuldade de sentir o cheiro deles. Além disso, nenhuma foca, adulta ou recém-nascida, fora vista. Aparentemente, nem o urso tivera melhor sorte. *Nanuk* devia estar esfomeado.

A situação era tão grave que a presença furtiva de tal predador significava para o grupo não apenas uma ameaça, mas uma oportunidade. Ali estava uma fonte alimentar em potencial, mas antes teriam de enfrentar o *Ursus maritimus*, a maior, a mais forte e mais temida criatura do Ártico.

Naquele entardecer prepararam-se para a chegada do animal. O plano era fazer a presa acreditar que era o caçador, não a caça. Um iglu foi construído com blocos de gelo retirados da superfície compactada; por um visor de cada lado do abrigo era possível espreitar, e numa das extremidades havia uma abertura por onde os integrantes do grupo poderiam fugir ou sair para atacar. Do lado de fora, construíram uma plataforma baixa sobre a qual deixaram sobras de couro e peles, dispostas de modo a lembrar uma foca deitada num bloco de gelo. Por cima desse arranjo armaram uma laçada através da qual o urso teria de passar a cabeça para alcançar a isca. No chão foram dispostos outros laços. A ponta de cada cabo prendia-se ao gelo firme. Os três homens afiaram suas lanças e facas e entraram no iglu. Um deles permanecia em vigília enquanto os demais procuravam dormir.

Não foi preciso esperar muito. De início ouviu-se o som ameaçador de algo se quebrando, provocado por uma criatura de grande porte movendo-se sobre o gelo e a neve. Pelo pequeno orifício na parede do iglu viram o focinho preto voltado para cima — a maior parte do corpo do urso confundia-se com o espaço esbranquiçado. Em seguida, os olhos, em formato de contas, a cabeça grande e o pescoço longo tornaram-se nítidos assim que o urso se aproximou, dando passadas lentas, calculadas, farejando o chão ao redor das peles.

De cócoras, como se achavam, o urso lhes parecia gigantesco. Aparentemente tão faminto quanto eles, e sem o menor receio, foi direto à isca. Os dois nativos rastejaram até a entrada do iglu, um deles empunhando a lança e o outro um arpão, prontos para saltar para fora e lutar.

Do interior do iglu o médico puxava a corda para manter o laço apertado no pescoço do urso. Outra corda esticada prendia-se a uma das patas dianteiras do animal, que se empinava, enfurecido. Logo em seguida, a lança e o arpão foram atirados, dando início à luta selvagem.

No outono anterior, quando percebeu que cairiam na armadilha do inverno, o médico retirou da arma os últimos quatro cartuchos e os guardou. Os esquimós desconheciam o fato, e acreditavam que a munição tinha sido usada. O médico pretendia utilizar os cartuchos num último estágio de fome quando seria necessário caçar — ou, quem sabe, acabar com as próprias vidas, caso o sofrimento fosse excessivo.

O médico retirou um cartucho do bolso, carregou o rifle de grosso calibre e tiro único e correu para fora. Jogou a arma para um dos caçadores, que se voltou para o animal e disparou. O urso caiu, ferido mortalmente, e o solo gelado estremeceu.

O animal foi rapidamente esfolado. Antes de dar início ao minucioso corte, os nativos penduraram a pele por cima do iglu, tomando o cuidado de deixá-la numa pose realista. De acordo com a lenda, o espírito de um urso polar, tratado com respeito por um caçador, passaria a informação a outros ursos. Esses, por sua vez, desejariam ser mortos por tais caçadores, o que resultaria em futuras caçadas bem-sucedidas.

Bifes grossos foram cortados dos quartos, e, antes que se pensasse em cozinhar ou aferventar os pedaços, a carne morna foi devorada. Mais carne foi distribuída por mãos ensangüentadas, até que todos se saciassem. Então adormeceram, aquecidos pelo calor interno de estômagos cheios. Quando acordaram, comeram novamente.

Agora tinham uma grande quantidade de comida e, caso resolvessem permanecer naquele local, quando o alimento começasse a escassear, as focas, em grande número, já estariam de volta à superfície gelada. Os homens poderiam, então, dar prosseguimento à marcha, caçando pelo caminho conforme necessário. Depois de terem suportado tanta fome, preferiam viajar quando soubessem que teriam condições de obter alimentação adequada. Mesmo assim, era preciso avaliar tal benefício, em face das condições do gelo que enfrentariam quando a primavera desse lugar ao início do verão.

Entre eles e o resgate na Groenlândia encontrava-se o estreito de Smith, cujo trecho mais exíguo compreendia 50 quilômetros entre o cabo Sabine e Annoatok. Do ponto em que se encontravam no momento, ao sul do cabo Sabine, não poderiam fazer a travessia porque o gelo no estreito tinha começado a se quebrar desde que o sol reaparecera, e fazia tempo que eles haviam deixado para trás o barco de lona que fora usado no verão anterior para transpor aberturas na superfície de gelo, denominadas passagens. Caminhar até a Groenlândia significava seguir mais para o norte, ao longo do litoral de Ellesmere, na direção da bacia de Kane, onde esperavam que o gelo marítimo estivesse bem sólido, possibilitando a travessia a pé. A volta pelo norte, antes de tomarem a direção leste, poderia representar um acréscimo de 300 quilômetros — e várias semanas — à jornada, mas não havia alternativa.

Se ficassem parados à espera de caça abundante, estariam sujeitos a uma perigosa corrida contra o clima aquecido, que poderia gerar grande número de aberturas no gelo na bacia de Kane, inviabilizando a travessia sem barco. O início do outono e um inverno antecipado poderiam surpreendê-los no litoral de Ellesmere, de onde não teriam condições de partir.

Essas questões de vida ou morte afligiam o médico. Os esquimós não se deixavam perturbar pelas dúvidas: se a Groenlândia estava tão próxima, deveria ser alcançada a todo custo. O médico decidiu respeitar os instintos aguçados dos nativos, quanto às questões de sobrevivência. Depois de mais comilança, os homens retomaram o caminho, transportando o máximo de carne de urso congelada que podiam carregar.

Um novo mundo de problemas logo se apresentou. Tempestades incessantes, geleiras, neve pela cintura, ventos implacáveis e nevascas impediam o avanço do grupo, tornando mais longo o percurso, ao forçá-los a ziguezaguear várias vezes. Chegaram ao cabo Sabine depois de muito esforço e longos atrasos, e o suprimento alimentar, novamente, tinha se esgotado.

A fome não era estranha àquela região, cenário de um dos incidentes mais trágicos da história da exploração ártica. Em 1881, 24 soldados norte-americanos recém-chegados ao Ártico, sob o comando do tenente Adolphus Greely, do Exército dos Estados Unidos, partiram para conduzir pesquisas científicas no distante litoral a noroeste de Ellesmere. Os navios de reabastecimento jamais conseguiram chegar ao local e, dois anos mais tarde, em face da situação crítica, o grupo maltrapilho recuou para o sul. Após semanas de viagem — em que passaram muito tempo andando a esmo sobre a massa de gelo flutuante da bacia de Kane —, os integrantes do grupo chegaram ao cabo Sabine, antes que o inverno os detivesse. Com o passar das semanas e a falta de víveres, começaram a ocorrer mortes. Os sobreviventes começaram a se alimentar do couro de suas botas, porções de musgo raspado das pedras e, às vezes, da carne dos companheiros que haviam falecido. Isolados ou em grupos pequenos, os sobreviventes famintos — facões de caça nas mãos — se dirigiam até o espinhaço que encimava o acampamento, onde os cadáveres se encontravam empilhados como toras, e participavam das refeições medonhas que os mantinham vivos. Quando veio o barco de salvamento, no verão, o número de mortos chegava a 18. Entre os seis sobreviventes achava-se Greely, que veio a ser criticado pela fraca liderança, embora a falta de planejamento, o mau tempo e a ausência de apoio financeiro e logístico adequados por parte do governo tenham contribuído para o desastre.

Percorrendo a região, os três viajantes assumiram um ar grave ao passar por restos humanos, ossadas desenterradas por raposas, lobos e corvos. Os dois caçadores concluíram que os mortos eram da sua própria tribo. Cook já conhecia alguns detalhes sórdidos, mas os companheiros Etukishook e Ahwelah falaram mais sobre as mortes trágicas causadas ao seu povo em 1901.

Debaixo de uma pilha de pedras que assinalava um depósito de provisões, encontraram uma carcaça de foca acondicionada numa sacola cheia de óleo. O animal fora caçado no ano anterior e deixado ali por Panikpa, pai de Etukishook. No depósito também se achava uma ilustração rústica, hieroglífica, narrando os esforços inúteis de um pai dedicado à procura do filho e seus dois companheiros. A carne e meio quilo de sal eram uma oferenda. Pretendendo ingerir logo uma parte da carne e guardar o restante, dividiram o sal e finalmente devoraram os pedaços aproveitáveis da foca — carne, gordura, pele —, embora estivessem tão passados que faziam lembrar queijo de Limburgo.

Agora mais animados, consideraram a descoberta do abrigo um bom agouro.

Avançaram ainda mais na direção norte, ao longo da península de Bache, para chegarem ao cabo Louis Napoléon. Sob o sol ascendente que logo traria a claridade durante 24 horas, a incubadora da natureza começou a desovar várias espécies: focas, raposas e ursos aproveitavam o que a vida lhes proporcionava na calota glacial banhada pela luz solar.

O norte da Groenlândia, lar dos nativos e, para o médico, o primeiro passo no caminho ao lar, parecia estar mais próximo que nunca. Mesmo assim, muitas aberturas no gelo ainda os separavam da região; decidiram, portanto, continuar para o norte. Com o sol a pino, o gelo se desprendendo e o mar começando a respirar depois do confinamento durante o inverno, os viajantes ainda ousavam sonhar que encontrariam um meio de fazer a travessia.

Após dois dias de jornada difícil, encontraram gelo firme. Tomando a direção sudeste, seguiram para o povoado de Annoatok, pelo qual tinham passado ao largo devido à necessidade de desviar para o norte. Ao regressarem do percurso que tinham sido obrigados a fazer, conseguiram cortar caminho passando por elevações íngremes e geladas e fendas repletas de neve.

Inevitavelmente, deparavam-se com aberturas no gelo, obrigando-os a fazer mais desvios. Depois que toda a carne de foca foi consumida, e nada encontrando para caçar, recomeçaram a ingerir pseudo-alimentos — até mesmo cordões de sapatos e pedaços de botas. No trajeto para o sul, chegaram a uma cadeia de montanhas altas e cobertas de gelo. Nas condições debilitadas em que se encontravam, tiveram de escalar de quatro. Do topo, identificaram — a uma distância que não excedia 1,5 quilômetro — Annoatok, de onde tinham partido havia um ano.

Exaustos, os exploradores do Ártico levantaram-se com dificuldade e acenaram, figuras lúgubres e pálidas vestindo peles esfarrapadas. As silhuetas foram avistadas contra o fundo branco e, a distância, a gente do lugar percebeu que eram homens em perigo e para lá expediram trenós puxados por cachorros. Os três homens aguardaram o socorro, juntos, tão enfraquecidos que não conseguiam exteriorizar qualquer sinal de alegria, embora seus corações estivessem disparados.

Quando os trenós se aproximaram, os condutores deram gritos ao reconhecê-los. Devido à longa ausência, os três homens tinham sido considerados mortos, e aqueles que estavam diante deles mal podiam acreditar no que viam. Pareciam ter ressuscitado, e eram curiosidades a serem contempladas: meio humanos, meio feras, magros como espetos, os cabelos emaranhados na altura dos ombros e cobertos com uma camada de sujeira que um banho de imersão em água quente não seria suficiente para remover.

Ahwelah e Etukishook encaravam os homens de sua tribo. Mantinham-se a distância e no começo ninguém disse uma palavra, apenas se olharam, espantados, incrédulos. Todos compreenderam, ao mesmo tempo, que não se tratava de sonho ou ilusão; e de repente, quase ao mesmo tempo, começaram a falar.

Um desconhecido, alto, louro e bem vistoso, desceu do trenó e aproximou-se do médico. Foi com espanto que os dois homens brancos se entreolharam.

O médico falou primeiro, no próprio idioma, pela primeira vez depois de um ano.

— Eu sou Frederick Cook.

O desconhecido olhava-o como se estivesse diante de um fantasma. Recompondo-se depressa, apresentou-se como Harry Whitney e acrescentou, como se estivesse na sala de estar de um clube particular:[1]

— É uma honra cumprimentá-lo.

E depois de serem acomodados nos trenós, os sobreviventes se foram, puxados pelos cães ávidos por retornar ao povoado, assim como cavalos anseiam por voltar ao estábulo. Pouco se falou durante o curto trajeto até o vilarejo, onde os viajantes se abrigaram do frio. Uma refeição foi rapidamente preparada por mulheres nativas — caldo de carne, biscoitos e café.

— Estiveram ausentes durante 14 meses — disse Whitney quando teve a oportunidade de conversar com Cook — e levaram comida suficiente para dois meses. Como conseguiram?

Cook esforçava-se para satisfazer a curiosidade de Whitney, mas, naquele momento, comida e repouso eram preeminentes.

Whitney compreendeu, e guardou outras perguntas para mais tarde.

— O doutor é o homem mais sujo que já vi — disse, sorrindo. — O banho já foi preparado — uma banheira de água quente, sabonete à vontade, escovas e toalhas grandes e limpas.

Mais tarde, Cook dirigiu-se ao abrigo onde passara o inverno um ano e meio antes, e deixara abastecido com vistas ao seu retorno. A intenção era que o local bem estocado lhe servisse de posto de apoio. Ficou estarrecido ao encontrar morando lá dois homens brancos que não conhecia; durante todo o inverno fizeram uso de seus pertences. Além da comida, peles e dentes de marfim, no valor de milhares de dólares, tinham sido deixados no abrigo. Os dois intrusos eram tripulantes do *Roosevelt*, um navio construído especialmente para percorrer regiões geladas e que recebera o nome do presidente dos Estados Unidos; receberam ordens do comandante para utilizar tudo que necessitassem. As peles e o marfim tinham sido confiscados e levados.

Cook encheu-se de rancor, sentimento que teria dificuldade de superar por muito tempo.

Era abril de 1909, e o *Roosevelt*, tendo deixado a Groenlândia há oito meses, agora se encontrava a 650 quilômetros ao norte da costa, e seu comandante, Robert E. Peary, liderava uma expedição de grande porte, bem preparada, com trenós puxados por cães; rumo ao norte, por cima da calota de gelo do Ártico, tentavam realizar o que Peary há muito considerara seu verdadeiro destino: descobrir o Pólo Norte.

Isolado do resto da civilização, Peary não tinha conhecimento da declaração dramática que Frederick Cook pretendia fazer ao mundo:

O Pólo Norte fora descoberto.

Primeira Parte

Predestinados

CAPÍTULO 1

O Apelo do Norte

FREDERICK ALBERT COOK tinha cinco anos de idade quando viu o pai no caixão. As imagens que guardou para o resto da vida consistiam em dois detalhes marcantes: os fios de barba por baixo do queixo do pai morto e o terno cor de terra que usava ao ser enterrado. Também não esqueceria jamais "as lágrimas e um grito lancinante que me fizeram estremecer diante do caixão".[1]

A família morava numa antiga casa de fazenda próxima à bifurcação de dois riachos, perto de Callicoon Depot no município de Sullivan, no estado de Nova York. Ao redor deles, cobertos de árvores, ficavam os sopés ondulantes das montanhas Catskill, que se juntavam ao rio Delaware.

O Dr. Theodore Koch, nascido e educado na Alemanha, emigrou para os Estados Unidos em 1848, estabelecendo-se na base das Catskill, onde recomeçou a praticar a medicina. Mudou o nome para o equivalente em inglês, Cook, quando prestou serviço militar durante a Guerra Civil, exercendo a função de médico-legista do Exército da União. Ele e Magdalena Long, também imigrante alemã, cuja família tinha fugido para Nova York durante uma epidemia de cólera, casaram-se e tiveram cinco filhos — quatro meninos e uma menina. Frederick Albert Cook, nascido no dia 10 de junho de 1865, dois meses depois do término da guerra, era o segundo filho mais novo.

Embora o Dr. Cook, já idoso, exercesse assiduamente a prática da medicina, a maioria de seus pacientes da região rural pagava as contas em mercadorias agrícolas, e dinheiro era sempre escasso. Após sua morte por pneumonia em 1870, anos de dificuldade seguiram-se para a família, ainda que, de tempos em tempos, a viúva conseguisse cobrar alguma dívida antiga referente a serviços médicos prestados, e com os recursos pudesse comprar comida e roupa. Os meninos tentavam fazer o plantio na fazenda de 6 mil metros quadrados, mas a maior parte do terreno era rochoso e não propiciava bons resultados. Durante quatro meses ao ano as crianças estudavam numa pequena escola, enquanto os dois meninos mais velhos, tendo conseguido emprego, trabalhavam.

A natureza curiosa de Frederick quase lhe custou a vida, quando era bem pequeno. Maravilhado com uma piscina natural, mergulhou sem receio onde o nível da água ultrapassava a altura dele. Jamais se esqueceu da luta que se seguiu para se salvar: no processo de agitar os braços e bater os pés, aprendeu a nadar.

Cresceu apaixonado pela vida ao ar livre e percorria as Catskill, pernoitando sob as estrelas e aprendendo a arte de sobreviver. No inverno, sem dinheiro para comprar um trenó para deslizar encosta abaixo, construiu o seu próprio, utilizando madeira verde. Logo se tornou conhecido por construir os melhores trenós, os mais rápidos da região, talento que lhe foi muito útil no futuro.

Finalmente, do mesmo modo que se deu com William, seu irmão mais velho, conseguiu emprego na cidade de Nova York, e a família se transferiu para o Brooklyn, onde esperavam por melhores oportunidades. Decidindo que um dos filhos deveria seguir os passos do pai e tornar-se médico, Magdalena escolheu Frederick. Com esse intuito, Frederick permaneceu mais tempo na escola do que os irmãos, embora a família ainda dependesse da sua ajuda material. Empregou-se no comércio atacadista, dando início à jornada de trabalho às duas horas da manhã. Mesmo trabalhando até o meio-dia, Frederick formou-se no prazo previsto, na Escola Pública nº 37. A respeito do período de formação, Cook escreveria que se sentia "inquieto" e "desejoso de alguma coisa vaga, indefinida".[2]

Depois de trabalhar como *office boy* para uma firma imobiliária, montou uma pequena gráfica que acabou vendendo para adquirir uma rota de entrega de leite. Entrega de leite a domicílio era novidade naquela época, e logo surgiram mais clientes. Com o aumento da demanda, Frederick decidiu comprar um cavalo e, auxiliado pelos irmãos, construiu uma carreta especialmente para o transporte das garrafas de vidro que estavam surgindo no mercado. Na ocasião em que ingressou no curso de medicina, gerenciava vários empregados e tinha várias carretas em atividade. O horário de entrega de leite — que se iniciava, diariamente, à uma hora da manhã — permitia que Frederick comparecesse à sala de aula às dez horas da manhã, onde permanecia até quatro da tarde. Em casa, estudava todas as noites, e dormia até a hora de começar a distribuir leite, sendo beneficiado, como seria pelo resto da vida, pelo fato de se satisfazer com poucas horas de sono.

Em 1888, durante uma grande tempestade de neve, a cidade de Nova York ficou paralisada e Frederick não pôde fazer entregas, nem assistir às aulas. Para reabastecer o suprimento de carvão da família, adaptou lâminas de trenó a um barco de 5 metros de comprimento (feito por um de seus irmãos para a temporada de verão, na praia) e atrelou dois cavalos ao veículo. Ao retornar do depósito de carvão, deu carona a clientes dispostos a pagar uma gratificação pela entrega do combustível. Durante uma semana, dia e noite, fez entregas de carvão e, antes que o barco adaptado para a finalidade específica fosse aposentado, um fotógrafo bateu uma foto dele, de pé, ao lado da invenção. A imagem foi impressa numa revista como exemplo de criatividade em face da tormenta.

Durante dois anos, freqüentou a Faculdade de Medicina e Cirurgia da Universidade de Colúmbia, na esquina da rua 32 com a Quarta Avenida, percorrendo o trajeto em bondes conduzidos por cavalos que sacolejavam pelas ruas do Brooklyn, até deixá-lo no terminal das barcas. Depois de atravessar o East River, chegava a Manhattan, e caminhava até a universidade. Quando o departamento de medicina de Colúmbia mudou-se para a parte alta da cidade, a mais de trinta quarteirões de distância, ele se transferiu para a Universidade de Nova York, no início da rua 26.

No ano seguinte, aos 24 anos, Cook ficou noivo de Mary Elizabeth Forbes. Conhecida pelo apelido de Libby, era uma loura atraente, de altura mediana. Depois de tê-la observado na igreja, foi apresentado a ela numa reunião social da congregação metodista. Uma das pioneiras no campo da estenografia — ocupação então exercida, principalmente, por homens —, Libby trabalhava no escritório de uma fábrica de sapatos em Manhattan. Após um breve namoro, casaram-se, em 1889. Ainda que Frederick estivesse empenhado em concluir os estudos, a vida do casal foi idílica, durante certo tempo. Libby logo engravidou, e os dois compartilharam a alegria de esperar pelo novo ser. No início do ano seguinte, Libby deu à luz uma menina que viveu apenas algumas horas; em seguida, ela própria lutou durante uma semana para superar grave infecção.

Em meio a essa tribulação, a presença de Cook era exigida no centro de Nova York, para que ele prestasse os exames finais. Fez as provas mais que depressa, ansioso por voltar à companhia da mulher adoentada. A pé, de barca e de bonde, chegou à casa modesta que alugara no Brooklyn. Durante a noite permaneceu ao lado de Libby e, no dia seguinte, prestou assistência ao clínico geral, na tentativa de salvar a mulher que amava.

Ao entardecer, alguém bateu à porta. Um mensageiro entregou a Cook um envelope da universidade. Dentro havia um cartão com seu nome completo, e abaixo lia-se uma só palavra. Sentado na beirada da cama de Libby, mostrou-lhe o cartão com a simples inscrição: "Aprovado."[3] Um sorriso esboçou-se no rosto extenuado. Libby morreu ao cair da noite, nos braços dele.

Naquela noite, Cook caminhou pelas ruas, sem destino. Sob a iluminação a gás, mal podia ver o caminho que percorria, através de um nevoeiro espesso que o envolvia tal e qual mortalha. Não compreendia a injustiça da vida — o bebê e a esposa levados numa rápida seqüência de fatos, no momento em que ele se encontrava no limiar da carreira pela qual tinha se esforçado tanto. Naquela noite, quilômetros de ruas do Brooklyn passaram por baixo de seus pés desnorteados, e finalmente voltou à estrutura vazia que até recentemente formara um lar repleto de alegria e amor.

Emocionalmente arrasado, concordou em se mudar para Manhattan, onde haveria de residir com a mãe e com a irmã. Antes de se transferir, vendeu ao irmão, William, o negócio de entrega de leite. Embora sem ânimo, pois ainda se sentia muito magoado, Frederick abriu um consultório num dos cômodos da casa que alugavam, no nº 338 da rua 55, no setor oeste de Manhattan, e na entrada afixou a tabuleta de médico. Nos meses seguintes, apenas três pacientes requisitaram os serviços do jovem médico recém-chegado.

Apesar da crescente "ansiedade diante dos centavos que se extinguiam", encontrou tempo para se dedicar a estudos complementares.[4] Procurando evadir-se na leitura sobre viagens pelo mundo e exploração geográfica, veio a se interessar pelas obras dos exploradores árticos. Entre seus preferidos estavam dois norte-americanos: Elisha Kent Kane, um médico que fez sua primeira viagem pelo Círculo Ártico em 1850 e, três anos mais tarde, atingiu um ponto ao norte jamais alcançado; e Charles Francis Hall, líder da infeliz expedição Polaris Arctic, de 1871, o qual, nos anos que passou no Extremo Norte, comprovou a utilidade de assimilar os costumes dos esquimós de modo a superar o clima rigoroso do pólo.

Sozinho, num dia melancólico do inverno de 1891, Cook leu no *New York Herald* que uma nova expedição à Groenlândia estava sendo planejada pelo Dr. Robert E. Peary, que no verão de 1886 havia tentado transpor a calota de gelo da Groenlândia mas fora obrigado a retroceder devido às tempestades. O artigo dizia que Peary, engenheiro civil da Marinha, baseado no estaleiro da Filadélfia, procurava indivíduos que desejassem participar da viagem, incluindo um cirurgião.

Imediatamente, Cook compreendeu o que devia fazer. A respeito do que sentiu naquele momento, veio a escrever mais tarde: "Foi como se a porta de uma cela de prisão tivesse se aberto. Percebi o primeiro apelo — irresistível e imperioso — do Norte."[5]

ROBERT EDWIN PEARY era um menino quando ele, também, perdeu o pai, vítima de pneumonia. Nascido no dia 6 de maio de 1856, em Cresson, na Pensilvânia, filho de Charles e Mary (Wiley, quando solteira) Peary, o futuro explorador descendia de franceses e ingleses. Do lado paterno, a ancestralidade remontava a três gerações, a Stephen Peare (cujo sobrenome veio a ser Peary), um homem do mar, que certa vez contornou o cabo Horn, a caminho do Pacífico Sul. No Novo Mundo, dos dois lados, os ancestrais de Peary formavam longa linhagem de nativos do Maine, a maioria lenhadores.

Seu pai veio a ser um fabricante bem-sucedido de barris e aduelas, na Pensilvânia. Por ocasião da morte repentina de Charles Peary, aos trinta anos, sua parte no negócio atingira a cifra de 12 mil dólares, que foram entregues à viúva, Mary, pessoa gentil e piedosa que haveria de lamentar para sempre a morte prematura do esposo. Tendo ao lado o filho de três anos, "Bertie", a viúva fez as malas e voltou de trem para sua cidade natal, Portland, no Maine, levando o corpo do marido para ser enterrado.

Mary Peary compartilhava a vida tristonha com seu único filho, que ela tratava como se fosse menina, por conhecer melhor os assuntos femininos. Convencendo-o de que ele era muito fraco e delicado para enfrentar as brincadeiras com outros meninos, tentou afastá-lo dos companheiros. Nas raras ocasiões em que lhe era permitido sair para brincar, precisava usar um boné que a mãe confeccionara para que sua pele clara não fosse afetada pelo sol. O boné e um ceceio, que o trairia nos momentos culminantes da vida, contribuíam para que ele fosse ridicularizado pelos garotos, que o chamavam de efeminado, incitando-o a lutar para que provasse o contrário. O fato de voltar para casa surrado e com hematomas reforçava a decisão da mãe de mantê-lo a salvo, ao lado dela.

Para Robert, sair de casa a fim de ingressar no internato, aos oito anos, foi um passo importante para escapar da redoma na qual a mãe o conservava. As cartas que mandava para casa revelavam não apenas sua grande devoção filial, mas também a satisfação de "brincar com os colegas no ginásio de esportes e, ao ar livre, no campo de beisebol".[6]

Peary voltou para casa e ingressou na Portland High School, em 1870. No mesmo ano adoeceu, acometido de febre tifóide, e quase morreu. Durante a experiência difícil recebeu os cuidados da mãe onipresente, que lhe comprou livros de cabeceira sobre história natural, esperando animá-lo. Peary não tardaria a descrever o estudo da natureza como se fosse "uma fonte inesgotável de felicidade para aquele que busca, a sério, sabedoria".[7] Quando se viu curado, conseguiu, em três meses, recuperar a matéria de todo o ano letivo e assim alcançar o restante da turma.

Mãe e filho viviam unidos através da mente e do estado de espírito; quando um deles tomava determinada direção, o outro acompanhava. A falta da figura masculina na sua vida e a relação estreita, incomum, com a mãe melancólica definiram seu jeito de ser. Ao mesmo tempo que demonstrava autoconfiança, poderia estar emocionalmente inseguro e cheio de dúvidas. Às vezes, era sociável e amável, outras vezes, austero e distante.

Foi aluno esforçado e um dos oradores na cerimônia de graduação. Seu discurso sobre história natural, que se tornara, então, a paixão de sua vida, intitulou-se "Mistérios da Natureza". Incluía uma questão: "O que o homem encontrará no Pólo Norte?"

O desempenho acadêmico de Peary garantiu-lhe uma bolsa de estudos para o Bowdoin College, em Brunswick, situado, aproximadamente, a 50 quilômetros de Portland, no estado do Maine. Era uma etapa que não realizaria sozinho. Sua mãe também se transferiu para Brunswick, a fim de continuar a viver com o filho. Embora não haja registro de que o próprio Peary tenha feito qualquer objeção à mudança da mãe, alguns parentes reprovaram a idéia, por acreditar que, para o jovem, já era tempo de morar sozinho. Diante de tal conselho, Mary Peary respondeu: "Eu vou para a universidade."[8]

Peary escolheu a carreira de engenharia civil e foi sempre um estudante competitivo. Na graduação, em 1877, foi Phi Beta Kappa* e ficou em segundo lugar numa turma de 52 alunos. Em vez de se lançar no mundo e deixar sua marca, concordou em mudar-se com a mãe para Fryeburg, vilarejo isolado no lado sudoeste da fronteira do Maine com New Hampshire.

No seu novo endereço, logo se esvaíram a confiança e a vivacidade que encontrara em Bowdoin. Combatia o desânimo com longas caminhadas pelas montanhas, onde parecia que o amor pela natureza o reavivava. Tornando-se ávido estudante de taxidermia, não demorou a ficar conhecido pela habilidade e dotes artísticos na montagem de aves de caça. Também foi contratado para fazer uma pesquisa de campo em Fryeburg, o primeiro emprego efetivo.

Um aviso afixado nos correios e universidades do país no início de 1879 chamou a atenção de Peary. Tratava-se de oferta de emprego a jovens qualificados que desejassem ocupar vagas de projetistas na Pesquisa Geodésica Litorânea dos EUA em Washington, D.C. Sem men-

* Associação estudantil universitária norte-americana. [N. da T.]

cionar o assunto a qualquer pessoa, por recear o constrangimento, caso fosse recusado, Peary candidatou-se, enviando como amostra de trabalho a pesquisa de campo realizada em Fryeburg. A pesquisa feita por aquele que fora estudante exemplar garantiu-lhe uma das posições cobiçadas, o que resultou no seu afastamento de casa e de sua mãe, finalmente, aos 23 anos. No entanto, seis meses mais tarde, em virtude do rompimento de laços afetivos com uma jovem de Fryeburg, Peary assegurou à mãe a supremacia em sua vida: "Agora somos só você e eu, minha Mãe, e com a permissão da Divina Providência tornarei felizes os próximos anos da sua vida, para compensar de algum modo a tristeza, a dor e a aflição. [...]"[9]

No final, Peary cansou-se da rotina do emprego, que acarretava, necessariamente, horas intermináveis de prática do desenho de letras num escritório sem janelas no Edifício da Pesquisa Litorânea, em Capitol Hill. Escreveu à mãe pedindo permissão para abandonar o emprego, explicando-lhe que sentia um "desejo irresistível de fazer alguma coisa", acrescentando: "pretendo celebrizar meu nome, e que esse nome deixe minha Mãe orgulhosa e me faça sentir à altura de qualquer pessoa que encontrar".[10] Passaram-se três semanas sem que ela respondesse. Quando o fez, advertiu-o de que deveria se sentir feliz por ter "um emprego decente" e que procurasse ficar "mais acomodado".[11] Naquela noite, Peary escreveu no diário: "Inclino-me à sua vontade embora tal atitude possa alterar toda a minha vida."[12]

No ano seguinte, Peary tomou conhecimento de um anúncio que convocava engenheiros civis, recém-formados, a se candidatarem a uma posição na Marinha norte-americana. Conforme acontecera antes, não falou a ninguém sobre suas intenções, com receio de não obter êxito.

Depois de submeter um currículo e ser entrevistado por uma junta de examinadores, Peary foi contratado e designado para o departamento de estaleiros. Três anos mais tarde, tendo se distinguido em vários projetos — incluindo a supervisão da construção de um píer de ferro em Key West —, foi requisitado por um grupo de outros engenheiros navais para analisar a viabilidade da construção de um canal de navegação ligando os oceanos Atlântico e Pacífico. Peary foi mandado à Nicarágua, que, além do Panamá, era uma das localidades consideradas.

Com grandes expectativas, embarcou para o sul, em 1884. Na amurada do navio, ao passar por El Salvador, Peary pensava em Colombo, "cuja fama", escreveu para a mãe naquela noite, "só será comparada à do homem que um dia puser os pés no ponto a 360 graus de longitude, onde já não existe Leste nem Oeste — o descobridor do Pólo Norte".[13]

Ao retornar da Nicarágua no ano seguinte, Peary encontrou num sebo o relato de uma tentativa fracassada de atravessar a calota de gelo, empreendida por um explorador sueco, o barão A. E. Nordenskiöld, em 1883. Tomou conhecimento de que houvera apenas três investidas consideráveis ao interior inóspito da Groenlândia, e que, até aquele momento, ninguém cruzara a região. O Ártico havia despertado seu interesse desde as primeiras leituras sobre história natural, e nele, ainda menino, "uma corda vibrara, intensamente", quando lera *Explorações Árticas*.[14] Peary sentiu-se "outra vez extasiado", e devorou o que pôde sobre o assunto. Decidido a ver por conta própria "este interior extraordinário e misterioso", dispôs-se a angariar fundos para uma expedição à Groenlândia. Não conseguindo, equipou-se e comprou passagem num barco pesqueiro, com 500 dólares emprestados de sua mãe, e viajou em abril de 1886. A viagem, que durou todo o verão, proporcionou aventura, experiência no Ártico e algum sucesso — no retorno, declarou ter avançado 160 quilômetros na calota glacial da Groenlândia, distância maior do que qualquer outro percorrera antes dele. Nos debates que se seguiram, exploradores expressaram dúvidas — de início em particular e, mais tarde, em público —, concernentes à confiabilidade da navegação desse jovem engenheiro em tal viagem, e à resultante reivindicação.*

---

* Dr. Fridtjof Nansen, explorador norueguês, cientista, agraciado com o Prêmio Nobel em 1922, e em 1888 o primeiro a atravessar o continente congelado da Groenlândia, relatou no livro *A Primeira Travessia da Groenlândia* (1890): "Ao que parece, a longitude estipulada por Peary foi baseada apenas em algumas observações de altitude. [...] Essas assim chamadas 'altitudes simples' são notoriamente imprecisas para se medir longitude. [...] A distância de 160 quilômetros a partir da margem do gelo não pode, portanto, ser aceita sem suspeitas." [N. do A.]

Em carta à mãe, escrita em Washington, ao retornar, Peary provavelmente revelou o motivo mais forte das difíceis jornadas que haveria de empreender:

> Minha última viagem apresentou meu nome ao mundo; a próxima me proporcionará uma posição diante do mundo. [...] Serei o primeiro nas altas-rodas da capital, e terei amigos influentes através dos quais poderei modelar meu futuro, em vez de deixá-lo acontecer espontaneamente. [...] Lembre-se, mãe, *hei* de conquistar a fama.[15]

O caminho de Robert E. Peary na vida estava traçado.

FILADÉLFIA
Primavera de 1891

Cook chegou a pensar que não teria mais notícias de Peary.

No mesmo dia em que lera o artigo a respeito da viagem seguinte de Peary à Groenlândia, Cook enviara uma carta especificando suas qualificações médicas e manifestando o desejo de fazer parte da expedição. Dois meses se passaram até que ele recebesse o telegrama que o instruía a comparecer a um encontro na Filadélfia. Para lá se dirigiu imediatamente.

Medindo quase 1,80m de altura, Cook penteava os cabelos louro-escuros para trás. O traço mais marcante de seu rosto era definido pelos olhos: grandes e expressivos, revelando a sensibilidade conveniente a um homem treinado para ajudar aqueles que dele necessitam. Em proporção ao rosto, o nariz e as orelhas eram grandes, e as mãos fortes eram de um trabalhador braçal. Os ombros largos e o porte robusto sugeriam aptidão ao trabalho físico. Indivíduo agradável, sorria com facilidade e tinha a voz suave, melodiosa, características que faziam as pessoas gostarem dele desde o primeiro encontro.

Quando chegou à Filadélfia e ao apartamento de Peary, no prédio voltado para o parque Fairmount, Cook tocou a campainha e aguardou, com certa ansiedade. Usava terno preto e camisa branca, engomada, de colarinho duro, e gravata de nó corredio.

Uma mulher bem-vestida veio atender à porta, e Cook se apresentou. Ela disse que era Josephine Peary. Convidado a entrar, Cook acompanhou a mulher alta e elegante pelo interior do apartamento até chegarem à sala de estar, onde Peary se encontrava.

Peary tinha conhecido Josephine, a bonita filha de Herman H. Diebitsch, professor do Smithsonian, numa festa em Washington, D.C., ocasião em que a convidou para dançar. Jovem refinada, de energia ilimitada — quando mais nova conhecida pelo apelido de Peppy —, fez curso superior de Administração de Empresas, e foi a oradora da turma na cerimônia de formatura, proferindo um discurso ousado sobre o preconceito da sociedade em relação às mulheres, como seres humanos completos e capazes de atuar na esfera de trabalho. Depois da universidade, por meio de concursos, obteve um cargo na Agência de Recenseamento dos Estados Unidos. Peary era seu namorado, quando as viagens — inclusive a primeira, à Groenlândia — o permitiam. Propôs-lhe casamento, em 1887, ao que se seguiu a segunda colocação na Nicarágua, como chefe dos engenheiros, período em que projetou um novo tipo de comportas para o canal, invenção pela qual foi premiado com uma patente norte-americana. Peary e Josephine casaram-se no verão de 1888. Para a lua-de-mel em Nova Jersey, levaram Mary Peary, determinada a manter sua posição na vida do filho de 32 anos. Meses antes, Peary, escrevendo da Nicarágua, tentara acalmar a mãe, cada vez mais irritada devido à atenção que ele dedicava a Josephine: "Tenho escrito para a senhora com a mesma freqüência que escrevo a Jô", ele explicou, "embora nem sempre ao mesmo tempo. Às vezes escrevo para a senhora, e em seguida para ela."[16]

Trajando o uniforme de lã azul-marinho de oficial da Marinha, Peary impressionava. Media mais de 1,80m, tinha um tórax musculoso, cabelos louros e um bigode descorado, de pontas caídas. Os olhos azulados como gelo tinham o poder de se fixar, de modo a constranger um subordinado.

Os dois homens trocaram um aperto de mão.

Cook tinha razão de estar ansioso. Não possuía qualquer prática em exploração, e quanto ao conhecimento sobre latitudes, tudo o que sabia baseava-se nos longos invernos vividos nas montanhas Catskill. De fato, a viagem à Filadélfia fora o primeiro percurso longo que fizera fora do estado de Nova York. Quanto a Peary, era explorador experiente, e já realizara longas viagens à América Central e ao Ártico.

Peary também tinha suas ansiedades. Ao retornar da viagem mais recente à Groenlândia, já começava a levantar recursos para fazer outra tentativa de atravessar o continente congelado, quando se afligiu ao ler reportagens publicadas em 1888, revelando que um explorador norueguês, chamado Fridtjof Nansen, tinha cumprido o percurso. Peary ficou abalado com as notícias e, na tarde em que tomara conhecimento do fato, pareceu tão pesaroso ao chegar em casa, que Josephine pensou que alguém da família tivesse morrido. Peary caiu em depressão e encheu-se de dúvidas. Fazia anos que tentava, diligentemente, retornar ao Extremo Norte e realizar algo digno de destaque, mas somente nos últimos meses conseguira arrecadar verba suficiente para a empreitada. Tinha levantado fundos de várias fontes, inclusive de associações profissionais (alguns membros da Academia de Ciências Naturais poderiam participar da expedição em troca de apoio financeiro), das próprias palestras e da venda antecipada dos direitos de publicação de suas cartas de viagem para um jornal. Peary também obteve da Marinha licença remunerada e, na ocasião, foi designado à Base Naval da ilha League, onde trabalhou no projeto de uma nova doca seca.

Os dois homens sentaram-se frente a frente, e Josephine serviu chá. Peary começou por explicar o propósito ambicioso da expedição prevista para durar um ano, declarando que propunha determinar o ponto extremo ao norte do continente da Groenlândia, um mistério geográfico naquele tempo. Cook sabia que a travessia no sentido oeste-leste fora realizada por Nansen, e que retraçar aquele percurso despertaria pouco interesse. Pensava que a idéia de Peary de fazer uma incursão ao norte inexplorado era concludente.

Peary deu início a uma discussão sobre as técnicas de trabalho científico de campo, discorrendo sobre as pesquisas que fizera na Nicarágua e sua primeira viagem à Groenlândia. Disse que se considerava um engenheiro civil competente, mas admitia que a aquisição de fundamentos científicos voltados às regiões árticas não fizera parte de seu treinamento escolar. Os planos para a expedição, argumentou, incluíam a presença de especialistas nos campos de meteorologia, geologia e biologia. O que Peary esperava, continuou, era que, além de servir como médico da expedição, Cook se responsabilizasse por parte do trabalho científico — especificamente, etnologia e antropologia —, de acordo com seus estudos de medicina.

Na época, o curso de medicina incluía o que era considerado o campo completo da ciência. Mas Cook achava-se sobrecarregado de "conhecimento bibliográfico impossível de ser assimilado e de pouca utilidade".[17] Por exemplo, um dos assuntos mais interessantes e atuais na universidade era evolução, que na biologia — então chamada história natural — era o princípio fundamental de todo o pensamento científico. Estudantes com essa inclinação achavam-se preparados a contradizer cada fase da filosofia religiosa. Cook havia absorvido "grande parte dessa insurreição", embora tal posicionamento o tivesse tornado cada vez mais tolerante em face de outras culturas religiosas com as quais se deparava, atributo valioso em seus futuros contatos com povos nativos. Peary aconselhou Cook a ler sobre antropologia e reunir livros que fariam parte de uma valiosa biblioteca de consultas para a viagem.

Não demorou muito até Cook formar uma opinião sobre Peary, considerando-o "um camarada respeitável, com personalidade forte".[18] Gostou também de Josephine, que esteve presente durante a maior parte do encontro, acrescentando comentários elucidativos. Quase no final da tarde, os Peary, que se apelidavam Jô e Bert, e, aparentemente, formavam um casal apaixonado, perguntaram a Cook se ele gostaria de ficar para jantar, mas Cook recusou porque deveria comparecer a um encontro naquela noite, em Nova York.

Cook percebeu que a visita aproximava-se do fim e transcorrera bem, mas o médico também se deu conta de que Peary, nove anos mais velho do que ele, não tinha feito um convite formal para que ele integrasse a expedição. Quando ficaram a sós, Peary voltou-se para Cook com o olhar de aço.

— A vida no Pólo é muito difícil — disse. — Não teremos contato com o mundo, como se estivéssemos num outro planeta. É bem provável que alguns de nós jamais retornem. Aconselho-o a não ir, caso tenha algum receio.[19]

— Quero tentar — disse Cook, sem demonstrar qualquer hesitação, mas estremecendo por dentro ao pensar na vida difícil no Ártico, tal como descrita por Peary. — Esta é a grande oportunidade que tenho, e o medo de enfrentar dificuldades não vai me deter.

Era o que Peary esperava ouvir. Os dois homens concordaram que Cook atuaria como cirurgião e etnologista, e, por exercer tais funções, não receberia, ao retornar, mais do que os outros membros da expedição: a soma de 50 dólares por mais de um ano de trabalho.

Mediante um aperto de mão — e o contrato que seria assinado mais tarde — Cook tornou-se membro oficial da expedição inaugural ao Ártico, na qual os dois homens, juntos e separadamente, viveriam seus destinos.

CAPÍTULO 2

EXPEDIÇÃO AO NORTE DA GROENLÂNDIA

NUMA TARDE MORNA E ENSOLARADA dos primeiros dias de junho de 1891, um vapor transformado em escuna foi rebocado de um píer, próximo ao início da rua Baltic no Brooklyn. As velas que tinham sido acrescentadas, tinham desbotado devido à ação do tempo, e o convés de madeira apresentava manchas de óleo, em razão das incontáveis vezes em que ali se praticou a matança de baleias e focas.

Logo em seguida, prescindindo de rebocador, a goleta de cinqüenta anos de idade, pesando 280 toneladas, proa e casco revestidos de ferro para viagens ao Ártico, singrou as águas do East River. Percorreu o canal bastante movimentado, onde balsas e navios a vapor comemoravam a anunciada partida com apitos agudos e bandeiras que transmitiam sinais, enquanto no tombadilho os passageiros acenavam lenços brancos, saudavam e se despediam.

Entre aqueles que faziam parte da multidão que foi às docas para presenciar a partida do SS *Kite*, muitos queriam ver a jovem resoluta sobre a qual os jornais tinham feito tanto alarde. Jamais uma norte-americana integrara expedições ao Ártico, e as opiniões eram conflitantes: ou ela era muito corajosa, ou imprudente. E por que o marido permitira que ela participasse de uma expedição composta por homens? Ou, para ser mais específico, por que concordara em levá-la?

Depois de se despedir de amigos e desconhecidos, Josephine Peary recolheu-se à cabine, que encontrou repleta de flores. Entre elas, achava-se um buquê de Cook, a quem Peary mencionara que a esposa o acompanharia, e que a viagem seria uma segunda lua-de-mel para o casal.

Se Cook tinha alguma restrição quanto à participação de Josephine, não a demonstrou. O mesmo não se poderia dizer dos demais integrantes da expedição, todos jovens e solteiros. A idéia da convivência com um casal durante mais de um ano não foi bem recebida.

Quanto ao critério de levar a esposa na expedição, Peary explicaria que Josephine era saudável e entusiástica e que nenhum dos dois duvidava que ela fosse capaz de enfrentar condições e ambiente similares aos que esposas de dinamarqueses se submetiam durante anos passados na Groenlândia. "Em primeiro lugar", Peary admitiu, "havia o desejo de Josephine estar ao meu lado."[1] Sem dúvida, tal desejo era recíproco. Observou, também, que ela sentia forte motivação para a vida ao ar livre, fato notório quando ele a levou para fazer "caminhadas" nas florestas, a oeste do Maine. Na ocasião, assim como ele, ela concluiu que o ar puro era "o sopro da vida".[2]

Afora a tripulação do navio e nove cientistas e professores universitários da Academia de Ciências Naturais da Filadélfia que se juntaram aos passageiros, os outros sete integrantes do grupo da expedição ao Norte da Groenlândia — destinada a desembarcar no ponto mais setentrional alcançado pelo navio — eram homens que não tinham muito em comum, além do apetite pela aventura.

Um jovem norueguês, campeão de esqui e recém-chegado aos Estados Unidos, Eivind Astrup, que, assim como os demais, lera no jornal o anúncio que procurava por voluntários, era o único do grupo com prática em esquiar. Alegre, de ombros largos, Astrup, de vinte anos, ainda estava aprendendo inglês, mas já sabia se deslocar sobre gelo. Além de Peary, era o único membro que tinha se submetido ao clima impiedoso das latitudes do norte.

Outro que fez parte da enxurrada de jovens que escreveram a Peary, pedindo para serem aceitos, era Longdon Gibson, de 26 anos, egresso de Flushing, no estado de Nova York. Era perito em tiro, com experiência em caça e montanhismo. Integrante do grupo Brown-Stanton, que explorara o Grande Canyon no ano anterior, Gibson aprendera a manobrar barcos em corredeiras. Medindo 1,92m de altura, forte e em boa forma física, marcaria presença na equipe.

John M. Verhoeff, de 25 anos, geólogo de St. Louis, admitiu na carta de apresentação a Peary que suas chances de voltar vivo eram de uma em dez. Formado em Yale, Verhoeff também estudara meteorologia. Uma vez que Peary não respondeu à primeira carta, Verhoeff escreveu novamente, fazendo uma proposta irrecusável: no caso de ser selecionado, doaria 2 mil dólares à expedição, valor que, praticamente, custearia o fretamento do *Kite* e a contratação da tripulação de 15 homens.

Finalmente, Matthew Henson, de altura mediana e um pouco abaixo do peso que deveria ter, integrava o grupo; negro, de 24 anos, originava-se de pais nascidos de ventre livre, em Maryland, e ficara órfão aos sete anos. Aos 12 anos saiu ao mar como camareiro, e nos cinco anos subseqüentes viajara de porto em porto. Depois que se afastou das atividades em alto-mar, teve vários empregos — estivador, mensageiro de hotel, vigia noturno — até se estabelecer em Washington, D.C., onde foi contratado para trabalhar no setor de estoque da loja de um dos mais eminentes chapeleiros e peleteiros da capital. Certo dia, achava-se no compartimento dos fundos, quando o proprietário pediu-lhe que procurasse um chapéu de determinado tamanho e modelo. Trazendo o chapéu requisitado até a frente da loja, Henson ouviu o patrão dizer: "Este é o rapaz do qual lhe falei, tenente."[3]

De pé e aprumado no uniforme de oficial da Marinha norte-americana, achava-se um homem de cabelos espessos, cor de areia.

— Meu nome é Peary — disse ele, enquanto experimentava o chapéu de sol. — Necessito de um rapaz que me acompanhe à América Central, na função de camareiro. Deve manter minhas roupas e a cabine limpas. Ser honesto e ter hábitos regulares de trabalho.

Mais uma vez, Henson lançou-se à oportunidade de viajar para lugares distantes.

Depois de passar um ano na Nicarágua, Henson relutou em voltar ao emprego no setor de estoque da chapelaria. Não demorou muito até que Peary conseguisse um trabalho que mais conviesse ao rapaz, o de mensageiro no Estaleiro Naval da Filadélfia. Foi lá, trabalhando novamente para Peary, que Henson teve conhecimento da expedição à Groenlândia e propôs trabalho voluntário, apesar de seu casamento recente, em abril de 1891. Sua função, tal qual Peary descreveu, seria atendê-lo como "criado pessoal".[4]

Tudo indicava que Peary não duvidava da capacidade de Henson para o trabalho no Ártico. Quanto a Henson, em segredo, receava que um homem de sua raça, cujos ancestrais tinham vivido durante séculos sob a influência do clima quente e tropical da África, não suportasse condições climáticas adversas. Mas, quando confrontado em tom ofensivo por um oficial da Marinha, que sugeriu que negro algum sobreviveria a temperaturas abaixo de zero, Henson expressou tal confiança que o oficial prometeu pagar-lhe 100 dólares caso, ao retornar, "seus dedos dos pés ou das mãos não tivessem congelado".[5]

No momento em que o *Kite* singrou o mar aberto no estreito de Long Island, todos a bordo silenciaram, entregues aos próprios pensamentos.

Josephine, que tornara a subir ao convés para a ruidosa partida do porto, voltou para sua cabine. Ao olhar para o buquê enviado por Cook, como escreveria mais tarde em seu diário, ela sentiu a primeira pontada de saudades de casa ao perceber que, quando elas murchassem, não veria uma rosa por muito tempo.

De pé, na amurada da parte central do navio, Cook percebia que o ano a seguir seria educativo e aventuroso. Já suspeitava que "desbravar as fronteiras do desconhecido" seria sua principal vocação.[6]

Dois dias antes, Peary apresentara a Cook um contrato de quatro páginas datilografadas tendo o nome "F. A. Cook" inscrito em nove espaços em branco. O contrato padronizado não continha a descrição dos deveres específicos a cumprir; dizia apenas que Cook deveria "obedecer a todas as ordens e seguir todas as instruções" dadas por Peary.[7] Ao ler as cláusulas, Cook entendeu que não poderia escrever nem publicar qualquer livro ou relato referente à expedição antes do decorrer de um ano desde a publicação da "narrativa oficial da referida expedição", aprovada por Peary, e posta à venda. Cook assinou "Frederick A. Cook, M.D."* na última página, abaixo de "R. E. Peary U.S.N.",** que aparecia em

* Abreviatura de Medical Doctor. [N. da T.]
** United States Navy. [N. da T.]

negrito. As assinaturas eram curiosamente dessemelhantes. A assinatura de Cook era comprimida e funcional, ao passo que a de Peary caracterizava-se por linhas curvas, espessas e escuras, que haveriam de ser sua marca registrada ao longo da vida, e resultavam da pressão da ponta da pena no papel num esforço intencional de produzir a inscrição atraente.

Cada canto abaixo do convés estava apinhado de provisões e equipamento. Na parte de cima, o tombadilho cobria-se de caixas e engradados — amarrados para evitar que caíssem no mar —, e carvão, deixando livres apenas passagens estreitas. Havia um odor nauseante causado pela água oleosa que se acumulava no fundo da velha embarcação, e isto, somado à arfagem em mares revoltos, causava sério desconforto aos inexperientes em viagens marítimas.

O equipamento da expedição era modesto e barato, mas os tripulantes podiam contar com uma despensa repleta: comida para um ano e meio, incluindo chá, café, açúcar, legumes desidratados, sopa de ervilha concentrada, biscoitos, chocolate, fiambre (alimento desidratado feito à base de carne), gordura, um pouco de açúcar — e passas enlatadas, dieta para muito tempo em expedições polares, pois não deteriorava. Dispunham de pequena quantidade de carne fresca que, de qualquer modo, não ficaria armazenada a bordo por muito tempo; pretendiam caçar quando estivessem acampados, durante o inverno. Tinham tábuas e vigas de madeira para construir trenós e alojamentos, e contavam com raquetes e esquis; armas de fogo e munição; botas de borracha para caminhar no gelo; fogareiros e latões contendo álcool; roupas de lã sobressalentes; câmeras fotográficas e filme.

Depois de duas semanas seguindo uma rota difícil por mares cobertos por nevoeiro, o *Kite* prendeu-se no gelo, no estreito da ilha Belle, na extremidade setentrional de Terra Nova.* O navio prendeu-se a um *iceberg*, e blocos de gelo foram levados a bordo para suprir o estoque de água. Numa tarde, desencadeou-se um ataque de bolas de neve, enquanto a tripulação aguardava o derretimento de gelo ocasionado pelo verão. No terceiro dia, uma estreita passagem através do gelo surgiu de repente, e foi por essa abertura que a embarcação seguiu.

Nos dias seguintes, o navio foi sacudido por águas turbulentas, tempo em que a maioria dos passageiros permaneceu nas cabines, uma vez

* Em inglês Newfoundland. [N. da T.]

que o enjôo não lhes permitia comer ou se locomover. Quando o temporal passou, perceberam que tinham se deslocado até o estreito de Davis.

Em meio à névoa, a estibordo, era possível ter a primeira visão da Groenlândia, terra misteriosa descoberta pelos nórdicos quinhentos anos antes da chegada de Colombo à América. Embora o perímetro da região ainda não fosse conhecido, seria constatado que a Groenlândia era uma ilha em formato de uma grande pêra, medindo quase 2.400 quilômetros de comprimento e 1.400 quilômetros de extensão, na parte mais larga. Excetuando a ponta ao sul e algumas margens rochosas, era constituída de gelo, cuja espessura chegava a pouco mais de 3.200 metros na parte central.

Todos se encaminharam ao convés para ver. Rochedos íngremes e negros, de 600 metros de altura, com os picos cobertos de neve cintilante, erguiam-se do mar. Tornando pequenas aquelas fortalezas majestosas, ao fundo elevava-se um domo que alcançava a altura de 3 mil metros. Na frente dos rochedos viam-se *icebergs* reluzentes, de todos os tamanhos e formatos — alguns em azul-celeste e outros totalmente brancos —, esperando o momento de se desprenderem e serem lançados ao mar.

O navio acompanhou o litoral, na direção norte, até aportar no povoado de Godhavn, na ilha de Disko, para uma breve parada. Os pontos altos da visita foram um jantar em estilo europeu, a convite do governador dinamarquês e sua esposa, e uma caminhada ao topo de um monte de 700 metros de altura, de onde se avistavam os *icebergs* pontilhando o horizonte, fazendo lembrar uma armada a todo pano.

Em seguida, dirigiram-se a Upernavik, o povoado dinamarquês situado mais ao norte, compreendendo quatro casas com vigamento de madeira, uma igrejinha e alguns chalés construídos à base de turfa, dispersos nas encostas e habitados por nativos. Recebidos pelo governador e esposa, saíram à caça de patos, ensacaram algumas dúzias de aves e encontraram mais de cem ovos para o café-da-manhã.

Desde que não havia médico residente, pediram a Cook que tratasse dos enfermos. Portando sua maleta de médico, fez visitas aos domicílios e até realizou uma pequena cirurgia num esquimó — retirando um fragmento de osso de um braço quebrado e mal curado.

Na manhã seguinte partiram, percorrendo lentamente o caminho, através do gelo flutuante que marcava a entrada da espetacular baía

Mellville. Com interrupções e partidas, à medida que fosse possível transpor o gelo, continuaram a navegar. Durante várias tardes Cook, Astrup, Gibson e Henson mediram e serraram madeira com vistas à estrutura que planejavam erguer no acampamento de inverno.

No dia 14 de julho, depois de permanecer na ponte de comando enquanto o *Kite* forçava a passagem através do gelo, Peary desceu para se aquecer. Quando retornou ao convés, posicionou-se por trás da casa do leme para poder olhar por cima da popa. O navio realizava uma reversão do motor — manobra para a frente e para trás, usada com freqüência pelo capitão e perito em gelo, Richard Pike, no intuito de obter arranque e fazer com que a proa abrisse caminho no gelo.

Naquele instante, um pedaço grande de gelo obstruiu o leme. A roda do leme soltou-se das mãos do timoneiro, girando com tal rapidez que os raios tornaram-se invisíveis. Ao mesmo tempo, a cana de ferro do leme girou, atingindo a perna de Peary.

Josephine foi a primeira pessoa a se aproximar do marido. Encontrou-o apoiando-se com dificuldade no pé esquerdo, "pálido como se fosse morrer".[8]

— Não se assuste, querida — disse Peary, que mais tarde revelou que escutara um estalo na perna. — Machuquei a perna.

Peary foi levado ao camarote situado logo abaixo. Uma vez que estava gelado em virtude do acidente, aqueceram-no com cobertores e deram-lhe uma dose de uísque. Sua bota e as calças foram cortadas. Os dois principais ossos da perna direita estavam fraturados abaixo do joelho.

Cook, ao lado de vários médicos da Academia de Ciências Naturais, examinou a perna. Concluíram que a fratura era regular e, com facilidade, fizeram a redução. A perna foi apoiada numa caixa forrada de algodão, com espaço que permitisse acomodar o inchaço. Cook aplicou uma injeção de morfina em Peary, para que ele dormisse.

No dia seguinte, depois de verificar se havia infecção, Cook fez um curativo e adaptou uma tala reforçada à perna, para mantê-la imóvel. Disse a Peary que ficasse em repouso e não se apoiasse na perna durante um mês.

Durante as primeiras noites, Peary sofreu muito. Mais sedativos e analgésicos foram administrados; delírio e insônia se seguiram.

Noite e dia, Josephine e Cook alternavam-se para cuidar dele. Em dado momento, Josephine perguntou ao marido o que poderia fazer para que ele se sentisse melhor.

— Ah, minha querida, envolva a perna com gelo, até que se possa amputá-la![9]

Os comentários entre os integrantes da expedição giravam em torno da prudência em continuar a viagem, devido ao ferimento de Peary, que o deixara incapacitado. Mesmo Josephine admitiu que desejaria levá-lo "a algum lugar onde ele pudesse descansar".[10] Ninguém ousava abordar o assunto com Peary. Em resposta a qualquer pessoa que desejasse saber a sua opinião, Cook dizia que o líder da expedição teria uma recuperação total, e na primavera — ocasião em que a maior parte do trabalho da expedição seria realizado — ele estaria bem.

Nas primeiras horas do dia 26 de julho, Peary foi acordado pelo capitão Pike e informado de que o *Kite* encontrava-se diante da baía McCormick, a 3 quilômetros de distância do cabo Cleveland, e que devido ao gelo sólido ao norte não podiam prosseguir. O *Kite* logo teria de retornar, ou correria o risco de ficar preso no gelo até o ano seguinte.

Peary deu ordens ao grupo para desembarcar e montar acampamento.

Chegada a hora, o líder da expedição saiu carregado do navio, amarrado a uma prancha.

CAPÍTULO 3

Novatos no Ártico

Comparado às regiões que tinham visto ao longo da rota de mais de 1.600 quilômetros que percorreram litoral acima, o local onde foram parar era desolado. Embora, com a chegada da primavera, estivessem preparados para explorar a Groenlândia setentrional, aparentemente, havia poucas perspectivas de caça e nenhum sinal de nativos na região.

Na primeira noite em terra firme, uma barraca foi armada e nela foram estocados alguns suprimentos. Todos, exceto Peary e Josephine, remaram de volta ao navio para buscar outro carregamento mas, antes de retornarem, entrou uma forte tempestade e a embarcação teve de se distanciar da costa. O casal passou a noite sentado em caixotes, na barraca de lona de 2m de altura por 3m de largura, que o vento rasgou, deixando que a chuva escorresse no interior. Josephine temia que qualquer barulho irreconhecível do lado de fora fosse causado por um urso polar prestes a irromper na barraca e devorá-los. Não tinham qualquer tipo de arma e o marido não estava em condições de enfrentar dificuldades. Sem querer preocupá-lo, nada revelou sobre seus temores. A certa hora da longa noite, Josephine ouviu alguns grunhidos e resfôlegos provenientes da praia. Cautelosamente, olhou para fora. Numa passagem de água diante do local onde se encontravam, várias baleias brancas brincavam. A jovem ficou fascinada com os movimentos graciosos dos animais; pareciam perseguir umas às outras como crianças brincando de pique.

Desde o início do dia seguinte, o trabalho foi intenso, depois que o equipamento restante foi descarregado, e o *Kite*, em meio a despedidas alegres e entusiásticas, iniciou a viagem de volta. O caixilho pré-fabricado para uma estrutura de dois quartos logo se ergueu sobre um terreno plano, coberto de pedras e areia, próximo a um córrego por onde escoava o gelo derretido. Depois de fechar a construção com tábuas e forrar as paredes com lona, batizaram a nova moradia com o nome de Red Cliff, referência a uma série de rochedos avermelhados, ao sul.

O quarto maior servia de alojamento para os homens e continha cinco beliches, um fogão, uma mesa comprida para as refeições, uma bancada e espaço para armazenamento. A mobília do quarto do casal Peary compreendia uma cama de casal por trás de um cortinado, uma estante com os livros da expedição e uma mesa pequena.

O grupo se encontrava na margem norte da baía McCormick, no litoral noroeste da Groenlândia. O gelo, fino em alguns lugares, cobria quase toda a baía. Em terra, grande parte da camada de neve invernal tinha derretido durante o verão. Quando os integrantes da expedição olharam mais atentamente, animaram-se ao encontrar flores e relva, alguns pássaros cantando e vestígios de animais pequenos para caça. Na baía viram focas e leões-marinhos, embora ninguém fizesse a menor idéia de como abatê-los para que servissem de alimento.

Novatos no Ártico, tinham chegado a um dos ambientes mais inóspitos da Terra e teriam de aprender a sobreviver. Nem Peary sabia como proceder no Extremo Norte — latitude 78 graus, à distância aproximada de mil quilômetros do Pólo. Na longa e difícil viagem anterior, chegara à região situada a 800 quilômetros ao sul, e a expedição durara apenas cinco meses, abrangendo o período do verão até o início do outono. Peary jamais passara o inverno no Ártico.

Ao começar a organizar a casa, Josephine logo percebeu que haviam esquecido de trazer uma vassoura. Logo improvisou o utensílio, usando penas de aves. Em vez de ir ao mercado, como costumava fazer na cidade onde morava, dirigia-se ao depósito de suprimentos e escolhia alimentos enlatados para as refeições do dia seguinte. Levava até a cozinha feijão ou ervilha, milho ou tomates e também pêssegos ou peras, ameixas ou damascos, deixando as latas congeladas numa prateleira próxima ao fogão para que descongelassem. Farinha, açúcar, chá e café eram transportados à cozinha em latas de 22 quilos. A alimentação seria complementada conforme os resultados de alguma caçada bem-sucedida, que poderia incluir carne de veado, preferida por todos, além de aves e urso; este último, por ninguém apreciado, foi logo retirado do cardápio. E ainda, diariamente, eram servidos biscoitos quentes e broa de milho. Cozinhava-se em fogões à base de querosene, ao mesmo tempo que o interior de Red Cliff era aquecido por estufas que consumiam carvão, do qual dispunham de amplo estoque proveniente do *Kite*.

Parte essencial do plano da expedição era obter a assistência de esquimós nativos que poderiam ajudar a construir trenós, viajar através do gelo e caçar, porque, além do aproveitamento da carne fresca, usava-se a pele e o couro dos animais na confecção das vestimentas de inverno. Havia também o interesse em se conseguir cães de tração.

O casal Peary trouxera de casa dois cães grandes da raça Newfoundland, embora Jack e Frank fossem domesticados e não servissem para caçar ou fazer qualquer tipo de trabalho. No caso de não encontrarem cães esquimós,* a idéia era que, na primavera, os integrantes da expedição puxassem os trenós através da superfície gelada do interior da Groenlândia, como acontecera, bem ou mal, nas expedições anteriores ao Ártico. No entanto, ninguém esperava realizar tarefa tão ingrata e exaustiva. Todos conheciam as histórias terríveis dos túmulos de gelo onde se encontravam os homens que puxaram trenós.**

---

* Esquimó é uma das raças de cães do Ártico. [N. da T.]

** Restos mortais de integrantes da expedição de *sir* John Franklin, que partiu em 1845 em busca da Passagem Noroeste, foram encontrados na ilha King William em 1859, 13 anos após o falecimento, numa trilha de gelo, atados aos trenós abarrotados — peso que chegava a quase mil quilos por trenó puxado por marinheiros britânicos — de objetos inúteis dos oficiais. O conteúdo incluía pratos de prata com monogramas, porcelana azul de Delft, suportes de bronze para cortinas, ornamentos para trajes militares próprios para cerimônias, tais como: bainhas para espadas e rendas douradas, medalhas de prata dos cursos de matemática e medicina que os oficiais receberam das universidades e até mesmo uma escrivaninha de mogno. [N. do A.]

Cook, na condição de segundo no comando, assumiu responsabilidades adicionais enquanto Peary estava acamado. Entre essas, a principal era encontrar nativos e persuadi-los a acampar nas proximidades. A maioria das expedições anteriores ao litoral da Groenlândia, inclusive aquelas dos norte-americanos Elisha Kent Kane, Adolphus Greely e Dr. Isaac Hayes, e as viagens feitas pelos britânicos, que pretendiam dar feição inglesa a todos os lugares por onde passavam, ignoraram o valor de utilizar o conhecimento e a experiência dos esquimós. Peary e Cook consideravam tal atitude um equívoco.

Uma baleeira foi equipada para a viagem em busca de sinais da presença de nativos. Gibson e Astrup, remadores e caçadores experientes, integravam o grupo; Verhoeff também os acompanhava. Josephine e Henson ficaram em Red Cliff para cuidar de Peary que, depois de se ver obrigado a permanecer no leito, tornou-se um paciente difícil.

A baleeira passou por uma ilha onde se destacava um enorme rochedo negro. Numa das fendas da pedra havia uma grande colônia de pássaros, principalmente patos. O grupo aproximou-se em silêncio. Quando os pássaros se assustaram e levantaram vôo, os homens ergueram as armas e fizeram disparos contra a nuvem em movimento. Os estampidos ecoaram pelas pedras ao mesmo tempo que ondas de pássaros caíam do céu. As aves foram retiradas da superfície da água, e a maior parte transportada em bolsas de lona até a embarcação.

Antes de chegarem ao litoral, houve uma discussão entre Gibson e Verhoeff quanto ao número de pássaros atingidos. Quando Verhoeff, que tinha um temperamento irritadiço, acusou o grandalhão de ser mentiroso, Gibson agarrou-o pela parte de trás do colarinho e atirou-o ao mar, como se ele fosse uma carga indesejável.

Ancorando numa enseada onde havia uma praia, Gibson preparou uma fogueira com sobras de madeira. Fazia 24 horas que estavam no mar, não tinham muito que comer e dormiam pouco, sem dúvida os motivos da tensão. Enquanto o infeliz Verhoeff se aquecia após o mergulho, patos eram assados. Comeram como glutões e dormiram profundamente sobre a areia, ao redor da fogueira.

Horas mais tarde, assustado, Verhoeff despertou todos, dizendo que vira um urso próximo aos rochedos. Cada qual agarrou sua arma, preparado para se defender do saqueador, quando detrás das pedras surgiu um homem moreno, baixo. Este, assustado com a recepção, escondeu-se rapidamente. As armas foram deixadas de lado. Tentando demonstrar simpatia, os integrantes do grupo conversaram, riram, atiçaram o fogo e acrescentaram mais patos ao espeto. O homem reapareceu e aproximou-se, com cuidado.

— *Chimo* — disse ele, com um sorriso estranho. Parecia uma saudação.[1]

Vestia um traje feito de peles de pássaros costuradas, as penas em contato com o corpo, para aquecer. Por cima usava uma pele de foca, com a parte dos pêlos para fora, e um capuz bem ajustado, preso ao pescoço. Aparentemente, não portava arma, nem mesmo uma faca. Como era possível andar desarmado naquele território selvagem? Será que os companheiros daquele nativo estavam armados, escondidos por trás dos rochedos?

Ao fazer essas ponderações o grupo se sentia vulnerável. Eram apenas quatro indivíduos e não tinham ao seu dispor uma embarcação grande. Histórias a respeito de "selvagens" no Extremo Norte não mencionavam receptividade, embora não houvesse registro de hostilidade. Algumas vezes, os nativos visitavam navios e aceitavam presentes, mas acabavam se isolando. Seu idioma era diferente daquele falado pelos esquimós ao sul da Groenlândia e, por várias razões, sentiam-se isolados de outras tribos e autoconfiantes no ambiente hostil. Durante as ocasiões em que o *Kite* se deteve, acima do cabo York, avistou-se alguns desses nativos arredios, mas os esforços de interagir com eles não foram bem-sucedidos.

O visitante falou mais um pouco e sorriu. Os integrantes do grupo também falaram e sorriram. Um lado não entendia o outro. Mas a linguagem corporal era eficaz. Os homens ofereceram ao esquimó um pato assado, o que o agradou. Aparentemente, o nativo gostou do café que provou, mas cuspiu uma colher cheia de feijão cozido.

O visitante media pouco mais de 1,50m. Gibson era, aproximadamente, 30 centímetros mais alto que ele. O nativo olhava admirado para o homem alto, branco. Daí em diante, Gibson fez a maior parte das tentativas de se comunicar, pois parecia boa idéia deixar o homem mais alto falar.

De súbito, o esquimó voltou-se, caminhou depressa na direção dos rochedos e desapareceu. Foi decidido, por questões de diplomacia e segurança, que ninguém o seguiria. Quando o visitante reapareceu, tinha ao lado uma jovem de 1,20m de altura e cabelos longos e negros presos num coque atrás da cabeça. Tinha o mesmo tom bronzeado da pele do companheiro e, semelhante a ele, as maçãs do rosto eram salientes e os olhos amendoados. Os dois se aproximaram de mãos dadas, como namorados. A mulher usava o mesmo tipo de roupa, combinando peles de pássaros e foca, e ainda calças de pele de raposa que se prendiam nas botas de cano alto feitas de couro de foca curtido.

— *Ah-ting-ah?* — ela perguntou a um dos homens do grupo, olhando-o fixamente. Uma vez que não extraía a resposta, dirigiu-se ao próximo homem.

— *Ah-ting-ah?*

Depois que os quatro deixaram de responder, a jovem voltou a indagar ao primeiro.

Ofereceram-lhe comida e presentes, mas ela não aceitava.

— O que esta mulher tola está dizendo? — perguntou Gibson discretamente.

— É maluca — disse Astrup entre dentes.

A jovem continuou, mais decidida que nunca a obter uma resposta. Aproximou-se de Verhoeff que era baixo e magro, mais próximo ao seu tamanho, segurou firme a lapela de seu casaco e insistiu.

— *Ah-ting-ah?*

E então o empurrou delicadamente e disse quase num tom de flerte:

— *Ah-ting-ah.*

Gibson teve uma idéia. De frente para a mulher, olhou nos seus olhos negros e apontou para ela, repetindo o que ela dissera.

— *Ah-ting-ah?*

— Manee — respondeu ela.

Em seguida apontou para o esposo e disse:

— Ikwah.

O tempo todo Manee tinha perguntado os nomes deles. Provavelmente, considerou-os muito estúpidos, refletiu Cook, homens que não sabiam dizer seus nomes.

Cook logo deduziu que *ah-ting-ah* significava "Qual é o seu nome?" e "Como se chama isto?". Quando ele segurou uma pedra e disse "*Ah-*

ting-ah", Manee informou-lhe como se dizia pedra no seu idioma. Era um começo rudimentar de comunicação, mas era um começo. Mais palavras foram aprendidas em meio a sorrisos.

Em seguida, Manee e Ikwah foram até os rochedos e de lá trouxeram duas meninas; um bebê, usando na cabeça um gorro feito de pele de foca, vinha às costas de Manee, numa bolsa forrada de pele de raposa-azul; e uma menina, vestindo várias camadas de roupas como seus pais, tinha o ar tímido e ficava de mãos dadas com a mãe.

Na areia, Cook desenhou um mapa da baía e mostrou a posição do acampamento. Ao que tudo indicava, o diagrama foi compreendido. Ainda por meio de linguagem de sinais, foi feito um convite. O casal conversou e acenou, concordando. O casal de esquimós, as crianças e todos os seus pertences logo se acomodaram na baleeira.

Na viagem de volta, numa ilhota próxima à praia, avistou-se um povoado nativo, na realidade, uma série de barracas onde aquela gente passaria o verão. Foi feita uma parada, e no local encontraram 25 residentes, entre eles, homens, mulheres, crianças e, aproximadamente, cem cachorros. Os homens brancos, estando na companhia da família esquimó, foram logo aceitos. Passaram vários dias caçando na terra e no mar com os moradores da região. Cook convidou todo o vilarejo a atravessar a baía quando o gelo se solidificasse e a acampar perto deles.

Caçadores esquimós que têm família não vão a lugar algum sem as mulheres, filhos, cachorros e tudo que possuem. Considerando as características da vida sobre a calota de gelo, não saberiam dizer quando ou se teriam condições de voltar de um lugar distante para reencontrar alguém ou alguma coisa que deixaram para trás. Importante também é o fato de um homem e uma mulher formarem uma parceria, no que concerne à sobrevivência. Homens caçam, pescam e constroem abrigos, enquanto mulheres cozinham, preparam as peles dos animais e confeccionam roupas. Dependem um do outro para assegurar uma vida aceitável em vista das condições adversas.

Quando o grupo de exploradores voltou a Red Cliff com a família esquimó, Peary alegrou-se e congratulou Cook.

— Se uma família de esquimós estiver em nossa companhia — disse a Cook —, outras virão, logo que determinarmos o que podem fazer.[2]

A cada manhã, um grupo saía para caçar e, sob as instruções de Ikwah, os resultados eram bastante satisfatórios — a cabeça empalhada de um caribu logo passou a decorar a parede em Red Cliff, e carne de veado tornou-se um prato costumeiro. Josephine, com seu revólver Colt, calibre 38, fez questão de acompanhar o grupo, e demonstrou ter boa pontaria, deixando os homens impressionados. Ikwah, em particular, veio a ser um admirador ardoroso. Certa vez, ao entardecer, abraçou Josephine, que era muito mais alta que ele. De início ela interpretou o gesto como demonstração de amizade, mas logo se tornou evidente que o pequeno caçador esperava que Peary honrasse o costume esquimó de compartilhar as esposas com os visitantes. Quando Cook lhe explicou que entre os brancos não havia o costume de trocar as mulheres e que portanto não seria possível, Ikwah ficou muito decepcionado.

Uma caçada quase no final de agosto por pouco não terminou em tragédia. Quando se encontravam na baleeira, Josephine, Cook, Astrup, Gibson, Verhoeff e Ikwah aproximaram-se de um bando de morsas que descansavam sobre blocos de gelo flutuante. O grupo já havia capturado, sem dificuldade, morsas isoladas ou em bandos pequenos, mas tal exército composto de uma centena de animais decidiu lutar. Rosnando, as feras atacaram de todos os lados tentando agarrar com as presas as laterais da embarcação, que corria o risco de virar. Em pânico, os caçadores atiraram em defesa própria, e uma bala abriu um buraco na massa de gelo acima da superfície da água. O tempo todo Josephine, mantendo o sangue-frio, recarregou e passou adiante as armas. No final, tinham matado um grande número de morsas, embora só conseguissem se apoderar de uma carcaça que pesava cerca de 180 quilos. Com uma faca pequena, Ikwah retirou a pele e cortou pedaços que foram levados ao acampamento.

O sol se pôs no início de outubro e durante meses não retornou. Embora a escuridão constante tornasse muito perigosas as viagens, em algumas noites era possível percorrer a superfície gelada à luz da lua. Agora que o gelo da água do mar da baía tornara-se resistente, os esquimós da ilha fizeram a travessia; homens, mulheres e crianças, levando trenós e cães, reuniram-se à comunidade cada vez maior. Presentes foram oferecidos — facas para os homens, agulhas para as mulheres e um espelho pequeno para as crianças, que se revezavam fazendo caretas.

Mais esquimós passaram a participar das caçadas. Conseguiam abater focas, morsas e renas, o que garantia o fornecimento de carne para a alimentação, óleo para combustível e peles para a confecção de roupas. Manee e as outras mulheres esquimós que, assim como os caçadores, compenetravam-se de suas tarefas, ofereciam serviços em troca de pequenas gentilezas. Curavam as peles à maneira tradicional — mastigando o lado da pele sem pêlo até que amolecesse e ficasse macia como camurça — e davam início à fabricação de roupas para o inverno. Mesmo utilizando ferramentas rudimentares, como ossos de animais e madeira de balsa, usados na falta de agulhas, conseguiam dar vinte pontos no espaço de dois centímetros e meio, mesmo no couro mais espesso; utilizando agulhas de aço, demonstravam a habilidade de um exímio cirurgião. Produziam luvas, meias e calças, tudo de pele, e conjuntos de calças e casacos de inverno, de couro.

Peary já não precisava das muletas que Cook fizera para ele, e caminhava sozinho, embora devagar. A atitude do líder melhorou, consideravelmente, à medida que ele podia outra vez supervisionar atividades. Sentia prazer em ter ao seu comando a comunidade vibrante de esquimós que trabalhava para ajudá-lo a cumprir a missão no Ártico. Embora gostasse deles e os admirasse, e se sentisse menos ofendido por seus costumes e códigos morais do que muitos exploradores que consideravam que os esquimós deveriam ser convertidos ao cristianismo, Peary acreditava que os nativos davam à vida o mesmo valor instintivo que daria uma raposa ou um urso. De fato, Peary demonstrava pouco interesse em conhecer a cultura, as crenças ou mesmo a língua dos nativos, preferindo que Cook e outros fossem seus intérpretes.

Os esquimós, que residiam nas imediações, em iglus construídos para o período do inverno, receberam permissão de entrar no salão da Casa Red Cliff, agora quase coberta pela neve, mas bem aquecida. Naquele inverno, sem formalidade, deu-se um intercâmbio cultural, pois cada grupo aprendeu o idioma do outro e ouviram-se histórias. Todos cantaram, dançaram e fumaram juntos. Para o constrangimento de Josephine, as mulheres nativas tinham o costume de retirar a parte de cima da roupa quando estavam dentro de casa (os homens esquimós faziam o mesmo) e, sem maiores preocupações, ficavam sentadas em qualquer lugar, com os seios à mostra.

Com grande interesse, Cook retomou os estudos etnológicos, fazendo anotações detalhadas das descobertas. Estudioso assíduo da linguagem local, adicionava palavras e frases a uma lista que lhe servia como dicionário. Costumava visitar os nativos nos iglus e conversava sobre sua vida, costumes e mitos. Certa vez, quando riam e brincavam a respeito da diferença de altura entre o branco mais alto e o caçador nativo mais baixo, um esquimó de oitenta anos comentou:

— A diferença entre os homens não está na distância em que se encontram do céu, nem no comprimento de seus intestinos, mas de como uma idéia entra e sai de suas cabeças.[3]

No entender de Cook, tal afirmação deu novo enfoque à "sabedoria popular universal". Jamais a escutara tão bem expressa.

Imerso naquela cultura, Cook já se parecia com um esquimó; deixou de cortar o cabelo e trocou as roupas de lã pelas peles mais quentes que os nativos usavam no inverno. Através deles soube que não adotavam qualquer forma de governo, conselho, nem possuíam chefes tribais. Não tinham sacerdotes e seus conceitos de religião eram elementares, a maioria relacionada a espíritos maus. Não acreditavam ter sido criados por um deus onipotente, embora tivessem a própria versão de Adão e Eva e da criação. Segundo a tradição esquimó, houve um dilúvio que dizimou quase toda a espécie humana. Um homem sobreviveu e mais tarde, encontrando-se numa montanha, bateu numa pedra com um bastão de madeira. A pedra transformou-se numa mulher. Esse casal deu origem a todos os seres humanos. Para o esquimó, a noção de Paraíso vinculava-se ao conforto. O Paraíso, conforme a descrição feita pelos nativos, era um local onde a paisagem era acidentada como aquelas às quais estavam acostumados, mas com sol eterno, riachos de águas límpidas e morsas, renas e aves em quantidade. Não tinham leis, nem tribais nem de qualquer outro tipo — cada família era regida pelo homem, que podia resolver, mediante o consentimento de outro homem casado, trocar de mulher. Caso não se chegasse a um consenso, os homens lutavam e o vencedor ficava com as duas mulheres.

Naquele inverno, Peary começou a fotografar cada indivíduo da comunidade de nativos. Homens, mulheres e crianças eram trazidos ao interior de Red Cliff, um de cada vez, e depois de se despirem, conforme solicitado, posicionavam-se diante da parede próxima ao fogão, que era mantido aceso. Do meio da sala Peary fotografava-os de frente, de costas e de perfil com uma câmera fornecida por Eastman Kodak, enquanto Henson cuidava da iluminação, erguendo um lampião a gás. Desse modo, nativos cujos nomes eram Nipzangwa, Oongwah, Klayuh, Tungwee e Meyuk foram fotografados à distância de um metro. Os esquimós ficavam intrigados diante de tal rotina, especialmente quando lhes explicavam que seus corpos seriam comparados àqueles de pessoas de outras regiões do mundo. O projeto parecia-lhes razoável, embora alguns nativos, desorientados com a tradução, às vezes achassem que o verdadeiro propósito do procedimento seria a criação de um novo povo.

Cook, que tomava medidas de cada indivíduo, observou que o corpo de um esquimó oferecia defesas naturais contra o frio. Partes suscetíveis ao congelamento, como, por exemplo, nariz, orelhas, mãos e pés, eram de tamanho reduzido. E ainda, a compleição corporal portava uma camada de tecido adiposo — a definição muscular era inexistente — que ajudava a reter o calor. O homem padrão media 1,54m e pesava 61 quilos; a mulher do tipo médio tinha 1,40m de altura e pesava 53 quilos. Os homens, do mesmo modo que as mulheres, mantinham os cabelos compridos, que podiam cobrir seus rostos para proteger a pele, quando o frio fosse excessivo.

Com o nascimento de bebês, no território esquimó, durante aquele inverno, Cook ficou sabendo que o atendimento de um médico não era nem requisitado, nem desejado. A sobrevivência do mais forte começava no nascimento. Quando uma mulher entrava em trabalho de parto e estava prestes a dar à luz, era conduzida a um iglu onde permanecia sozinha com a quantidade suficiente de óleo, gordura de baleia e carne congelada para duas semanas. Se ela sobrevivesse e o choro do bebê fosse ouvido, os demais se aproximavam para dar assistência à mãe e à criança. Se tudo silenciasse no iglu, este era fechado para sempre.

Quanto aos bebês que nasciam, Cook observou que nos dois primeiros anos a criança não usava roupa nenhuma da cintura para baixo e era carregada dentro de uma sacola às costas da mãe, junto ao calor do seu corpo. Uma criança era amamentada durante quatro ou seis anos, ou até que a mãe tivesse outro bebê; normalmente a diferença de idade entre as crianças era de quatro anos. Quando nasciam gêmeos, ambos eram mortos, pois se considerava impossível que a mãe carregasse e cuidasse de duas crianças. Quando morria a mãe ou o pai de uma criança com menos de três anos de idade, esta era estrangulada com uma tira de couro de foca. O gesto não era considerado cruel ou desapiedado e sim a fatalidade mais rápida que poderia se abater sobre tal criança diante de um mundo implacável. Ter pai e mãe era fator decisivo para uma criança, escreveu Cook, "numa região onde não existe animal ou vegetal vivos, durante meses seguidos, para se manter uma família. É preciso que estejam presentes o pai para caçar focas e a mãe para criar o bebê, até que ele tenha idade suficiente para cuidar de si mesmo. Todos os esquimós lamentam o costume que lhes foi transmitido pelos ancestrais, mas admitem sua necessidade".[4]

Cook mergulhou em todos os setores da vida no Ártico. Aprendeu com Astrup a usar os esquis e os sapatos de neve, e com os esquimós assimilou as técnicas para a construção de iglus e trenós, e como conduzir um grupo de cães meio selvagens, semelhantes a lobos. Também procurava aprimorar o manejo do rifle. Embora a maioria dos integrantes do grupo já tivesse participado de caçadas, Cook ainda não havia atirado num veado ou qualquer outro animal de porte. Certa manhã, quando um bando de renas se aproximou, Cook "cobriu-se de glória", de acordo com Peary, ao derrubar cinco animais, batendo o recorde de maior número de abates no mesmo dia.[5]

Durante a longa noite invernal, o médico observou que os integrantes da expedição pareciam anêmicos, a pele apresentando coloração esverdeada. Cook reconheceu o sintoma de escorbuto, doença debilitante e quase sempre fatal que costumava afetar marinheiros, exploradores dos pólos e outros, cujas dietas eram deficientes. Embora, na ocasião, não se chegasse a um acordo quanto à causa precisa, alguns atribuíram o distúrbio a fatores externos, tais como a falta de atividade física.* O escorbuto, em estágio avançado, era traiçoeiro; a dor incidia nos pés e nas pernas, inutilizando-os; manchas marrons cobriam os membros inferiores, e os ossos das pernas escureciam; gengivas apodreciam devido às feridas, e o nariz sangrava sem cessar.

Descrições da doença constavam de textos antigos da Grécia, Roma e China, embora os primeiros casos tenham sido documentados por ocasião das Cruzadas, no século XIII. Durante as guerras napoleônicas, os planos de Bonaparte incluíam atrair a frota britânica às Índias ocidentais, onde ele supunha que uma longa batalha haveria de predispor os combatentes ao escorbuto, incapacitando a força de combate. Mas a Marinha britânica já havia abastecido a frota com grande suprimento de suco de limão, que era, comprovadamente, um método seguro de se prevenir a doença, e Horatio Nelson exigiu mais estoques de suco para as tripulações. Ao mesmo tempo, a frota francesa, destituída de preventivos contra escorbuto, foi dizimada e, afinal, derrotada. O escorbuto causou sérios problemas de saúde nos campos de prisioneiros de guerra, tais como Andersonville, durante a Guerra Civil, e assolou a maioria das expedições árticas do século XIX, inclusive a expedição Greely, de 1881, em que a doença concorreu com a desnutrição como a causa principal das mortes.

Examinando os esquimós, Cook constatou que a cor de sua pele era normal e que não apresentavam outros sintomas característicos. Reconhecendo que a alimentação diferia bastante entre os dois grupos, concluiu que o grupo da expedição deveria procurar se alimentar como os nativos, que ingeriam carne crua freqüentemente.

— Brancos contraem escorbuto. Esquimós, não — disse a Peary, perguntando-lhe de maneira retórica por que não deveriam aprender com os nativos a lição vital.[6]

---

* Em 1912, a ciência determinou, de uma vez por todas, que o escorbuto era causado por deficiência alimentar. Daí em diante, teve início uma pesquisa intensa nos laboratórios dos Estados Unidos e da Europa no intuito de buscar o componente químico da deficiência. Finalmente, foi comprovado que a doença era causada pela falta de vitamina C, descoberta do cientista húngaro Albert Szent-Györgyi, da Universidade de Cambridge, agraciado em 1937 com o Prêmio Nobel de fisiologia e medicina. [N. do A.]

Peary afirmou que tinha muito a aprender com os esquimós, "mas não o que dizia respeito à alimentação. Só comem carne, quase sempre crua, o que para nós é desagradável. Precisamos de uma alimentação civilizada".

— No processo de cozinhar e preparar conservas, algo essencial de nossas vidas é, em parte, destruído — argumentou Cook. — O efeito em todos nós, brancos e tolos, é o mesmo, enquanto os esquimós esbanjam saúde. Carne crua é a solução.

— Se eu tiver de comer carne crua, vou-me embora deste lugar — disse Peary, encerrando a discussão.

Por conta própria, Cook passou a incluir carne crua em sua dieta.

O isolamento em Red Cliff acabou gerando irritabilidade. Gibson e Verhoeff continuavam a se desentender; este último passou a ter aversão ao casal Peary; Josephine, cada vez mais aborrecida com a imundície da casa; os homens irritados devido às normas quanto ao modo de vestir e às boas maneiras impostas pela presença da jovem; quanto a Henson, geralmente era alvo de desconfiança por parte dos demais, que o julgavam um espião, pronto para correr e contar a Peary o que ouvia no meio deles.

Para escapar do confinamento, Cook costumava passar a noite ao relento, no saco de dormir de couro de rena que Manee fizera para ele, expondo-se à temperatura de 50 graus negativos. Por uma pequena abertura, Cook observava os "céus estrelados e frios" e refletia sobre a evolução do universo; assim libertava a mente de preocupações menores.[7] Em noites como aquelas, sob "raios de luz que viajaram milhões de anos ou mais", Cook podia apreciar a solidão na atmosfera tranqüila do Ártico.

No final de janeiro, ao sul, o céu começou a clarear. Segundo Cook observou, a perspectiva do retorno do sol trouxe esperanças para todos, à medida que o mundo se expandia além das quatro paredes de Red Cliff, para a imensidão ao ar livre.

Josephine, que experimentara uma "sensação sinistra" durante os três meses de escuridão, vibrou com a volta da luz solar, observando que "tudo cintilava [...] como se fosse numa terra encantada".[8]

Peary não via a hora de poder se movimentar. Em meados de fevereiro, na companhia de Cook e Astrup, escalou uma elevação de 600 metros acima da ponta da baía McCormick, a fim de analisar as condições do gelo e observar o sol nascente de 1892. A jornada foi também o primeiro teste com a perna restabelecida, que se manteve firme. Para os demais, no entanto, o exercício foi exaustivo; as batidas de coração aumentaram a ponto de assustar e a respiração começou a falhar desde o início. Cook diagnosticou que a queda de resistência resultava da inatividade durante o inverno e estimou que em duas semanas haveriam de recuperar o condicionamento físico.

Josephine queria muito colaborar com a pesquisa de campo realizada pelo marido, fosse no levantamento topográfico de golfos e baías ainda inexplorados, ou no estudo dos nativos, que de início descreveu como "um povo pequenino e estranho" que "mais se parecia com animais selvagens".[9] Ficava horrorizada diante do aspecto sujo dos nativos, do cheiro de óleo que exalavam, este último um "odor rançoso de peixe", ao qual não era fácil se acostumar. A idéia dos esquimós tomarem banho duas vezes por ano deixava-a escandalizada. Os nativos retiravam a sujeira gordurosa esfregando no corpo um couro de pássaro que em seguida era pendurado, para congelar, e sovado com um osso de foca, para que os resíduos se desprendessem. Mesmo assim, Josephine deixou-se cativar pela cordialidade dos esquimós, que jamais tinham visto uma mulher branca. "*Suna koonah*"? (qual de vocês é a mulher?), perguntou-lhe uma nativa.[10] Estabelecido o gênero, Josephine tornou-se alvo da admiração geral.

Ao se encontrar com Josephine pela primeira vez, as mulheres esquimós sempre reagiam da mesma forma: ficavam curiosas diante do seu modo de vestir. Josephine trajava os mesmos vestidos e saias longas que costumava usar na cidade de onde viera, embora acrescentasse várias peças por baixo dessas roupas, para melhor se aquecer. Adotou o costume nativo de usar meias compridas de couro de veado com o pêlo voltado para a parte interna, e botas de pele curtida de foca, que ela considerava muito confortáveis e quentes. A temperatura abaixo de zero, de fato, não a perturbava; tinha sentido mais frio em Nova York. Ela supunha que o fenômeno ocorresse em virtude do ar seco da Groenlândia.

Quase sempre, um grupo de nativos — homens e mulheres — reunia-se do lado de fora da cozinha para observar pela janela o modo como Josephine cozinhava. A idéia era estranha para eles, pois não tinham horário predeterminado para as refeições; comiam quando sentiam fome, se houvesse comida. Visto que só comiam carne, crua ou aferventada, e nada que se assemelhasse a pão ou legumes, uma refeição que constava de vários pratos, para eles, era novidade.

Certa vez, um caçador esquimó perguntou-lhe com toda seriedade se todas as mulheres do lugar de onde ela se originara eram também preguiçosas. Enquanto as nativas faziam a maior parte do trabalho, exceto caçar, Josephine não levava para dentro de casa nem gelo nem água, não confeccionava botas para os homens, não curtia as peles dos animais mortos na caçada. A mulher nativa, além de cuidar das crianças, mantinha acesa, noite e dia, uma lamparina à base de óleo de baleia, o único recurso de iluminação e calor, e quando o marido voltava de uma caçada e retirava as botas de pele, ela mastigava-as para mantê-las macias e flexíveis por dentro. Em comparação, segundo observavam, Josephine não fazia outra coisa além de brincar com as panelas no fogão.

Às vezes tinha a sensação de estar vivendo noutro mundo, isolada de toda a civilização. Certo dia, durante uma caminhada, quando a primavera já se aproximava trazendo a claridade, encontrou, para sua surpresa, uma pequena margarida. Josephine quase chorou; era como se tivesse cruzado o caminho com uma grande amiga.

Foi necessário um mês para finalizar a montagem do equipamento da expedição e desenvolver técnicas de viagem com grupos de homens e cães trabalhando em conjunto. Em março ocorreu um atraso devido ao mau tempo, e em abril um estoque de provisões foi armazenado numa geleira do interior da região, a 40 quilômetros da costa. O projeto envolvia o transporte de carga sobre o gelo, de um ponto situado ao nível do mar até um local a 760 metros de altura. Cook encarregou-se da tarefa enquanto Peary ficou em Red Cliff, reunindo forças para a viagem em vista.

Finalmente, o grupo de exploradores, integrado por Peary, Cook, Astrup e Gibson — Verhoeff permanecera com Josephine —, deixou o novo depósito de suprimentos para sondar o interior desconhecido, missão que levara a expedição a se formar há mais de um ano.

Passados alguns quilômetros do ponto de partida, os caçadores esquimós, em massa, estancaram, recusando-se a se aventurar no interior da Groenlândia e, temerosos, explicaram que aquele território pertencia aos mortos, e lá residiam os maus espíritos. Contrariado, Peary mandou-os de volta com Henson, que sentia dores no calcanhar congelado e não conseguia ir adiante.

Cook perguntava a si mesmo se os esquimós tinham conhecimento de alguma coisa que eles ignoravam: o interior da Groenlândia era "uma das regiões mais desgraçadas da Terra", onde os ventos congelavam os ossos e os céus vibravam com uma luz estranha.[11] Parecia uma terra de demônios imortais, um lugar impróprio à vida humana.

Os quatro homens penetraram naquele mundo isolado. Quando interrompiam a marcha, construíam um iglu, conforme tinham aprendido com os nativos. Foi por pouco que escaparam ilesos, várias vezes, quando os abrigos desmoronaram em cima deles. Numa outra ocasião, quase foram sufocados enquanto dormiam porque não havia ventilação suficiente e o ar ficou saturado devido à condensação da respiração dos quatro homens. Cook acabou se convencendo de que algumas mortes misteriosas nas regiões árticas, atribuídas a causas diversas, na verdade teriam resultado desse tipo de ventilação falha, que causaria morte por sufocação quando um indivíduo estivesse adormecido.

Deram prosseguimento à viagem através de regiões cobertas de gelo, levando três trenós bem carregados. Todos, exceto Peary, guiavam um grupo de cães, seguindo um passo atrás do trenó, agitando um chicote principalmente para intimidar. Quanto aos cães, agora sem o comando dos guias nativos, e nas mãos de novos condutores, não foram facilmente controlados no início, e o ritmo da caminhada tornou-se mais lento, completando-se percursos que não ultrapassavam alguns quilômetros durante um dia inteiro. Peary caminhava na frente, indicando o caminho, prosseguindo quando a caravana era interrompida, para que os homens erguessem os trenós, passando-os por cima de sulcos profundos no gelo.

Quando um dos cachorros maiores escapou dos arreios, o animal seguiu o grupo por vários dias, esquivando-se de qualquer tentativa de captura. Finalmente, Astrup, usando esquis, e Cook, raquetes de neve, tocaram o animal solitário de volta ao acampamento, onde os outros cães, depois de um dia de trabalho, estavam sendo alimentados. Peary e Gibson, com um cobertor nas mãos, lançaram-se sobre o desertor, e Peary foi mordido na mão.

Uma vez que não estava nevando, estenderam os sacos de dormir sobre os montes de neve. Prometendo preparar um prato quente que deixaria todos de bom humor, Cook utilizou um esqui de pinho que se quebrara para acender uma bela fogueira. E manteve a palavra, "pois raramente" — comentou Astrup mais tarde — "algum de nós tivera a oportunidade de saborear uma refeição com tanto prazer como naquela ocasião. [...] O Dr. Cook possuía o dom de preparar uma boa refeição a partir de ingredientes incomuns".[12]

Assim que as tempestades atenuaram-se e as equipes de homens e cães puderam trabalhar com mais facilidade, o grupo passou a cobrir a distância média de 12 quilômetros por dia. Ao alcançarem um ponto situado a cerca de 200 quilômetros da baía McCormick, decidiram parar. Naquele ponto, Peary anunciou que dali em diante levaria apenas um homem com ele. Falou dos riscos que poderiam correr e pediu um voluntário. Cook logo deu um passo à frente. Segundos depois, Gibson e Astrup adiantaram-se.

Mas o médico sabia que não poderia prosseguir. Peary conversara com ele em particular, antes da partida, e explicara que na sua ausência gostaria de deixar Cook responsável por Red Cliff. Se Peary não retornasse da perigosa viagem ao interior, Cook tinha instruções para tomar as providências necessárias visando à segurança e ao bem-estar de Josephine e dos outros.

Para acompanhá-lo, Peary escolheu Astrup, o mais forte e experiente, em se tratando de solo congelado. Astrup não escondia a grande admiração por Peary.

Depois de descansar e fazer uma refeição, os dois grupos tomaram direções opostas. Peary e Astrup, com dois trenós carregados com quase meia tonelada de suprimentos e puxados por 13 cachorros, prosseguiram através da superfície árida e gelada; Cook e Gibson, com um trenó puxado por dois cães, levando uma carga leve de suprimentos para duas semanas, voltaram a Red Cliff.

Josephine ocupava o tempo caçando e praticando tiro ao alvo com Henson e os esquimós. Fazendo uso de seu revólver de seis tiros e mirando uma lata à distância de 12 metros, o melhor entre os esquimós acertou três vezes, Henson nenhuma, e Josephine cinco.

Os dias agora eram longos, e extensas passagens de água surgiam na baía. Os esquimós aproveitavam o reaparecimento da fauna marinha para caçar focas, morsas, narvais e baleias brancas.

No dia 30 de maio, um cão chegou mancando ao acampamento. Era Devil Dog, animal grande e forte; antes da partida, Peary escolhera-o para ser o guia que traria de volta o trenó do grupo de apoio. Estava em péssimas condições, mal podia andar e, evidentemente, fazia uma semana que não se alimentava. A chegada do cão desertor fez Josephine e os demais pensarem que o pior havia ocorrido aos quatro homens que tinham seguido para o interior contra a vontade dos esquimós.

Peary dissera aos que permaneceram em Red Cliff que aguardassem o retorno do grupo de apoio em meados de maio, mas o mês já havia terminado. Mais três dias de "suspense intenso" e nenhuma notícia; Josephine não pôde evitar a "desagradável sensação de ter maus presságios", ao mesmo tempo que se sentia "totalmente inútil".[13]

O pesadelo terminou no dia 3 de junho, quando Cook e Gibson chegaram, trazendo um trenó quase vazio puxado por um cachorro. Cook segurou, afetuosamente, as mãos de Josephine. Disse-lhe que quando deixaram o grupo avançado há duas semanas, tanto Peary quanto Astrup estavam em boas condições físicas e mentais, e faziam o percurso sem dificuldade.

Teve início uma espera mais longa, que poderia durar dois meses, Josephine bem o sabia. Na verdade, parecia que um ano se passara, tal a ansiedade e a preocupação. "Jamais em minha vida", escreveu, "sentira-me tão só e desamparada."[14]

No entanto, sua força de vontade era tão forte quanto a do marido, e compartilhava com ele a noção de destino. Os dois se completavam; os surtos de depressão e pessimismo que a acometiam eram compensados pelo otimismo ilimitado e pelo entusiasmo de Peary. Ele a animava quando ela se achava deprimida; ela o trazia de volta à realidade.

Agora, além de esperar que Peary alcançasse seus objetivos com toda segurança, o desejo mais intenso de Josephine era que ele e Astrup chegassem a tempo de todos voltarem para casa no navio que viria buscá-los no final do verão. A demora poderia acarretar a permanência durante outro inverno.

Enquanto isso, os esquimós, sem a intenção de serem maldosos, afirmavam que o destino dos dois homens brancos no gelo fora selado pelos maus espíritos — Peary e Astrup não voltariam vivos do reino da morte.

CAPÍTULO 4

MORTE NA GELEIRA

COM A CHEGADA DOS DIAS DE VERÃO correu o boato de uma revolta dos esquimós. Henson escutou dois caçadores nativos, Kyo e Koolootingwah, conspirarem o assassinato de um dos americanos, embora não se soubesse ao certo quem seria a vítima.

Numa reunião a meia voz em Red Cliff, Henson, assustado, relatou a ameaça. Josephine descartou a possibilidade de uma rebelião, supondo que Henson teria interpretado de maneira errônea o que disseram os esquimós no idioma nativo.

Cook concordava que os nativos não eram de natureza belicosa. No entanto, ele mesmo tivera um desentendimento com Kyo, quando este se envolveu com a transferência de suprimentos durante uma operação de apoio ao grupo de exploradores. Kyo tinha demonstrado preguiça e tamanha má vontade durante a semana de trabalho que, ao chegar a hora de dar a cada nativo o pagamento de um engradado de tomates vazio — sendo a madeira um bem muito valorizado na região desarborizada do Ártico —, Cook lhe disse:

— Para você, nada.[1]

O esquimó pegou uma arma e ameaçou matar Cook. Os nativos acalmaram Kyo, pois a maioria concordava com a doutrina de Cook, segundo a qual, quem não trabalhava não recebia pagamento. Kyo, antes considerado por Cook "uma alma bondosa", passou a ser "o disseminador do ódio".[2]

Responsável pela segurança de todos em Red Cliff, Cook decidiu que seria melhor preparar-se para um possível ataque. Ele e os demais passaram a andar armados com revólveres. A atmosfera do acampamento armado assustou a comunidade esquimó, que agora totalizava 34 indivíduos, incluindo homens, mulheres e crianças.

Dias depois, quando uma janela em Red Cliff foi aberta para facilitar a ventilação, Kyo convenceu-se de que os americanos pretendiam abrir fogo. Ele se vangloriava de que as balas não o afetariam pois era protegido por *kokoya*, espírito do mal. Kyo prometeu que se algum nativo fosse morto, ele mandaria *kokoya* destruir o navio assim que este retornasse, e os americanos seriam mortos.

A situação se acalmou mediante a garantia de que nada de mal aconteceria aos nativos. Cook, recorrendo a um gesto conciliador, concordou em fornecer a Kyo a madeira que os nativos necessitavam — para fazer um aro de proteção ao redor do seu caiaque de casco feito de couro — em troca de uma balsa de couro de foca usada para atravessar os cursos d'água abertos no gelo.

A rotina se restabeleceu, uma vez que só havia trabalhos domésticos a fazer. Com a temperatura em torno de 26 graus e o ar fresco devido à proximidade de formações maciças de gelo, os americanos formaram pares e saíram para explorar a região, alguns visando passar apenas o dia fora e outros uma semana ou mais. Verhoeff violou certa regra da expedição que proibia os integrantes de viajarem sozinhos por trechos longos. Quando fazia uma viagem de barco na companhia de Cook e Gibson, decidiu voltar por terra e não foi possível convencê-lo do contrário, mesmo quando lhe avisaram que teria de atravessar uma imensa geleira. Verhoeff chegou bem a Red Cliff, somente dois dias depois do retorno de Cook e Gibson.

Os nativos aproveitaram a temporada de caça do verão, valendo-se da habilidade no manejo dos caiaques e percorrendo as aberturas no gelo. Depois de abater uma *oogzook* (foca barbada, quatro vezes maior que uma foca normal), Ikwah precisou fazer várias viagens para transportar a carcaça até Red Cliff. Em seguida cortou, em pedaços menores, a pele (de grande valor para a confecção de solas e cordas de couro cru), a carne e a gordura, esta indispensável como combustível. Segundo o costume esquimó, toda caça de grande porte deve ser dividida entre os indivíduos da aldeia, mesmo que não tenham ajudado na caçada. No mesmo dia, um homem chamado Kyoshu, incapacitado devido a um ferimento e sem condições de caçar, recebera uma porção inteira.

Na primeira semana de julho surgiu uma novidade no regime alimentar: um prato vegetariano, na verdade o único prato vegetariano feito pelos nativos da região. Consistia em pequeninas flores de cor púrpura, que depois de aferventadas tinham o gosto de ruibarbo ensopado. Segundo o costume, era preparado para as mulheres e crianças, mas não para os homens. Por outro lado, os homens alimentavam-se de ovos de várias aves, dos quais mulheres e crianças não podiam se servir.

No dia 13 de julho, Josephine, acompanhada por Cook, pôs-se a caminho de um vale próximo à cabeceira de uma baía, local de onde o marido partira em direção à geleira e ao interior da região havia mais de dois meses. Motivada por um impulso indescritível, queria estar no local e congratulá-lo assim que ele surgisse detrás da geleira ou, ao menos (no caso de ele regressar por um caminho diferente), deixar no abrigo alguns suprimentos frescos e um bilhete de boas-vindas.

Henson e Ikwah tinham seguido à frente, e a barraca já estava armada, o acampamento montado. Após acompanhar Josephine pela trilha, Cook despediu-se dela e voltou com Ikwah, sob forte chuva, a Red Cliff, a 24 quilômetros de distância.

Quando céus claros surgiram na manhã seguinte, Josephine, levando a espingarda, tomou a direção da geleira mais próxima, onde, conforme sabia, havia numerosas lagoas e talvez patos. Viu apenas dois e abateu um; o peito serviu para o jantar daquela noite e o restante para um ensopado.

Para Josephine, a paisagem era mágica, ao som dos riachos que corriam em todas as direções, lagos e lagoas de água límpida, prados forrados de musgo e flores silvestres, o ar perfumado e, no pano de fundo, geleiras e montanhas. As aves marítimas surgiam em grande número, provenientes das latitudes ao sul. Cada manhã, aconchegada no saco de dormir de couro de rena, a jovem acordava ao som de múltiplos gorjeios e trinados.

O dia seguinte estava enevoado e os mosquitos eram tantos que Josephine não se afastou do acampamento. De manhã, com a volta do clima ameno e céu claro — a luz do dia agora durava 24 horas —, ela saiu em direção ao local onde os suprimentos tinham sido guardados, meses atrás. Henson conhecia a localização do abrigo, mais acima, na geleira. Ao chegarem a certo ponto da trilha decidiram encurtar a distância e, com água pelos joelhos, atravessaram um riacho, e por pouco não foram derrubados na correnteza quase congelada.

Assim que fizeram a travessia, encontraram o abrigo. Josephine deixou o bilhete, leite e frutas enlatadas, biscoitos frescos e um cantil contendo conhaque. Olhou na direção norte, para onde seu marido se dirigira, e perguntou a si mesma: *Estaria por perto? Ferido ou ileso? Vivo ou morto?*

Os dois voltaram ao riacho, perceberam que o nível d'água subira e decidiram não correr o risco de fazer a travessia. Continuaram a andar, na expectativa de estarem circundando um lago. Mas logo perceberam que o lago se ligava a outro, através de uma torrente profunda de água gelada, impossível de ser transposta. Josephine e Henson prosseguiram, até chegar à extremidade do segundo lago, que terminava num despenhadeiro glacial. Pensaram em contornar o lago escalando a encosta da geleira, mas perceberam que grandes blocos de pedra precipitavam-se continuamente.

Impedidos de avançar, constataram não ter opção, exceto recuar. Uma vez que não conseguiam localizar o ponto em que haviam atravessado o riacho, tentaram atravessar em vários locais, mas as águas eram profundas e a correnteza forte demais. Após várias tentativas, retornavam à margem, molhados e desanimados. Sentaram-se sobre uma pedra, secaram-se (o melhor possível) e avaliaram as opções.

Tinham caminhado durante mais de 12 horas sem se alimentar, e, antes de partir, haviam tomado apenas café com bolacha de água e sal. Não levavam comida nem material para dormir. Caso não atravessassem o rio, teriam de fazer o percurso mais longo — o que resultaria, talvez, em mais 12 horas de caminhada.

Josephine sugeriu que voltassem ao abrigo, onde poderiam comer e beber para recuperar as forças antes de prosseguir. Foi o que fizeram, e, em seguida, continuaram a procurar o caminho de volta ao acampamento. Horas e quilômetros se passaram até quase sucumbirem ao cansaço. Às vezes, paravam e se sentavam por alguns minutos. Se um deles começasse a cochilar, levantavam-se e continuavam a andar.

Em meio à escalada de um desfiladeiro, Josephine percebeu que não conseguiria subir mais. Sentindo as pernas tremerem, tinha chegado ao limite. Fizeram uma pausa para tomar fôlego e iniciaram a descida, esperando que o riacho, a alguns quilômetros de distância, tivesse retrocedido. Quando lá chegaram, por volta do meio-dia, viram que o nível de água tinha baixado. Podiam fazer a travessia e, embora pés e pernas ficassem dormentes com a água gelada, chegariam ao acampamento dentro de uma hora apenas.

No dia seguinte, após uma boa noite de sono, Josephine tinha recuperado as energias e saiu para caçar, mas voltou de mãos vazias.

Passado outro dia, pela manhã, foi acordada por um esquimó com a notícia animadora de que o navio tinha retornado e achava-se ancorado na baía. Além de uma carta de casa, o nativo entregou-lhe um bilhete do professor universitário Angelo Heilprin, da Academia de Ciências Naturais — o grupo de cientistas da Filadélfia encontrava-se mais uma vez a bordo do *Kite*—, notificando-lhe que haviam chegado a Red Cliff.

Por uma hora, aproximadamente, Josephine manteve-se alheia a tudo o mais enquanto saboreava a longa carta da mãe. Escrita em forma de diário, narrava, em detalhes, os acontecimentos na família e no mundo durante sua ausência. Quando terminou de ler, o primeiro pensamento de Josephine foi de gratidão — todos os entes queridos estavam vivos e bem. "Mas", pensou, "e Bert? Tomara que volte a salvo!"

Henson estava ansioso para se encontrar com o grupo que chegara no navio, mas Josephine preferiu permanecer no vale. No dia seguinte, viu um homem, sozinho, subindo o contraforte abaixo da área do acampamento. Quando se aproximou do visitante, viu que era Heilprin. Para Josephine, foi um prazer extraordinário falar com um grande amigo — ela e o marido, em diversas ocasiões, tinham passado momentos agradáveis na companhia do professor. Depois de um ano de isolamento, a jovem deixou-se absorver pela conversa do visitante erudito, proveniente do mundo civilizado. O amigo trouxera mais cartas para ela, inclusive de seu irmão, Emil, engenheiro civil de Nova York, que concordava com a mãe quanto à volta de Josephine para casa a bordo do navio, mesmo que o marido não tivesse concluído o trabalho.

Heilprin informou Josephine que as ordens que recebera — da família e dos amigos — eram de trazê-la para casa "a qualquer custo".[3] Quanto a ela, expressou a confiança de que o marido voltaria até o final de agosto, ocasião em que o navio teria de zarpar, para não correr o risco de ficar preso com o gelo do inverno. Ao mesmo tempo que, no seu íntimo, temia que ele não voltasse antes da chegada do inverno ou talvez jamais retornasse; ela não poderia ir embora enquanto houvesse a mais tênue chance de ele estar vivo.

— Bom, veremos quando chegar a hora — disse o professor.

Josephine demonstrou preocupação quanto ao sentimento do marido, caso voltasse uma ou duas semanas após ela ter partido. Já não seria "o bastante", para ele, descobrir que perdera o navio e que precisaria permanecer naquele local e enfrentar outro inverno?, perguntou ela. "E se ele descobrisse que eu também o abandonara?"[4]

O professor queria que ela voltasse com ele para Red Cliff, mas ela não aceitou. Heilprin voltou na manhã seguinte.

Dois dias mais tarde, Cook veio com alguns esquimós ao acampamento de Josephine trazendo suprimentos. Apesar do reabastecimento, Cook pediu-lhe que voltasse com ele a Red Cliff. Ela, afinal, aquiesceu, quando Cook sugeriu que havia muito trabalho a fazer, uma vez que se preparavam para voltar. Sabia que a vontade do marido seria que ela colaborasse para que tudo estivesse pronto no momento da partida.

Quando Cook e Josephine regressaram, encontraram nova dissensão entre os esquimós. Kyo tinha esfaqueado a perna da esposa e ameaçado matar a criança que era filha dessa mulher com outro caçador. Quando Kyo saiu para caçar focas, Klayuh fugiu com a criança. Quando retornou e não as encontrou, Kyo empreendeu uma busca alucinada que abrangia desde a ponta da baía até o cabo Cleveland, no extremo oposto. Os outros nativos, desconfiados dos motivos que levavam Kyo a fazer a busca, conspiraram para afastá-lo da trilha que o levaria à esposa.*

---

* O comportamento estranho de Kyo seria o mesmo durante anos. Alguns caçadores nativos que saíam em sua companhia desapareciam na região gelada e ele, mais tarde, reivindicava a nova viúva. Suas várias esposas apareciam com ferimentos à faca ou hematomas. Afinal, seu próprio povo passou a desconfiar e ter medo dele, até que certo dia outro caçador abordou-o e anunciou, friamente: "Chegou a hora de você morrer",[5] e atacou Kyo com uma lança e o matou. [N. do A.]

Nos dias que se sucederam, agarrada às esperanças, Josephine pensou a respeito da carta que o marido mandara para ela através do grupo de apoio, dois meses antes. Dizia que esperava retornar por volta de 1º de agosto, mas assegurou-lhe que, se não chegasse, o motivo seria algum atraso, e não implicaria perigo. Explicava que as provisões que levava poderiam durar cem dias — o suficiente para trazê-lo de volta.

Contudo, a ansiedade em relação ao destino do grupo explorador era cada vez maior e, entre os esquimós caçadores, os comentários incessantes de que Peary estava *sinnypoh* (morto) não aliviavam a tensão. Um nativo contou a Josephine que sonhara que apenas um *kabloona* (homem branco) retornara da calota de gelo.

No dia 5 de agosto, um grupo de reforço subiu a bordo do *Kite* e zarpou na direção da cabeceira da baía. De lá saíram a pé, escalando os rochedos que levavam ao topo da geleira — o plano era fincar estacas pelo caminho, para indicar a Peary e Astrup a trilha que os levaria de volta a Red Cliff. Parecia que todos se sentiam melhor ao fazer alguma coisa, em vez de ficar, simplesmente, à espera. Fizeram uma parada, depois de percorrer 12 quilômetros no interior da região, e fixaram as primeiras estacas no gelo, deixando um lenço vermelho no topo de uma delas, e na outra um aviso com os dizeres: "Direção Baía McCormick — *Kite* no porto — 5 de agosto de 1892."

Quando o grupo se pôs a caminho, um dos integrantes deu um grito. Mais à frente foi avistado um objeto preto contra o fundo branco do pico glacial. Logo depois, surgiu outra mancha a olho nu, seguida por uma forma escura e alongada. Binóculos voltaram-se para o local — dois homens vestidos com peles e um trenó com cachorros arreados desciam uma rampa congelada.

Quando os dois homens se aproximaram, a visão se tornou mais clara: Peary e Astrup!

NA MANHÃ SEGUINTE, bem cedo, Josephine, que viajara no *Kite* até a cabeceira da baía e permanecera a bordo, acordou com os ruídos de embarque. Sabia que era muito cedo para o retorno do grupo de resgate, que tinha planejado se distanciar bastante.

Nem bem despertara, ouviu passos familiares que se aproximavam da cabine. Tinha receio de se mexer, até mesmo quando a maçaneta da porta moveu-se. Então ouviu a voz dele, pedindo-lhe que abrisse a porta — estaria dormindo? Seria verdade? Continuou deitada, paralisada, até que a porta se abriu.

Seu marido estava diante dela, olhando-a "amável e, felizmente, a salvo".[6]

Todos se alegraram a bordo do *Kite* e também em Red Cliff, onde Peary e Astrup reencontraram os demais integrantes da expedição. Os esquimós pensavam que os dois homens eram espíritos, e não queriam se dirigir a eles. Depois de reconhecê-los como seres humanos viventes, os nativos se aproximaram para indagar a respeito dos espíritos de seus parentes mortos, de que se alimentavam e como estavam passando. Ficaram decepcionados quando souberam que os espíritos não foram vistos.

Peary e Astrup relataram detalhes da viagem difícil através da região enregelada. Dias a fio, enfrentaram tempestades ferozes que inviabilizavam a jornada. A prova mais difícil teria sido as profundas fendas no gelo que se abriam diante deles, inesperadamente. Por mais de uma vez quase perderam o trenó com os suprimentos e tiveram de alçar o cão líder pelo tirante quando ele ficou dependurado, sem ação, na escuridão de um poço sem fundo.

A 500 quilômetros de distância da baía McCormick, chegaram a um rochedo de mil metros de altura, que Peary nomeou em honra à Marinha norte-americana. Do topo de Navy Cliff, avistou um canal que chamou de canal Peary; determinou que se tratava do limite setentrional do continente da Groenlândia e o mapeou como tal. Além disso, viu uma grande ilha do lado nordeste, a qual chamou de Peary Land. Essas descobertas constituíram a base para que Peary, ao voltar para casa, reclamasse publicamente o direito de ter provado a "insularidade da Groenlândia", grande realização geográfica que muito contribuiu para que ele conquistasse a reputação de explorador do Ártico.*[7]

---

* Eivind Astrup, companheiro leal de Peary, não estava bem certo do que tinham avistado do Navy Cliff. Numa reportagem para a Sociedade Geográfica Norueguesa, depois de voltar para casa, Astrup não fez nenhuma referência ao limite setentrional da Groenlândia,

Somando as viagens de ida e volta, os dois homens tinham percorrido mais de 1.500 quilômetros — a mais longa jornada no território da Groenlândia até aquela data —, perfazendo a média de 22 quilômetros por dia durante 85 dias de caminhada. Embora ambos tivessem perdido peso, regressaram em excelentes condições físicas.

Alguns dias depois, Peary estava pronto para outra. Sob a ameaça de nuvens carregadas, partiu numa baleeira com Josephine, Henson, Verhoeff e cinco remadores esquimós para uma excursão visando conhecer e fotografar locais daquela região. Depois da longa viagem, a idéia de fazer uma excursão — "livre do corre-corre dos preparativos [...] ou de ansiedade" — em companhia da esposa dava-lhe a sensação de um "piquenique no bosque".[8]

Dois dias depois, atracaram à margem de uma pequena baía que Peary chamou Bowdoin em homenagem à sua *alma mater* — descobertas de novas terras concediam ao explorador direitos nominativos, fator decisivo para gerar prestígio e atrair contribuições de patrocinadores abastados. Verhoeff partiu sozinho — "na viagem a que se dispunha, através da geleira [...] de volta a Red Cliff", segundo Peary, que não comentou a discussão que decerto precedeu a partida de Verhoeff.[9] Peary fora claro quanto ao regulamento que restringia caminhadas isoladas. Na verdade, assim que o inverno começou, após a chegada do grupo no ano anterior, Peary determinou que o limite em torno de Red Cliff era de 500 metros — ninguém, sozinho, deveria se distanciar mais do que o estabelecido. Verhoeff, o primeiro a quebrar a regra, ofendeu-se com a admoestação pública que recebeu de Peary, incidente que plantou as sementes do descontentamento entre eles.

Cook ficou surpreso ao ver Verhoeff de volta a Red Cliff tão cedo. De acordo com Cook, tratava-se de "um tipo insurgente", e embora

---

nem comprovou a existência do canal Peary. Vinte anos mais tarde, os exploradores Peter Freuchen e Knud Rasmussen descobriram que o canal Peary não existia. Quanto à Peary Land, descobriu-se que não passava de uma extremidade da Groenlândia. Embora fosse comprovado mais tarde que a Groenlândia era de fato uma ilha — a maior do mundo —, a declaração feita por Peary ao regressar, determinando a "insularidade da Groenlândia", era, no mínimo, prematura. [N. do A.]

julgasse o geólogo um trabalhador disposto, Cook estava ciente de certa "amargura contida" que Verhoeff dirigia a Peary.[10] Verhoeff tinha prometido a Cook:

— Jamais voltarei para casa no mesmo navio com aquele homem e com aquela mulher.[11]

Na manhã seguinte, Verhoeff disse que pretendia recolher algumas amostras de minerais na cabeceira da baía McCormick e voltaria em quatro dias. Levou suprimentos suficientes para aquele período, um rifle e munição.

Uma vez que Verhoeff não retornava, Cook organizou um grupo de busca, ao qual se aliaram integrantes da tripulação do *Kite* e nove caçadores esquimós. A busca estava em andamento quando Peary voltou. O grupo de resgate aumentou, e os nativos se entusiasmaram quando Peary prometeu um rifle e munição ao primeiro que avistasse Verhoeff.

Após seis dias e seis noites de busca, as pegadas de Verhoeff foram encontradas no topo de uma geleira, a 40 quilômetros de distância de Red Cliff; próximo às pegadas, o rótulo de uma lata de conservas que ele levara. Nenhuma outra pista do geólogo voluntarioso foi encontrada.

Tudo parecia claro para Peary e Cook: Verhoeff, que abrira para si mesmo o perigoso precedente de viajar sozinho através das geleiras, provavelmente escorregara na superfície gelada, talvez durante o forte temporal que atingira aquela região, e se precipitara numa das incontáveis fendas dos glaciares.

Peary preocupou-se com os registros da expedição, dado o desaparecimento de Verhoeff. Pediu a Cook que escrevesse e assinasse um relatório sobre a busca, sem dúvida para afastar qualquer crítica de que o grupo não procurara por tempo suficiente. Em tal relatório Cook escreveu que a perda de Verhoeff foi "estranha, triste e misteriosa", mas que "o comandante [e] companheiros" fizeram uma "busca demorada, sistemática e meticulosa" e "tudo que estava ao alcance deles para descobrir seu paradeiro".[12]

O grupo dos cientistas da Filadélfia tinha várias doações a fazer aos nativos. Às famílias de esquimós, enfileiradas na praia, foram doados os objetos mais valiosos que tinham recebido até então: panelas, chaleiras, facas, tesouras, dedais e agulhas para as mulheres; para os homens, arpões, serrotes, brocas, facas, madeira de construção e outras ferragens. Era o pagamento pelos serviços prestados durante o ano em que colaboraram com a expedição, e os esquimós ficaram radiantes, assegurando que a próxima visita àquela região seria muito bem recebida.

Peary ordenou que um depósito de víveres — com o suficiente para sustentar um homem por um ano — fosse construído próximo ao local onde Verhoeff deixara a última pista, no caso de ele reaparecer após a partida do navio. Tinha se confirmado a previsão do geólogo, de que ele dificilmente sobreviveria.

O homem com o qual Verhoeff não queria voltar para casa no mesmo barco ainda tomou outra providência antes de o *Kite* zarpar.

A geleira onde John M. Verhoeff tombou recebeu seu nome.

CAPÍTULO 5

Regidos por Mão-de-ferro

Assim que o *Kite* rumou para o sul, de encontro aos ventos incessantes que tornavam a viagem longa e monótona, Cook, Astrup e Gibson passaram a comentar as dificuldades da vida no Ártico. A opinião de Cook era, então, de que diante de tais sacrifícios a tentativa de explorar regiões desconhecidas fora o mesmo que procurar "um paraíso de tolos".*[1] Os três concordaram que seus interesses no Extremo Norte tinham chegado ao fim.

Por outro lado, retornavam repletos de entusiasmo e vivos, com a sensação de terem superado as dificuldades que se lhes apresentaram. Além do mais, guardaram fortes impressões a respeito dos povos nativos com os quais conviveram. Ninguém poderia esquecer o convívio com os seres mais setentrionais da Terra, de todos os povos que haviam conhecido, os mais objetivos, honestos e simples. Além do esforço empreendido para conseguir o suficiente para comer e vestir, os esquimós tinham poucas preocupações. "Com a inteligência selvagem aprendemos muito", reconheceu Cook, "mas, não poderia afirmar que os esquimós aprenderam muito conosco."

* Alusão a Bertrand Russell, filósofo inglês, segundo o qual "ninguém senão um covarde escolheria, conscientemente, viver no paraíso dos tolos", significando ignorar as evidências. [N. da T.]

Depois de navegar pelo rio Delaware onde foram saudados com buzinas e apitos de navios, atracaram na Filadélfia no dia 24 de setembro de 1892. Estava encerrada a expedição ao norte da Groenlândia.

Na Academia de Ciências Naturais da Filadélfia foi oferecida aos exploradores uma recepção de gala na qual Peary faria o relato definitivo dos feitos da expedição. Peary, usando a farda azul-marinho, causava ótima impressão aos mais de mil convidados, entre os quais se incluía a mãe que dele tanto se orgulhava. Vestindo um elegante longo de cetim preto e segurando um buquê de rosas vermelhas, Josephine ficou ao lado do marido quando Peary foi apresentado à multidão que o aplaudia.

Enquanto eram congratulados por amigos e admiradores, os homens que haviam decidido que o assunto sobre viagens ao Ártico se encerrara começaram a pensar de maneira diversa. "É o que acontece a todos os exploradores insensíveis" depois que retornam e vivem experiências diferentes daquelas do "mundo glacial", concluiu Cook.[2] Uma vez recuperados, "o Ártico é como um chamariz que exerce poder constante pelo resto da vida".

No entender de Peary, a expedição comprovou a "exatidão da [sua] teoria quanto às características do pessoal desejado para uma jornada ao Ártico" que, segundo ele, deveria reunir "homens jovens, saudáveis e cultos".[3] Fez questão de louvar os esforços de cada integrante da expedição e enalteceu "a presença alentadora" de Josephine, seu dinamismo quando ele se sentia "inválido e inútil" e "valiosa colaboração" ao projeto.

Peary conferiu a Cook o mérito de ter sido "sempre prestativo, trabalhador incansável". Ao talento de Cook no âmbito da medicina "deve-se atribuir a nossa quase total isenção até mesmo das indisposições mais leves e, pessoalmente, devo muito ao seu talento profissional, paciência e autocontrole diante de uma emergência". Quanto ao seu trabalho no campo etnológico, Cook obtivera "grande quantidade de material valioso concernente a uma tribo da qual pouco se sabia".

Henson, descrito por Peary como "meu bom rapaz de cor, sempre leal", foi mencionado por trabalhar com afinco e "por saber fazer de tudo, estar disposto a tudo, alternando as funções de cozinheiro, caçador, condutor de cães, empregado doméstico e guarda-costas". Além disso, o trabalho de Henson no Ártico deveria eliminar quaisquer dúvi-

[illegible] idade de sua raça suportar temperaturas glaciais. [illegible] a ao frio", declarou Peary, Henson provou ser "igual [illegible]."

[illegible] speito aos seus próprios esforços, Peary aceitava os [illegible] meus amigos tinham razão ao afirmar que realizei um trabalho brilhante ao completar a longa jornada de trenó" — mas acreditava que ainda havia para ele "trabalho importante a ser feito no norte".[4]

Peary começou a contemplar outra expedição ao Ártico, com o objetivo principal de "concluir a exploração das terras setentrionais que descobri no verão passado", sem a intenção de tentar chegar ao Pólo.[5] Coincidindo com seu desejo de organizar a nova expedição surgiu uma proposta do major James B. Pond, renomado organizador de ciclos de palestras e patrocinador de excursões, para que Peary fizesse conferências remuneradas em todo o país. Peary considerou que esse era o meio ideal de se angariar fundos para a próxima viagem.

Depois de assumir suas novas funções no estaleiro da Marinha no Brooklyn, Peary solicitou outra licença para afastamento. No meio naval, já era crescente o ressentimento em relação aos afastamentos freqüentes de Peary. Supondo que seu pedido não fosse aceito, Peary convocou um poderoso aliado, Isaac Jones Wistar, presidente da Academia de Ciências Naturais, da Filadélfia, ex-general do Exército da União e advogado eminente, tendo enriquecido após a guerra, ao financiar a construção de ferrovias. O general da reserva julgava que Peary deveria ter a oportunidade de levar adiante a exploração do norte e foi persuasivo ao apresentar a moção à secretaria da Marinha. Logo depois, Peary foi agraciado com uma licença remunerada de três anos, a partir de novembro de 1892.

Peary lançou-se à sua turnê de palestras em meados de novembro, que inaugurou em Lock Haven, na Pensilvânia, recebendo 100 dólares. Duas semanas depois, numa noite chuvosa no Brooklyn, proferiu palestra mediante o mesmo pagamento num salão mal iluminado e quase vazio. Quando a lâmpada que deveria iluminar seus *slides* falhou, Peary passou a descrever o ambiente soturno no cabo Sabine, o inverno em Red Cliff e a viagem que fizera de trenó através da Groenlândia setentrional. Na platéia, assistindo à palestra de Peary pela primeira vez, achava-se Herbert Bridgman, jornalista do Brooklyn, que em breve ofereceria um apoio decisivo para o engenheiro naval e seus empreendimentos no Ártico.

Cook residia com a mãe, no Brooklyn. Devido à publicidade que obteve por ter integrado a expedição de Peary, suas atividades médicas prosperaram, embora se sentisse "pouco à vontade, sensação comum a exploradores na selva da vida urbana".[6] Freqüentemente, seus pensamentos vagavam pelo Extremo Norte e, meses mais tarde, Cook não se fez rogar quando Peary o chamou para servi-lo como segundo-comandante da expedição seguinte.

Astrup, que retornara à Noruega, sua terra natal, também concordou prontamente com a oferta feita por Peary de seguir para o norte outra vez; Henson reagiu da mesma forma, pois, sem conseguir emprego na Filadélfia, passava dificuldade. Quando Cook soube que Henson sofria os prolongados efeitos da cegueira causada pela neve, enviou-lhe dinheiro para que tomasse o trem para Brooklyn, onde Henson se hospedou na casa do médico durante dois meses. Naquela ocasião, Cook conseguiu que um oftalmologista tratasse a enfermidade de Henson sem cobrar.

Quando Henson se recuperou, passou a acompanhar Peary nas turnês. A fim de animar as palestras, vestia-se com roupas do Ártico e, sob as ordens de Peary, irrompia no palco fazendo estalar um chicote por cima de um grupo de cães de esquimós trazidos da Groenlândia. Era uma entrada dramática; os cães latindo e saltando, enquanto Henson, suando por baixo das peles, lutava para controlá-los. O *show* — com "cães e trenós, e as luzes do iglu refletindo no espaço branco, um cenário ártico de realismo sem precedentes" — logo passou a ser visto por multidões.[7] A cidade de Saint Louis reservou 60% da bilheteria do *show* mediante a garantia de 250 dólares; Evansville, no estado de Indiana, 60% da bilheteria (a 75 *cents* por lugar reservado) para os espetáculos vespertino e noturno; Nashville, 300 dólares por dois *shows*; Cincinatti, 55% da bilheteria. Peary lotou salas em Columbus, Toledo, Pittsburgh, Trenton, New Haven e dezenas de outras cidades.

Após certa apresentação na Filadélfia, Henson reconheceu na multidão o oficial da Marinha com o qual tinha feito a aposta que haveria de voltar do Ártico com os dedos das mãos e dos pés intactos. Terminada a apresentação, Henson procurou-o e lhe mostrou as mãos.

— Está vendo? Meus dedos ainda estão aqui.[8]

A princípio o oficial parecia não se lembrar.

— Os 100 dólares — disse Henson.

O oficial sorriu, timidamente.

— Está certo, vamos dar uma olhada.

Henson sentou-se, tirou os sapatos e as meias e mexeu os dez dedos. O oficial preencheu um cheque e o entregou a Henson com o seguinte comentário:

— Depois de ouvir o que Peary contou a respeito do que vocês passaram, devo dizer que você bem o merece.

Nos meses da turnê, Peary e Cook mantiveram correspondência. Em dado momento, Peary escreveu pedindo informações quanto ao estudo minucioso que Cook fizera sobre os esquimós, a fim de usar o material nas palestras.

Em janeiro de 1893, respondendo à sugestão de Peary quanto ao aluguel de um salão ou barraca para fazer palestras na Feira Mundial de Chicago, Cook disse: "Tenho pensado a respeito das suas sugestões quanto à Feira Mundial."[9] E Cook deu um passo à frente, ao sugerir sua própria turnê "pelas cidades e vilarejos por onde você não esteve. Desse modo eu estaria participando do projeto de obter fundos para a próxima expedição. Caso esteja de acordo, poderei fornecer-lhe a descrição detalhada".

Quando Peary pediu maiores detalhes, Cook foi específico. "Tenho dois planos com relação à pretendida turnê. Nos dois casos conto que você me forneça *slides* e fotos dos assuntos que desejaria que eu mencionasse nas palestras."[10] A primeira idéia que ocorreu a Cook foi a de se dirigir às cidades maiores e aos vilarejos servidos pela linha férrea, encerrando em Chicago, no mês de abril. Cook propôs dividir igualmente com Peary a receita líquida da referida turnê. O segundo plano de Cook era viajar sob os auspícios do major Pond e "honrar os compromissos que você não pudesse cumprir".

Peary ficou tranqüilo diante da idéia de Cook realizar sua própria turnê, embora continuasse a incentivar o envolvimento do médico numa exposição sobre o Ártico na Feira Mundial. Cook foi a Chicago para avaliar as possibilidades de participar do evento e voltou desanimado. "O aluguel de um local apropriado é alto e, com tantas coisas para se ver (na Feira Mundial), receio que não seria um empreendimento bem-sucedido", escreveu a Peary.[11] Além disso, Cook foi advertido que em termos de freqüência os meses do verão seriam os melhores da Feira Mundial, e, desde que a saída da nova expedição estava planejada para o final de junho ou começo de julho, "o projeto, absolutamente, não lhe convinha".

Nesse ínterim, Cook falava para grupos locais. Após apresentar um trabalho a respeito das práticas médicas e reprodutivas dos esquimós do Extremo Norte à Sociedade Médica de Kings County, no Brooklyn, foi persuadido pelos colegas médicos a publicar suas descobertas em forma de livro, como literatura científica, contendo medidas, fotografias e outros dados que coletara.

Talvez não fosse o momento oportuno de recorrer a Peary, estando este preocupado com o financiamento da próxima viagem. Ao tentar obter permissão para publicar, por conta própria, a pesquisa sobre os esquimós, o que, ingenuamente, não considerava um problema, Cook logo percebeu que Peary não estava disposto a colaborar. Ainda afetado pela recente publicação feita por dois integrantes da tripulação do *Kite* contendo detalhes da viagem anterior, Peary fez lembrar a Cook do contrato em que assinou cada membro da expedição, proibindo qualquer indivíduo de publicar até que se passasse um ano após o lançamento do livro de Peary.* Até que isso ocorra, disse Peary, "nem mesmo uma palavra pode ser publicada por qualquer integrante de uma das minhas expedições. O trabalho deles é de minha propriedade e para meu uso; pode ser ou não publicado".[12] A decisão seria dele, afirmou Peary, e dependeria do modo como o material reunido pelos demais se adequasse ao "esquema" de seus futuros livros.

---

* Os autores de *A Viagem do* Kite (1893) não assinaram tal contrato. Embora Peary tenha terminado seu manuscrito antes de partir para a expedição seguinte, não conseguiu obter acordo aceitável de publicação para *Rumo ao Norte no Gelo* antes de 1898. Josephine teve mais sorte com a sua obra *Meu Diário Ártico* (1893), para a qual Peary escreveu um breve prefácio, mencionando a coragem e a dedicação da esposa, e um extenso epílogo, "A Grandiosa Jornada Branca", sobre sua longa viagem de trenó através da Groenlândia setentrional. [N. do A.]

Cook estava "totalmente despreparado" para a postura ditatorial de Peary — até aquele momento, considerara Peary "democrático e cordial" nas transações com o grupo. Mas, obviamente, Cook tinha ultrapassado limites, pois Peary protegia, com certo ciúme, aquilo que julgava ser seu. No seu jeito suave, Cook repetiu as intenções, explicando o cunho científico de seu interesse pela publicação e a estreiteza da recepção acadêmica a que ele estaria visando. Na verdade, não antevia grande retorno financeiro de seu estudo etnológico sobre esquimós — nem mesmo recebera gratificação pela sua palestra aos médicos locais.

Enquanto escutava, Peary permanecia em silêncio, e Cook chegou a acreditar que exercia alguma influência sobre ele.

— Estou inclinado, doutor, a estender-lhe liberdade de ação, mas seria um mau precedente — disse Peary quando Cook terminou. — Não posso fazer o mesmo com os demais. No futuro, cada integrante de minhas expedições deverá ser regido por mão-de-ferro.

A resposta ainda era não.

Cook considerou revoltante "o súbito acesso de autocracia" que acometera Peary, e por isso compreendeu imediatamente o que deveria fazer, embora nada revelasse na ocasião. No mês anterior, Cook tinha ultimado planos para suspender o exercício da medicina a fim de se integrar à viagem em vista, resolução que deixou Peary "muito satisfeito de saber que você pretende mais uma vez correr o risco das experiências no Ártico".[13] Mas agora Cook sabia que participar de outra expedição com Peary não seria possível.

Dentro de poucos dias Cook informou Peary, por carta, sobre suas intenções: "Caro Sr. Peary: Depois de pensar melhor no que diz respeito à questão do Ártico, decidi, definitivamente, não participar da próxima expedição. Lamento que essa comunicação seja tardia, mas creio que não lhe causará sérias dificuldades."[14]

Peary respondeu de Washington, D.C.: "Caro Doutor: É desnecessário dizer que lamento muito sua decisão. Não me causará sérias dificuldades a não ser pelo fato de constituir uma decepção pessoal. Tenho um bom número de cartas de médicos que se dizem ansiosos por me acompanhar."[15]

Embora o modo como Peary lidou com o pedido de Cook quanto à publicação de sua pesquisa sobre os esquimós tenha posto fim à futura colaboração entre eles, os dois mantiveram o relacionamento cordato, continuando a se corresponder por algum tempo. Na carta de demissão, Cook ofereceu prestar "qualquer serviço" necessário à preparação da viagem. Peary aceitou a oferta, pedindo a opinião de Cook a respeito de vários itens, como o tipo de manteiga, creme de leite e peptona de carne (para aliviar enjôo) a serem levados na viagem. A pedido de Peary, Cook também examinou todos os participantes da expedição.

Nesse ínterim, Cook deu prosseguimento aos esforços modestos de conseguir a publicação de seus escritos. O artigo "A Tribo mais Setentrional da Terra" foi publicado no *New York Medical Examiner* naquele ano. Começava nos seguintes termos: "Dispersa nas regiões litorâneas inóspitas do noroeste da Groenlândia, do cabo York à geleira de Humboldt, vive uma tribo de esquimós de origem indubitavelmente mongólica. Essa tribo é a mais interessante que já vi ou da qual tomei conhecimento."[16] Discutia "várias peculiaridades da referida tribo", acrescentando que esperava que os "resultados científicos" de seus estudos sobre esse povo fossem publicados em livro. No entanto, tal publicação não chegou a se concretizar.

Peary completou o circuito de conferências, tendo feito, segundo seus cálculos, 168 palestras e arrecadado 18 mil dólares. Quanto aos subsídios obtidos de outros patrocinadores, recebeu mil dólares da Sociedade Geográfica Norte-americana, e Josephine, que assinara contrato com a Contemporary Publishing Company, de Nova York, para publicação de *Meu Diário no Ártico: Um Ano nos Campos Gelados com os Esquimós*, doou o adiantamento do livro à causa. O jornal *New York Sun* concordou em dobrar o pagamento que fizera antes, e publicar notas quando da publicação de cartas da expedição anterior, e alguns milhares de dólares foram obtidos de outras fontes. Peary sabia que o total era insuficiente para financiar toda a expedição, embora já tivesse fretado um navio e encomendado equipamentos e víveres.

A expectativa era de partir no início do verão e chegar ao ponto mais distante possível, ao norte, sob condições climáticas favoráveis. Caso contrário, a expedição teria que ser adiada por um ano, o que seria inadmissível para Peary, pois significaria desperdiçar um ano da sua licença de trabalho.

Para fazer frente à carência de recursos, foi sugerido a Peary que deixasse em exposição o navio que fretara, cobrando entrada ao público que subiria a bordo do veleiro cujo destino era o Ártico. De início Peary considerou a idéia "de excessivo mau gosto".[17] No entanto, logo percebeu que não tinha escolha, e que precisava obter dinheiro de qualquer modo. Assim, à medida que Peary, na rota setentrional, reunia integrantes da expedição e suprimentos nos portos ao longo da região da Costa Leste, os moradores da Filadélfia, Nova York, Boston, Portland e Maine — milhares a cada parada — tiveram a oportunidade de visitar o *Falcon*, navio maior e mais imponente que o *Kite*, e "os *quarters** dos visitantes suplementaram o saldo necessário".

No dia em que o *Falcon* deveria partir do Brooklyn, Cook dirigiu-se às docas para assistir à saída da expedição. Uma vez a bordo, Cook encontrou o navio repleto da última leva de visitantes que tinham pago ingressos e um contingente de repórteres. Dirigindo-se a estes últimos, quando Cook se encontrava nas proximidades, Peary lamentou que o médico não pudesse acompanhar a nova expedição "devido a compromissos profissionais".[18] Mesmo que a razão apresentada fosse falha, a queixa de Peary era legítima.

Duas semanas antes, Peary havia escrito para agradecer a Cook pelas "informações e sugestões", e acrescentou, como se tivesse questionado o que se passara entre eles: "Lamento que você não vá conosco, mas percebi que não poderia demovê-lo de sua opinião."[19]

Peary tinha um motivo muito pessoal para lamentar que o médico que conhecia tão bem e em quem confiava não fizesse parte da viagem: Josephine o acompanharia novamente na expedição, apesar da gravidez de seis meses e, em algum lugar nas gélidas altitudes, daria à luz pela primeira vez.

ALGUMAS SEMANAS DEPOIS da partida de Peary, Cook rumava para o norte a bordo de outro navio.

---

* Moeda norte-americana equivalente a 25 centavos. [N. da T.]

Meses antes, Cook fora requisitado para "recomendar tratamento" a um aluno de Yale que dizia ter alucinações sobre o Extremo Norte. Sem rodeios, Cook sugeriu o remédio: dar ao jovem a possibilidade de realizar seu sonho e enviá-lo ao norte, de modo a "alimentar o cérebro como se faz com o estômago".[20] Para surpresa de Cook, o pai do rapaz, James Hoppin, professor de Yale, contatou Cook, convidando-o a liderar um pequeno grupo que incluiria seu filho, Benjamin. Na opinião de Cook, a excursão seria preferível a permanecer em casa. A pedido do professor, Cook dirigiu-se a New Haven para um encontro.

Em termos de praticabilidade e segurança, Cook julgava que a Groenlândia poderia ser visitada a bordo de um navio próprio para navegação oceânica, durante o verão, com relativo conforto. Tinha conhecimento de uma escuna de pesca de 23 metros, cujo nome era *Zeta*, e que poderia mais tarde ser reequipada para servir como iate, e estimou o custo da excursão de três meses em 10 mil dólares. Entusiasmado, Hoppin concordou em financiar a viagem.

Quando terminaram os preparativos, Cook tomou o trem até a província de Nova Escócia, onde se encontrava o *Zeta*, e se reuniu à tripulação de oito homens e três "estudantes da natureza", entre os quais o filho do professor.[21] Somente depois de se fazer a vela, no dia 10 de julho, foi notificada, publicamente, a participação de Cook, descrita de modo sensacional num jornal como "uma ação rápida e indireta", em relação à jornada de Peary. Cook sentiu certo júbilo de estar no comando da própria expedição marítima e, no íntimo, agradava-lhe a idéia de cruzar o caminho de Peary no norte da Groenlândia.

Os objetivos de Cook iam além de visitar colônias dinamarquesas, fotografar a paisagem, nativos e animais (no final obteve mil imagens). "Através desta viagem espero comprovar que turistas podem ir lá todos os anos, sob a orientação adequada, sem correr perigo de vida ou naufragar", escreveu Cook da Nova Escócia pouco antes de partir. Também pretendia, se possível, trazer uma família de esquimós, pois sabia que isso resultaria em publicidade, considerando que poucos nativos de raça pura do Ártico tinham visitado a América do Norte.

O *Zeta*, praticamente novo e bem construído, mais parecia um iate de passeio do que um navio destinado a uma viagem ao Ártico e, com vento favorável, tinha condições de fazer uma velocidade de cerca de 11 nós. Depois de cruzar a costa setentrional de Terra Nova e percorrer um trecho do litoral de Labrador, os exploradores atravessaram o estreito de Davis rumo à Groenlândia.

Ancoraram em Upernavik, a colônia dinamarquesa mais setentrional, no dia 16 de agosto. A expectativa de Cook era de ter seguido direto ao cabo York, situado cerca de 640 quilômetros ao norte de Upernavik. Para ele tinha sido sinal de bom agouro o fato de não terem encontrado gelo marítimo espesso, mas apenas *icebergs* isolados, dos quais se esquivaram com facilidade. No entanto, ao chegarem a Upernavik, o capitão do navio (que era também o proprietário) observou que tempestades e ondas de frio aproximavam-se da região e concluiu que era arriscado prosseguir na direção norte, pois a embarcação não tinha seguro para cobrir os riscos de uma viagem ao Ártico.

Passados dois dias em Upernavik, onde Cook esteve mais uma vez com o governador dinamarquês e sua encantadora esposa, o *Zeta* moveu-se para o sul e aportou em Swartenbaak. Alguns dias depois, zarparam rumo a outra paragem, onde Cook negociou com os nativos e adquiriu vários cães esquimós — ao todo, seis adultos e nove filhotes. Pretendia retornar com eles, adestrá-los para puxarem trenós e mais tarde utilizá-los em expedições. Cook estava ciente da importância desses animais para os seres humanos nas ocasiões em que era preciso percorrer grandes distâncias na região polar. Quando adulto, um cão esquimó pesa em torno de 35 quilos e, atrelado ao trenó, pode deslocar até 45 quilos de peso morto e transportar essa carga ao longo de 30 quilômetros por dia, sem muita dificuldade.

Na parada seguinte, Cook levou seu pequeno grupo de exploradores até uma grande baía no fiorde de Umanak, contando com a ajuda dos esquimós da região que remaram e guiaram o barco. Depois de descansarem num local à distância aproximada de 90 quilômetros da foz do fiorde, ao lado de um vale repleto de gelo, alcançaram uma geleira gigantesca, de vários quilômetros de comprimento e largura. Enquanto observavam o glaciar, pedaços se desprenderam formando novos *icebergs*. Podiam-se se contar centenas deles, de todos os tamanhos e formatos. Cook concluiu que tinham chegado a um importante local de origem de *icebergs* da Groenlândia ocidental. Alguns encalhavam não muito longe dali, ao passo que outros percorriam centenas de quilômetros no Atlântico Norte.

O grupo deu início à caminhada em busca de espécies etnológicas e, nas proximidades, deparou-se com um antigo cemitério. Por baixo de montes de pedra sobre o solo foram localizadas excelentes ferramentas e armas para caça, feitas de pedra, osso e marfim — sem dúvida deixadas com os mortos para aliviar seus encargos no mundo espiritual.

O *Zeta* atravessou o estreito de Davis com vento favorável e navegou lentamente pela costa norte do Labrador, região isolada e acidentada onde se encontrava belíssima fauna e uma das mais fantásticas paisagens de toda a América do Norte.

Detiveram-se em Rigolet, posto comercial ativo da Hudson Bay Company. Nesse local, Cook encontrou uma comunidade de esquimós de raça pura, que já escasseavam no sul da Groenlândia devido a décadas de miscigenação com os dinamarqueses. O médico propôs a uma família que o deixasse levar os filhos mais velhos à América do Norte, o que seria um tipo de intercâmbio cultural; eles teriam contato com o estilo de vida do mundo moderno e participariam das palestras de Cook, apontados como bons exemplos do povo e da cultura do Ártico. Prometeu ao pai, um respeitável ancião, tomar conta dos jovens como se fossem seus filhos e trazê-los de volta a salvo no próximo verão.

Foi assim que Katakata, de 16 anos, e Milsok, de 14 — que logo ficaram conhecidos por Clara e Willie, respectivamente —, chegaram ao Brooklyn com Cook, na primeira semana de outubro.

Pouco tempo depois, Cook saiu em turnê sob a direção do major Pond, levando os irmãos de Rigolet com suas vestimentas do Ártico e o grupo de cães esquimós, proferindo palestras remuneradas, de modo a despertar o interesse e levantar fundos para uma nova expedição: desta vez à Antártida.

CAPÍTULO 6

O BEBÊ DA NEVE

NO LITORAL DA GROENLÂNDIA, o *Falcon* fez as costumeiras paradas, a fim de obter suprimentos e reunir esquimós que desejassem acompanhar a expedição, até chegar ao destino, na cabeceira da baía Bowdoin, na primeira semana de agosto de 1893.

As obras começaram num abrigo de inverno próximo ao local onde o casal Peary, no verão anterior, planejando explorar a área, tinha armado uma barraca debaixo de forte tempestade. Durante aquela primeira estada, celebraram o aniversário de casamento, e por isso chamaram o novo lar de Alojamento do Aniversário.

Antes que o *Falcon* retornasse, Peary levou um grupo ao estreito de Smith para caçar leões-marinhos, muitos dos quais podiam ser vistos fora d'água, ao sol, em cima de blocos de gelo. Devido à ação de caçadores remando barcos pequenos que passavam à curta distância, duas dúzias de animais foram rapidamente abatidos; considerando que cada leão-marinho pesava, em média, 700 quilos, a despensa do alojamento foi bem abastecida de carne fresca para o inverno.

O navio passou, sem dificuldade, pelo cabo Alexander e atravessou metade do estreito, na direção do cabo Sabine, até ser detido pela massa de gelo que se prolongava até o horizonte. Forçados a retornar, pararam na pitoresca baía Olrich para caçar renas, e em poucas horas abateram 17.

Ao regressarem, o alojamento estava pronto — uma estrutura sólida de um pavimento, revestida de alcatrão para resistir às intempéries. As paredes mediam 30 centímetros de espessura, com várias janelas para permitir a passagem de luz até a chegada da noite ártica. Contornando a casa, havia uma varanda, onde se enfileiravam caixas de madeira contendo alimentos enlatados e desidratados, açúcar, farinha, café, chá e outros suprimentos.

Aos nativos foi perguntado se perceberam algum sinal de John Verhoeff no ano anterior. Embora os esquimós, supersticiosos, relutassem em falar sobre o geólogo desaparecido, assim como evitavam falar de seus mortos, a resposta foi negativa. No entanto, revelaram que, logo depois da partida da expedição, o depósito de suprimentos deixado para Verhoeff foi invadido por Kyo que, sozinho, também destruiu Red Cliff.

O *Falcon* partiu no dia 20 de agosto, levando aquelas que seriam, por um bom tempo, as últimas cartas dos 14 membros da expedição. "Tudo leva a crer que o Sr. Peary alcançará o sucesso almejado", escreveu Josephine no último capítulo de seu livro, "A Groenlândia Revisitada", cujo original foi entregue à tripulação do *Falcon* para ser encaminhado à editora. "No entanto, ninguém sabe o que o futuro nos reserva."[1]

Podia se contar com um acontecimento futuro, e foi o que se passou no quarto do casal Peary, no Alojamento do Aniversário, um mês após a partida do *Falcon.* A fim de melhorar a calefação, as paredes internas foram forradas com mantas de lã, nas quais fotos da família foram afixadas. Um tapete de cor vibrante cobria o piso de madeira, e havia ainda uma estante e uma máquina de costura com pedal. Da janela próxima à cama na qual Josephine entrou em trabalho de parto avistava-se imensa geleira, e de outra, as montanhas marrom-avermelhadas que circundavam a baía pitoresca, como se fossem sentinelas.

Depois que os primeiros gritos do bebê recém-nascido foram ouvidos, em 12 de setembro de 1893, um fluxo de nativos começou a surgir, alguns tendo percorrido vários quilômetros até o alojamento. Os visitantes recebiam autorização de entrar, embora fossem mantidos a distância, uma vez que, invariavelmente, não tinham se banhado. Em fila, entravam em silêncio na casa, mas se decepcionavam por não poder tocar a criança e verificar se estava morna e não era feita de neve, apesar de ser tão branca. Chamaram-na *An-poo-mik-a-ninny* — "Bebê da Neve". A criança loura, de olhos azuis, olhava fixamente para os visitantes cabeludos, de tez morena, vestidos com peles, e, quando sorria, fazia-os exultar, pois o gesto era considerado de bom agouro.

Recebeu o nome de Marie, como se chamava sua única tia. No batismo foi adicionado um segundo nome: Ahnighito, em honra à nativa que, ao término da noite ártica — o que ocorreu vários meses após o nascimento —, confeccionou para o bebê as primeiras roupas feitas de pele de raposa e couro de veado, os materiais mais macios e quentes. Em breve, Marie Ahnighito Peary, de acordo com os registros históricos, o bebê da raça branca que nascera no ponto mais distante ao norte, estaria usando o traje de inverno para sair com a mãe.

Além do nascimento venturoso, quase nada deu certo para Peary durante a viagem.

No final de outubro, a parte principal de uma geleira desmoronou na baía, provocando um estrondo semelhante ao de um trovão e originando um vagalhão que se deslocou por baixo da camada de gelo. Quando a onda chegou ao litoral, superou a preamar, atirando contra as pedras as duas baleeiras que tinham sido seguradas contra acidentes de inverno. A maré também tragou um suprimento de óleo combustível armazenado em barris de madeira, que depois de serem sacudidos e atirados com força nos rochedos, quebraram-se, deixando vazar o precioso conteúdo.

Quando tudo aconteceu, Peary encontrava-se a 30 quilômetros do litoral, no interior, providenciando um abrigo com vistas à viagem que se realizaria na primavera. Quando alguém correu para avisá-lo da perda do suprimento de combustível, Peary irritou-se e resmungou que "o maldito destino" estava contra ele; e voltou rapidamente ao acampamento, para tentar recuperar o máximo de combustível.[2]

A perda foi um desastre. Significava que o combustível se esgotaria antes do final do inverno, e, portanto, o grupo seria obrigado a utilizar banha de leão-marinho e óleo de foca para cozinhar e, o que era mais crítico, para prover aquecimento interno. Embora fosse possível sobreviver, a perda de combustível resultaria em desconforto para todos; antes que o sol retornasse, na primavera, várias polegadas de gelo teriam se formado nas paredes internas do Alojamento do Aniversário.

Entre uma nevasca e outra, que os mantinham no interior do alojamento, Peary e seus homens fizeram viagens curtas de trenó, na escuridão do inverno, na tentativa de se aproximar de comunidades esquimós para obter mais cães de tração; pelo caminho, caçavam qualquer animal que aparecesse. Enquanto isso, os demais trabalhavam na preparação do equipamento necessário à viagem, e as nativas, incansavelmente, costuravam as novas roupas de couro e peles a serem usadas pelos exploradores.

Peary decidiu que partiriam antes do início da primavera. Em 6 de março de 1894, quando a noite ártica torna-se mais curta e o período de claridade aos poucos vai se tornando mais longo, saiu acompanhado de sete membros da expedição, cinco esquimós e noventa cães puxando 19 trenós. Os nativos, ainda receosos de se aventurar no interior da calota de gelo, concordaram em seguir até o abrigo.*

Logo surgiram problemas. Vários cães adoeceram, vítimas de uma enfermidade temida pelos esquimós, chamada *piblokto*, que podia facilmente se propagar por um grupo de animais condutores de trenó e reduzi-los a poucos sobreviventes enfraquecidos.

Ao chegarem ao abrigo, dois homens estavam incapacitados: um deles tinha os pés congelados e doloridos, e o outro, Eivind Astrup, com o qual Peary contava ao chegarem à calota glacial, devido à sua destreza na neve e no gelo, acometido de grave doença intestinal. Nenhum dos dois tinha condições de continuar a viagem e, portanto, voltaram ao acampamento.

Antes que o grupo reiniciasse a marcha, o clima piorou. No entanto, Peary estava decidido a seguir em frente, e assim prosseguiram, enfrentando temperaturas de 40 graus abaixo de zero, ventos a mais de

---

* A relutância dos esquimós em percorrer a calota de gelo não se baseava apenas na superstição e no temor aos espíritos maus; era também uma questão de bom senso. Desde os primórdios da exploração, os nativos do Ártico jamais compreenderam o interesse dos visitantes brancos em explorar regiões áridas, isoladas. Por longo tempo, os nativos sobreviveram ao rigor do frio, aprendendo a buscar a caça, normalmente no litoral ou nas proximidades, ou procurando simplificar a vida, em vez de dificultá-la. Quando se deparavam com grupos de homens brancos, provenientes de terras distantes, dirigindo-se a regiões onde era grande a possibilidade de passar fome e morrer, não se inclinavam a acompanhá-los. [N. do A.]

80 quilômetros por hora e uma tempestade de neve cegante. Somente quando os cães, exaustos, não conseguiam mais arrastar os trenós, Peary concordou em acampar e esperar que a tormenta passasse.

Enquanto isso, outro homem, cujo calcanhar congelado, possivelmente, teria de ser amputado, foi levado de volta pelo médico da equipe, Dr. Edwin Vincent. A partir de então, Peary manteve-se com três companheiros, incluindo Matthew Henson. O plano de dividir o grupo, assim que chegassem à baía da Independência, para explorar as terras ao norte e à leste, teve de ser descartado por falta de pessoal.

Quando a tempestade cessou, o estado dos cães era lastimável. Metade dos animais havia congelado, ficando presos na neve, alguns pelas pernas, e outros, pelo rabo; para retirá-los, foi preciso usar machados. Dois morreram. Vários cães, presos aos arreios, cortaram com os dentes as tiras de couro, que tiveram de ser consertadas.

No momento em que se puseram em marcha pela calota de gelo, mais dois homens, em conseqüência do frio, sofriam de ulceração, e o grupo só conseguia avançar poucos quilômetros por dia, até ser interrompido por uma nevasca. Resistiram durante três dias; outros cães morreram, e, com o frio, o sofrimento era terrível. Peary não teve escolha senão retornar.

A viagem terrestre de 1894, na qual Peary tinha grandes expectativas, cobrira apenas 205 quilômetros na direção do interior da Groenlândia. Ficou longe de igualar, muito menos superar, a conquista de 1892. Em meados de abril, Peary retornava, derrotado, ao Alojamento do Aniversário, com seu grupo de exploradores exaustos.

Assim que os homens se recuperaram, Peary, audaciosamente, comunicou que, baseando-se no fato de não ter sido feito nenhum progresso na exploração da calota glacial, ele permaneceria no Ártico por mais um ano, a fim de fazer outra investida na primavera seguinte. Uma vez que não havia suprimentos suficientes para todo o grupo, durante tanto tempo, declarou que ficaria com dois voluntários; quanto aos demais, voltariam para casa, no meio do verão, quando o navio chegasse.

Determinado a aproveitar bem o tempo durante a permanência na região, Peary organizou equipes de pesquisa para elaborar mapas e gráficos da baía Bowdoin. Também indagou os esquimós a respeito da localização de um suposto meteorito, identificado pela primeira vez pelo explorador inglês, John Ross, em 1818. Os nativos chamavam o meteorito de Montanha de Ferro e por muito tempo usaram pedaços do que consideravam um presente dos céus para fazer lâminas de facas, pontas de arpões e outras ferramentas, consideradas muito mais resistentes do que as tradicionais, feitas de ossos de animais.

Os esquimós relutavam em revelar onde se encontrava a Montanha de Ferro, por ser valiosa — o único recurso de que dispunham para a obtenção de metal antes da chegada dos comerciantes brancos — e sagrada, pois fora localizada no tempo de seus avós. Um deles, afinal, concordou, diante da oferta de Peary de lhe fornecer uma arma de fogo. Saíram na direção da baía Melville, mas o nativo logo mudou de idéia. Peary experimentou uma série de guias, cuja boa vontade variava, até chegar ao local onde uma rocha azulada despontava do solo coberto de neve, na parte estreita de uma península isolada, não muito distante do cabo York.

Depois de cavar vários metros na neve, Peary descobriu parte do meteorito que os nativos chamavam de Mulher, devido à forma curvilínea. Um meteorito menor, Cão, localizava-se a 60 metros dali. Antes de partir, Peary erigiu um monte de pedras e deixou um registro de sua presença. O maior dos meteoritos, um projétil maciço chamado Barraca, encontrava-se numa ilha a 4 quilômetros de distância.

Como se fossem amaldiçoados, por perturbar um solo sagrado, a viagem de volta, percurso que durou duas semanas, foi uma provação, e por pouco eles não pereceram. Enfrentaram o clima impiedoso, terreno difícil, intoxicação alimentar, cegueira provocada pela neve e fome.

O *Falcon* surgiu na baía Bowdoin em 20 de agosto. Àquela altura, predominava a discórdia entre os integrantes da expedição, e críticas eram dirigidas ao casal Peary, por se reunir em particular para fazer refeições melhores do que aquelas servidas aos demais, e ao próprio Peary, pela tentativa de angariar toda a glória para si mesmo. A fila de voluntários para permanecer por mais um ano não era extensa.

Uma pessoa, no entanto, estava determinada a ficar. Inicialmente, Josephine perdeu a calma diante das razões a ela apresentadas, que iam de encontro à sua decisão de permanecer ao lado do marido. Entretanto, seu irmão, o engenheiro Emil Diebitsch, que viajou no *Falcon*, e o próprio Peary afinal convenceram-na de que não convinha ao bebê ficar e enfrentar outro inverno rigoroso.

O *Falcon* zarpou de volta aos Estados Unidos em 26 de agosto. Enquanto o navio era visível, Peary procurou o lenço branco de Josephine sinalizando um triste adeus. "Com o navio que desaparece", escreveu Peary no diário, alguns dias depois, "termina o mau agouro da primeira fase da minha expedição e começa a segunda fase."[3]

Peary podia contar agora com o leal companheiro, Henson, e o integrante mais novo da expedição, Hugh Lee, que foi incentivado a ficar — de acordo com o diário de Lee — mediante a promessa que Peary lhe fizera de um emprego no governo federal.*

Para agravar a sensação de fracasso, Peary sentia os efeitos da solidão. O primeiro impacto foi perceber que o quarto que compartilhara com a esposa agora era "frio e sombrio".[4] Por várias noites dormiu no banco da sala de jantar.

Com o outono avançando e a luz do dia se dissipando, Peary lutou contra a depressão. Precisava fazer um esforço enorme para sair e participar de caçadas para reabastecer o suprimento de carne para o inverno.

Seus pensamentos, inevitavelmente, voltavam-se à calota de gelo, e ele começou a planejar a trajetória de exploração na chegada da primavera. Deu instruções para que os demais fossem examinar e assinalar com estacas altas os dois depósitos de postos de provisões que haviam sido construídos — o primeiro a 42 quilômetros dali e o mais afastado a 206 quilômetros, no qual, antes de retroceder em abril, deixara todos os suprimentos que não seriam utilizados na viagem de volta. Mas Henson e Lee regressaram quatro horas depois, não tendo localizado o primeiro

---

* No livro *Rumo ao Norte no Gelo* (1898), Peary atribuiu a "Lee e Henson, somente" o fato de possuírem "firmeza de caráter e lealdade para permanecerem" com ele por mais um ano, ao mesmo tempo que criticava os demais integrantes do grupo que "descobriram que o trabalho no Ártico não era o mesmo de um piquenique, e [...] decidiram voltar para casa".[5] Quanto a Lee, após o retorno do Ártico, foi nomeado delegado da Polícia Federal dos EUA. [N. do A.]

posto, e sem ao menos ter procurado o segundo, em virtude de uma nevasca em formação.

Receando que os abrigos acabariam soterrados na neve e jamais fossem encontrados na primavera, Peary saiu com Henson para fazer a última tentativa de busca. No entanto, foi em vão: nenhum marcador foi avistado na brancura interminável. Todos os suprimentos reservados ao grupo de exploradores tinham desaparecido.

Peary sabia que, sem o posto de provisões, o único meio que teria de fazer qualquer percurso durante a primavera seria utilizar os recursos da própria região, possibilidade que não lhe agradava, considerando-se a escassez de carne de caça no interior. O inverno parecia um pesadelo para Peary; ao longo dos meses escuros que se seguiram, sofria de depressão, insônia, premonições de fracasso e até mesmo de morte.

Com a chegada da primavera, e estando pronto o equipamento necessário para outra incursão na calota polar, Peary escreveu a Josephine. Embora as primeiras palavras da carta fossem: "É a véspera de nossa partida para a grande calota glacial; sento-me para lhe escrever uma carta que sei que lhe será entregue em mãos"; era uma carta para ser lida após sua morte.[6] Disse-lhe onde se encontravam seus diários, forneceu uma lista de dívidas a serem pagas aos esquimós que lhe prestaram serviços e informou-lhe o local das chaves que deixara no Alojamento do Aniversário. "Caso eu não retorne", escreveu, "a estrutura deve ser desmontada, levada de volta, por via marítima, e exibida ao público" — do mesmo modo que ele fizera com o navio, quando precisara de dinheiro — para que ela se beneficiasse da renda. E concluiu: "Adeus, querida."

Peary deixou outra carta, mais curta e mais formal, expondo seus planos em relação à nova aventura, da qual esperava retornar antes de 1º de setembro. "Depois de chegar à baía da Independência e abater o maior número possível de bois-almiscarados, minhas ações vão depender, inteiramente, das circunstâncias. É desnecessário enumerar as possibilidades, visto que, depois que 160 quilômetros da Grande Massa de Gelo me separarem do Alojamento, a ajuda humana será incapaz de nos encontrar ou nos valer em caso de catástrofe."[7]

Imbuído de idéias tão lúgubres, Peary partiu em 1º de abril de 1895, com Henson, Lee, seis esquimós e 42 cães atrelados a seis trenós.

De início, os nativos concordaram em continuar na companhia do grupo quando chegassem à calota de gelo, mas mudaram de idéia e, de comum acordo, retornaram, uma vez que o posto de provisões que tinha sido deixado a 206 quilômetros do alojamento não foi encontrado após outra busca minuciosa.

Peary e os dois companheiros seguiram em frente. Transcorridos 800 quilômetros, não tinham mais condições de prosseguir — tendo esgotado as próprias energias e os suprimentos, além de contarem com nove cães, apenas. Tinham chegado à baía McCormick e ao rochedo que Peary, anteriormente, denominara Navy Cliff, mas não conseguiam prosseguir nem mais meio metro. Não haveria descoberta alguma naquele ano, e, àquela altura, o desafio resumia-se a sobreviver. Para evitar a fome comeram os próprios cães famintos; apenas um cachorro chegou com eles ao Alojamento, na última semana de junho.

NA FILADÉLFIA, medidas extremas estavam em andamento.

Com a maior urgência, Josephine procurou levantar a quantia necessária para contratar um navio tripulado que fosse para o norte naquele verão e trouxesse de volta o marido e os demais. A verba obtida por Peary para financiar a expedição e outros recursos há muito tinha sido consumida. Uma vez que as despesas no ano anterior tinham ido além das estimativas, o envio do *Falcon* ao norte foi custeado pela venda da casa de Mary Peary, no estado do Maine.

Antes da partida de Josephine, no verão anterior, Peary disse à esposa que, se ela não conseguisse levantar fundos para enviar um navio para buscá-lo, ele faria a viagem de trenó até o sul da Groenlândia, e embarcaria em um dos navios com destino à Dinamarca.

Naquelas circunstâncias, Josephine nem podia admitir a possibilidade de que Peary não viesse diretamente para casa, e não tinha idéia das condições físicas em que ele se encontrava após outro inverno no Ártico. Era assombrada pelo espectro dele nos piores momentos — quando esteve inválido devido à perna quebrada e quando voltou exausto da calota polar. Imagine — era sua preocupação — se ele não conseguisse fazer a longa viagem de trenó até o porto ao sul? Para ela, a única solução seria encontrar meios de contratar outro navio que fosse buscá-lo.

Dessa vez não seria o *Falcon*. Depois de desembarcar Josephine, o bebê e os demais passageiros na Filadélfia, no outono anterior, o *Falcon* seguiu viagem para Saint John. Jamais conseguiu realizar o percurso. Após ter atingido, ao que tudo indica, um *iceberg* ao largo de Terra Nova, afundou rapidamente, com toda a tripulação, no mar tempestuoso.

Com o orçamento de 12 mil dólares para a contratação de um navio, Josephine começou a contatar várias pessoas eminentes, pedindo contribuições. Não se referiu ao resgate do marido ou dos companheiros; com mais altivez, preferiu falar da Expedição Científica à Groenlândia, de 1895.

Um dos que a recebeu foi Morris K. Jesup, conhecido financista e filantropo, um dos fundadores da Associação Cristã de Moços (ACM) e presidente do Museu Americano de História Natural, ao qual ele havia doado mais de 100 mil dólares. Aos sessenta e poucos anos, tinha os cabelos grisalhos, lisos e penteados para trás, e o tipo de barba cerrada com costeletas que ficavam abaixo do colarinho alto. O traço mais marcante do seu rosto era o olhar intenso e penetrante.

Josephine explicou o trabalho feito pelo marido na exploração da Groenlândia setentrional e suas expectativas de permanecer na região por mais um ano. O navio enviado para buscá-lo no verão poderia levar pesquisadores acadêmicos ao norte, explicou ela, com o objetivo de observar e coletar dados.

Jesup queria saber qual seria o custo, e ela lhe disse. O encontro foi cordial, e Jesup demonstrara interesse sincero, mas Josephine foi embora sem um cheque bancário, levando apenas a promessa solene do milionário.

Dando continuidade aos pedidos de verba, recebeu donativos de várias organizações, algumas das quais enviariam membros afiliados na viagem: a Sociedade Geográfica Americana (US$1.000), o Clube Geográfico da Filadélfia (US$760), o Museu Americano de História Natural (US$1.000), Bowdoin College (US$1.000) e o Instituto de Artes e Ciências de Brooklyn (US$1.000). A Sociedade Geográfica Nacional organizou uma palestra para Josephine, que arrecadou 400 dólares.

Apesar do esforço de Josephine, a quantia obtida não era suficiente. Morris Jesup, que considerava importante ajudar pessoas que se esforçavam, agora cumpria a promessa que lhe fizera. Generosamente, supriu a diferença. *Kite*, uma embarcação conhecida, e sua tripulação foram contratadas e enviadas ao norte da Groenlândia.

Depois de muito refletir, Josephine decidiu não seguir no *Kite*. O ano que se passara não havia curado a mágoa que sentira quando o marido decidira ficar na Groenlândia em vez de retornar para casa com ela e o bebê. E se ele se recusasse a voltar? Durante três semanas, redigiu uma carta aflita e sincera para o marido, a ser entregue pessoalmente pelo capitão do *Kite*.

"Quando você me falou sobre seus planos, um ano atrás [...] senti como se você tivesse cravado uma faca no meu coração e a deixado lá com o propósito de torcê-la, de vez em quando", escreveu Josephine. "Com toda atenção, meu esposo, reavaliei nossa vida conjugal, e me considero resignada ao lugar que você me concedeu uma hora depois de nosso casamento." Mesmo naquela ocasião romântica, ele fora ríspido ao lhe dizer que ela seria, depois de sua mãe, a segunda em sua vida. "Do jeito que magoou", prosseguiu, "continua a magoar, e vai magoar até o fim." Agora ela se sentia a terceira, explicou, depois da sogra e da "fama, em primeiro lugar".

"Meu Bert, minha vida", agora implorava, "se você não for bem-sucedido, não se contentaria em deixar a fama em segundo plano e se dedicar a mim um pouco [...]?"[8]

CONFORME JOSEPHINE esperava, com todo ardor, seu marido retornou no *Kite*. Trouxe dois meteoritos amarrados no porão de carga do navio — Mulher, pesando 2.500 quilos, e Cão, 450 quilos. Retirá-los fora um feito de engenharia — os meteoritos foram deslocados sobre uma prancha apoiada em cilindros de ferro sobre trilhos e transportados numa banquisa até o navio, onde foram guinchados para bordo. O transporte dos meteoritos foi a única realização da viagem; troféus palpáveis no lugar de relatos maravilhosos da exploração de novos territórios. Particularmente, Peary considerava tal façanha insuficiente.

Na viagem de volta, Peary parecia desanimado e pouco se comunicava com os demais. Quando o navio parou em Saint John, vários repórteres de jornais, incluindo um jornalista do *New York Times*, subiram a bordo. Não conseguiram entrevistar Peary, que se manteve em isolamento. Conversaram com outros passageiros, como L. L. Dyche, professor de Zoologia de Vertebrados da Universidade do Estado do Kansas, que tinha participado da viagem para conduzir pesquisa. Sem hesitar, Dyche descreveu a mais recente expedição de Peary como "um triste fracasso" e previu que seria a última.[9]

Peary voltou para casa, segundo admitiu, fora do normal "física e mentalmente",[10] com a sensação de que "suas tentativas de explorar o Ártico tinham terminado" e que sua "vida profissional tinha sido um fracasso". Pela primeira vez, Josephine viu o marido "completamente arrasado".[11]

Não obstante as divergências, Cook lamentou ao saber da angústia de seu ex-comandante. "O fracasso de Peary é uma notícia triste", escreveu a um colega da expedição de 1891-1892. "Ele trabalhou com afinco e enfrentou dificuldades tremendas para chegar a algum resultado. Merece compreensão."[12] Do ponto de vista pragmático, Cook também se preocupava que o fato de Peary não ter feito progresso poderia resultar em falta de apoio a futuras explorações norte-americanas e "projetar outra sombra sobre a empresa polar".

Quando os repórteres o encontraram no Maine, na nova residência que a mãe dividia com um primo, Peary mostrou ao mundo a imagem da derrota. "Jamais verei o Pólo Norte, a não ser que alguém o traga até aqui", disse. "No meu entender, tal empreendimento requer um homem bem mais novo do que eu."[13] Na última expedição tinha completado quarenta anos. "Velho demais", disse Peary aos jornalistas, "para percorrer na neve, calçando raquetes, 40 a 50 quilômetros por dia, por várias semanas, e levando um fardo pesado.

"Para mim, chega."

CAPÍTULO 7

"*Resort* no Verão Polar"

No verão de 1894, Cook, mais uma vez, foi ao norte. Embora tivesse proferido palestras bem recebidas pelo público (*"EXTRA! Interessante Palestra, Dr. Cook, Explorador do Ártico e da Antártida, Dois Jovens Esquimós em Trajes Típicos, Matilha de Cães Esquimós, Trenós. Preço 75 centavos"*),[1] além de entrevistas vibrantes para jornais (*"Expedição de Cook: O Grande Explorador Propõe Visita ao Pólo Sul"*), nas quais detalhava seu plano de formar um grupo explorador de 12 voluntários "inteligentes e cultos",[2] com o objetivo de desvendar os mistérios do Pólo Sul, não conseguiu levantar 50 mil dólares que, segundo seus cálculos, eram necessários para a expedição à Antártida. Mais de uma vez, a data de partida foi anunciada e em seguida cancelada por falta de recursos financeiros.

Naquele verão, Cook considerou a possibilidade de permanecer na sua cidade ou então organizar outra expedição curta à Groenlândia. Fazendo a segunda opção, colocou anúncios em diversas publicações e registrou cerca de cinqüenta passageiros abastados, ao preço de 500 dólares por pessoa. Logo depois da partida da expedição de junho de 1894, um jornal relatou: "*Resort* no Verão Polar: Dr. Cook e Grupo Elegante de Exploradores Árticos."[3]

A excursão à terra dos *icebergs* deu-se a bordo de um confortável vapor transatlântico de dez anos de idade pertencente à Linha da Cruz

Vermelha.* Com 1.158 toneladas e 67 metros de comprimento, o *Miranda* era o maior navio que até então tinha zarpado na direção das águas do Ártico.

A lista de passageiros incluía diversas personalidades de origens variadas — professores e alunos das universidades de Yale, Harvard e da Pensilvânia; o ex-prefeito de Cleveland; o ex-promotor público de Saint Louis; o autor do livro *A Idade do Gelo na América do Norte*; vários médicos; um dentista; um taxidermista; um ministro religioso; um fotógrafo; um encarregado de registro de patentes e o filho de 13 anos de um juiz da Suprema Corte dos Estados Unidos.

Dois convidados especiais acompanhavam Cook na viagem — Clara e Willie, filhos dos esquimós, que regressavam à terra natal, para tristeza da jovem que, segundo Cook, "tinha se adaptado bem à rotina da civilização".[4]

O *Miranda*, conhecido por ser um navio agourento por ter encalhado algumas vezes e por se ter envolvido em duas colisões em alto-mar, partiu de Nova York em 7 de julho. Nem a partida dera certo. Assim que os cabos foram desamarrados, o capitão indicou aos maquinistas que se achavam no convés inferior que recuassem devagar. Em vez disso, o navio foi jogado contra o quebra-mar, produzindo um som surdo. Embora nenhum dano tenha ocorrido, o incidente representou um "mau presságio" no entender dos passageiros.[5] Alguns tripulantes também se mostraram preocupados ao verem ratos correndo para terra firme após a colisão. Embora um homem que viva em terra firme, prestes a dar início a um cruzeiro, possa encarar o fato de modo positivo, marujos experientes pensam de maneira diferente ao ver ratos abandonando uma embarcação.

Os dez dias seguintes transcorreram sem qualquer incidente.

O dia 16 de julho amanheceu claro e límpido, e surgiram os primeiros *icebergs*. Animados, os passageiros passaram o dia observando blocos de gelo de vários formatos e tamanhos deslizando em magnífica procissão. Na manhã seguinte, denso nevoeiro dominou a paisagem.

---

* Red Cross Line. [N. da T.]

Preocupado que o *Miranda* não tivesse desacelerado o bastante, Cook dirigiu-se à ponte de comando para falar com o capitão sobre o perigo dos *icebergs*. Enquanto o capitão lhe explicava como seria capaz de evitar *icebergs*, mesmo durante o nevoeiro, Cook olhou para fora e viu obstáculos de gelo passarem bem perto.

Logo depois das oito horas naquela manhã, o navio bateu num *iceberg* que surgiu do nevoeiro, repentinamente, encimando a embarcação. Ouviu-se um barulho assustador, no momento em que o navio arfou violentamente e se precipitou na água. Passageiros e tripulantes foram jogados no convés.

A proa do *Miranda* tinha ficado presa, depois de abrir um buraco no *iceberg*. Felizmente, o gelo não se projetava abaixo da água na parte frontal da face íngreme do bloco, e o casco foi atingido acima da linha-d'água. Danos foram causados a estibordo e parte da balaustrada foi arrancada.

Dando marcha à ré, o navio se desprendeu. Depois que todos os compartimentos foram inspecionados e não sendo encontradas avarias, o *Miranda* entrou no porto mais próximo, no litoral de Labrador, para reparos urgentes. De lá, o capitão decidiu providenciar consertos definitivos e rumou para Saint John, na ilha de Terra Nova — a 640 quilômetros ao sul.

Terminados os consertos em Saint John, em 29 de julho, novamente zarparam em direção ao norte. Depois de várias paradas ao longo do litoral de Labrador — em Rigolet, Clara e Willie foram entregues à família —, o navio tomou a direção nordeste, visando a Groenlândia. Cook recomendou ao capitão que redobrasse a atenção aos *icebergs*, e ele o atendeu sem protestar.

Em 3 de agosto, as montanhas nevadas do sul da Groenlândia destacaram-se, sendo vistas a 50 quilômetros de distância. As expectativas eram de aportar logo depois que a primeira terra fosse avistada, mas não foi possível devido a uma longa faixa de gelo compacto.

Durante três dias, sob nevoeiro e chuva intermitentes, prosseguiram na direção norte, margeando a massa de gelo flutuante, em busca de uma passagem. A vastidão do gelo, a proximidade dos *icebergs* e a camada inconstante do nevoeiro uniram-se para impressionar os passageiros.

Por vezes, o *Miranda* se via cercado por gelo compactado, embora, devido ao mar calmo, não houvesse perigo iminente, desde que o navio fosse conduzido com cuidado.

Em 6 de agosto, abriram caminho por uma superfície de gelo quebrado e fundearam em Sukkertoppen, um povoado dinamarquês, onde se caçava focas e baleias, situado numa ilha costeira à sombra de uma montanha imponente. Durante três dias, os passageiros tiveram muito que explorar nos fiordes, belos e profundos. Faziam caminhadas até as geleiras próximas, caçavam veados, recolhiam espécimes vegetais, conheceram famílias dinamarquesas residentes no local e esquimós da região. Depois das despedidas, o navio voltou ao mar.

A 11 quilômetros de Sukkertoppen, o *Miranda* virou para estibordo depois de bater três vezes. Naquele momento, Cook tomava o café-da-manhã com outros passageiros, no refeitório, onde pratos e copos foram pelos ares. Enquanto muitos correram para ocupar seus lugares nos botes salva-vidas, Cook correu para a ponte de comando, e encontrou mais confusão. Nem mesmo o capitão sabia prestar contas do que acontecera.

Cook surpreendeu-se por *não* ver coisa alguma diante da proa: nenhum *iceberg* que, segundo pensara, teria sido a causa da colisão. Em vez disso, verificou-se que o *Miranda* tinha atingido um recife submerso, o qual, segundo constatação posterior, estava assinalado claramente no gráfico da cabine de comando. Lá se encontrava agora o navio, jogado contra as pedras por ondas de tamanho considerável.

Depois da manobra para se afastarem do recife, um tripulante surgiu na ponte de comando para relatar a primeira avaria: no porão de carga do navio havia 7,5 centímetros de água, mas as bombas portáteis movidas a vapor estavam intactas e em perfeito funcionamento.

Sem justificativa, o capitão anunciou a intenção de prosseguir rumo ao norte, para o porto de Godthaab, a dois dias de distância. Cook não admitia tal proposição, e insistiu que voltassem logo para Sukkertoppen para que se fizesse uma avaliação dos danos.

O capitão recusou-se. Supostamente, Cook não era o tipo de homem de sangue quente, e jamais erguia a voz para impressionar, mas naquela situação, não se conformou. Depois de uma discussão exaltada que, segundo alguns observadores, poderia ter acabado em socos, o capitão, afinal, concordou em voltar.

A decisão serviu para poupar vidas, uma vez que se constatou, na inspeção realizada em Sukkertoppen, que os graves danos causados ao casco do *Miranda* inundaram os tanques de lastro. O navio ainda estava à tona, mas não se sabia por quanto tempo.

Cook chegou à conclusão que para levar de volta o grupo, a salvo, precisaria contar com auxílio externo. Com esse objetivo, decidiu ir até o litoral num barco pequeno, onde, segundo fora informado, certo número de barcos pesqueiros norte-americanos estavam operando naquelas águas.

Vários voluntários uniram-se a Cook na difícil jornada através de ventos constantes, mares revoltos e chuvas fortes. Em 16 de agosto, depois de percorrer a vela e a remo 160 quilômetros, chegaram a Holsteinborg, onde Cook soube por meio do governador dinamarquês que várias escunas norte-americanas encontravam-se a alguns quilômetros da costa. Um caiaquista esquimó estabeleceu contato com a escuna mais próxima, a *Rigel*, de Gloucester em Massachusetts, entregando ao capitão uma carta assinada por Cook na qual era relatado o prejuízo causado ao *Miranda*, o número de norte-americanos que integravam o grupo e feita a pergunta: "Por gentileza, poderia nos socorrer?"[6]

A escuna *Rigel*, que tinha sido utilizada no verão para a pesca de hipoglosso* no litoral norte da Islândia e há apenas duas semanas chegara da Groenlândia para encerrar a temporada, ancorou em Sukkertoppen em 20 de agosto ao lado do *Miranda*.

Após uma conversa entre os dois capitães, na presença de Cook, foi decidido que os dois navios deveriam rumar para a Nova Escócia. O mais prudente, todos concordavam, seria transferir os passageiros para um navio a vela a ser rebocado pelo *Miranda*, com um cabo reforçado de 300 metros de comprimento. Na eventualidade de o navio maior afundar, a tripulação do *Miranda* passaria para a escuna.

A caminho, tudo seguiu com tranqüilidade até a segunda noite, quando os dois navios se encontravam no estreito de Davis — a 480

* Peixe de água salgada, linguado gigante. [N. da T.]

quilômetros da Groenlândia —, enfrentando um mar forte. Um tanque de lastro do *Miranda* rompeu-se logo após a meia-noite, e o navio emitiu sinal de perigo, exibindo a luz vermelha que segundo acordo prévio significava que o vapor estava afundando.

No mar escuro como breu, a cena durante as três horas seguintes correspondeu a um drama intenso. A escuna manteve-se amarrada ao navio grande, enquanto um tripulante, de pé, segurando um machado, preparava-se para cortar o cabo a qualquer momento. Deixando o *Miranda*, botes fizeram o trajeto com os trinta membros da tripulação, mas, em alto-mar, foi uma luta conduzir com segurança os barcos pequenos até o veleiro. Os comissários de bordo foram os primeiros a chegar e os últimos foram o capitão e os demais que integravam a ponte de comando; esses, antes de partir, giraram bruscamente o timão para um lado e soltaram o cabo da popa do navio avariado.

Molhados, mas a salvo, todos os tripulantes, lado a lado no convés da escuna *Rigel*, viram o *Miranda* — as luzes ainda acesas, soltando fumaça pela chaminé e a hélice girando — desaparecer para sempre no nevoeiro.

A escuna chegou a Sydney do Norte, no litoral nordeste da Nova Escócia, em 5 de setembro, e o grupo de Cook se separou. Alguns não queriam mais saber de viagens marítimas e adquiriram passagens de trem. Os demais, incluindo Cook, viram-se obrigados a voltar a Nova York no *Portia*, que se assemelhava ao malfadado *Miranda*.

Verificou-se que eram navios irmãos, feitos a partir de projetos britânicos quase idênticos. E não era apenas isso que tinham em comum: certo dia, saindo de Nova York em direção ao estreito de Vineyard Haven, o *Portia* chocou-se contra um pequeno veleiro.

Cook correu ao convés e encontrou velas rasgadas misturadas a vergas quebradas e pedaços do mastro de um barco a vela, que fora cortado ao meio, deixando à vista somente parte da popa. No instante seguinte, Cook viu dois homens sendo tragados com os escombros do barco, sem que qualquer ajuda pudesse ser prestada. Dos cinco membros da tripulação a bordo do *Dora N. French*, de Bangor, estado do Maine, quatro desapareceram.

A ampla cobertura da imprensa a respeito da desventurada excursão do *Miranda* — questionando a sobriedade do capitão e sua tripulação — em nada colaborou para despertar o interesse em mais viagens turísticas à Groenlândia, e Cook permaneceu em casa no verão seguinte (1895).

A atividade médica expandiu-se e ele agora tinha um sócio; mesmo assim considerava os seus dias muito monótonos se comparados àqueles no Extremo Norte. As observações de Cook sobre seus pacientes dão uma idéia do tédio de suas atividades: "Nelson Green [...] baço dilatado. Enjôos freqüentes, tontura. Mau hálito, gosto repulsivo na boca pela manhã."[7] E ainda: "Sra. Green [...] flatulência, constipação. Deseja reduzir obesidade."

Cook estava ansioso para recomeçar a explorar, e mais uma vez canalizou suas energias à Antártida. Quanto ao Pólo Norte, cujo apelo era bem mais forte na imaginação do público do que seu correspondente meridional, Cook convencera-se de que seria alcançado antes do final do século — se não o fosse por um norte-americano, seria por algum dos eficientes exploradores europeus, como Fridtjof Nansen e Otto Sverdrup, que costumavam fazer incursões ao Extremo Norte. Cook pensava que não havia espaço para a sua participação na corrida ao Pólo Norte.

O Pólo Sul era outro assunto, e um potencial patrocinador que Cook tentou interessar foi o industrial Andrew Carnegie. Tiveram um encontro num dia de inverno no Clube da Liga da União, um clube conservador situado na esquina da rua 26 com a avenida Madison, em Nova York. Para surpresa de Cook, Carnegie tinha lido vários livros escritos por exploradores do Ártico. Interessava-se particularmente pelo trabalho de europeus, como o norueguês Nansen e os britânicos Francis Leopard M'Clintock e John e James Ross (tio e sobrinho, respectivamente). Por motivos não esclarecidos, Carnegie parecia menos interessado nas conquistas de exploradores norte-americanos.

Cook esperava mudar esse quadro.

Carnegie, indivíduo de estatura baixa, medindo pouco mais de 1,50m, de origem humilde, tinha enriquecido e se tornado um capitão da indústria — conhecido como o "rei do aço" —, e um dos homens mais ricos da América do Norte.

Cook fez uma proposta concreta: dar seguimento no hemisfério sul às descobertas reivindicadas pela expedição Wilkes — conhecida oficialmente por Expedição de Pesquisa e Exploração dos Estados Unidos (1838-42) —, uma circunavegação do globo envolvendo seis navios e centenas de homens que mapearam, entre muitas regiões do mundo que não haviam sido registradas, várias centenas de quilômetros do litoral da Antártida. Cook pretendia ir além, é claro — ao Pólo Sul, ou o mais perto possível daquele ponto, com um grupo explorador.

No final do encontro, Carnegie disse: "Doutor, gostaria de me interessar pelos seus empreendimentos no gelo. [...] Encontre-me na próxima segunda-feira ou escreva-me."[8] Cook procurou Carnegie na semana seguinte, e se sentaram num canto do mesmo salão do clube. Dessa vez, o médico foi preparado para falar sobre a importância da pesquisa científica, e fez questão de acentuar "os aspectos mais pragmáticos", por estar diante de um homem de negócios — um homem que, nos empreendimentos relativos à produção de aço, tinha sido rápido na implementação de inovações tecnológicas, como o forno de aciaria,* e aumentado a eficiência administrativa através de integração vertical.

Num momento decisivo, Carnegie foi chamado à sala ao lado. Quando voltou, seus pensamentos eram outros. "Doutor, há tanta coisa a fazer neste mundo que nos cerca", disse o industrial.**

Cook percebeu que a oportunidade se perdera.

Durante o inverno, temos no estado de Nova York "gelo suficiente", disse Carnegie, que questionava a necessidade de explorações dispendiosas a outras regiões glaciais.

Na verdade, Carnegie não entendera o objetivo da exploração polar e, pelo segundo verão consecutivo, Cook não tinha o que explorar nem aonde ir.

---

* É no forno de aciaria ou Siemens-Martin que o ferro-gusa é reprocessado para a produção do aço propriamente dito. [N. da T.]

** De conformidade com suas palavras, Carnegie, após vender sua companhia de aço para J. P. Morgan em 1901, aposentou-se para se dedicar à filantropia. Na ocasião de sua morte, em 1919, tinha doado 350 milhões de dólares e construído bibliotecas e universidades, mas jamais doou um centavo à exploração polar. [N. do A.]

CAPÍTULO 8

Caça ao Tesouro

Logo ao retornar do Ártico no outono de 1895, Peary reassumiu suas funções no Estaleiro da Marinha, localizado no Brooklyn. Quando recuperou a energia e a disposição, voltou às palestras noturnas, nos fins de semana, relatando o conhecido episódio da viagem de trenó pela Groenlândia, três anos antes.

A narrativa de Peary adquiria brilho quando ele mencionava os meteoritos que tinha desenterrado, e particularmente o grandioso "bloco de ferro" que ainda se encontrava no Extremo Norte, prometendo que um dia traria o meteorito Barraca para os Estados Unidos.[1]

Peary empenhou-se para cumprir a promessa. Para aumentar os recursos que levantara através de palestras e outras contribuições, vendeu passagens de ida e volta para professores e estudantes universitários; seriam desembarcados em várias localidades do litoral da Groenlândia para dirigir trabalho científico de campo e seriam apanhados na volta. No verão seguinte, Peary contava com dinheiro suficiente para fretar um navio.

Considerando a viagem mais recente, o fato de Peary ter trazido os meteoritos Mulher e Cão desviou a atenção do público quanto à incapacidade do explorador de realizar pouco mais que localizar meteoritos. O meteorito Mulher era o segundo maior entre as coleções mundiais — o maior era o Cranbourne (3.600 quilos), que se encontrava no

Museu Britânico. Os meteoritos foram postos em exibição no Museu Americano de História Natural, despertando a admiração do novo benfeitor de Peary, o presidente do museu, Morris K. Jesup, que abraçou a mais recente causa do explorador junto à Marinha e o ajudou a obter uma licença durante o verão.

Peary zarpou a bordo do *Hope** em julho de 1896, chegando ao cabo York no início de agosto. O gelo fino na baía Melville permitiu que o navio seguisse em frente, até a pequena ilha onde se localizava o meteorito Barraca. Ancoraram perto de uma saliência rochosa que se projetava do ponto onde se achava o meteorito.

Correndo contra as investidas do inverno, Peary organizou uma escavação no local. A pedra foi então erguida por meio de pesados guinchos hidráulicos e colocada num vagonete. Uma ponte foi construída com dormentes de ferrovia através da plataforma rochosa e o meteorito desceu até o navio por meio de guincho e cabo de aço.

Naquele instante, a Mãe Natureza interveio. Uma tempestade repentina e violenta, originária do sudeste, rompeu uma cadeia de *icebergs* que tinham protegido seus flancos da pressão da massa de gelo flutuante. Com o gelo agora a toda volta, o que poderia significar, com certeza, para o navio e a tripulação, confinamento durante longos meses de inverno, não havia escolha, a não ser ir embora, deixando o meteorito encalhado na praia como uma baleia gigante.

Ao regressar, Peary ainda soube de mais acontecimentos desagradáveis.

Os jornais estavam repletos de notícias sobre um dos acontecimentos mais dramáticos na história da exploração Ártica. Nansen, usando o *Fram* — embarcação que fora projetada para flutuar na massa de gelo — como base de operações, tinha deixado o navio, depois que este ficou preso no gelo durante dois anos, e caminhado na direção do Pólo Norte, na primavera anterior, conseguindo estabelecer um novo recorde de marco norte: 86 graus, 13 minutos. Antes de ser obrigado a retornar, em vista de temporais e degelo, o norueguês manteve-se a 362 quilômetros

* Em inglês, Esperança. [N. da T.]

do Pólo, superando em quase 273 quilômetros o recorde referente à latitude mais elevada já explorada no planeta (83 graus, 24 minutos, norte), estabelecido quase 13 anos antes pela expedição Greely.* Surpreendido pelo inverno, Nansen passou nove meses numa cabana construída de pedras e couro de morsas. Sem conseguir localizar *Fram*, Nansen perambulou até encontrar por acaso o navio do explorador inglês, Frederick Jackson, que o levou para a Noruega.

Para Peary, o episódio era uma dolorosa lembrança da vantagem que Nansen conseguira em relação à sua própria investida anterior, quando o norueguês fora o primeiro homem a atravessar a Groenlândia. Após a decepção inicial, Peary parecia reanimado pela disputa. Aproveitando a ocasião do recebimento de um prêmio da Sociedade Geográfica Americana, em janeiro de 1897, Peary revelou o objetivo de sua próxima expedição: "a conquista do Pólo Norte."[2] Daria início à tentativa, explicou, a partir de uma base no norte da Groenlândia, onde se preparava para ficar por cinco anos, se necessário. Estimou o custo em 150 mil dólares.

"Nansen privou a bandeira norte-americana do recorde referente à conquista do ponto mais setentrional que a ela pertencia havia 12 anos, e colocou a bandeira norueguesa bem mais adiante", disse Peary imprimindo ao discurso a costumeira dose de fervor patriótico. "É certo que o Pólo será alcançado em breve; é apenas uma questão de tempo e dinheiro, nem tanto deste último, e, a não ser que estejamos atentos, seremos passados para trás. [...] Estou convencido de que não existe nos Estados Unidos um homem ou uma mulher que não vibre de patriotismo diante da perspectiva de ver a realização desse projeto, sabendo que foram o dinheiro, a inteligência, a energia e a determinação norte-americanos

---

* Daqui por diante, a milhagem especificada conforme as distâncias ao Pólo e a partir do Pólo será fornecida em milhas náuticas. Em qualquer lugar do mundo, um minuto de latitude é igual a uma milha náutica, e um grau equivale a 60 milhas náuticas. Uma milha náutica é, aproximadamente, 243 metros mais longa que uma milha estatuária, equivalendo a 1,15 milha estatuária. [N. do A.]

(Para melhor compreensão do leitor, as distâncias originalmente registradas em milhas náuticas aparecem convertidas em quilômetros. Vale lembrar que a cada milha náutica corresponde 1,85km. [N. da T.])

que escalaram o ponto mais alto da Terra, e o iluminaram com a 'Glória Antiga'.* [...] Sem empenho pessoal ou tribulação, nenhum homem poderia conseguir monumento mais majestoso e perene do que seu nome gravado para sempre nas pedras e gelo misteriosos que compõem o cenário do eixo giratório do Globo, o Pólo Norte."

Peary considerou a reação ao seu plano "imediata e enfática".[3] Um mês depois, a Sociedade Geográfica Americana ofereceu-lhe todo o apoio, mediante o acordo de que Peary continuaria a solicitar o patrocínio de outras entidades.

A Marinha tinha outros planos para Peary. O pedido de licença de cinco anos para a primeira investida ao Pólo Norte foi rejeitado, e ordens foram expedidas para sua transferência aos estaleiros da ilha Mare na Califórnia.

Peary considerou "resolutas, concentradas e amargas" as forças contra ele, na Marinha; dessa vez nenhum botão por ele acionado funcionou.[4] Por acaso, a duas semanas do exílio programado à Costa Oeste, Peary foi apresentado a Charles A. Moore, eminente político de Nova York, que captou o entusiasmo do explorador quanto à investida ao Pólo. Moore, que havia apoiado William McKinley nas eleições presidenciais um ano antes — 36 votos eleitorais do estado de Nova York tinham se destinado a McKinley na corrida contra William Jennings Bryan —, marcou encontro com o secretário da Marinha para tentar exercer alguma influência a favor de Peary. Quando Moore explicou a natureza de seu pedido, o secretário disse: "*Qualquer coisa*, menos isso."[5] O assunto da patente de Peary, obviamente, tornou-se um ponto delicado nas esferas mais altas.

Arrojado, Moore atravessou a rua e se entrevistou imediatamente com o presidente McKinley, que tinha tomado posse poucas semanas antes.

— Lembra-se — Moore perguntou diretamente a McKinley — que você me disse que o procurasse quando eu quisesse alguma coisa?[6]

* Referência ao poema de Howard Schnauber, "My Name is Old Glory", homenagem à bandeira dos Estados Unidos. [N. da T.]

McKinley acenou com a cabeça em sinal afirmativo. Tendo sido, por muito tempo, membro do Congresso e duas vezes governador de Ohio, estava preparado para retribuir favores políticos.

— Quero que o tenente Peary, da Marinha, receba uma licença de cinco anos para dar continuidade ao seu excelente trabalho no norte.

Pelo rosto de McKinley percebia-se o alívio que sentira. Tinha antecipado a concessão de um favor muito maior.

— É só isso? É claro que o farei.

McKinley ditou um memorando, e Moore, que não resistiria à tentação, entregou-o pessoalmente ao secretário da Marinha, minutos depois. As ordens concernentes à transferência de Peary à ilha Mare foram imediatamente revogadas e, um mês depois, ele foi desligado de seus encargos oficiais com vistas à licença remunerada de cinco anos.*

Antes de voltar a atenção à expedição polar, Peary tinha um serviço a concluir no norte da Groenlândia. Outra vez financiado em parte através da venda de passagens a cientistas e turistas — inclusive a um casal que desejava passar a lua-de-mel em Godhavn —, Peary reuniu um grupo e fretou um navio com o objetivo específico de resgatar o meteorito Barraca. Josephine e a filha, Marie, que agora tinha quatro anos, também participaram da viagem realizada no verão. Durante o procedimento de transportar o meteorito para o navio, cobriram-no com a bandeira norte-americana, em dado momento, e Marie atirou nele uma pequena garrafa de vinho, batizando a pedra que caíra dos céus em forma de bola incandescente, Ahnighito, seu nome esquimó.

As principais autoridades em meteoritos concordavam que o resgate dos meteoritos de cabo York — incluindo Ahnighito, que pesava quase 40 toneladas, sem dúvida o maior de qualquer coleção do mundo — representava uma descoberta importante. Desde o começo, conforme parecia, os motivos de Peary não eram de todo altruístas. Como

* A licença de cinco anos de Peary, ordenada pelo presidente McKinley, foi efetivada em 25 de maio de 1897. Embora Peary tivesse ingressado na Marinha havia mais de 15 anos, desde a posse, em outubro de 1881, seu tempo de licença (sete anos e um mês) quase equiparava o de trabalho efetivo (oito anos e cinco meses) — um desequilíbrio fora do comum que perdurou no decorrer de sua carreira naval. [N. do A.]

se quisesse assegurar um título de propriedade, claro e incontestável, fez questão de obter de um oficial dinamarquês um comprovante de venda dos meteoros, embora não haja evidência de que os dinamarqueses ou nativos tenham recebido qualquer quantia pela transação. Ele também solicitou aos passageiros a bordo do *Hope* que assinassem uma declaração de que o resgate do meteorito era "estritamente confidencial", concordando que o incidente poderia simplesmente "ser explicado mediante a declaração de que eu levo o meteorito a bordo" e nada mais.[7] Embora Peary tenha falado com destaque sobre os meteoritos sendo os responsáveis pela ascensão dos nativos à idade do ferro, das ferramentas e armas, posteriormente justificou a remoção dos tesouros enterrados com a observação de que "a tensão cruel imposta pelo ambiente natural" dos esquimós não lhes possibilitava apreciar verdadeiramente seus "hóspedes celestiais".[8]

Peary ofereceu o terceiro e maior meteorito ao Museu Americano de História Natural, onde foi exibido ao lado dos demais no imenso salão em forma de caverna que fica voltado para a rua 77. Ao contrário do que a imprensa e o público supunham, os meteoritos não foram doados. Em vez disso, foram emprestados, e seriam oferecidos a possíveis compradores identificados pelo museu ou pelo vendedor contratado por Peary para negociar outros objetos valiosos dos esquimós — peles, couros, marfim, dentes de narval e outros suvenires obtidos dos nativos do Ártico em troca de artigos de primeira necessidade, como, por exemplo, café, biscoitos e doces — que ele agora trazia de suas expedições. Na maioria das vezes, evitava o pagamento de impostos por bens adquiridos, marcando todos os itens como peças de museu. Finalmente, Peary estipulou um preço astronômico pelas três pedras celestiais, conhecidas pelos esquimós durante várias gerações por *saviksue* (grandioso ferro): 50 mil dólares.

Naquele verão, Peary também trouxe esquimós vivos e mortos, e deixou-os no Museu Americano de História Natural. Um antropólogo, curador assistente do museu, havia lhe pedido que trouxesse um esquimó vivo para estudo durante um ano; em vez disso, Peary entregou-lhe seis: dois dos melhores caçadores e condutores de trenós do estreito de Smith, que o ajudaram a conseguir o meteorito grande, a mulher de um dos caçadores e três jovens. Peary lhes prometera, de acordo com um dos nativos, "casas confortáveis e aquecidas na terra do sol, armas, facas, agulhas e muitas outras coisas".[9]

Promessas desse tipo não foram necessárias para se obter os restos mortais de nativos falecidos havia pouco tempo, alguns que Peary conhecera pessoalmente. Bastou ordenar que os túmulos recentes fossem abertos e os corpos e utensílios com os quais foram enterrados — para ajudá-los no mundo espiritual — fossem reunidos e acondicionados em grandes barris para o transporte ao museu. Os restos mortais, entre os quais se incluía um caçador chamado Qujaukitsoq, sua mulher e uma filha, vítimas de uma epidemia, foram vendidos por Peary ao museu como espécimes antropológicos.

No subsolo do museu abriu-se espaço para os seis esquimós. Quando em outubro, inesperadamente, houve uma onda de calor, eles logo adoeceram. Em poucos meses, depois de serem transferidos para uma fazenda no interior do estado de Nova York para se recuperarem, quatro morreram, sucumbindo à pneumonia causada por complicações da gripe, à qual não tinham resistência. Somente dois meninos, Uisaakassak e Minik, sobreviveram.

Um dos mortos era o pai de Minik, Qisuk, cujos restos mortais — com os restos do outro esquimó falecido — foram encaminhados ao museu, onde moldes de gesso foram feitos a partir dos corpos e cérebros, os ossos limpos e montados para exibição. A fim de amenizar a tristeza do menino de oito anos, providenciou-se um funeral falso para seu pai. Dentro do caixão havia uma tora.

Embora não dispusesse de fundos suficientes para cumprir seu objetivo, Peary preparou-se para partir no verão de 1898, esperando que a publicidade despertasse o interesse de patrocinadores em potencial. Na manhã de 16 de fevereiro de 1898, Peary trouxe para casa o jornal matutino e leu as manchetes. No dia anterior, o navio de guerra USS *Maine* fora destruído por misteriosa explosão e afundara no Porto de Havana, matando 260 marinheiros norte-americanos. O *Maine* tinha chegado em Havana um mês antes com o objetivo de proteger cidadãos e propriedades americanas dos distúrbios em Cuba gerados pela luta em prol da independência da ilha em relação à Espanha. Com a exaltação do sentimento antiespanhol ("Lembre-se do *Maine*!") — somente mais tarde foi apurado que a explosão mortífera foi um acidente e não um ato de sabotagem —, Peary supôs que sua licença fosse cancelada pela Marinha, mas não foi.

Decidiu não se apresentar voluntariamente para a guerra que todo mundo sabia que logo seria deflagrada, e prosseguiu com os planos em ralação ao Ártico. Afinal de contas, tinha 42 anos e, com toda sinceridade, acreditava que esta seria sua última chance. Partiu no dia 4 de julho de 1898, a bordo do *Windward*, dois meses depois de ser declarada pelo Congresso a guerra contra a Espanha.

A guerra de Peary não era contra a potência estrangeira, mas contra o Pólo Norte.

CAPÍTULO 9

DESTINO ANTÁRTIDA

AO DEIXAR O CABO HORN, enfrentando mares agitados por tempestades, a bordo do *Bélgica* — um navio construído para a caça de focas e ao qual foram adaptados um laboratório científico, câmara escura para revelação de fotografias e o equipamento mais atual para o estudo de correntes marítimas e vida marinha —, Cook nada sabia da irrupção de hostilidades em relação à Espanha. Na verdade, ele não tomaria conhecimento da guerra hispano-americana até que esta houvesse terminado.

Após retornar do malsucedido cruzeiro no *Miranda*, Cook havia retomado o exercício da medicina no Brooklyn. Apesar de proferir palestras, periodicamente, sobre a Groenlândia e a vida esquimó, e ainda nutrir esperanças de explorar a Antártida, percebera que sua prática da medicina, em expansão, exigia-lhe mais tempo do que nunca. Durante alguns anos, sua casa e escritório localizaram-se num modesto prédio de tijolos na avenida Bushwick número 687, um bairro tranqüilo e elegante, onde se localizavam vários consultórios médicos. Para prestar atendimento domiciliar, Cook seguia numa charrete puxada por um vistoso cavalo branco. Dava a impressão de ser um clínico geral bem estabelecido, que fazia exatamente o que lhe agradava. Sua casa era mantida pela sogra, Sra. Forbes, e as três filhas crescidas que costumavam fazer visitas freqüentes. Logo, Frederick passou a cortejar uma das irmãs de sua esposa falecida. Essa irmã chamava-se Anna, e era professora. Nada disso, porém, impedia Cook de sonhar com viagens de exploração. Um dia, leu um artigo no *New York Sun* no qual era mencionado um cabograma da Antuérpia a respeito da partida adiada de uma expedição belga à Antártida. O médico da equipe havia desistido de participar, e Cook entendeu, "de relance", que aquela era uma oportunidade de fazer o que desejava.[1] No mesmo momento, telegrafou comunicando sua vontade de se reunir à expedição, e em algumas horas recebeu a mensagem de aceitação, contendo instruções quanto ao encontro no navio, no Rio de Janeiro.

A cobertura do longo percurso de Nansen no mar polar enchia as colunas dos jornais e periódicos, assim como os planos audaciosos de um engenheiro sueco, Salomon Andrée, prestes a fazer uma tentativa de atravessar o Pólo Norte num balão de hidrogênio. Outras expedições ao Ártico, originadas na Europa e nos Estados Unidos, também demonstravam estar em estágio de planejamento.* Novamente, o assunto da exploração do Extremo Norte era comentado por todos, entretanto, Cook pretendia tomar a direção oposta. Quanto a se voltar para o sul — "o sonho da minha vida"—, sentia-se mais animado do que nunca e, com toda disposição, passou a organizar o equipamento e suprimentos que havia guardado para uma expedição à Antártida.[2]

Ao final de 1897, Cook e Anna Forbes haviam anunciado seu noivado, e ela talvez acreditasse que o ex-explorador ártico iria sossegar. Mas, a realidade era outra. Contudo, Cook se preocupava com o fato de deixar a noiva, devido à sua saúde precária. Temendo uma doença mais séria — até mesmo tuberculose —, levou-a a um especialista, que o assegurou de que as condições de Anna não eram graves. Ainda assim, Cook hesitou no último minuto, perdendo a partida do navio no qual reservara passagem, desconcertando sua mãe e irmã, que haviam com-

* Andrée e seus dois companheiros desapareceram na calota de gelo e nunca mais se ouviu falar deles. Seus ossos foram encontrados no Ártico trinta anos depois, no último acampamento que levantaram, junto com um registro do progresso do percurso, contido em diários recuperados e várias fotos reveladas de negativos há muito congelados. Após escaparem de seu balão caído, iniciaram a caminhada de 320 quilômetros até a terra mais próxima, mas jamais conseguiram alcançar o objetivo. A causa de suas mortes nunca foi determinada, apesar de haver uma suspeita de que o monóxido de carbono nas barracas mal ventiladas os teria envenenado. [N. do A.]

parecido ao cais para se despedirem. Três semanas depois, apesar do desejo de Anna de que ele permanecesse, Cook embarcou noutro navio, com destino à América do Sul.

No Rio, durante duas semanas, Cook aguardou ansiosamente. Com a chegada do *Bélgica*, foi apresentado à tripulação internacional. O cientista-chefe era romeno, e o cientista auxiliar, polonês; cinco tripulantes eram noruegueses, incluindo o imediato, chamado Roald Amundsen; os demais eram belgas. A comunicação, às vezes, era complicada, sendo o francês a língua principal na cabine do comandante, alemão e francês nos laboratórios científicos e, em outros lugares, uma confusão de inglês, norueguês, francês e alemão.

Cook ficou sabendo que, além de ser o médico designado, deveria servir como antropólogo e fotógrafo. O comandante da expedição era Adrien de Gerlache, belga e oficial da Marinha que recebera o consentimento da Real Sociedade Geográfica de Bruxelas e fundos do governo belga para desenvolver estudos científicos detalhados do mar e das regiões pertencentes ao Círculo Antártico durante uma estação, retornando o *Bélgica* a um porto sul-americano antes de ser detido pelo longo inverno.*

Após várias paradas no litoral selvagem, a leste da América do Sul, o *Bélgica* aportou no arquipélago Terra do Fogo, próximo à ponta mais ao sul do continente. Nesse pitoresco cenário, permaneceram durante um mês, mapeando o litoral e estudando os animais selvagens e aborígines, os yahgans, em extinção, e os gigantes onas, que mediam mais de 2m de altura. Era verão nessa latitude, e Gerlache, homem gentil e um tanto erudito, que era mais cientista que militar, encantava-se com a vegetação e formações rochosas. Gerlache incentivou a tripulação a coletar e classificar plantas, amostras de pedras e peixes, entre os quais muitas espécies jamais vistas, enquanto media a profundidade da água em várias localidades, fazendo marcações nos gráficos.

Finalmente, navegaram para longe da paisagem deslumbrante dos Andes cobertos de neve e chegaram às águas antárticas, segundo Cook

---

* O Círculo Antártico é marcado aproximadamente pela latitude de 66,5 graus sul, considerado o limite nórdico da região na qual o sol não nasce nem se põe, no mínimo, durante um dia do ano. A mesma definição marca o começo do Círculo Ártico, aproximadamente a 66,5 graus ao norte do equador. [N. do A.]

o local de origem das piores condições de tempo do mundo. Pego em um terrível vendaval seguido de chuva congelada e neve, o *Bélgica* confrontava imensas paredes de água, para em seguida mergulhar, antes de começar a escalar a próxima crista. Ondas geladas precipitavam-se nos deques, o navio saltava e balançava, e a impressão era de que poderia afundar. As superfícies acima do deque estavam cobertas de gelo, e os homens engatinhavam para poder se movimentar.

Agarrados à ponte de comando, Cook e Amundsen ouviram um grito que os fez "estremecer devido à intensidade e o tom de sofrimento".[3] Receando um acidente na casa de máquinas, Amundsen desceu rapidamente, enquanto Cook fazia o possível para chegar à popa, a fim de investigar. Olhando para a ré, Cook viu na água um marinheiro jovem, Carl Wiencke, que havia conseguido se segurar a um cabo no momento em que caía ao mar. Cook começou a puxar a corda e logo recebeu assistência de vários homens da tripulação e do mestre do navio, Georges Lecointe. À medida que Wiencke era puxado para cima, perdia as forças e não conseguia manter-se agarrado ao cabo. Nas águas revoltas não seria possível lançar um barco de resgate. Num ato incomum de bravura, Lecointe, um oficial belga de artilharia, que havia servido à Marinha francesa, ordenou que ele mesmo fosse baixado ao mar para tentar passar um cabo de segurança à volta do marinheiro. Lecointe afundou, imediatamente, e tornou à superfície lutando ferozmente pela própria vida, que por pouco não perdia. Wiencke, que ficara azul devido à água gelada, foi sugado pela corrente para baixo do navio, e desapareceu, "a máscara da morte estampada em seu rosto", conforme Cook mais tarde descrevera.[4] O *Bélgica* circundou a área durante uma hora, mas não houve sinal do companheiro de bordo. Wiencke, um dos marujos mais jovens do grupo, tinha muitos amigos na tripulação, e sua perda foi profundamente sentida.

Continuando na direção sul, passaram pelas ilhas Shetland do Sul, e o continente antártico foi logo avistado.* Uma vez que parte da região não havia sido mapeada, o grupo passou algum tempo traçando o con-

* A Antártida é uma massa de terra coberta de neve e gelo, ao contrário do Pólo Norte e da região que o circunda, onde se comprova não haver terra firme, apenas mar e gelo infinitos. [N. do A.]

torno do litoral — informação valiosa para futuros navegadores e mesmo para geógrafos. Uma equipe de desembarque, consistindo em Amundsen, Cook e os dois cientistas do navio, desceu para explorar o interior.

Na primeira noite, o grupo acampou numa grande extensão de neve, de onde se avistava um glaciar, e enfrentou uma tempestade que chegou inesperadamente. De manhã, quando o tempo clareou, saíram para armar o acampamento num plano mais alto. Cook e Amundsen, servindo de guias, chegaram a uma série de fendas de geleira intransponíveis, medindo cerca de 480 metros. Decidindo escalar um paredão inclinado de gelo para se desviarem da brecha, Cook e Amundsen se amarraram com cordas. Amundsen ficou impressionado com a prática e a tranqüilidade de Cook, e seguia de bom grado o explorador experiente, que usava uma picareta para escavar degraus no gelo. Depois de várias tentativas frustradas, conseguiram atravessar. De um ponto alto, avistaram um percurso de 80 quilômetros. Cook desdobrou uma bandeira americana que trouxera em sua mochila e estendeu-a ao vento. Era o ponto mais distante ao sul onde a "Glória Antiga" havia pairado. Depois de uma semana de exploração, a equipe foi chamada com urgência ao *Bélgica,* que fez soar o apito. Uma abertura no gelo a sudoeste tinha sido localizada, e Gerlache queria partir. Novamente a caminho, todos se revezaram no convés, maravilhando-se com os incontáveis pingüins, biguás, gaivotas e outros pássaros marinhos.

Em meados de fevereiro de 1898, o *Bélgica* surgiu ao sul da extremidade de uma passagem que desaguava no oceano Pacífico. O inverno chegava rapidamente, e a distância era grande até o local de destino no litoral antártico, ao sul da Austrália, onde quatro homens deveriam desembarcar na região do Pólo Magnético Sul.* Pretendiam montar um

---

* Tanto no norte quanto no sul, os pólos magnéticos encontram-se muito distantes dos pólos geográficos, e os primeiros foram alcançados muitos anos antes dos últimos. Os pólos magnéticos são os dois pontos da Terra que atraem ou repelem uma agulha de bússola — devido à convergência do campo magnético da Terra — e estão sempre em movimento. O Pólo Norte Magnético, desde sua descoberta por James Ross, em 1831, ao largo da ilha King William, a cerca de 70 graus norte por 96 graus oeste, deslocou-se centenas de quilômetros para o norte. Na ocasião da viagem do *Bélgica,* o Pólo Sul Magnético situava-se a mais de 1.600 quilômetros do Pólo Sul Geográfico. [N. do A.]

acampamento de inverno enquanto o navio e o restante da tripulação retornassem à região habitada. O *Bélgica* voltaria no início da primavera para buscar o grupo explorador — outra vez formado por Amundsen, Cook e os cientistas da expedição.

O percurso do *Bélgica* foi ajustado para o oeste a fim de recuperar o tempo perdido. Logo enfrentariam outra tempestade terrível, dessa vez com o perigo adicional de *icebergs* que surgiam de toda parte. No decorrer do dia, o capitão manteve o navio abrigado por uma extensa cadeia de *icebergs*, que o protegia de ventos e ondas. Durante a noite, o oficial de vigia perdeu de vista os blocos de gelo e, quando o sol surgiu, viu-se paralisado numa pequena enseada, encimada por *icebergs*. No escuro e com o tempo carregado, o navio tinha sido empurrado pelo mar e pelo vento através de uma passagem entre *icebergs* e por milagre não se despedaçou. Sem contar com recursos imediatos para escapar, o *Bélgica* largou âncora e aguardou.

Naquela noite, o vento mudou e os dois *icebergs* se separaram. Graças à perícia do capitão Lecointe, o *Bélgica* se livrou do apuro.

Tal contratempo, em face das condições cada vez mais difíceis do inverno, e que haveriam de piorar à medida que a estação avançasse, não impediu que Gerlache, o comandante da expedição, seguisse em frente. Não tinham se distanciado muito quando a rota ocidental foi bloqueada por um muro impenetrável de gelo. Ao mesmo tempo, uma ventania surgiu do norte, impelindo-os constantemente para o sul, em direção a um campo de gelo quebrado. "O instinto de qualquer navegador acostumado aos mares dos Pólos teria sido empregar todos os esforços para sair na direção norte, para o mar aberto", afirmou mais tarde Amundsen, o imediato. "É o que poderíamos ter feito."[5] Mas Gerlache, ciente de que a temporada para a navegação antártica tinha passado e que não havia esperança alguma de atingir a meta original, queria ao menos assegurar um recorde por ter atingido o ponto mais distante ao sul. Avistando uma abertura no gelo, ao sul, persuadiu o capitão Lecointe a rumar naquela direção. De acordo com Amundsen, a quem não foi pedida a opinião na ponte de comando, naquele dia — e a disciplina naval determinava que ele se mantivesse em silêncio a menos que fosse solicitado —, os dois comandantes "cometeram o pior erro". Acrescentou: "Vi e compreendi o imenso perigo ao qual expuseram toda a expedição."

De fato, o que Amundsen receava logo aconteceu. Passada a tempestade, o *Bélgica* tinha percorrido cerca de 180 quilômetros do campo de gelo, e se achava, então, circundado pela massa de gelo flutuante. O canal estreito que tinham tomado não existia mais. Depois de quatro dias buscando uma alternativa, todos chegaram à mesma conclusão: não havia saída. A situação era muito grave, considerando que o *Bélgica* não dispunha nem de equipamento nem de provisões para o inverno. Não havia roupa de inverno suficiente para a tripulação, tampouco lamparinas suficientes para manter todos os alojamentos iluminados.

Cook e Amundsen, que tinham interesses e experiências em comum — Amundsen, além de ser "treinado [...] para combater os mais difíceis elementos da natureza", tinha estudado medicina na Noruega durante dois anos —, não obstante, reagiram de modo diferente à situação adversa do *Bélgica*.[6] Para Amundsen, morar em meio ao cordame de um navio ao mar, paralisado no Círculo Antártico, era "uma perspectiva realmente assustadora", enquanto Cook, que sabia o que significava enfrentar o inverno rigoroso, era mais filosófico:[7] "Ficar preso no gelo é, afinal de contas, o destino provável dos exploradores polares."[8] Ainda assim, Cook sabia muito bem o que o esperava: um período "de trabalho pesado, monotonia e isolamento, cheio de perigos certos e recompensas incertas".

O *Bélgica* logo ficou preso na massa de gelo flutuante, espremido entre dois grandes *icebergs*. A posição era 71 graus sul e 85 graus oeste; aproximadamente 555 quilômetros ao sul do Círculo Antártico, mas ainda a 2.037 quilômetros do Pólo Sul. Impedidos de prosseguir, justamente quando se aproximavam de um recorde de distância ao sul, o destino dos tripulantes do *Bélgica* era prestar a maior contribuição à história da exploração: seriam os primeiros a passar a longa noite polar na Antártida.

Em meio ao atrito provocado pelo gelo de encontro ao casco, acomodaram-se para passar o inverno. O navio não ficaria imóvel, mas se deslocaria lentamente, conforme a direção em que flutuasse a banquisa.

Daí em diante, o trabalho da equipe, como se sabia, era se preparar para a chegada da escuridão contínua. Todos os recintos foram reabastecidos de carvão proveniente do porão do navio, e algumas mudanças estruturais foram feitas visando à segurança e ao conforto. Uma ferraria foi montada na parte central do convés e uma fornalha foi adicionada a um dos camarotes. Janelas e portas foram reforçadas para reduzir os efeitos do frio mais intenso. Uma camada de neve foi erguida por meio de pás, ao redor do casco, visando a calefação contra ventos cortantes, e uma escada de costado foi fixada do lado do ancoradouro.

Nesse ínterim, a equipe científica mantinha-se ocupada. Havia muita vida no mar e na massa de gelo flutuante, e o naturalista romeno tudo analisou com dedicação. O tenente Émile Danco, percebendo que o *Bélgica* fora pego no curso ziguezagueante do gelo, registrou detalhadamente o movimento, que até então não fora documentado. À luz diminuta, Cook fazia experiências com fotografias, usando câmeras alemãs e francesas equipadas com lentes e chapas fotográficas Zeiss. Uma vez que não se compraram fotômetros para o laboratório fotográfico, Cook precisou fazer o cálculo correto da iluminação, obtendo imagens surpreendentes. Quando terminou o estoque de substâncias químicas para a revelação, experimentou fixar os negativos num banho de ácido cianídrico, e descobriu que funcionava muito bem.

Certa noite, quando o céu limpo enchia-se de estrelas, Cook decidiu dormir ao ar livre. Abriu o saco de dormir num local abrigado, próximo ao navio, mergulhou nas peles quentes e adormeceu. Durante a noite o vento mudou de direção e incidiu diretamente no saco de dormir. De manhã, o cabelo e a barba de Cook, devido à condensação do gelo, ficaram presos à pele que forrava o saco de dormir, e na parte posterior de sua cabeça havia uma camada de gelo sólido, que o impedia de se mover.

Naquela manhã, Amundsen acordou cedo e saiu para caçar. Viu uma forma escura no gelo e, pensando se tratar de uma foca, ergueu o rifle e apontou. No último instante, concluiu que a foca parecia estranha. Ao chegar perto para examinar, encontrou o médico aflito para se ver livre da cama congelada.

No contato muito próximo, os integrantes da tripulação desenvolviam antipatia ou afinidade uns pelos outros. Cook e Amundsen tornaram-se amigos. Cook percebia que o jovem norueguês era "mais sensato que os demais", um homem que lera bastante e tirara bom proveito da leitura. "Sobre os ombros, você tem uma cabeça que observa muito bem",[9] disse a Amundsen, que logo se tornou o companheiro e braço direito de Cook. Se Cook viu em Amundsen um estudante interessado, o norueguês viu um tutor paciente em Cook, sete anos mais velho que ele. Saíam para fazer excursões nos campos de gelo, durante as quais o explorador experiente jamais deixava de ensinar e incentivar.

O sol desapareceu à meia-noite de 15 de maio, para não ser visto por mais de dois meses. Logo em seguida, tempestades de vento tornaram-se tão fortes e contínuas que era impossível ficar muito tempo ao ar livre, e ninguém conseguia se exercitar o bastante. Daí em diante, pouco havia a fazer a não ser passar o tempo conversando e sonhando com a casa e os entes queridos.

Com o passar das semanas, os homens tornaram-se desatentos e mal-humorados. Queixavam-se da falta de planejamento que os deixara presos durante o inverno, dos oficiais, de si mesmos, das tarefas, da umidade que se acumulava ao redor de seus beliches e de tudo o mais.

O primeiro a recorrer à enfermaria foi o tenente Danco, com problemas de coração. Além de determinar repouso, Cook não podia fazer muito por ele. Enfraquecido, Danco parecia chegar ao fim, e as últimas palavras que dirigiu a Cook foram otimistas: "Consigo respirar melhor e logo recuperarei a força."[10] Morreu no dia 5 de junho. "Sua vida entrou em franco declínio, acompanhando o ocaso do sol, ao norte", escreveu Cook em seu diário. A saúde de Danco tinha sido afetada pela "escuridão prolongada", supunha o médico, que "perturbara [seu] equilíbrio" levando-o à "morte prematura". O corpo, envolto num saco de lona, foi levado de trenó para um local onde se cavou um buraco no gelo. Uma lua baixa iluminava o céu acinzentado da noite, enquanto poucos comentários foram feitos; então, o corpo, no qual se prenderam pesos, baixou à sepultura.

A morte do oficial mais estimado por todos causou desgosto à tripulação. "A morte melancólica e o triste enterro de Danco levaram-nos a uma onda de desânimo que nos parecia impossível ultrapassar", escreveu Cook em 8 de junho. "Receio que tal sentimento nos acompanhe durante algum tempo, e mal podemos suportá-lo." De acordo com Cook, "uma onda de pavor" se abateu sobre a tripulação. "Era freqüente imaginarmos a forma de nosso antigo companheiro boiando, de pé [...] por baixo da superfície congelada e talvez embaixo do *Bélgica*."[11]

O próximo a morrer foi Nansen, o gato do navio. Sempre afetuoso e carente de afagos, o gato tornou-se irritadiço, quase não comia e, pouco antes de morrer, parecia acometido de estupor. A morte do animal de estimação deixou os homens deprimidos.

O primeiro a se descontrolar foi um marinheiro francês, Ernest Poulson. Surgiu no convés, certa manhã, enfurecido, brandindo uma faca e ferindo vários homens; em seguida, saltou a amurada e saiu correndo na neve. Amundsen foi atrás dele, enquanto Cook cuidava dos feridos. Quando Amundsen alcançou Poulson, ele estava morto, depois de cair sobre a própria faca.

Durante o funeral que se seguiu, todos pareciam assustados e sérios, e mesmo os oficiais emudeceram. Antes de voltarem ao navio, Cook subiu numa elevação e pediu a atenção geral.

— Companheiros, estamos passando por maus momentos — disse Cook em meio ao vento uivante. — Tenho certeza de que raciocinando e planejando bem sairemos desta situação. Mas precisamos manter a cabeça erguida. Precisamos ser fortes. Caso contrário, todos morreremos.[12]

Dito isso, Cook dirigiu-se a Amundsen e pediu ao amigo que cantasse. Amundsen entoou uma cantiga de marujos, e os demais o acompanharam durante a caminhada de volta ao navio, temporariamente distraídos.

Duas semanas mais tarde, um marinheiro escalou o mastro e gritou: "Abertura no gelo!", apontando para um local onde havia apenas gelo maciço. No estado alucinatório em que se encontrava, soltou-se do mastro e morreu ao cair no convés principal. Outro enterro se seguiu.

Somando-se à evidente tensão emocional, Cook passou a observar certos sintomas físicos entre os membros da tripulação. Gengivas esponjosas, olhos e tornozelos inchados, rostos pálidos e oleosos. Queixas de dores de cabeça, insônia, indigestão e inapetência eram generalizadas. Qualquer esforço acarretava respiração ofegante, e alguns homens sofriam de dores reumáticas. O médico verificou batimentos cardíacos e concluiu que eram irregulares. Um dia o pulso de um indivíduo demonstrava ser forte, vigoroso; no dia seguinte, fraco e duas vezes mais rápido. Jovens saudáveis estavam definhando. Cook diagnosticou "uma forma de anemia peculiar às regiões polares".[13] Precursora do escorbuto, era o tipo de enfermidade que, segundo testemunhara tempos atrás, afetara os membros da primeira expedição de Peary ao Ártico, embora a tripulação do *Bélgica* estivesse em piores condições.

Cook convencera-se de que o sol fornecia o valor terapêutico que lhes faltava. Para substituir a energia solar, decidiu fazer experiências com a luz de uma fogueira. Colocando-se um homem despido diante de uma fogueira, e deixando-o absorver os raios incandescentes por uma hora ou mais, faria com que sua pulsação fraca voltasse ao normal. Um dos primeiros a se submeter ao tratamento foi o capitão Lecointe, que se sentia tão adoentado e fraco que, resignado a morrer, tinha preparado o testamento. Em acréscimo ao que os marinheiros chamavam de "tratamento de fogo", Cook prescreveu uma dieta de carne fresca não apenas ao capitão mas à tripulação inteira.[14] "Precisamos ingerir carne fresca ou morreremos", disse.[15] Mas não havia mais carne fresca na despensa do navio.

Cook e Amundsen abriram um buraco no gelo e tentaram pescar, mas foi em vão. Em seguida, equiparam-se de arpões e porretes e se dirigiram aos campos de gelo onde tinham visto um bando de pingüins. Eram criaturas dóceis, que podiam ser abatidas facilmente, e por isso Amundsen sentia remorso. Sabendo que a carne era necessária, Cook se desincumbiu da tarefa detestável. O próximo item do cardápio era foca, levando Cook e Amundsen a sair para caçar os animais que repousavam no gelo.

De volta ao navio, aferventaram e grelharam a carne. Embora o gosto fosse acentuado, exigindo algum tempo para se acostumar ao sabor, Lecointe devorava tudo à sua frente. Depois de algumas semanas de tratamentos de sol artificial e dieta de carne fresca, Lecointe recuperou-se completamente e retomou as tarefas. Os tripulantes se animaram, considerando que um milagre acontecera, e passaram a comer carne, com vontade — mesmo aqueles que haviam se recusado a ingerir o alimento, devido ao sabor — e, mais que depressa, concordaram em se expor ao fogo, sem roupa. Reduziram-se muito as queixas de doenças, e a disposição geral era visivelmente melhor. Assim que os sintomas diminuíram, os tripulantes mostravam sinais de mais energia e menos depressão.

Em 22 de julho, após uma ausência de setenta dias, o sol apareceu. Todos antecipavam o acontecimento feliz e muitos se aglomeravam no cordame e no cesto da gávea, ou aguardando em locais elevados no gelo de onde podiam observar. No primeiro dia, apenas uma parte do sol apareceu e se tornou visível por alguns minutos; de qualquer modo, foi um acontecimento alegre que marcou não só a volta dos raios solares mas a esperança tangível de escapar da prisão glacial.

À proporção que a luz solar aumentava diariamente, Cook e Amundsen "formaram uma parceria [...] para a confecção de equipamentos de viagem novos e aperfeiçoados".[16] Começaram a construir um trenó com base num projeto, a partir de pranchas de nogueira e outros materiais que Cook trouxera a bordo. Os trenós existentes eram, em sua maioria, plataformas pesadas e desajeitadas, pesando 68 quilos; as lâminas de madeira sólida quase sempre se partiam devido ao atrito do deslocamento sobre superfície irregular da massa de gelo. Cook acreditava que leveza, flexibilidade e mais resistência eram necessárias. Os estilos dos dois homens se complementavam: Amundsen identificava facilmente as falhas de um determinado equipamento, e Cook logo pensava numa solução melhor, e lado a lado trabalhavam na sua realização. O trenó completo pesava 34 quilos, com estrutura de nogueira vergada para adquirir o formato curvo e reforçada com braçadeiras. As lâminas de madeira eram reforçadas com barras de ferro. Ao estribo posterior foi afixado uma estrutura móvel que apoiava uma capota acima do chassi do trenó. Partes da estrutura poderiam ser removidas e usadas para montar um barco de lona; antes disso, teria a função de oleado. Em seguida, trabalharam na confecção de uma barraca que resistisse às piores tempestades e pesasse apenas 5 quilos, necessitasse de apenas uma estaca e pudesse ser armada por um indivíduo em poucos minutos. Também talharam botas feitas de couro de pingüim e improvisaram lamparinas à base de óleo de foca a partir de um modelo do qual Cook tivera conhecimento quando convivera com os esquimós.

Visto que se tornaram bons amigos, Cook e Amundsen descobriram que tinham grande apreço por Eivind Astrup; Amundsen tinha sido seu colega de escola, e Cook se relacionara com ele na expedição de Peary, de 1891 a 1893. Dividiam lembranças pontilhadas de tristeza, uma vez que Astrup tinha morrido. Um artigo do *New York Sun,* enviado de Oslo, divulgara a notícia triste, em 22 de janeiro de 1896. Usando esquis, Astrup dera início a uma caminhada, poucos dias depois do Natal, pretendendo visitar amigos numa cidade a 80 quilômetros de distância, levando apenas a quantidade de alimento para um dia. Três semanas se passaram sem que se tivesse notícias dele e os amigos, bastante preocupados, formaram um grupo de busca e acabaram encontrando o corpo congelado numa região erma.

No entender de Cook e Amundsen, não era razoável que um jovem saudável, proveniente da região montanhosa da Noruega, que desde criança praticara esqui sob quaisquer condições climáticas, em todo tipo de terreno, e sobrevivera a situações muito piores no Ártico, haveria de morrer tão perto de casa, durante um passeio. Seus amigos, incluindo Cook — com quem Astrup, ao retornar da segunda expedição de Peary no outono de 1894, se hospedara durante certo período, no Brooklyn —, sabiam que Astrup tinha voltado à Noruega no ano seguinte ainda amargurando a injustiça e ingratidão demonstradas por Peary, homem que ele idolatrara. Peary censurara Astrup, abertamente, por tê-lo desertado em 1894, em vez de se apresentar para passar o segundo ano, não planejado, no Extremo Norte. A acusação fizera Astrup se sentir humilhado e traído.

Por conta própria, na última expedição com Peary, Astrup realizou uma pesquisa que durou um mês na região da baía Melville; em seguida, escreveu com detalhes uma reportagem que foi publicada pela Sociedade Geográfica Norueguesa. A Sociedade Geográfica de Paris aclamou o trabalho de Astrup como "o resultado mais importante da expedição".[17] No entender de Peary, o elogio pródigo representou uma afronta pessoal. No próprio livro, no qual incluiu toda a pesquisa de Astrup na baía Melville, apresentando-a como trabalho feito sob sua orientação, Peary classificou o projeto literário independente do jovem norueguês — que contrariava a antiga norma que restringia a publicação de qualquer relato de expedição que não fosse a dele próprio — de "descortesia".*[18]

O que não se sabia era se algum tipo de doença, ferimento ou se a depressão teria causado a morte de Astrup. Cook e Amundsen refletiram — *por que ele não teria levado maior quantidade de suprimentos? A menos que não quisesse chegar ao seu destino.* Teria sido o desespero ou a tristeza que o abateu? Ou algo mais? Um romance frustrado? Talvez um grave problema de saúde? Sem condições de compreender a razão de sua morte, Cook e Amundsen faziam apenas suposições.

Enquanto aguardavam que o gelo se rompesse, Cook e Amundsen saíram para testar o novo equipamento. Para satisfação mútua, tudo funcionou conforme planejado. Entretanto, durante uma excursão, ficaram algum tempo isolados num bloco de gelo flutuante que se soltara da banquisa antes que eles retomassem o caminho de volta.

Embora as condições do gelo na região se tornassem cada vez mais instáveis na primavera e no verão, ocasiões em que o gelo mudava de posição e se quebrava, o navio ainda estava encerrado no banco de gelo. Além do mais, no final de agosto e início de setembro as temperaturas baixaram, e lá se foram as esperanças de que ocorresse um derretimento precoce e rompimento do gelo que os detinha.

À medida que os meses passavam, os estoques de alimentos e combustível reduziam-se, causando preocupação geral. O desânimo atingiu a tripulação como se fosse doença contagiosa. Não era justo: tinham superado o inverno, mas o *Bélgica* não se movia.

O outono transcorria lentamente; o Natal de 1898 chegou; em seguida começou o ano-novo. Não houve comemorações. Pairava a perspectiva de ficarem presos durante outro ano, e todos sabiam o que isso significaria.

Certo dia, Amundsen pensou ter visto do cesto da gávea uma enseada a 1,5 quilômetro de distância do navio. Ele e Cook saíram para in-

---

* Astrup, que morreu antes que o livro de Peary, *Rumo ao Norte no Gelo* (1898), fosse publicado, completou o próprio tratado de suas experiências árticas. Na obra *Com Peary Perto do Pólo* (1898), publicação póstuma em norueguês e inglês, Astrup expôs dúvidas sobre algumas observações e afirmações de Peary a respeito da viagem que os dois fizeram à calota polar. [N. do A.]

vestigar. Quando voltaram, Cook participou aos oficiais e à tripulação que, uma vez que o gelo ao redor derretera e se rompera, a enseada iria expandir-se, levando à passagem no gelo. Naquela ocasião, a declaração pareceu frágil.

"A maioria de nós não deu crédito às palavras, pois, naturalmente, surgiriam braços d'água aqui e ali", mais tarde relatou Amundsen. "No entanto, de certa maneira, no entender do Dr. Cook, que não parava de pensar, a enseada era um bom agouro. Demonstrou a convicção de que o gelo se quebraria, e quando a abertura chegasse, levaria à enseada. [...] Fez uma proposta que pareceu, de início, um projeto insano."[19]

Cook propôs que fossem abertas duas valas rasas — uma a partir da proa e a outra a partir da popa — ligando o navio à enseada. Se, conforme ele presumia, o gelo se rompesse ao longo dos caminhos abertos pela tripulação, o *Bélgica* encontraria a passagem. Amundsen apoiou o plano de Cook perante oficiais e tripulantes.

Um indício do desespero crescente da tripulação era que concordavam com a idéia, apesar de saber que exigiria muito de sua força e resistência, já debilitadas após um ano de confinamento. Além disso, não havia roupa de inverno suficiente — somente o bastante para poucos homens saírem, de cada vez, para trabalhar no gelo. Amundsen deu a idéia de aproveitarem cobertores sobressalentes para a confecção de roupas. Ele e o carpinteiro do navio cortaram os tecidos e costuraram macacões. Quando a tripulação vestiu o novo traje, a gargalhada foi geral e alguns homens, de tanto rir, rolaram no convés. Os macacões foram feitos de cobertores vermelhos, e os tripulantes pareciam compor um bando de duendes do Papai Noel.

Durante três dias, visando atingir a abertura no gelo, a equipe usou picaretas, machados, talhadeiras, pás e quaisquer tipos de ferramentas úteis que encontrassem para cortar pedaços do gelo, às vezes de vários centímetros de espessura. Quando as valas ficaram prontas, um problema tornou-se óbvio. Com a aproximação do inverno, o sol não era mais tão intenso como antes, e o calor não era suficiente para evitar a formação de gelo novo nas valas. Se tivessem cavado as valas dois meses antes, talvez o sistema tivesse funcionado, mas agora era tarde demais.

Por não se poder contar com o sol para rachar o gelo, Cook chegou à conclusão que teriam de abrir o próprio canal, diretamente para a enseada. Do comandante ao marinheiro mais simples, todos concordaram que não tinham o que perder, e assim a tripulação do *Bélgica* voltou ao trabalho, com suas ferramentas. Também detonaram um tipo de explosivo mais potente que dinamite para quebrar o gelo, cuja espessura média era 1,20m. O trabalho extenuante prosseguia durante 24 horas, em turnos de oito horas, em que cientistas, oficiais e tripulação trabalhavam lado a lado.

Depois de um mês, tinham terminado. Certa noite, todos se recolheram tendo em mente que, logo pela manhã, estenderiam cabos para arrastar o navio ao longo do canal. Ao acordarem, surpreenderam-se ao ver que as margens do canal tinham se estreitado durante a noite, em virtude da pressão da massa de gelo. Entretanto, tal circunstância desmoralizante não durou muito, quando o vento mudou e logo o canal foi reaberto. Ninguém perdeu tempo, vários cabos foram amarrados à proa, e os tripulantes arrastaram o *Bélgica*, lentamente, na direção da enseada, onde, pela primeira vez em um ano, o navio flutuou. Alguns homens choraram diante do que viram, e se ouviram gritos de alegria.

Durante algum tempo, parecia-lhes que estavam longe de escapar. Em seguida: "O milagre aconteceu — exatamente o que Cook previra", relatou Amundsen. "O gelo se abriu e a passagem para o mar surgiu diante da nossa enseada! A alegria restaurou nossa energia e, a toda velocidade, abrimos caminho até o mar aberto, onde estaríamos a salvo."[20]

O *Bélgica* havia se deslocado com a massa de gelo ao longo de 1.850 quilômetros, seguindo o paralelo 70, para alcançar uma longitude de 101 graus oeste.

Ansioso por continuar sua pesquisa entre os indígenas que habitavam o litoral isolado, Cook desembarcou na América do Sul, e o *Bélgica*, retornando ao país de origem, atravessou o Atlântico. Num mês, Cook chegara ao Uruguai, onde, em Montevidéu, uma carta de casa o alcançou, dando-lhe a notícia triste de que sua noiva, Anna, tinha falecido. Segundo informações da família dela, suas condições de saúde tinham melhorado, mas, diante da suspeita do desaparecimento do *Bélgica* — do qual não se soube por mais de um ano —, ela "definhou".[21]

Cook retornou ao Brooklyn, em junho de 1899, e encontrou a casa vazia e o consultório médico fechado. Por necessidade financeira, e ainda vivendo o luto, começou a trabalhar no livro sobre a expedição do *Bélgica*. Nas horas livres, Cook terminou a narrativa de quatrocentas páginas — intitulada *A Primeira Noite Antártica*, que foi publicada no primeiro ano do século. O livro, o único relato em inglês da expedição do *Bélgica*, encontrou um público leitor interessado na exploração polar. Na dedicatória, Cook escreveu:

> À PEQUENA FAMÍLIA, OFICIAIS, EQUIPE CIENTÍFICA E TRIPULAÇÃO DO *BÉLGICA*, CUJAS VENTURAS E DESVENTURAS COMPUSERAM ESTA HISTÓRIA DA PRIMEIRA EXPERIÊNCIA HUMANA EM UM ANO NO PÓLO SUL; A ESSES HOMENS, CUJO COMPANHEIRISMO E INTENSA CAMARADAGEM TORNARAM A VIDA SUPORTÁVEL DURANTE TEMPESTADES, ESCURIDÃO E A MONOTONIA DA ANTÁRTIDA. [...]

Com a publicação de *A Primeira Noite Antártica*, Cook foi reconhecido como o único norte-americano vivo que explorara o Ártico e a Antártida. Embora se inclinasse a minimizar sua atuação crítica no salvamento do *Bélgica* — enquanto Amundsen afirmava que sua "criatividade" tinha sido "a salvação" —,[22] Cook voltou ao circuito de conferências sob os auspícios do organizador de palestras de Peary, o major Pond, que qualificou o médico-explorador de "tão modesto e despretensioso quanto perfeccionista",[23] e acrescentou: "Entre os exploradores árticos não considero ninguém mais ousado [ou] cujas afirmações sejam mais confiáveis e precisas."

Pelos serviços prestados durante a expedição belga à Antártida, o rei Leopoldo II da Bélgica concedeu a honraria mais importante da nação, a Comenda de Leopoldo, que recebera o nome de seu pai, o primeiro rei belga, a Cook — o único integrante do *Bélgica* que não era belga a ser condecorado.

Outras expedições polares estavam se organizando para seguir para o norte e para o sul, e o nome de Cook, como participante, foi várias vezes mencionado. Reagindo a uma reportagem de conteúdo ambíguo, Cook disse a um repórter de jornal: “Faz muitos anos que tenho realizado explorações; agora darei a chance a outra pessoa.”

Assim dizendo, Cook voltou a ser clínico geral.

CAPÍTULO 10

O Explorador do Gelo

Groenlândia Setentrional
1901

NAS SOMBRAS DA CABINE DO NAVIO, iluminada por uma lamparina a óleo, Cook observava que Peary parecia ter mais que 42 anos. A impressão do médico era de estar diante de "um homem de ferro derrotado pela ambição, derrotado pela fraqueza e pela desesperança".[1]

Cook sabia das atividades de Peary nos anos intermediários, sobretudo através das notas que, de tempos em tempos, surgiam nos jornais, embora, recentemente, tivesse tomado conhecimento de mais detalhes. Soube que, um ano antes, quando se teve notícias dele, a expedição de Peary — a tão noticiada tentativa de "conquista ao Pólo Norte" — tinha completado 18 meses. Peary tinha indicado sua posição no litoral sul da Groenlândia e comunicado os planos de seguir para o norte. Quando não se ouviu mais falar dele, Josephine, que era, sob vários aspectos, tão determinada quanto o homem com quem se casara, embarcou no *Windward*, um navio de socorro enviado no verão anterior pelo recém-constituído Clube Ártico de Peary, um grupo de uma dúzia de sócios reunidos por Morris Jesup para prover apoio financeiro às suas explorações. Com sua filha, Marie, Josephine seguiu para o norte visando encontrar-se com o marido. Desde então, também não se ouviu mais falar de seu grupo.

Os patrocinadores de Peary temiam que o pior acontecera ao homem no qual haviam depositado não apenas esperanças e reputações, mas capital. Tinham pedido a Cook que fosse ao norte como segundo em comando de uma nova missão de socorro, explicando que necessitavam de alguém que conhecesse a região e a língua dos nativos para coordenar, se necessário, o resgate do grupo de Peary. "Peary está perdido em algum lugar do Ártico", disse o administrador do Clube Ártico de Peary e editor da *Brooklyn Standard-Union*, Herbert Bridgman, que em 1892 fizera parte da platéia de uma das palestras de Peary sobre o Ártico, e desde então passara a apoiá-lo com todo entusiasmo.[2] Bridgman conhecia e respeitava Cook e impeliu-o a participar da busca porque, disse ele, "precisamos da sua opinião". De acordo com sua experiência com viagens ao Pólo — inclusive a experiência de se ver preso no gelo —, Cook suspeitava que Peary estivesse hibernando, enquanto aguardava condições mais propícias para viajar. Entretanto, sendo a viagem para ele uma missão de ajuda voltada ao companheiro explorador, Cook aceitou participar sem remuneração, e proveu o próprio equipamento.

Quando Cook chegou, em 7 de agosto, ao largo da enseada de Etah, a bordo do *Erik*, um navio destinado à caça de focas, viu o *Windward*, o navio de resgate, ancorado.

Josephine tinha, de fato, se encontrado com o marido naquele local, a uma distância de quase 1.600 quilômetros do Pólo, mas antes quase ficara prisioneira do inverno, quando o *Windward* congelou na massa de gelo a 400 quilômetros ao sul do acampamento de inverno onde o marido se encontrava. Para Josephine fora uma longa espera até que as condições se tornassem favoráveis e Peary pudesse retornar.

Assim que o *Windward* chegou, no verão anterior, uma jovem esquimó subiu a bordo. Para o horror de Josephine, Allakasingwah apresentou-se como a esposa de Pearyasksoah (Grande Peary). Acomodado num *papoose** às costas da mulher havia um bebê; um menino cujos olhos azuis e tufos de cabelo ruivo, praticamente não deixavam dúvidas

* Dispositivo para carregar um bebê que fica preso às costas (ou na frente) do corpo de quem o carrega. [N. da T.]

quanto à paternidade. Allakasingwah, que cumprimentou a mulher branca de seu marido como se ela fosse uma espécie de irmã tribal, era mais receptiva do que Josephine quanto à idéia de compartilhar. Josephine lembrou-se de ter visto a foto da nativa no livro do marido, *Rumo no Norte ao Gelo*, publicado pouco antes da sua última partida. A imagem da jovem nua sobre uma rocha parecera ingênua; na verdade, naquela ocasião, Allakasingwah não era mais que uma adolescente. Em retrospecto, a foto, cuja legenda era "Mãe das Focas (Uma Lenda Esquimó)", fornecia ampla evidência do que havia transparecido depois que Josephine voltou para casa a bordo do *Falcon*, em 1894, deixando o marido para trás para que ele desse continuidade ao trabalho.*

Mesmo que Josephine, durante o inverno, tratasse a pueril e inocente "Ally" com amabilidade — chegando a cuidar da jovem quando esta adoeceu gravemente —, o fato de seu marido ter um filho com a amante agravou o ressentimento quanto à aventura amorosa. Em janeiro de 1899, Josephine dera à luz uma segunda filha, que recebeu o nome de Francine. Em carta transportada naquele verão por um navio de resgate, escrevera ao marido a respeito das alegres notícias. Sete meses depois, tragicamente, o bebê faleceu de cólera. Que seu marido tenha gerado uma criança saudável com outra mulher, enquanto sua própria filha não sobrevivera, era a crueldade que faltava.

Ao ser confrontado, Peary não se desculpou quanto à ligação com Allakasingwah, e Josephine, apesar de relutar, viu-se na posição de aceitar o fato. Em todo caso, a relação não terminaria logo — na verdade, Ally deu a Peary um segundo filho. Peary revelou seus sentimentos a respeito de tais assuntos no início de 1885, quando, após a primeira expedição à Groenlândia, escreveu em seu diário: "Para que a colonização seja bem-sucedida na região polar é aconselhável que os homens brancos se façam acompanhar de mulheres nativas, e, por conseguinte, dessa união deverá surgir uma raça que combine a resistência das mães

* O primeiro encontro de Peary com Allakasingwah foi quando ele tirou fotografias etnológicas da sua família durante a expedição de 1893-95. Sobre o encontro, Peary escreveu de próprio punho: "A menina, quase mulher, relutou muito em se deixar fotografar, e somente sob a ordem expressa de seu pai pôde-se alcançar o resultado esperado." Entusiasmado, Peary descreveu-a como a "bela da tribo"[3] e logo depois a levou para a cama. [N. do A.]

com a inteligência dos pais. Com certeza, indivíduos de tal raça alcançarão o Pólo se seus pais não o conseguirem."[4]

Logo depois de desembarcar, Cook encontrou-se com Josephine. Eles não tinham se visto muito desde a primeira expedição quando passaram o inverno em Red Cliff. Ela não perdera o ar majestoso do qual ele se lembrava: alta e esbelta, o pescoço longo e gracioso, as maçãs do rosto e o queixo bem delineados. Por concessão às dificuldades por que passara durante mais de um ano, tinha cortado os cabelos castanhos, ignorando as tendências da moda. Afora isso, era como se estivesse pronta para um passeio invernal no Central Park, com sua pelerine preta abotoada na frente, um chapéu em estilo militar, usado meio de lado, e botas de salto baixo.

Cook contou-lhe por que tinha vindo, e também as tristes notícias da terra natal. A tão querida mãe de Peary tinha falecido no Maine, no inverno anterior. Cook não se enganara ao pensar que Josephine gostaria de transmitir a notícia ao marido.

Josephine ignorou as dificuldades que tinham surgido entre o casal. Sua preocupação urgente era a saúde do esposo, e insistiu que Cook o examinasse imediatamente. E ainda rogou-lhe que persuadisse Peary a voltar para casa, a bordo do *Windward*, com ela e a filha.

Aconselhar o marido a deixar o Extremo Norte não era próprio de Josephine. Enquanto passava o inverno a bordo do *Windward*, ainda afastada do marido, escrevera-lhe um bilhete, recomendando aos esquimós que entregassem a mensagem tão logo fosse possível; implorava-lhe que não se dirigisse ao navio encalhado no rigor do inverno, por temer que se ele o fizesse "o [seu] trabalho seria prejudicado".[5] Embora Josephine sempre tivesse dado apoio às tentativas que o marido fizera para atingir o Pólo, apesar de todas as aflições de uma vida solitária, expressou na mesma carta a mais profunda ansiedade: "Oh! Bert, Bert! Quero-o tanto. A vida passa tão depressa — em breve tudo terá terminado."

Disse a Cook que o marido estava "arrasado, fisicamente", e que o retorno ao lar, onde ela poderia "dedicar-lhe amor e cuidados", era sua única chance de recuperar o vigor. "Ele precisa voltar para casa", disse ela.[6]

De pé ao lado de Peary, que relutara em ser examinado, Cook viu-se numa cabine desconfortável, diante do homem que o levara, pela primeira vez, ao Extremo Norte, uma década atrás. Ainda era um tipo avantajado, considerado por alguns o melhor entre todos os "Exploradores do Gelo"; mesmo assim, Cook percebia "a ação do tempo na sua compleição decadente".[7]

Lentamente, Peary desabotoou a roupa. Suas mãos tremiam.

O rosto não estava bronzeado, mas queimado, devido à ação de ventos frígidos, e apresentava marcas de queimaduras. Percebia-se um tipo de palidez diferente. Para Cook, era um tom de verde com um matiz de amarelo.

Ao entrar na cabine, Cook percebera que alguma coisa estranha, difícil de identificar, acontecera a Peary. Ele mantinha o tique nervoso que Cook observara desde o primeiro encontro: contraía freqüentemente as narinas. Esse hábito, associado a dentes grandes, parecidos com os de um lobo, quando estavam à mostra, tornava-o semelhante a um animal selvagem pronto para dar o bote. Finalmente, Cook percebeu o que se passava: uma característica do olhar tinha se perdido, certa vivacidade jovial que Peary sempre demonstrara. Em vez disso, podia-se dizer que restara um olhar vago.

Cook observou que o peso de Peary estava abaixo do normal e o desenvolvimento muscular era irregular; na opinião do médico, eram sintomas relacionados à dieta restrita. As condições dos músculos dos braços e do tórax eram boas, mas a pele enrijecida e enrugada não reagia rapidamente como a pele saudável. Os reflexos, testados nos joelhos e demais pontos, estavam enfraquecidos.

De acordo com o médico, toda aparência exterior sugeria um tipo de doença mórbida. Examinando os olhos, Cook constatou sinais de alguma inflamação recente, não apenas no globo ocular, mas no tecido ao redor. Quando questionado, Peary disse que sofria de cegueira noturna. *Está piorando?*, perguntou Cook. *Sim*, foi a resposta num sussurro.

A uma série de perguntas similares, Peary respondeu que tinha pouco apetite, má digestão e falta de ar.

Cook prosseguiu com o exame, que mais tarde anotou com detalhes:

> Os dentes estavam em mau estado, com cáries e piorréia. Havia sintomas premonitórios de escorbuto na gengiva. As membranas do nariz e da garganta estavam atrofiadas. O aparelho gastrintestinal não funcionava normalmente. [...] O funcionamento do coração era

> irregular e respondia depressa demais a exercícios leves. [...] As artérias rígidas indicavam degeneração orgânica progressiva. [...] Verificou-se a presença de varizes acentuadas nas pernas e uma estranha dilatação de pequenos vasos sangüíneos em outras partes do corpo.[8]

Peary logo atribuiu suas enfermidades ao desgaste causado pelas circunstâncias, mas Cook não concordou com a asserção. Mesmo que os sintomas e sinais verificados em Peary fossem comuns, por breves períodos, a todos os exploradores dos pólos, Cook viu nele o preocupante efeito crônico. Segundo sua opinião médica, "era visível que Peary sofria de anemia profunda".

No final do exame físico, Cook fez uma descoberta espantosa: os pés de Peary estavam aleijados devido a antigas ulcerações causadas pelo frio. Além do mais, oito dedos tinham sido amputados sob condições nada ideais, restando cotos doloridos, incuráveis. Cook ficou atordoado, pois sabia o que isto significava.

O médico deu um passo atrás e disse a Peary que se vestisse.

— Sua história de fazer viagens a pé, na neve, terminou — disse —, porque sem os dedos dos pés e com os cotos doloridos não poderá mais calçar raquetes nem esquis.

Peary não fez qualquer comentário. Tinha perdido os dedos dos pés no primeiro inverno da atual expedição. Ao partir, em julho de 1898, Peary planejara aguardar a passagem do prolongado inverno polar e, no início do ano seguinte, seguir na direção norte, percorrendo mais 320 quilômetros a fim de estabelecer um abrigo em Forte Conger. Mas, em 1º de dezembro, deparou-se com o norueguês Otto Sverdrup, que revelou estar mapeando a região.* O encontro acidental não transcor-

---

* Em 1903, quando Sverdrup relatou que havia circundado e mapeado uma vasta ilha a oeste de Ellesmere, que ele chamou Axel Heiberg, Peary opôs-se, dizendo que ele tinha sido o primeiro a avistar a ilha. Peary afirmou que tinha descoberto o novo território em 1899, quando se encontrava no topo da grande geleira de Ellesmere, situada em terra firme, e que a distância, em meio à nebulosidade, julgou que fossem montanhas, dando o nome de Jesup Land à região. Curiosamente, Peary não havia documentado a descoberta no seu relato oficial. Sverdrup tinha mapeado detalhadamente a nova terra; Peary, não. A alegação de Sverdup foi aceita; a de Peary, rejeitada. [N. do A.]

reu bem, embora a falta de cordialidade tenha partido de Peary. Sverdrup, dando início a um projeto de quatro anos, segundo se verificou mais tarde, perguntou se Peary poderia fazer a gentileza de levar a correspondência dos integrantes de sua expedição. Peary concordou, com a condição de que "nada fosse revelado a respeito da própria expedição [de Sverdrup]".[9] Peary não pretendia levar notícias dos feitos de outro explorador no Ártico. Peary voltou alterado ao abrigo, convencido de que Sverdrup faria uma tentativa de chegar ao Pólo. "Neste minuto, Sverdrup deve estar planejando superar-me e chegar a Conger", disse Peary a Matthew Henson, que mais uma vez viera ao norte com seu antigo empregador. "Não posso lhe dar essa chance!"[10] Cada vez mais, Peary acreditava que o Ártico era sua propriedade e suspeitava de qualquer homem cujas ambições pudessem convergir com as suas. Henson fez ver que melhor seria esperar até a primavera porque "no caminho haveria tempestades e o frio tremendo". Peary não deu ouvidos. Ordenou uma investida imediata ao norte. Numa jornada insana, sob temperaturas de 56 graus negativos, Peary, Henson e o médico da expedição, Dr. Thomas Dedrick, fizeram o percurso até Conger. Ao chegar lá, Peary tirou os sapatos, e vários dedos soltaram-se das articulações. O médico removeu o que restara dos dedos gangrenados. Preso a um trenó, Peary foi transportado de volta ao abrigo. Durante várias semanas, sentiu dores fortíssimas. Foi com dificuldade que recomeçou a caminhar, arrastando os pés.

Cook tinha desvendado o maior segredo de Peary: a perda dos dedos dos pés era uma temível limitação física, e significava que ele teria dificuldade de caminhar ao lado dos trenós puxados por cães, como era o costume dos exploradores árticos. Em vez disso, ocuparia nos trenós o espaço normalmente reservado para provisões e equipamento. Não era uma imagem que seria bem-vista por seus patrocinadores nem pelo público em geral.

Agora Cook compreendia como Josephine fora precisa ao fazer a avaliação lúgubre do estado físico do marido, e a razão pela qual ele fora obrigado a interromper as atividades. Cook recomendou, com veemência, um período de reabilitação em casa. Peary zombou da idéia. Contava com provisões suficientes para se manter até a próxima estação, e mais um ano de licença de trabalho na Marinha, explicou. Pretendia permanecer e fazer outra investida ao Pólo.

Cook advertiu Peary de que se ele se mantivesse no Extremo Norte e a anemia se agravasse, as conseqüências seriam muito prejudiciais à sua saúde, talvez fatais.

— Será que em dez anos você nada aprendeu? — perguntou Cook. — Seu atual estado deve-se, diretamente, à ingestão prolongada de conservas e alimentos enlatados.

Peary ergueu-se e seu rosto enrubesceu, reação que Cook já conhecia e que se manifestava antes de uma explosão do seu conhecido temperamento. O largo tórax de Peary se encheu.

— Isso tudo é bobagem! — exclamou. Seu olhar novamente se inflamou.

Era um assunto delicado entre eles, desde a primeira expedição que fizeram juntos, quando Cook observara que os esquimós não contraíam escorbuto, nem anemia. O motivo, concluiu naquela ocasião, era que os esquimós ingeriam fígado e carne crua.* Peary recusara a idéia de aprender lições de dieta alimentar com nativos árticos. Agora o antigo impasse se fazia lembrar, e nem mesmo o relato de Cook sobre o sucesso do tratamento de anemia grave, por meio de dieta, durante a viagem no *Bélgica*, fora o bastante para convencer Peary.

Recusando o conselho de Cook, Peary pediu-lhe um favor. Logo depois da chegada de Cook, Peary demitira Dedrick, o médico da expedição; uma série de desavenças entre eles resultou no rompimento. Após a chegada do *Erik*, Peary ordenou que Dedrick voltasse para casa, mas o médico reuniu seus pertences e se mudou para o interior. Portanto, Peary pedia a Cook que se dirigisse a terra firme e persuadisse o colega de profissão a voltar no navio.

Cook localizou o jovem médico, que estava morando numa cabana esquimó. Cook soubera que Dedrick era de Nova Jersey, onde pra-

---

* A recomendação inicial de Cook, baseada nos hábitos alimentares dos esquimós, a favor de uma dieta rica em fígado, surgiu cerca de 35 anos antes de um artigo no *Journal of the American Medical Association* (Periódico da Associação Médica Norte-americana) onde era descrito o sucesso do emprego de fígado no tratamento de anemia perniciosa.[11] [N. do A.]

ticara medicina e também fora responsável pela publicação de um jornal de pequena tiragem. Embora não tivesse experiência prévia no Ártico, Dedrick parecia ter se ajustado às duras condições do ambiente e era estimado pelos esquimós. O fato de se relacionar com os nativos e lhes prestar assistência médica desagradou Peary e resultou no rompimento definitivo, alegou Dedrick.

Dedrick disse a Cook que não pretendia regressar enquanto o grupo de Peary permanecesse no Ártico e houvesse a possibilidade de futuras doenças e ferimentos. "Pretendo cumprir meu dever e não desertar seres humanos", disse.[12]

Cook persuadiu Dedrick a acompanhá-lo ao *Erik* para melhor conversarem. No entanto, Peary recusou-se a ver Dedrick, e designou como substituto, Herbert Bridgman, que, na companhia de vários outros sócios do Clube Ártico de Peary, era passageiro do *Erik*. Quando se tornou evidente que Dedrick não seria induzido a voltar, Bridgman conversou com Peary, e em seguida informou ao médico que ele não receberia o salário de 1.800 dólares, que lhe era devido por serviços prestados. Bridgman acrescentou o que seria, em potencial, uma sentença de morte: "Esteja ciente que não receberá um grama de alimento deste navio."

E não recebeu. Cook entregou a Dedrick algumas peles, munição e comida do seu próprio estoque. Antes de partir, Cook viu o jovem médico dirigindo-se ao casebre de pedra no litoral isolado e escuro de cabo Sabine, cenário, vinte anos antes, da morte por doença e inanição da maioria dos integrantes da expedição Greely.

Peary comunicou o plano de ter Cook no lugar de Dedrick na condição de médico da expedição, mas Cook explicou que não seria possível a não ser que seu colega renunciasse voluntariamente ao posto.

Antes de deixar o navio, Dedrick deixou uma carta a Peary, na qual fazia a promessa: "Jamais, por qualquer ato voluntário de minha parte, enquanto vocês permanecerem no Ártico, serão privados dos cuidados médicos ou do apoio que lhes poderei prestar. Se não posso ficar sob o mesmo teto que vocês, podem contar com a minha presença no local mais próximo possível, onde terei condições de me estabelecer e me manter."[13]

No mesmo dia, 24 de agosto, o *Windward* zarpou de volta aos EUA com Josephine e Marie, de seis anos, a bordo. Josephine manteve-se altiva ao se despedir do marido, embora soubesse muito bem que, na realidade, cedia, temporariamente, sua posição à jovem esquimó.

Depois da partida do *Windward*, *Erik* levantou âncora e percorreu com o grupo de Peary 64 quilômetros através do estreito de Smith. Desembarcando Peary, Henson, os esquimós, cães e trenós, o *Erik* partiu rumo ao sul, com Cook e Bridgman a bordo.

Naquele inverno de 1901, no litoral do estreito de Smith, a tragédia se abateu.

Quando os detalhes chegaram ao conhecimento de Cook, no Brooklyn, ele se revoltou contra o que, segundo julgava, era um desrespeito ostensivo ao bem-estar dos nativos, sem os quais os brancos teriam poucas chances de sobreviver, e muito menos empreender projetos audaciosos no Ártico. Dedrick, conforme Cook soubera, permanecera em Etah, com os esquimós. Quando o inverno e a noite polares já avançavam, Dedrick recebeu notícias de que os esquimós que acompanhavam Peary estavam doentes, necessitando de cuidados médicos. Dedrick imediatamente saiu a pé pelo perigoso mar de gelo do estreito. Quando chegou ao acampamento de Peary, este não permitiu que o médico atendesse os esquimós e mandou que se retirasse. Antes de sair, Dedrick pediu um pouco de café, açúcar e alguns biscoitos. Peary recusou. Depois que Dedrick se foi, não havendo médico algum à disposição, seis esquimós do grupo de Peary morreram com febre e dor. Segundo Cook, era uma página escura na história da exploração ártica.

Com a chegada da primavera, Peary, mancando devido aos pés deformados, ou viajando de trenó, fez outra investida ao norte. Àquela altura, os nativos sobreviventes não se dispunham a trabalhar para ele, e o contingente original de 14 homens reduzira-se a quatro, quando Peary deu início à travessia do mar congelado ao norte de Conger. Aqueles que o acompanhavam faziam-no mediante a promessa de recompensas.

Em 21 de abril de 1902, retido por uma tempestade e fazendo pouco progresso no percurso ao longo do gelo irregular, Peary desistiu, retornando ao sul com o grupo exausto. O ponto mais ao norte que atingira foi 84 graus, 17 minutos e 27 segundos — ainda a 635 quilômetros de distância do Pólo.

Peary voltara a cabo Sabine no mês seguinte, quando o *Windward* chegara para devolver o grupo de exploradores — e Dedrick — à civilização após quatro anos.

Das notícias trazidas pelo *Windward*, constava um novo recorde em relação ao Extremo Norte. Na corrida internacional ao Pólo, tais registros enchiam as primeiras páginas por toda parte, pois cada explorador ao regressar do norte reclamava seu quinhão de fama, por mais passageira que fosse. Cada progresso deveria ser superado, e o recorde de hoje logo se tornaria a nota de pé de página do dia seguinte. O capitão Umberto Cagni, da expedição do duque de Abruzzi, agora reivindicava o mérito de ter chegado ao ponto mais distante ao norte: 86 graus, 34 minutos. Superando o recorde anterior de Nansen, por 37 quilômetros, Cagni teria percorrido 253 quilômetros a mais do que Peary.

"Da próxima vez vou massacrar tudo isso", disse Peary a Henson. *"Da próxima vez!"*[14]

CAPÍTULO 11

O Topo do Continente

SEMPRE QUE VOLTAVA de suas aventuras ousadas, Cook reabria a clínica na avenida Bushwick. Apesar da longa ausência, muitos clientes antigos retornavam, e novos clientes compareciam ao consultório, motivados, em parte, pela publicidade gerada pelas viagens e artigos publicados.

Aos 36 anos, Cook apaixonou-se novamente. Ela se chamava Marie Fidèle Hunt, de 24 anos, formas exuberantes, rosto arredondado, olhar profundo e cabelos castanhos. Havia pouco tempo tornara-se viúva de Willis Hunt, próspero homeopata de Camden, no estado de Nova Jersey. Marie tinha uma filha, Ruth, de quatro anos, e algum dinheiro. Marie foi à avenida Bushwick visitar amigos — a família de um médico, Dr. Robert Davidson, também conhecido por Cook, e foi na sala de visitas da residência, durante uma reunião social à noite — quando a filha de Davidson, Lotta, tocava piano —, que Marie e Frederick se encontraram pela primeira vez. Romântica, Marie jamais se esqueceu de "Träumerei", de Schumann, delicada e terna, "a peça mais linda que fora escrita".[1] Na presença do famoso, e ainda modesto, médico e explorador, Marie sentiu-se "hipnotizada".[2] Não demorou muito para que ela e a filha fizessem as malas e saíssem de Camden, passando a morar com a família da irmã, no Brooklyn. Encantado com o calor humano e a vivacidade da jovem que não fazia segredo algum de seu interesse por ele, Cook tornou-se visitante assíduo.

Marie e Frederick casaram-se na Igreja Episcopal Metodista da avenida Nova York, em 10 de junho de 1902, dia do 37º aniversário de Cook. Depois de uma curta lua-de-mel em Saratoga Springs, estabeleceram-se numa casa elegante que compraram, em frente à antiga casa de Cook. Na residência de três andares, nº 670 da avenida Bushwick, havia espaço suficiente para a nova família (Cook adotara a filha de Marie, Ruth), uma sala de estudos e outra de cirurgia, para a qual Cook adquiriu os equipamentos mais atuais, inclusive o primeiro aparelho de raios X da cidade a ser empregado na medicina particular. Substituiu o cavalo e a carruagem de duas rodas por um dos primeiros automóveis Franklin de quatro cilindros, refrigerado a ar, dando início ao que viria a ser uma paixão duradoura pelo automobilismo. Cook logo adquiriu a reputação de correr muito, pois era visto, com freqüência, dirigindo em excesso de velocidade, a 16 quilômetros por hora, e fazendo curvas sobre duas rodas sempre que saía apressado para as consultas.*

Naquele mesmo verão, no distante Alasca, uma equipe do Levantamento Geológico dos Estados Unidos, liderada por Alfred Brooks, o geólogo mais importante da região, explorava uma área desconhecida nas imediações do monte McKinley. Meses depois, Cook leu um artigo na *National Geographic* sobre suas experiências. O pico mais alto da América do Norte fora descoberto em 1896, havia apenas seis meses, por um explorador em busca de ouro, W. A. Dickey, que lhe deu o nome em homenagem ao presidente William McKinley. Avaliou-se a altura em 6 mil metros, embora o pico ainda não tivesse sido escalado. Os topógrafos do governo, que tinham chegado à base de 40 mil quilômetros de extensão, discutiam as várias possibilidades de se chegar ao cume. O McKinley localizava-se na cordilheira do Alasca, cercado por numerosos picos, que chegavam a 4 mil metros de altura e abrangiam centenas de quilômetros de uma das áreas mais inóspitas do mundo — o que explica porque o

---

* O primeiro Franklin de quatro cilindros foi vendido por 1.200 dólares, em 23 de junho de 1902, ao esportista S. G. Averell. Em 1904, um Franklin refrigerado a ar fez a travessia de costa a costa em 32 dias, 23 horas e 20 minutos — superando o recorde de 65 dias estabelecido no ano anterior —, triunfo que fez crescer a demanda pelos carros com acabamento em madeira e alumínio. [N. do A.]

monte não fora descoberto antes. No artigo, Brooks sugeriu que qualquer um que pretendesse escalar o McKinley deveria ter "vasta experiência na região pouco explorada e conhecimento teórico".[3] Considerando-se apto, Cook, mais uma vez irrequieto, começou a elaborar um plano de conquista da grandiosa montanha. Ansiosamente, expôs suas idéias a Marie, cujo entusiasmo e apoio pela atividade de explorador do marido jamais esmoreceu.

Cook tomou a decisão de dedicar-se ao montanhismo "por um tempo determinado".[4] Evidentemente, uma das razões era não abandonar a jovem esposa durante os anos que os compromissos no Ártico quase sempre requeriam; a tentativa de escalar uma montanha, bem ou malsucedida, seria feita numa única estação. Além disso, passou a considerar a exploração polar e o montanhismo "esforços combinados que proporcionam uma série de alegrias e tristezas". Acreditava que o montanhista e o explorador do Ártico "através de suas proezas chegam a resultados análogos".[5]

Em 1900, quando estava no exterior para receber um prêmio concedido pelo governo belga por seu trabalho na expedição do *Bélgica*, Cook encontrou-se com um dos mais famosos alpinistas da era, Edward Whymper, que em 1865 veio a ser o primeiro a escalar o Matterhorn.* A expedição custou as vidas de quatro companheiros de Whymper, durante a descida, a etapa mais perigosa de qualquer escalada. O inglês, que na sua histórica ascensão superou uma equipe de alpinistas italianos por uma diferença de três dias, procurou despertar em Cook o interesse por montanhismo, ciente de que a experiência nos pólos lhe seria útil. Os dois exploradores conversaram sobre suas amplas experiências, debatendo os diferentes métodos e equipamentos para o percurso na neve e no gelo.

Cook procurava conciliar as próprias técnicas polares com as do alpinismo, o novo esporte entre os norte-americanos, que não contavam com linhas de abastecimento, nem trabalho de reconhecimento, e tudo é carregado às costas do montanhista. A experiência de Cook na

---

* Monte localizado nos Alpes, na divisa da Suíça com a Itália (onde recebe o nome de Cervino), medindo 4.478 metros. [N. da T.]

Antártida, ao lado de Amundsen, levando trenós e barracas leves, convenceram-no da importância do deslocamento rápido e do transporte de pouco peso. A cerca de 63 graus ao norte, o McKinley, entre os demais picos do mundo, era o mais setentrional; escalá-lo implicaria atravessar as maiores geleiras fora da Groenlândia e da Antártida, e em seguida vencer escarpas onde gelo e neve perenes se acumulavam, e evitar, ao mesmo tempo, despenhadeiros e avalanches.

Levando-se em conta o terreno difícil e isolado onde se localizava o monte, transportar homens e suprimentos seria tarefa árdua. Cook considerou levar as provisões a cavalo, o mais longe possível, pois assim que o solo se tornasse mais acidentado — e, certamente, quando começasse a subida — não haveria bestas de carga dispostas a levar o fardo. Se os montanhistas pretendiam chegar ao topo, não deveriam ter carga excessiva, como, por exemplo, cobertores, barracas pesadas, enlatados e outros suprimentos.

Cook foi a uma loja de artigos esportivos em Manhattan e encomendou uma barraca projetada por ele mesmo, ao proprietário, David T. Abercrombie. No formato de pirâmide octogonal e feita de xantungue de seda, diferia de qualquer barraca até então manufaturada por Abercrombie. Pesando apenas 1 quilo e 360 gramas, poderia ser dobrada e guardada em qualquer bolso de tamanho razoável. A barraca dispensava estacas e podia ser sustentada por cabos de machadinhas.

Cook também idealizara um tipo de saco de dormir para ser usado durante a escalada, e que não seria pesado demais. Trabalhou com Marie, costureira competente, e chegaram a um novo *design*: três mantas que seriam abotoadas nas extremidades, formando uma sacola. As mantas de penas de êider — forradas de pêlo de camelo — poderiam ser usadas como ponchos, separadamente ou juntas. Os montanhistas não precisariam levar outros agasalhos, pois as mantas seriam suficientes para protegê-los do frio.

Marie pediu para participar da expedição, assim demonstrando que desejava acompanhar o marido em suas aventuras, do mesmo modo que Josephine Peary. Cook não tinha certeza se incluiria a esposa na escalada, mas gostaria muito de levá-la ao Alasca, embora a região indômita não dispusesse de serviço ferroviário.

Em maio de 1903, fecharam a casa em Bushwick, deixaram Ruth com parentes e pegaram o trem da linha Northwestern Limited para o noroeste do Pacífico, local de encontro da expedição. Os demais integrantes da aventura eram: o estudante Ralph Shainwald von Ahlefeldt, da Universidade de Colúmbia, de 21 anos, jovem urbano que usava óculos, filho de um rico fabricante de tintas e veterano de uma única expedição ao Ártico; Robert Dunn, de 26 anos, que se diplomara em Harvard e fizera duas viagens ao vale do Klondike; Fred Printz, de Montana, um carregador que gostava de mascar fumo e que fora contratado pela equipe governamental de levantamento topográfico que explorou parte da região do monte McKinley; e dois quebra-galhos, Walter Miller e Jack Carroll, para se incumbirem dos cavalos e dos suprimentos. Shainwald e Dunn tinham feito contribuições vultosas para ajudar a pagar as despesas; o restante do financiamento veio do casal Cook e de um adiantamento da revista *Harper's Monthly* por uma série de artigos a serem escritos por Cook a respeito da expedição.

Em Seattle, passaram vários dias selecionando e comprando alimentos e provisões. Além disso, 15 cavalos foram comprados de um índio da tribo Yakima. Para a viagem por terra até a base da montanha, Cook pretendia levar farinha, açúcar, *bacon*, café e outros suprimentos preferidos pelos exploradores, incluindo querosene para servir de combustível. No entanto, a equipe de montanhistas pretendia viajar com menos peso — no estilo de uma expedição ártica —, levando fiambre, biscoitos, leite condensado, chá e álcool para derreter a neve e obter água. Cada homem deveria carregar uma mochila de 18 quilos contendo provisões para dez dias, uma machadinha e uma corda nova feita de crina de cavalo, considerada por Cook um avanço em relação à corda de seda usada pelos escaladores alpinos, e que se tornava pesada e escorregadia quando molhada.

Subiram a bordo de um vapor costeiro do Alasca, *Santa Ana*, e zarparam na primeira semana de junho, fazendo a rota regular do navio em direção ao norte, através do estreito de Puget. Depois de várias paradas para descarregar, o *Santa Ana* deixou as águas plácidas e cruzou o golfo do Alasca.

Logo se avistou o monte Fairweather no horizonte no sentido nordeste, e em seguida surgiram os montes Saint Elias e Logan — este com

5.800 metros, o segundo pico mais alto da América do Norte. O *Santa Ana* aportou em Valdez, município recém-criado, aninhado ao sopé das montanhas Chugach, e que se tornou ponto de desembarque e centro de reabastecimento para a região aurífera de Klondike. Embora sofresse a precipitação de 7 metros de neve por ano, Valdez tinha um porto livre de gelo que ficava aberto o ano todo.

Num dia claro, quando navegavam para o golfo, o McKinley apareceu. De uma distância de 160 quilômetros, deu a impressão de ser, segundo Cook, "um simples dente de gelo mordendo os céus árticos".[6] Cerca de 160 quilômetros mais ao norte, o vapor se aproximou de Tyonek, uma série de cabanas de toras de madeira e armazéns da Companhia Comercial do Alasca localizada numa península arenosa. O vilarejo afastado consistia em vinte famílias indígenas e poucos moradores brancos. O *Santa Ana* ancorou a 800 metros da praia.

Logo começaram a empurrar os cavalos para fora do navio. A corrente era tão forte que os animais quase esgotaram suas forças antes que sentissem o cheiro da terra e nadassem para chegar lá. Uma vez em terra firme, trotaram até o campo mais próximo, onde pastaram.

O casal Cook tinha viajado 8.045 quilômetros para chegar a esse ponto, e a grande incumbência de atingir a base do McKinley ainda estava à sua frente. Cientes disso, Frederick e Marie tiveram uma conversa séria sobre as adversidades que lhes aguardavam na viagem por terra. Ela decidiu não prosseguir. Em vez de permanecer em Tyonek, local desolado, preferiu voltar no *Santa Ana* para Valdez e "limitar suas aventuras exploradoras àquele litoral mais ameno".[7]

Os pôneis indígenas não estavam bem domesticados, e a maioria jamais tinha carregado peso. Dois dias de treinamento foram necessários para que os animais brincalhões se submetessem ao trabalho de animal de carga, cada um levando 68 quilos de suprimentos.

Em 25 de junho, a expedição, formada pelos "tipos mais extravagantes e sonhadores", deu início ao trajeto em direção ao monte, que mesmo à distância de mais de 160 quilômetros cercava-se de mistério e "atraía a atenção".[8]

Levavam um pequeno barco. Quando chegaram ao rio Skwentna, atravessaram-no e o grupo se separou. De barco, Cook e Miller subiram o rio, levando suprimentos, enquanto o restante, incluindo alguns ajudantes indígenas contratados em Tyonek, conduziam os cavalos através das florestas e pântanos.

Cook logo se viu em apuros quando o barco encalhou num baixio lamacento. Receando que a maré enchesse de água e afundasse o barco antes que este se desprendesse do barro, ele e Miller acharam um meio de erguer a embarcação e apoiá-la sobre pranchas de madeira. Custou-lhes uma noite de aflição, mas, de manhã, a maré veio e fez o barco flutuar com facilidade. Em seguida, ocorreu-lhes problema diverso: durante um longo trecho, a corrente muito forte impedia o uso de remos, e as águas eram muito profundas, tornando as varas inúteis.

A vara, com remos e aos empurrões conseguiram fazer 19 quilômetros por dia.

Em 8 de julho, Cook e o companheiro de equipe armaram acampamento numa pequena ilha, logo abaixo de um desfiladeiro, local designado como ponto de encontro. Não havia sinal algum da tropa de carga, embora a jornada de barco tivesse durado vários dias a mais do que o planejado. No entanto, mais tarde, naquele mesmo dia, ouviram vozes e logo avistaram os demais trazendo os cavalos pela margem do rio.

O clima quente e úmido era opressivo; tinha chovido sem parar desde que saíram de Tyonek, e todos estavam encharcados. Mosquitos por todo lugar e em grande quantidade aumentavam o desconforto; homens e cavalos começaram a demonstrar sinais de tensão. Alguns discutiam. Dunn, o escritor, que costumava ser sarcástico, quase sempre era o instigador; afinal Cook repreendeu-o por "falar demais e sempre em voz alta".[9]

À medida que falhas de personalidade vinham à tona sob pressão, Cook passou a falar pouco, mas mantinha a liderança ao servir de exemplo, quase sempre se dispondo a realizar as tarefas mais difíceis e perigosas. Nos seus escritos, Dunn não poupou a Cook críticas que estendeu aos demais integrantes do grupo — "Os métodos e o jeito de ser [de Cook] me irritavam",[10] o que incluía, conforme se pode deduzir, sua recusa em consumir fumo, "o que me deixava pouco à vontade".[11] Ainda assim, Dunn escreveu mais tarde sobre Cook: "Acho que ele enfrentaria a morte e a tragédia sem dizer uma palavra. [...]*

Após uma noite de descanso, o grupo mais uma vez se dividiu e avançou mais 32 quilômetros. Os índios, ansiosos por retornar à sua região pesqueira no litoral, foram autorizados a voltar, levando as provisões necessárias à jornada.

Mais chuva, vegetação rasteira, corredeiras e declives íngremes retardaram o percurso. Os cavalos sofriam devido às contusões e ferimentos nas pernas causados pelos galhos baixos. Preocupado com o desgaste dos animais, Printz sugeriu um dia de descanso, e Cook concordou. Na semana seguinte, deixaram os cavalos trabalhar somente três horas por dia, até que se recuperassem.

De uma altitude de 610 metros, deram início à subida sistemática, e logo ultrapassaram o limite climático para o crescimento de árvores. No terreno aberto, já era possível fazer caminhadas mais longas. Logo acima de 915 metros, atingiram a primeira saliência glacial, onde encontraram veados, alces e carneiros montanheses, que eram caçados com facilidade, sem afetar o progresso da escalada.

Em 11 de agosto, ao pôr-do-sol, chegaram ao topo de uma escarpa. O que se via atrás deles era "um mar de florestas, grandioso e ondulante", e, à frente, o "mundo desconhecido de rios glaciais [...] e grandes montanhas".[14] Tinham também a primeira vista desobstruída do topo do McKinley, ou seja, 1.220 metros da parte superior do monte eram visíveis. O contorno íngreme do McKinley, "coberto por placas de gelo", apresentava algo inesperado: um sistema duplo de picos (ao norte e ao sul), do qual não haviam se apercebido e que não fora relatado.[15] A respeito da vista surpreendente, Cook escreveu: "Ali se encontrava o topo

* Dunn foi recomendado a Cook, para integrar a expedição, pelo editor de jornal Lincoln Steffens, embora esse último considerasse Dunn incorrigível e anti-semita — "desrespeitoso em relação a tudo e a todos"[12] — e o demitira da função de repórter. Ao retornar, Dunn escreveu cinco artigos sobre a expedição, publicados na *Outing Magazine*, entre janeiro e maio de 1904. Dunn censurava Cook — chamado de "doutor" nos artigos — por, entre outras coisas, falar pouco e sorrir demais. "Quase nada será realizado na exploração do Norte enquanto o projeto estiver nas mãos de um tipo napoleônico, até mesmo selvagem, e dotado de *ego* intimidador. [...]"[13] [N. do A.]

do continente; o prêmio por nossa conquista, aparentemente ao alcance das mãos." Numa atmosfera de entusiasmo, armaram acampamento e prepararam um prato quente.

Mais três dias de viagem e se encontravam a 24 quilômetros do ápice do McKinley, onde acamparam. Em vista de uma violenta tempestade, tiveram de se abrigar nas barracas. Antes do amanhecer, as poças de água fria de um riacho cujas águas subiam rapidamente obrigaram-nos a levantar acampamento ainda no escuro e se transferir para um terreno mais alto. À luz da manhã, verificou-se que a posição em que estavam seria favorável a uma tentativa de escalar o McKinley pelo sudoeste.

À medida que se aproximavam do monte, Cook avaliou várias trilhas que poderiam levar ao topo. O flanco nordeste mostrava uma longa crista com uma subida gradual, e diversos picos em miniatura que pareciam bloquear o caminho. A face oeste era, em si mesma, o obstáculo: acima de 3.600 metros, parecia um granito rosado, tão íngreme que a neve não se acumulava na superfície. O acesso pelo sudoeste seria o mais promissor, apesar de interrompido por um contraforte que deveria ser evitado.

Cook pretendera alcançar a base do McKinley na primeira semana de agosto, mas em virtude do tempo imprevisível e do terreno, e também pelo motivo de que os cavalos necessitavam de descanso, mesmo quando os homens se dispunham a viajar por mais tempo, o atraso era de três semanas. A temporada de escaladas logo terminaria, dando lugar ao inverno. As temperaturas caíram para 7 graus e as águas das fortes chuvas desciam rapidamente a montanha, dando origem a incontáveis riachos glaciais, e dificultando a passagem.

Tinham despendido 54 dias para cobrir um "caminho tortuoso de 800 quilômetros através de pântanos, floresta, córregos glaciais, para cima e para baixo, na região desprovida de trilhas".[16] Finalmente, estavam a postos. Entretanto, antes de dar início à subida, todos concordaram que seria conveniente descansar durante dois dias e tomar as últimas providências, inclusive assar uma fornada de bolachas.

Depois de erguer acampamento, levando cinco dos cavalos mais fortes, carregados com suprimentos, escalaram um vale alto, onde tiveram de aguardar até que uma súbita chuva passasse; em seguida, ultrapassaram uma sucessão de morenas* para chegar ao topo de uma geleira. A primeira investida no gelo foi difícil para os cavalos. Naquela noite, armaram acampamento a 2.200 metros.

Muita neve caiu durante a noite. Deixando cavalos e provisões para trás, aos cuidados de um dos homens, o restante do grupo percorreu, montanha acima, mais 300 metros, até ser detido por um precipício de 600 metros de profundidade.**

Quando a equipe se reuniu, alguns deixaram o local, levando os cavalos para acampar mais abaixo, enquanto outros permaneceram na geleira, na companhia de Cook, decidido a explorar a área para descobrir um caminho alternativo para o alto. Sem o conseguir, Cook, afinal, foi obrigado a aceitar "o fracasso da primeira tentativa",[18] e desceu.

O grupo então circundou 40 quilômetros da base do McKinley para se aproximar do lado oeste. Numa parte mais baixa do espinhaço, depois de se separar da equipe encarregada das provisões, os escaladores atravessaram a geleira à luz brilhante do sol, que os teria cegado se não fossem os óculos de proteção de lentes fumê, projetados por Cook. A 2.400 metros, ultrapassaram a camada de nuvens e "irromperam no glorioso mundo ártico, repleto de brilho e gelo".[19]

Cook guiou os demais através da neve profunda até atingirem 2.700 metros, onde acamparam. A temperatura tinha caído bruscamente para 10 graus negativos. Na barraca, transformaram as mantas em sacos de dormir, acenderam o lampião a álcool, prepararam chá e comeram fiambre, enquanto do lado de fora um vento poderoso assolava o glaciar. Noite adentro, podiam ouvir o estouro de avalanches a toda volta.

---

* Depósitos de fragmentos de rochas transportados pelas geleiras. [N. da T.]

** Desconhecido por Cook naquela ocasião, esse era o local aproximado de onde, três meses antes, o grupo liderado por James Wickersham, juiz de comarca dos EUA, em Fairbanks, retornara após a primeira tentativa de escalar o McKinley. Diante desse beco sem saída, Wickersham decidiu que somente um "mecanismo voador" possibilitaria a um homem subir mais o monte.[17] [N. do A.]

Em 29 de agosto, fizeram a primeira investida ao pico principal do McKinley. Esperavam chegar ao topo em cinco dias e voltar dois ou três dias depois. Para tanto, esconderam tudo que não precisavam, e na mochila cada homem levou provisões suficientes para dez dias.

A escalada começou com facilidade, seguindo a trilha de uma antiga avalancha, embora todos os escaladores cambaleassem sob o peso das mochilas. Quando fizeram uma pausa para descansar e tomar fôlego, apoiaram as costas de encontro ao espinhaço. De súbito, Shainwald perdeu o equilíbrio e começou a escorregar. Instintivamente, Cook agarrou-o e, de algum modo, conseguiu ajudá-lo a encontrar uma posição segura. Foi por pouco! Teria sido uma queda de milhares de metros.

E se foram, para cima. Concentrando todas as energias na escalada, prosseguiram em silêncio. Mais algumas centenas de metros e precisaram parar devido a uma escarpa de 40 a 60 graus que não oferecia tração. Era o momento de começar a tarefa difícil de cavar degraus no gelo. Também era grande o esforço de retirar mais de 30 centímetros de neve para se atingir gelo firme no qual o degrau pudesse ser aberto. Cook deu início ao trabalho, dando golpes curtos e fortes com a lâmina de 7,5 centímetros do seu machado no gelo sólido, como fizera ao lado de Amundsen, na primeira escalada técnica na Antártida. Feito o novo apoio, testou-o com um dos pés, enquanto apoiava a maior parte do peso do corpo no outro pé. Assim avançaram, passo a passo, para o alto do monte, enfrentando o vento congelante e a neve intensa.

Todos se revezavam para retirar neve da escarpa e cavar degraus — cem de cada vez, antes de passar para outro escalador —, exceto Dunn, que, inexplicavelmente, deixara o machado para trás, naquela manhã. "Nem me ocorreu trazer [o machado]", explicou Dunn, que portava a estaca de uma das barracas grandes do acampamento.[20] Ninguém propôs trocar o machado, ferramenta confiável, por um bastão.

O sol poente forçou os escaladores a procurar um local para acampar. Em vista de ser impossível localizar um terreno plano onde coubesse a barraca de seda que acomodaria quatro homens sem deixar qualquer espaço livre, tiveram de retirar a neve e cavar o gelo, para conseguir uma base adequada. Prepararam chá, comeram fiambre e dormiram à noite, a 2.900 metros de altura.

No dia seguinte, perceberam que as cristas eram ainda mais íngremes e os degraus, que há pouco tempo tinham sido cavados no gelo, mais pareciam uma escada de mão. Depois de se prenderem uns aos outros, formando pares, Cook conduziu a subida de uma crista.

Acamparam quase a 3.400 metros, tendo de abrir no gelo, mais uma vez, a base onde seria montada a barraca, assim evitando que rolassem montanha abaixo enquanto dormiam. Todos estavam exaustos e decepcionados em face da dificuldade e demora da subida, pois tinham gasto o dobro do tempo estimado.

O ato de acender o fogareiro a álcool alegrou a todos, e o chá quente deu-lhes ânimo. Logo começaram a se divertir. Pouco depois de se acomodarem para passar a noite, alguém olhou para fora da barraca e disse, ofegante: "Meu Deus, olhe só!"[21] Todos saíram para ver o que despertara tal reação. A nuvem habitual se dissipara — e lá estava, aparentemente ao alcance das mãos, o grandioso pico (o cume nordeste do McKinley) ao qual visavam, "suas agulhas brilhantes, a 2.700 metros acima de nós, espetando o céu púrpureo".

Podia se ver grande número de avalanchas desprendendo-se das cristas do monte e com elas "uma sucessão de seixos e gelo seguidos por neve pulverizada". O ruído que ecoava era "caótico, terrível".

Sem murmurar uma palavra, cada montanhista compreendeu que era para lá que se dirigiam. A cena assustadora diante deles "fazia gelar os ossos de qualquer um".

De volta ao interior da barraca, durante muito tempo ninguém dormiu. Aconchegados nos sacos de dormir, não sentiam frio; mesmo assim estremeciam.

Pela manhã, afastaram-se da barraca e se depararam com uma cena completamente diferente. O pico acima deles refletia uma tonalidade intensa de azul e parecia menos opressor à luz dourada do alvorecer. Logo acima deles, no entanto, constataram haver uma série de obstáculos de pedra e gelo que pareciam intransponíveis.

Dunn imediatamente declarou que não seria possível continuar. Cook ainda não estava preparado para admitir o fracasso. Tinham provisões para vários dias, e caso encontrassem uma linha de ataque segura e certa, ainda teriam chances. Depois do desjejum, disse a Dunn: "Não guarde seu equipamento. Venha conosco."[22] Dunn recusou-se e começou a se preparar para a descida.

Na companhia de Printz, Cook examinou a área mais acima. Perto dali, o espinhaço no qual estavam acampados conduzia, bruscamente, a um penhasco de granito que, segundo observavam, poderia ser escalado, mas foi apenas impressão. Não muito distante, havia uma crista que se estendia por milhares de metros e que lhes parecia impossível transpor.*

Com o caminho bloqueado e a temporada de montanhismo encerrada nessa latitude, era hora de voltar. Desceram rapidamente a montanha, evitando ser surpreendidos pelo inverno na grande altitude, e reuniram-se ao grupo de carga.

Em vez de retornarem pelo caminho que vieram, Cook insistiu em fazer outro percurso, que permitisse avaliar o contorno do McKinley por vários ângulos. Encontraram um desfiladeiro de 1.800 metros que cortava a cadeia central de montes da cordilheira do Alasca, e fizeram a travessia. Em seguida, foram os primeiros a ver a cordilheira a partir do seu centro, podendo-se avistar os horizontes a leste e a oeste.

O trajeto de volta foi tão difícil quanto o acesso à montanha. Na etapa final, apressando-se para escapar do clima cada vez pior, e quase sem suprimentos, construíram balsas com madeira de choupo-do-canadá e desceram o rio Chulitna. Antes de embarcar na balsa, Cook decidiu não atirar nos "animais bons e fiéis".[23]

Enquanto percorriam de balsa o Chulitna, aproximaram-se de uma impressionante geleira à qual Cook chamou de Fidèle — o sobrenome de solteira de Marie — e outra, também grande, mais ao sul, que batizou de Ruth, nome de sua enteada. As escarpas do lado nordeste do McKinley desembocavam nas duas geleiras. Com o propósito de determinar se a montanha deveria ser escalada naquela direção, Cook subiu 1.800 metros. O que viu pareceu-lhe promissor, mas não havia mais tempo para explorar.

De balsa, o grupo chegou ao que representava a civilização — um posto comercial fluvial na Estação de Susitna — no dia 25 de setembro;

* A avaliação de Cook estava certa. Somente em 1954 essa crista foi escalada, mesmo assim com a utilização do moderno equipamento de montanhismo do século XX. [N. do A.]

estavam exaustos e quase em estado de inanição, praticamente sem sapatos e com as roupas esfarrapadas. Eram responsáveis por um feito histórico ao circunavegar o McKinley, conquista que só seria reproduzida meio século depois. Em três meses, tinham caminhado 1.126 quilômetros e viajado 480 quilômetros de barco e balsa, contribuindo muito para o conhecimento do interior acidentado do Alasca.

"O McKinley oferece um desafio inusitado aos montanhistas [...] com a sua escalada será demonstrado um grande feito", escreveu Cook ao voltar para casa. "É a montanha mais imponente da América do Norte, a mais íngreme do mundo, e a mais gelada. Aquele que vier a conquistar o ponto culminante da América do Norte será bem recompensado, mas precisa estar preparado para resistir às torturas das corredeiras, às inquietações do investigador do Pólo Norte, combinadas às privações sofridas durante as escaladas ao Matterhorn multiplicadas várias vezes."[24]

Cook já pensava na *próxima vez.*

CAPÍTULO 12

O Norte Mais Longínquo

No retorno do Ártico, em 1902, Peary não perdeu tempo e providenciou a cirurgia dos dedos mutilados, pois percebeu que o prognóstico de Cook era verdadeiro: a limitação seria um impedimento ao seu futuro trabalho no Pólo. Para operá-lo, Peary selecionou um dos mais destacados médicos do país, Dr. William W. Keen, da Filadélfia. Durante a Guerra Civil, Keen servira como cirurgião de campanha no Exército da União. Em 1883, depois de fazer estudos de especialização na Europa, Dr. Keen publicou *A Anatomia de Gray*. Quatro anos depois, fez a primeira remoção de um tumor no cérebro realizada nos Estados Unidos. Em 1893, Keen integrou uma equipe excelente que operou em sigilo o presidente Grover Cleveland — no salão de um iate particular que navegava na direção do estreito de Long Island —, removendo uma lesão cancerosa da parte interna da boca do presidente.*

* O presidente Cleveland decidiu manter segredo devido ao momento tumultuado por que passava a nação, afetada pelo Pânico de 1893, período de fracassos nas ferrovias, embargo de dívidas e reduzidas quantias de ouro. A cirurgia foi realizada em julho, dias depois de uma grande quebra da Bolsa. Apesar dos esforços para evitar que transparecesse a notícia de que o presidente tinha câncer — os médicos acreditavam que mesmo que sua vida fosse salva, ele teria uma grave limitação da fala —, a história chegou ao jornal *Philadelphia Press* um mês depois. A Casa Branca negou o fato com veemência. Na ocasião, Cleveland falava normalmente, graças a uma placa de borracha encaixada na sua boca para substituir o osso maxilar esquerdo. A operação foi um sucesso; Cleveland morreu em idade avançada, em 1908. [N. do A.]

Após duas operações feitas sob condições precárias no Ártico, restava a Peary dois dedos mínimos que se destacavam dos cotos dos dedos amputados. Dr. Keen nivelou o formato dos pés, retirando a última articulação dos dedos mínimos. Fez uma incisão na pele da parte frontal dos pés e puxou para a frente o tecido abaixo e acima dos dedos, e então costurou as bordas para servir de apoio aos cotos. Era o melhor que se podia fazer com o que restara, mas por meio desse recurso Peary teria um modo estranho de caminhar, arrastando os pés, pelo resto da vida.

O retorno de Peary aos seus deveres oficiais em Washington, distrito de Colúmbia, não foi alardeado. Aparentemente ignorado pelos engenheiros navais que conhecia, mesmo por aqueles com quem já trabalhara, teve a sensação de "andar sem rumo, como um carro desgovernado".[1] Ainda assim, devido ao tempo de serviço prestado e depois de ser aprovado em dois exames com vista à promoção funcional, logo avançou para o posto de comandante da Unidade Militar dos Engenheiros Civis. Seu novo encargo, a partir de novembro de 1902, era no Escritório de Docas e Estaleiros do Departamento Naval. Um mês depois, foi mandado ao exterior para estudar modelos europeus de quartéis, e fez um extenso relato sobre suas descobertas.

Para sua decepção, Peary descobriu que o interesse do público nas investidas polares tinha arrefecido, em virtude das longas ausências do explorador e tentativas frustradas de atingir os objetivos tão propagados. Mesmo os mais entusiasmados patrocinadores do Clube Ártico de Peary tinham perdido o ânimo, em virtude dos projetos dispendiosos e malsucedidos. A resposta à sua nova solicitação de verbas para organizar outro empreendimento no Pólo foi, no mínimo, indiferente. Não sendo o tipo de pessoa que desiste facilmente, Peary empreendeu, segundo se referia com sarcasmo, uma longa e incessante "via-crúcis" para levantar fundos para mais uma expedição, através de palestras, escritos, ou então assediando qualquer um que possuísse amplo poder aquisitivo.[2]

Num esforço para conseguir financiamento, Peary escreveu cartas de solicitação a sócios do seu Clube Ártico e também a novos patrocinadores em potencial. O tom que empregava era, às vezes, seco e inflexível, como em janeiro de 1903, ao escrever para um sócio acusado de prestar apoio inexpressivo: "Desde meu retorno do Norte, no outono passado, tem ocorrido uma subcorrente de insatisfação no Clube Ártico de Peary no sentido de abandonar o trabalho do clube antes que o Pólo seja alcançado."[3] O discurso de Peary aos ricos era, algumas vezes, cerimonioso, o que acontecia quando lhes propunha o que todo o dinheiro jamais poderia comprar: imortalidade. "Os nomes daqueles que tornarem possível o empreendimento serão lembrados nos próximos séculos, e flutuarão para sempre acima dos escombros esquecidos e submersos do nosso tempo", escreveu numa carta em que solicita o apoio dos sócios do clube. "O único fato de que nos lembramos a respeito de Fernando da Espanha é que ele possibilitou que Colombo realizasse seu projeto de sua vida."[4]

O plano apresentado por Peary começava com seu próprio compromisso de "[se] lançar ao trabalho por mais dois anos, e fazer um esforço supremo que haveria de coroar com sucesso todas as tentativas anteriores", se ele pudesse contar com "equipamento adequado". No topo de sua lista de compras constava um navio novo. Não seria um navio qualquer, mas de "primeira classe", projetado por ele mesmo. Queria uma embarcação capaz de avançar em direção ao norte através dos canais abarrotados de gelo entre a Groenlândia e Ellesmere, deixando a equipe da expedição à extremidade do oceano glacial Ártico, eliminando, desse modo, as exaustivas viagens de trenó realizadas anteriormente para se chegar àquele ponto. Com essa vantagem inicial na sua última viagem, Peary assinalou, a viagem de trenó ao norte teria seguido *além* do Pólo.

Considerando que tal navio não existia, era preciso, argumentou Peary, construir um. *Fram*, o navio de Nansen, fora construído para operar no Pólo, mas, sendo um veleiro dotado de sistema auxiliar a vapor, estaria sujeito aos ventos e correntes. Seu desenho exclusivo lhe permitia flutuar com segurança, mesmo quando estivesse preso no gelo; à medida que aumentasse a pressão exercida no casco, a embarcação se ergueria acima da compressão, em vez de ser esmagada como uma casca de ovo. Assim o *Fram* ficaria "empoleirado" até que o gelo derretesse ou se rompesse.

Peary visualizava um navio que pudesse seguir em frente, à vontade, através e ao redor de barreiras glaciais. Para tanto, necessitaria de motores potentes, casco reforçado, leme e revestimento resistentes.

O Clube Ártico de Peary foi incorporado oficialmente em abril de 1904, com um regimento que detalhava a função original do grupo de prover recursos e "dar assistência à formação e manutenção de expedições" sob o comando de Peary, "com o objetivo de dar continuidade às suas explorações".[5] Antes que o quadro de associados fosse preenchido, nele foram incluídos o presidente do Chase Manhattan Bank, o fundador da Great Northern Railway,* o presidente da Erie Railroad,** o fundador da Remington Typewriter Company e outros diretores de companhias, presidentes de bancos e de empresas de seguros, magnatas dos setores de indústria e transporte e advogados. O clube tinha dois objetivos imediatos. O primeiro nada tinha a ver com a construção de um navio; antes, visava "modificar a opinião pública de forma a reduzir o preconceito contra os empreendimentos no Ártico". Esse "trabalho de propaganda foi feito com a maior sutileza possível" pelos poderosos patrocinadores de Peary, e logo surgiram artigos de revistas e jornais que situaram seus novos planos de viagem ao Ártico "do ponto de vista mais favorável". Meses depois, houve uma "completa mudança na avaliação do público em relação à importância e prestígio a serem alcançados" com a descoberta do Pólo Norte, e Peary, mais uma vez, foi considerado o homem certo para o projeto.

Um cidadão eminente que se apressou a embarcar na popularidade de Peary foi o presidente dos Estados Unidos, Theodore Roosevelt, aos 42 anos, o mais jovem a assumir o cargo. Eleito vice-presidente em 1900, após o assassinato de William McKinley, Roosevelt tornara-se presidente em 14 de setembro de 1901, enquanto Peary se encontrava no Ártico. Defensor da "vida ativa", Roosevelt era caçador e explorador por seus próprios méritos.[6] Considerava Peary um homem semelhante a ele — forte, determinado, audacioso.

O segundo objetivo do Clube Ártico de Peary, agora renovado, era providenciar a "construção de um navio que fosse capaz de levar Peary e seu grupo a uma base no litoral do oceano Polar Ártico". O custo de tal navio era estimado em 100 mil dólares.

---

* Ferrovia do Norte. [N. da T.]
** Estrada de Ferro Erie. [N. da T.]

Fazendo um pagamento inicial no valor da metade da quantia requerida para o início da construção, o banqueiro Morris Jesup ofereceu 25 mil dólares. Quando se constatou que as contribuições não atingiam o volume esperado, James Colgate, membro de uma família abastada de Nova York, preencheu um cheque "com disposição e generosidade características" que "completaram os 50 mil dólares".[7] O Clube Ártico de Peary contratou a McKay e Dix, de Bucksport, no Maine, uma das melhores empresas de construção naval do mundo. Madeira de lei para o navio foi encomendada em agosto de 1904.

No mesmo mês, Josephine deu à luz um menino saudável que recebeu o nome do pai. Alguns dias depois, começava a licença remunerada de três anos de Peary. Com o apoio do presidente Roosevelt, seu pedido foi concedido sem demora. Pela primeira vez, a Marinha descrevia na portaria de licença a natureza exata de sua missão no Ártico. "A conquista do Pólo deve ser seu principal objetivo", escreveu Charles H. Darling, secretário adjunto da Marinha. "Um feito menor não será suficiente."[8] No entanto, o governo não financiaria nenhuma parte do projeto.

Conforme a opinião geral, o verão de 1904 foi muito bom para Peary, com o nascimento do filho e de um navio, outra licença de trabalho para perseguir seu sonho e o término da construção de um chalé de verão na sua querida ilha Eagle, na baía de Casco, no litoral de Portland, no estado do Maine. Aos 17 anos apaixonara-se pelo lugar, que recebera o nome por causa das águias que lá costumavam se aninhar. Havia comprado a ilha por 500 dólares, dinheiro dos primeiros salários que recebeu depois de concluir o curso universitário. Dono de uma casa de três quartos na ilha, poderia passar os verões lá, com a família, sempre que possível — para descansar de viagens recentes ou escapar da umidade de Washington. A ilha tornou-se um verdadeiro santuário para Peary e, vida afora, durante épocas difíceis, pensava com freqüência na serenidade e beleza silvestre do local.

Em meados de setembro de 1904, o Oitavo Congresso Geográfico Internacional reuniu-se em Nova York, com representantes de todo o mundo, durante dois dias. No congresso, Cook apresentou três trabalhos: um deles a respeito da sua circunavegação do monte McKinley; outro, sobre a expedição do *Bélgica*; e um terceiro, comparando as condições ambientais do Ártico e da Antártida, algo que somente ele, entre os exploradores do mundo, tinha condições de fazer. Com Peary na platéia, Cook foi uma das estrelas do evento, sendo ovacionado e recebendo ampla cobertura da imprensa.

Depois que Cook retornou do monte McKinley, Peary escreveu ao colega explorador e antigo parceiro de expedições: "Dou-lhe os parabéns pelo trabalho que realizou no monte McKinley, e lamento, sinceramente, que você não tenha chegado ao topo. Espero que faça nova investida e que vença."[9]

Para Peary, exploração passou a ser uma questão de vencer ou perder, pouco relacionada a qualquer assunto científico. Foi na última sessão do congresso geográfico que ele anunciou ao mundo a intenção de realizar a expedição "definitiva" ao Pólo Norte. Os comentários de Peary surgiram num jantar durante o qual recebeu um prêmio da Sociedade Geográfica Parisiense. "No próximo verão partirei para o norte outra vez, em busca do que mais desejo. Vencerei? Deus sabe. Espero e sonho e rogo que sim."[10]

Em outubro, depois de assentada a quilha de seu novo navio, Peary trouxe Josephine e os dois filhos a Bucksport, onde se hospedaram no único hotel da cidade. Todas as manhãs ele se dirigia ao estaleiro, onde permanecia até o anoitecer, supervisionando a construção desde os mínimos detalhes. Quando o trabalho terminou, seis meses mais tarde, o pagamento final de 50 mil dólares ao estaleiro foi feito pelo banqueiro George Crocker, um dos sócios fundadores do Clube Ártico de Peary.

Outras colaborações seguiram, feitas por sócios contribuintes; a lista agora continha doações de 73 entre os homens mais afluentes dos Estados Unidos: 20 mil dólares de Thomas H. Hubbard, eminente advogado, membro do conselho diretor de Bowdoin College e diretor das Estradas de Ferro Southern Pacific e Western Union; 5 mil dólares de um banqueiro anônimo de Wall Street; mil dólares do fabricante de doces John S. Huyler e mais 25 mil dólares de Jesup, que não deixava de colaborar. Até mesmo o *show business* entrou em cena: dois espetáculos beneficentes em Brighton Beach, próximo à Coney Island (um *show* do Velho Oeste), arrecadaram 10 mil dólares. Cada dólar era necessário, considerando-se que depois que as despesas da construção do novo navio foram pagas, equipamentos e provisões custaram mais 40 mil dólares.

O pedido oportuno de Peary a Roosevelt — através de Jesup, amigo do presidente — de dar ao navio o nome do chefe de Estado foi aceito. Batizado por Josephine com uma garrafa de *champagne* congelada num bloco de gelo, o *Roosevelt* lançou-se ao mar em 23 de março de 1905, diante de 5 mil espectadores amontoados à beira-mar, a maior aglomeração na história de Bucksport. O novo navio foi lançado à água pela primeira vez, e em seguida arfou, para a alegria dos presentes. Deslocando-se em velocidade, a embarcação deslizou através do canal estreito e, vergonhosamente, ficou presa na lama do outro lado. O *Roosevelt* foi rebocado até Portland, no Maine e, dias depois, a instalação da maquinaria foi iniciada; em dois meses o navio estava completamente equipado.

O *Roosevelt*, assim como o navio polar de Nansen, foi projetado para se elevar em meio à pressão da massa de gelo flutuante, evitando danos ao casco. Pesando 614 toneladas, era um pouco maior que um rebocador oceânico. O casco de madeira — de até 76 centímetros de espessura, com a parte interna apoiada em escoras e a externa revestida de aço — foi construído para ser resistente e, ao mesmo tempo, flexível. Era estreito mas, de certo modo, compacto, para tornar mais fáceis as manobras nos mares obstruídos por gelo: 50 metros de comprimento até a linha-d'água, 10,6 metros pelo través, com um calado de apenas 4,8 metros para se aproximar da terra firme. A proa tinha uma inclinação acentuada para quebrar o gelo. As lâminas da hélice eram removíveis e o leme poderia ser erguido e transposto para o convés, para prevenir danos, caso o navio se prendesse no gelo compactado. Com hélices grandes e eixo, e um motor com potência incomum alimentado por múltiplas caldeiras a vapor, o *Roosevelt* era mais um aríete do que um veleiro, sendo considerado o primeiro quebra-gelo do mundo. Equipado com mastros, levava velas de proa e popa para se beneficiar de ventos favoráveis e poupar carvão, e ainda manter o curso em caso de danos irreparáveis ao sistema de propulsão. Poderoso equipamento de convés — guincho de reboque, cabrestante a vapor e manivelas — foi instalado para prover tração capaz de livrar o navio de apuros, inclusive soltar o casco quando encalhado. Os alojamentos para a tripulação e integrantes da expedição localizavam-se no convés; o compartimento abaixo era reservado para armazenamento de carvão e provisões.

Assim como tudo o mais no navio, Peary tinha se dedicado ao projeto de seu camarote. Bastante espaçoso, com um banheiro particular contíguo, fora revestido de pinho pintado de branco, com um beliche espaçoso embutido, escrivaninha, cadeira de escritório, prateleiras com livros sobre o Ártico, romances e revistas, cadeira de vime e cômoda. Na parede havia retratos de Morris Jesup e do presidente Roosevelt, este autografado. Várias bandeiras foram dispostas: dos Estados Unidos, de seda, feita por Josephine, que Peary tinha levado várias vezes ao Extremo Norte; da Associação da Marinha Americana; e a bandeira da paz, das Filhas da Revolução Americana. Acima da cabeceira de sua cama achava-se uma fotografia de Josephine; em cima da cômoda, uma foto emoldurada do chalé na sua querida ilha Eagle. Sobre o beliche havia um travesseiro aromático, feito por sua filha, Marie, então com 11 anos de idade, contendo folhas de pinheiro da ilha. Também no camarote via-se uma pianola, que seria "companhia agradável", e duzentos rolos de música mecânica, desde o clássico ao *ragtime*.*[11]

Depois do anúncio bem divulgado de um cruzeiro de um dia oferecido a patrocinadores abastados, e gerando mais dinheiro, o *Roosevelt* levantou âncora ao largo da rua 34, a oeste de Manhattan, em 16 de julho de 1905, e desceu o rio Hudson. Peary manteve-se no meio do convés, como um orgulhoso almirante, "agradecendo a aclamação que vinha de todos os lados" — apitos de navios que passavam no rio de 800 metros de largura e, assim que o *Roosevelt* entrou na baía de Nova York, salvas de tiros de canhão disparados dos fortes e dos clubes de vela ao longo das margens.[12] Ao seu lado estavam Josephine, o filho mais novo, Robert E. Peary Jr., a filha, Marie, e vários membros do Clube Ártico de Peary, incluindo Herbert Bridgman.

Não havia muito tempo, um repórter perguntara a Peary se ele esperava encontrar terra no Pólo Norte, conforme pensavam certos es-

* Para Peary, o camarote tão confortável por ele projetado era oportuno. No tempo restante de sua carreira de explorador ártico (suas duas últimas expedições), haveria de passar dois anos a bordo, em comparação aos sete meses de viagem na calota de gelo polar. [N. do A.]

pecialistas no assunto. "Não me surpreenderia se encontrasse terras por lá", afirmou Peary. "Talvez um continente polar ou uma série de ilhas. No entanto [...] não espero encontrar um mar aberto como alguns cientistas previram."[13]

Em dado momento, um rebocador aproximou-se do *Roosevelt* para levar a terra firme os familiares e visitantes. Antes de partir, Bridgman conduziu uma cerimônia de despedida breve e emocionante, durante a qual assegurava publicamente a Peary que todos os sócios e recursos do clube apoiavam-no naquela causa patriótica.

— Desta vez, sigo em nome de Deus — disse Peary.

DOIS MESES DEPOIS, o *Roosevelt* entrou no oceano Ártico e ancorou ao largo do cabo Sheridan, no litoral norte da ilha de Ellesmere. Apesar dos problemas com a caldeira a vapor, reduzindo pela metade a potência do motor durante a maior parte da viagem, o navio robusto tinha realizado sua missão, enfrentando canais abarrotados de gelo, normalmente impenetráveis, e deixando Peary 482 quilômetros mais ao norte, em relação a qualquer um de seus acampamentos anteriores. Com a chegada da primavera, o ponto de partida da expedição seria a 724 quilômetros do Pólo.

Os preparativos para a longa noite ártica logo começaram. Esquimós subiram a bordo nas várias paradas na costa da Groenlândia, e caçadores foram instruídos a buscar carne fresca para reforçar o estoque de alimentos. Ao voltar, trouxeram boa quantidade de boi-almiscarado, veado e lebre.

Enquanto alguns homens carregavam suprimentos retirados dos porões do navio, outros se dirigiam a terra firme para construir uma estrutura semelhante a uma caixa, na qual suprimentos de emergência seriam guardados caso o navio pegasse fogo e tivesse de ser abandonado, obrigando-os a sobreviver em terra até serem resgatados.

Uma semana depois, a catástrofe para a qual se preparavam quase aconteceu. Surgiu uma banquisa, girando ao redor do cabo, aproximando-se deles. Depois de se desprender das geleiras montanhosas, as banquisas passam a flutuar nos mares setentrionais. São relativamente aplainadas na superfície, mas por baixo d'água chegam a atingir 6 a 30 metros de profundidade.

A enorme massa de gelo rompeu a camada fina de gelo marítimo e, no trajeto, empurrou banquisas menores, continuando a avançar até que um dos lados maciços, erguendo-se acima da amurada, perfurou o lado direito da embarcação. Foi um "momento crítico", de acordo com Peary. "Durante cerca de um minuto, que parecia uma eternidade, a pressão foi terrível. As balizas e o suporte interior do *Roosevelt* estalaram como uma descarga de tiros. Na parte central do navio o convés dilatou vários centímetros [...] e os mastros e o cordame sacudiram como se houvesse um forte temporal."[14] Toda tripulação sabia que, se o casco rachasse, teriam pouquíssimo tempo para abandonar o navio.

Em seguida, com um "imenso tremor", o *Roosevelt* se desprendeu da pressão do gelo e, aos poucos, se ergueu, até a hélice sair da água. Era exatamente a função para a qual o casco tinha sido projetado; mesmo assim, era fascinante presenciar a manobra. Um pedaço da banquisa passou por baixo e se partiu sob o peso do próprio navio, dispersando sua energia contra banquisas menores até encalhar no litoral. O *Roosevelt* estava intacto, mas preso no gelo. Não teria condições de flutuar antes da chegada do verão.

Depois desse ocorrido, tudo se acomodou, dando início a uma rotina tranqüila. A comida era farta e bem preparada na cozinha do navio, os camarotes eram mantidos aquecidos e sem umidade, e a tripulação tinha tempo para ler e jogar baralho. Alguns homens se interessavam por relatos de expedições anteriores ao Ártico, que constavam da coleção da biblioteca do navio, e comentavam que se sentiam aliviados por não terem de suportar as mesmas privações que outros enfrentaram nas latitudes setentrionais.

Peary chegara ao norte a bordo de um navio novo em folha e também com uma nova estratégia. Desistia de sua antiga teoria de que a única maneira de se chegar ao Pólo seria com um grupo pequeno, que requeria menos provisões e, por conseguinte, em comparação com um grupo grande, fosse mais fácil de se administrar. Segundo seu novo plano, um grupo de trinta homens levando mais de cem cães seria dividido em equipes responsáveis pelos suprimentos, que se revezariam na transferência de alimentos e combustível de um depósito para o outro, sempre em direção ao norte. Confiante de que seu plano daria certo, chamou-o, orgulhosamente, "Sistema Peary". Na verdade, o sistema de abastecimento feito por equipes múltiplas tinha sido testado meio século antes pelo explorador inglês Francis Leopard M'Clintock, embora os trenós fossem puxados por homens em vez de cães.

Na segunda quinzena de fevereiro, assim que a noite polar deu lugar a períodos mais longos de claridade, o grupo avançado deixou o *Roosevelt*, seguido por outras equipes, enviadas em intervalos. No percurso de 32 quilômetros, atravessaram o 83º paralelo, e assim que se afastaram da terra firme, deram início à travessia pela superfície glacial do mar, deixando depósitos de provisões bem assinalados a cada 80 quilômetros.

Peary estava exultante por iniciar a expedição um mês antes da anterior, e a equipe já se encontrava bem mais ao norte, a 96 quilômetros de distância da latitude mais alta por ele atingida. Partindo desse ponto, avaliou, poderiam chegar ao Pólo e retornar num total de cem dias, perfazendo a média de 16 quilômetros por dia.

"Finalmente, começa a batalha", escreveu Peary no seu diário, em 2 de março. "Estamos bem posicionados no gelo do oceano Polar Ártico, rumo ao nosso objetivo."[15]

Quando Peary levantou acampamento, seu companheiro de longa data, Matthew Henson, que participava, então, da sexta expedição ártica de Peary, já seguia à frente, liderando a equipe de vanguarda com três trenós, abrindo uma trilha através de elevações glaciais que forravam a paisagem congelada. O grupo avançado precisava escolher o melhor caminho e torná-lo viável a outros trenós. Por essa razão, tinham direito de escolher os cães e levavam as cargas mais leves. Esse era o trabalho mais árduo e mais perigoso; o grupo de vanguarda corria o risco de ficar isolado em algum bloco de gelo que, subitamente, se desprendesse, e de perder contato com a linha de abastecimento, ou até mesmo de se ver sem uma trilha que os trouxesse de volta.

Depois do grupo de vanguarda seguia o grupo principal, em cinco subdivisões, sem incluir a de Peary, cada grupo liderado por um norte-americano.* À medida que avançavam ao longo da trilha, um grupo se desligava a cada intervalo de 80 quilômetros — depois de estocar suprimentos e marcar o depósito — e em seguida voltava à trilha e recolhia as provisões que tinham sido levadas à frente pela subdivisão que estava atrás deles, repassando essas provisões ao norte, para a equipe seguinte. O plano de Peary previa que, no momento oportuno, ele se adiantaria, passando à frente dos demais, e faria a incursão final ao Pólo. Na volta, ele deveria percorrer a mesma trilha, valendo-se das provisões armazenadas ao longo do caminho.

Durante duas semanas, caminharam sobre o gelo quebrado, ziguezagueando, sempre que necessário, para evitar as brechas nas águas. Então, em 25 de março, entre 84 e 85 graus norte, detiveram-se diante do que chamaram a Grande Abertura, uma brecha larga demais para ser ultrapassada. Várias subdivisões se encontraram, e juntas aguardaram uma oportunidade de fazer a travessia. Após uma semana aflitiva, a brecha se fechou com gelo novo, por onde os trenós passaram rapidamente.

O grupo logo enfrentou forte ventania, que impossibilitava a jornada. Quando os ventos diminuíram, seis dias depois, Peary determinou que sua latitude era 85 graus, 12 minutos, e descobriu que tinham ficado à deriva no gelo flutuante, deslocando-se mais de 112 quilômetros a leste. Outra vez, Henson saiu para abrir caminho, enquanto dois esquimós, levando trenós vazios, foram instruídos a voltar e buscar suprimentos. Em 24 horas os esquimós retornaram, comunicando haver novas brechas intransponíveis ao sul; o grupo achava-se isolado dos depósitos de provisões e das equipes de apoio à retaguarda. O Sistema Peary falhara.

Naquele momento, os trenós restantes encontravam-se vazios, e não havia depósitos à frente. Peary descartou todo equipamento desnecessário e seguiu a trilha de Henson no sentido norte, ciente de que não

* Entre os participantes da viagem constavam Robert Bartlett, de trinta anos, navegador de Terra Nova e comandante do *Roosevelt*; Ross Marvin, de 25 anos, engenheiro experiente; Dr. Louie Wolf, cirurgião da expedição; e dois tripulantes da sala de máquinas do *Roosevelt*. [N. do A.]

havia mais chance de se chegar ao Pólo, mas ansioso por regressar, levando ao menos um novo recorde em relação ao ponto mais longínquo ao norte.

No segundo dia, Peary encontrou Henson. Dispunham de sete esquimós e seis trenós. O grupo misto encaminhou-se para o norte. À medida que os cachorros perdiam as forças, eram mortos e serviam de alimento aos demais. Quanto aos trenós, eram abandonados.

Depois de serem bloqueados, em 20 de abril, por uma "perfeita malha de aberturas no gelo", segundo a descrição de Peary, que, aparentemente, impossibilitava qualquer avanço, este relatou que de algum modo "forçaram a passagem [...] por essas brechas", e depois dormiram algumas horas.[16] Ao despertar, Peary fez observações pouco antes do meio-dia.

Observações celestiais dependem de visibilidade para a medição do curso do Sol no céu. Ao medir o ângulo do horizonte em relação ao Sol quando este se eleva ao meio-dia, um navegador competente pode determinar o número de graus, minutos e segundos de latitude ao meio-dia daquele local. O cálculo não é possível quando o Sol não é visível, o que é comum nas regiões polares.

Peary era o único da equipe que tinha condições de usar o sextante para determinar uma posição. Henson, apesar de ter crescido viajando pelo mar, não conhecia navegação nem possuía conhecimentos de matemática necessários para fazer cálculos; "apenas marinharia de nós e amarras".[17] Os esquimós não dispunham de qualquer método confiável para marcar posições; para eles, o que importava era saber quantos dias caminharam ou avistar regiões conhecidas. Quase sempre, era Henson quem prestava assistência a Peary, anotando números lidos por ele, pois quem estivesse usando o sextante teria dificuldade de escrever com os dedos amortecidos.

Conforme sua observação, Peary calculou a posição em que se encontravam em 86 graus e 6 minutos norte — o novo recorde no Extremo Norte, por uma diferença de 58 quilômetros. "Finalmente, tínhamos batido o recorde, graças a Deus", escreveu Peary no seu diário, "embora eu sentisse que a simples superação do recorde não passava de uma bugiganga se comparada à jóia esplêndida na qual depositei meu coração durante anos."*[18]

Ao ver os rostos "magros e encovados" e os corpos esquálidos dos companheiros, as "mandíbulas caídas e olhos embaçados"[19] dos cães atrelados aos trenós, e temendo que o gelo flutuante tivesse aberto brechas no caminho de volta, Peary percebeu que havia "levado o projeto ao limite".[20] Ordenou a marcha de volta ao sul.

Henson, que normalmente aceitava as ordens de Peary sem fazer comentários ou dizendo quase nada, custava a acreditar no que ouvia, pois Peary lhe dissera que se achavam a menos de 320 quilômetros do Pólo. "Podemos chegar lá! De algum modo, vamos conseguir."[21]

Era possível avistar uma estirada de gelo claro sem nenhuma abertura ou obstrução até o horizonte — quem sabe até o Pólo! Peary mostrou a Henson que o gelo flutuante estendia-se com estabilidade na direção leste; tinha determinado a longitude oeste de 50 graus, que os situava ao norte do litoral da Groenlândia. Se prosseguissem no sentido norte, teriam também de se dirigir ao leste e chegar onde "só Deus sabe".

Os olhos de Peary se estreitaram e os lábios se contraíram por baixo do bigode coberto de gelo. "Ordeno o retorno, e meu coração se despedaça."

Seguiram para o sul, imediatamente, abrindo nova trilha em todo o percurso. A caminhada árdua até a terra durou semanas. Peary caminhou enquanto lhe foi possível, até que, enfraquecido pela fome e exaustão, e

---

* Embora haja documentação escrita dos primeiros relatórios que fez nessa viagem — horários, ângulos, equações matemáticas —, nenhuma anotação detalhada relativa ao recorde de incursão ao norte foi feita por Peary, nem tal prova foi encontrada no seu diário ou em outras anotações quando estas tornaram-se acessíveis aos pesquisadores independentes, mais de oitenta anos depois. Peary também deixou de documentar a quilometragem diária e as condições climáticas dos últimos três dias da caminhada ao norte. Entretanto, tomando por base as posições anteriores por ele registradas, homens e cães exaustos deveriam ter viajado cerca de 145 quilômetros nos dias não registrados para alcançarem a latitude alegada por Peary. Comparativamente, Nansen percorrera apenas 11 quilômetros por dia para atingir seu primeiro recorde ao chegar ao ponto mais longínquo ao norte: 86 graus, 13 minutos, norte (1895); e a equipe do duque de Abruzzi fez 14 quilômetros por dia (1900). Nesses assuntos de latitude e quilometragem, Peary pediria ao mundo que confiasse na sua palavra. [N. do A.]

Robert E. Peary na ocasião de sua última expedição ao Ártico, 1909. (*Arquivo da Universidade Estadual de Ohio)*

Josephine (Diebitsch) Peary com seu cão Newfoundland na Groenlândia setentrional, 1891 *(Arquivo Nacional em College Park, Maryland)*

O *Bélgica* preso na Antártida, 1897.
(Arquivo da Universidade Estadual de Ohio)

Tripulantes abrindo valas no gelo para libertar o *Bélgica*, 1898.
(Arquivo da Universidade Estadual de Ohio)

Frederick A. Cook na ocasião da escalada ao monte McKinley, 1906. *(Arquivo da Universidade Estadual de Ohio)*

A equipe de montanhismo de Cook escalando os picos do monte McKinley. *(Arquivo da Universidade Estadual de Ohio)*

Levando Cook a bordo, a escuna *John R. Bradley*, navegando para a Groenlândia setentrional com vistas à última expedição ártica de Cook. *(Arquivo da Universidade Estadual de Ohio)*

Peary com cães de tração a bordo de seu navio auxiliar, *Roosevelt*, dirigiu-se ao norte da Groenlândia para a última investida ao Pólo Norte, 1909. *(Arquivos da Universidade Estadual de Ohio)*

Casal esquimó que integrou a expedição de Cook ao norte da Groenlândia, 1908. *(Arquivo da Universidade Estadual de Ohio)*

Trenós de Peary seguindo para o norte, 1909 *(Arquivo da Universidade Estadual de Ohio)*

Consertando trenós, expedição de Peary, 1909. *(Arquivo da Universidade Estadual de Ohio)*

Equipes de Peary subindo elevação na viagem ao norte, 1909. *(Arquivo da Universidade Estadual de Ohio)*

A foto do Pólo Norte de Cook, 21 de abril, 1908; acompanhantes esquimós, Etukishook e Alwelah, próximos ao iglu onde se vê a bandeira norte-americana. *(Arquivo da Universidade Estadual de Ohio)*

Recepção triunfal a Cook em Copenhagen, setembro de 1909; à direita, Maurice Egan, embaixador dos Estados Unidos na Dinamarca. *(Arquivo da Universidade Estadual de Ohio)*

Marie (Fidèle Hunt) Cook e as filhas Ruth e Helen.
(Arquivo da Universidade Estadual de Ohio)

Robert E. Peary a bordo do *Roosevelt*, 1909.
(Arquivo da Universidade Estadual de Ohio)

Frederick A. Cook, 1907: Verdadeiro descobridor do Pólo Norte?
(Arquivos da Universidade Estadual de Ohio)

sentindo dores fortes nos pés, subiu no trenó para continuar o trajeto, o que exploradores polares raramente faziam, a não ser que estivessem feridos.

Em dado momento, detidos por uma banquisa e diante da possibilidade de transpor uma brecha valendo-se de uma camada fina de gelo, livraram-se do peso excessivo e, com todo cuidado, calçando raquetes, caminharam e deslizaram — pés separados para melhor distribuição do peso — até chegar ao local onde o gelo era mais espesso. No meio do caminho, na tentativa de minimizar a carga, Peary abandonou uma de suas parcas no gelo. Henson, que vinha atrás, pegou o casaco. Quando chegaram a salvo do outro lado, Henson, com um sorriso, entregou a parca a Peary. "Dizem que por aqui faz frio."

Quase em estado de inanição, começaram a comer os cães, assando-os com o fogo obtido da queima de trenós quebrados. (Quando perguntado, ao retornar, a respeito do gosto da carne de cachorro, Peary respondeu: "Quem come carne de porco ou se entusiasma por iguarias como o queijo de Limburger não tem o que se queixar de carne de cachorro. Para ser mais preciso, a perna traseira de um cão que se exercitou demais é um pouco dura e, às vezes, repulsiva.")[22]

Quando restavam somente dois cães, um rebanho de boi-almiscarado surgiu no caminho deles, como se tivesse caído do céu. O grupo da expedição abateu sete, banqueteou-se e adquiriu forças para localizar o *Roosevelt*, perto da enseada de Repulse.

Embora alguns grupos encarregados das provisões ainda se achassem na calota de gelo, finalmente encontraram o caminho de volta ao navio. Não se perdeu nenhum homem, mas dos 121 cães que iniciaram a jornada, apenas 41 retornaram.

Apesar da declaração de ter atingido o ponto mais ao norte, em comparação a qualquer outro explorador na história, Peary ficou decepcionado por não ter alcançado o Pólo. As condições de viagem naquela temporada tinham sido lastimáveis: o gelo tinha começado a se desintegrar e derreter muito cedo, e tempestades incessantes provocaram atrasos, custando-lhes tempo precioso. *Um feito menor não será suficiente*, havia advertido o Departamento Naval quanto à sua tentativa de chegar ao Pólo; e, infelizmente, ele realizara algo menor. "Pensar que mais uma vez fracassei", escreveu Peary, imbuído de tristeza, no seu diário, "que jamais terei a oportunidade de vencer."[23]

Depois de voltar ao *Roosevelt*, e concedendo a si mesmo e aos demais o tempo necessário para se recuperar, Peary, sabendo que somente após algumas semanas o navio se desprenderia do gelo, pôs-se a caminho com um grupo que viajava com trenó, no sentido oeste, à margem da costa setentrional da ilha de Ellesmere, região conhecida por Grant Land. Quando chegou ao cabo, na extremidade de Ellesmere, em 24 de junho, deu-lhe o nome de Colgate, em homenagem a James Colgate, seu patrocinador abastado e membro do Clube Ártico de Peary. Desse modo, Peary desconsiderou a reivindicação anterior de Sverdrup que havia, quatro anos antes, conferido à região o nome de Lands-Lokk (o Limite da Região). Peary atravessou o estreito de Nansen — sem lhe dar outro nome — até a ilha de Axel Heiberg, que Sverdrup havia nomeado em honra a um de seus favorecedores; alegando não ter encontrado nenhum marco de outro explorador, Peary renomeou a região chamando-a Jesup Land. Três dias depois, escalou o promontório de 487 metros de altura que Sverdrup chamara de Svartevoeg, e lhe deu o nome de cabo Thomas Hubbard. Daquela posição privilegiada, Peary mais tarde alegou ter visto através de seu binóculo uma área de quase 160 quilômetros estendendo-se no sentido noroeste, pelo oceano congelado do Ártico. Ao retornar da viagem, Peary denominaria aquela "terra distante [...] acima do horizonte de gelo" Crocker Land, em honra ao banqueiro que financiara suas expedições anteriores.[24] Nesse entusiasmo de homenagear seus principais patrocinadores ao nomear — e mesmo renomear — descobertas geográficas, será que Peary pensava nas suas aventuras passadas? Ou nas futuras?

Quando o *Roosevelt* finalmente partiu, já era tarde para se fazer a viagem através do espesso gelo do Ártico, e o trajeto de volta prosseguiu em meio a tempestades ininterruptas. Qualquer outro navio haveria de se deter em razão do inverno, caso não afundasse. Mas o *Roosevelt* prosseguiu, apesar da dificuldade, chegando ao porto de Nova York no dia de Natal, em 1906, com seus flancos de ferro perfurados como se fossem latas de conserva, a imensa hélice desgastada, o leme despedaçado, a popa avariada e as bombas de emergência expelindo água sem parar.

Oficiais da Marinha que compareceram à doca seca custaram a acreditar que um navio naquelas condições tivesse conseguido realizar a viagem de volta.

Ainda no norte, quando da ponte de comando tudo parecia lúgubre, e se debatiam contra mares revoltos a bordo do navio mutilado, Peary recuperou o entusiasmo. Virou-se para o capitão Bartlett e lhe disse claramente: "Temos de levar o *Roosevelt* ao porto de origem, mestre. Estaremos de volta, mais uma vez, no próximo ano."[25]

Segunda Parte

Ao Pólo

CAPÍTULO 13

"FOME DESESPERADA"

COOK FALOU A UMA "PLATÉIA EXTASIADA" de quinhentos sócios de um clube de montanhismo de Seattle, duas semanas antes do Dia de Ação de Graças, em 1906, acerca das reportagens espetaculares publicadas em jornais, nas quais constava que, havia dois meses, ele liderara a primeira expedição ao ápice do monte McKinley.[1]

Ao retornar da recente viagem em que realizara a escalada — o pesquisador geológico Alfred Brooks, do Alasca, considerou mais importante a descoberta feita por Cook da passagem de 1.828 metros através do centro da cordilheira alasquiana do que a escalada do McKinley —, Cook empreendeu uma campanha visando pôr em prática uma segunda tentativa de chegar ao ponto mais alto da América do Norte. O projeto começou a tomar forma no início de 1906, quando lhe foi prometida a importância de 2 mil dólares, de Herschel Parker, professor de física da Universidade de Colúmbia, que desejava fazer a escalada, e 10 mil dólares do filho de um milionário fabricante de serras interessado em caça na região erma do Alasca. Cook ofereceu-lhe a oportunidade de fazer o que pretendia no território indomado ao redor do McKinley, após a escalada. Mais uma vez, a quantia que faltava foi provida pelo casal Cook e por um adiantamento da revista *Harper's Monthly*. (Segundo a estimativa de Cook, as duas expedições ao McKinley custariam 28 mil dólares.) Além de Parker, Cook contratou um topógrafo, Russell Porter, que participara de uma expedição ártica; Belmore Browne, artista e montanhista amador; o cozinheiro Samuel Beecher e dois veteranos da escalada anterior, o criador de cavalos, Fred Printz, e Walter Miller. Printz recomendou um conterrâneo de Montana, Edward Barrill, para dar assistência no que dizia respeito aos cavalos, e Cook o contratou. A expedição reuniu-se em Seattle, naquele mês de maio, e embarcou num navio rumo ao Alasca. Dessa vez, não se falou da possibilidade de Marie acompanhar o grupo. Tinha dado à luz outra filha, Helen, no ano anterior, em maio, e permaneceu em casa para cuidar dos "bebês".[2]

Mais uma vez, Cook dividiu o grupo em duas equipes — a que levava a tropa de carga e a outra, que subiria o rio numa lancha a motor apropriada a águas rápidas e rasas que faziam percursos sinuosos desde suas nascentes, abaixo da cordilheira do Alasca, até o mar. Quando todos chegaram ao ponto de encontro, a lancha foi puxada para a praia e o grupo seguiu por terra, a cavalo.

Quando chegaram a um local a 30 quilômetros de distância do McKinley, onde se depararam com penhascos bloqueando o caminho, um integrante da equipe já pensava em desistir. O professor Parker, que demonstrara ser "o mais inexperiente de todos" no campo, declarou que seria impossível escalar a montanha e expressou a vontade de encerrar a experiência e voltar.[3] Depois que montaram o acampamento, Cook fez o reconhecimento da área com vista a outras tentativas de aproximação, mas nada encontrou.

Porter permaneceu no acampamento para mapear a área, enquanto Cook retornou com os demais, na lancha. Ao atravessar uma baía com o mar agitado, a lancha — com a hélice amassada e o leme quebrado — quase submergiu. Enquanto Cook fazia o possível para manter o motor funcionando, Browne e Printz mantinham o curso utilizando um remo; quanto aos demais, nauseados, amontoavam-se sob uma lona encerada.

Em 1º de agosto, chegaram à Estação de Susitna, onde encontraram um grupo de exploradores que tinha sido forçado a ficar de pé durante dias em cima de pedras parcialmente submersas no meio de um trecho de corredeiras depois que o barco quebrou. Apesar da exaustão, Cook trabalhou durante horas para atender aos feridos, inclusive um homem que por pouco não se afogara e que chegara quase morto ao acampamento.

Parker, que mais tarde reconheceu o "esforço heróico" de Cook ao salvar o barco do grupo, em breve estava a caminho de casa, num vapor em trânsito.[4] Outros também se dispersaram; Browne, Miller, Printz e Beecher saíram juntos para caçar animais de grande porte que seriam expostos em museus. Quando chegou um telegrama com a notícia de que o filho do milionário não iria participar da caçada, Cook decidiu fazer o caminho de volta, em direção ao McKinley, visando à grande geleira que descobrira na última expedição e à qual dera o nome de sua enteada, Ruth. Seu companheiro era Barrill, decidido e eficiente, o tipo de homem que fazia lembrar um urso e cuja altura ultrapassava 1,80m.

Dois meses depois, em Seattle, ao comentar pela primeira vez em público como o McKinley fora escalado, Cook recorreu a Browne e a Porter. O artista e o topógrafo forneceram descrições pitorescas da trilha árdua que conduzia à base da montanha isolada — "aquele dia em que tivemos que atravessar o rio a nado 16 vezes" —, e em seguida apresentaram o líder da expedição para narrar o resto da história.[5]

Diante da aclamação digna de um herói, Cook veio ao palanque. Quando o aplauso arrefeceu, ele explicou que, se por um lado, o montanhismo era para ele um novo *hobby*, por outro tinha uma relação estreita com a exploração polar. Enfrentar ventos gélidos, a dificuldade de levar comida suficiente, a luta pela sobrevivência, estar distante de assistência ou resgate, viajar sobre gelo e neve através de caminhos inexplorados e presenciar os piores acessos de mau humor da Mãe Natureza — todos esses obstáculos formidáveis faziam parte das duas atividades.

Quando ele e Barrill deixaram o barco e prosseguiram a pé, esclareceu Cook, cada um deles carregava uma mochila pesando 22 quilos. Tinham comida para duas semanas, um fogareiro a álcool, combustível, uma barraca de seda, sacos de dormir, uma corda de crina e machadas para quebrar gelo. Também levavam três barômetros metálicos, dois termômetros, uma bússula, um relógio, uma câmera fotográfica e seis rolos de filme. Não tinham a intenção de tentar escalar a montanha mais alta da América do Norte, admitiu Cook; naquela temporada, não seria possível. Na verdade, ele e Barrill saíram em busca de uma passagem e uma possível linha de ataque ao topo que oferecesse alguma chance de sucesso no ano seguinte.

Depois de passarem pela geleira Ruth, dirigiram-se ao acesso leste da montanha. Antes, determinado caminho lhes parecera inviável porque, segundo perceberam, acabava no topo de um espinhaço estreito como a lâmina de uma faca; mas, de outro ponto, tornou-se evidente que havia entre "sete e 14 metros de espaço plano no cume". Depois de dois dias escalando o espinhaço do glaciar — unidos por uma corda de segurança em torno da cintura, sem perder tempo com "revezamento" ou "idas-e-vindas",[6] técnicas indispensáveis a grupos mais numerosos de escaladores —, os montanhistas partiram diretamente para o topo daquele "grande pico nevado".[7] Construíram um iglu para se protegerem do vento e dormiram bem; de manhã recomeçaram, sentindo-se renovados. Depois disso, Cook contou à platéia, toda a má sorte dos meses passados mudou para melhor, pois eles continuaram a encontrar trilhas sucessivas que os conduziram ainda mais para cima.

Cook disse que ultrapassaram 3.600 metros, e prosseguiram; aos 4 mil metros, tentaram em vão encontrar uma superfície plana onde pudessem acampar, e afinal desistiram. Depois de cavarem um platô numa escarpa quase vertical, sentaram-se lado a lado. Nessa posição restrita passaram a noite, cada um evitando que o outro adormecesse e escorregasse montanha abaixo.

Na manhã seguinte, o frio era tão intenso que eles saíram cedo, antes de preparar o desjejum, disse Cook à multidão de silenciosos montanhistas. Durante algumas horas cavaram degraus na montanha até chegarem a uma área estreita e nivelada. Acamparam, serviram-se de porções duplas de fiambre, acenderam o fogareiro, derreteram gelo e prepararam xícaras de chá que, na opinião de Cook, de todas as bebidas que ele provara na vida, tinha o melhor sabor. Aquela pausa foi um "momento alegre" para os dois montanhistas exaustos que já haviam decidido tentar chegar ao cume.

No dia seguinte, continuaram a cavar degraus, um acima do outro, visando a um espinhaço situado entre os dois picos da montanha. Naquela noite atingiram o ponto almejado: 5.500 metros, disse Cook; foi onde passaram a noite mais fria daquelas duas temporadas de montanhismo. O termômetro indicava 18 graus negativos, mas, àquela altitude e sob a ação do vento que era "quase um furacão", Cook avaliou que equivalia a 70 graus abaixo de zero. Não conseguiam dormir em virtude do vento implacável e passaram a noite conversando, batendo o queixo e com a voz trêmula, cercados pelo rugir de avalanchas que ao descer o McKinley sacudiam o solo. Quando uma perna ou um braço ficava amortecido, eles se chutavam ou se davam socos até que a circulação voltasse. De manhã cedo, mal podiam se mover e começaram a pular, bater os pés e agitar os braços para recuperar a circulação.

Foi naquele dia, 16 de setembro de 1906, pouco antes do meio-dia, disse Cook, que chegaram ao cume. Acima deles, o céu era "negro como se fosse meia-noite", e a visibilidade ilimitada; a 320 quilômetros avistavam vulcões fumegantes e, 80 quilômetros adiante, a orla do Pacífico.[8]

Cook contou aos presentes que durante os vinte minutos que permaneceram no topo, registraram o feito. Entretanto, como não havia "uma pedra [...] nada para se erigir um marco", restou-lhes deixar um bilhete numa caixa apoiada num rochedo, antes de retornarem.

Naquele dia, no diário de Cook, a anotação a lápis, cuja escrita se tornava mais rabiscada e ilegível à medida que altitudes mais elevadas eram registradas, lia-se:

> Domingo, 16 de setembro O Cume
> Exaustos — quase congelados, sem condições de apreciar a paisagem
> A escarpa, a neve, o vento, nuvens que vêm do Pacífico a corrente do
> Japão provoca nuvens árticas, que se encontram e flutuam
> nordeste. 400 quilômetros.
> 80 mil quilômetros
> Fogareiro a álcool ineficiente.
> A mão trêmula 20 minutos cápsula com data etc. bandeira e nomes
> Nuvens produzem efeitos peculiares. Miragens não ocorrem mais.[9]

EM 15 DE DEZEMBRO DE 1906, Peary e Cook sentaram-se à mesa principal do jantar anual da Sociedade Nacional Geográfica, em Washington. Entre os quatrocentos convidados ao evento formal havia membros do governo e do Congresso, senadores, embaixadores, líderes militares e capitães da indústria.

Indicado a ser o primeiro a falar, Cook foi apresentado pelo inventor Alexander Graham Bell, segundo presidente e sogro do novo líder da sociedade, Gilbert H. Grosvenor. "Pediram-me que dissesse algumas palavras a respeito de um homem cujo nome deve ser conhecido, ao menos, por todos nós — Dr. Frederick A. Cook", disse Bell, que fora professor de surdos em Boston antes de patentear o telefone e fundar a Companhia Telefônica Bell, trinta anos antes. "Tivemos conosco, e nos sentimos felizes de receber, o comandante Peary das regiões árticas, mas o Dr. Cook é um dos poucos norte-americanos, se não o único norte-americano, que explorou os dois extremos do mundo, o Ártico e a Antártida. E agora esteve no topo do continente, e por conseguinte, no topo do mundo; espero que hoje à noite o Dr. Cook nos fale do monte McKinley."[10]

No palanque, em vez de começar a falar sobre suas próprias realizações, Cook mencionou "a esplêndida conquista" de Peary, que levou "a natureza humana ao limite máximo da resistência, com a única motivação altruísta de conduzir a honra e a bandeira de seu país ao ponto mais distante do norte".[11]

A respeito da expedição ao McKinley, Cook disse que o sucesso alcançado pela equipe devia-se "principalmente ao uso de equipamento de trabalho dos exploradores polares".

Quando se ouviu o ruído da porta do salão de festa se abrindo, todos se voltaram para olhar. O presidente Roosevelt entrou rapidamente e logo ocupou um lugar vago na mesa principal.

Cook afastou-se quando o presidente foi anunciado, e em seguida parecia relutante em tomar o tempo para falar sobre sua expedição; de fato, o único prêmio daquela noite seria conferido a Peary. Cook prometeu à platéia que contaria a história sobre o McKinley em outra ocasião, e voltou ao seu lugar.

Roosevelt fez um breve discurso congratulando Peary que "ano após ano" dispôs-se a "enfrentar perigos e superar os maiores riscos".[12] E continuou: "Vossa Senhoria realizou um feito grandioso, um feito que vale por toda a humanidade, um feito que demonstrou a confiança depositada em vós e no vosso país; e em nome dos presentes, e de todos os vossos compatriotas, tenho o prazer de vos entregar a medalha Hubbard, e vos oferecer as boas-vindas."

A grande medalha de ouro que Roosevelt deu a Peary recebera o nome do falecido fundador da sociedade, Gardiner Greene Hubbard. Na inscrição lia-se: "Concedido pela Sociedade Nacional Geográfica a Robert E. Peary, Por Explorações Árticas, Ponto Mais Distante ao Norte 87°6', 15 de dezembro de 1906."

Eram sólidas as relações de Peary com a Sociedade, da qual era antigo membro. O número inaugural da *National Geographic* de outubro de 1888, trazia um artigo, "Percorrendo a Nicarágua com Passagens e Facão", escrito por um jovem engenheiro naval chamado Robert E. Peary. Sete anos depois, quando Josephine solicitava contribuições para financiar a operação de resgate de 1895 a fim de trazer o marido de volta, a sociedade promoveu uma palestra remunerada para levantar fundos. Naquele mesmo ano a sociedade concedeu um auxílio no valor de mil dólares para custear a investida seguinte de Peary ao Pólo Norte.

No discurso de agradecimento, Peary referiu-se à sociedade, em nome do Clube Ártico de Peary e seu presidente, Morris K. Jesup. Agradeceu a Roosevelt por seu "constante interesse".[13] O verdadeiro explorador, prosseguiu Peary, "não trabalha esperando receber prêmios ou honrarias, mas porque aquilo que se dispôs a realizar faz parte do seu ser, e precisa se concretizar pelo que representa. O explorador releva privações, riscos, obstáculos que tentam impedi-lo de chegar ao objetivo.

"Para mim, a solução definitiva e completa do mistério polar, que envolveu os melhores projetos e o interesse de alguns dos homens mais ilustres das nações mais poderosas e esclarecidas do mundo, por mais de três séculos, e que hoje acelera a pulsação de cada homem e cada mulher, é aquilo que deve ser feito pela honra e pelo mérito deste país, aquilo que a mim cabe realizar e que devo realizar."

PELA CONQUISTA DO MONTE MCKINLEY, Cook, em pessoa, recebeu muitas honrarias. Seu relato descritivo da chegada ao pico foi aceito pelos montanhistas e outros especialistas de todo o mundo. No mesmo mês em que Peary foi homenageado pela Sociedade Nacional Geográfica, o Clube dos Exploradores elegeu Cook para presidente — sucedendo o conhecido explorador general Adolphus Greely — e o convidou a fazer uma apresentação no jantar anual do clube. Cook dirigiu uma palestra ilustrada à Associação de Geógrafos Norte-americanos e recebeu homenagens durante o jantar anual do Clube Alpino Norte-americano.

Acomodando-se à rotina da vida, Cook logo se sentiu "confinado", "ansioso e irritado" por se sentir preso à situação. Embora gostasse de Marie, das meninas, da casa alegre, cheia de lembranças de suas viagens, e da clínica — isso tudo reunido não lhe bastava.[14] Sem planos para uma próxima exploração, manteve-se ocupado com o atendimento a um contínuo fluxo de pacientes, concluiu o artigo que prometera à *Harper's Monthly*, e trabalhou num livro sobre suas expedições ao McKinley.

Em março de 1907, um sócio abastado do Clube dos Exploradores fez uma proposta a Cook que mudaria sua vida. John R. Bradley e seu irmão possuíam um dos cassinos mais exclusivos do mundo: o Beach Club, em Palm Beach. Conhecido pelo apelido de Gambler Jim,* Bradley, tinha sido, aos vinte anos, exímio crupiê de um famoso cassino de Nova Orleans. Ele e o irmão, Edward, decidiram ter seu próprio cassino, no Texas, antes de se transferirem para a Flórida. À medida que a fortuna aumentava e seu irmão se divertia com as corridas de cavalo, esporte preferido pelos homens de bem — seu estábulo ganhou quatro Kentucky Derbies —, Bradley interessou-se por outro passatempo que estava na moda entre cavalheiros: caçar animais selvagens em locais exóticos. Fizera caçadas na maioria das regiões do mundo, e ao retornar de um safári na Ásia, no mesmo mês em que Cook regressou do monte McKinley, Bradley começou a pensar seriamente em sair à cata de seus primeiros troféus no Ártico.

Cook aceitou prontamente a oferta de Bradley de financiar uma excursão ao Ártico que seria organizada e liderada por Cook. A seu ver, seria uma chance de dar continuidade aos estudos etnológicos sobre os esquimós. "Ele pretendia fotografar esquimós", disse Bradley mais tarde, "e eu queria atirar em leões-marinhos e ursos polares."[15]

* Isto é, Jogador Jim. [N. da T.]

Cook se dirigiu ao porto pesqueiro de Gloucester, em Massachusetts, para procurar o navio certo para a viagem. Acabou comprando, com o dinheiro de Bradley, uma escuna de casco de madeira, pesando 110 toneladas. Certas modificações eram necessárias para que a embarcação operasse em águas repletas de gelo: revestimento da proa e popa com placas de aço; reforço do casco com uma camada de 10 centímetros de carvalho; adição de motor sobressalente, movido a gasolina; reforma do interior para se obter melhores acomodações. Quando a escuna saiu da doca seca, foi batizada *John R. Bradley.* Embora, segundo os planos, o cruzeiro devesse durar somente uma estação, provisões suficientes para dois anos foram embarcadas, na eventualidade de o navio ficar preso em algum bloco de gelo.

Naquele mês de maio, a *Harper's Monthly* publicou o artigo de Cook, de 16 páginas, intitulado "A Conquista do Monte McKinley", com desenhos e fotos. A última foto estampava, a distância, um homem no alto de um pico, segurando uma bandeira norte-americana. A legenda dizia: "A Bandeira no Topo do Monte McKinley, 6.187 Metros Acima do Nível do Mar."[16] Quase no final do artigo, Cook sintetizou seus pensamentos:

> [...] Haverei sempre de me lembrar, através de um foco mental que se torne mais preciso com o passar do tempo, da amizade de meu companheiro, Edward Barrille [*sic*], o estranho céu escuro, o brilho deslumbrante dos blocos de granito altos como edifícios, o tom neutro, azul-acinzentado, do espaço, o azul-escuro congelado das sombras e, acima de tudo, as últimas fotos que tirei de Barrille com a bandeira amarrada à sua machada, quando uma corrente de ar do ártico congelou a imagem num relevo que palavras não podem descrever.

Em junho, um mês antes de embarcarem, Cook e Bradley encontraram-se para almoçar na Holland House, em Manhattan. Ambos estavam animados em vista da viagem ao Ártico, embora, sem dúvida, por razões diferentes.

— Por que não tentar alcançar o Pólo? — disse Cook sem pensar.[17]

Bradley, que não fazia segredo de seu desejo de se incluir entre os melhores caçadores de animais de grande porte, não se surpreendia por pouco. Bem vestido num terno de três peças, tinha o olhar atento de um jogador, sempre calculando o que a pessoa do outro lado da mesa pretendia fazer. Considerou Cook "experiente e desembaraçado [...] cheio de coragem", e era por isso que lhe entregara o comando. Ao mesmo tempo, os dois homens tinham estilos de vida e objetivos muito diferentes. Com facilidade, Bradley trocaria o Pólo por um cavalo, uma arma e um cachorro.

— Eu não — disse Bradley, com os olhos em Cook. — Gostaria de tentar?

— É o que eu mais gostaria de fazer. É a minha ambição na vida.

Mesmo enquanto Cook perseguia suas ambições em outras partes do mundo — ao contrário de Peary, que por muito tempo permanecera no norte —, percebia que seus pensamentos, cada vez mais, voltavam-se ao Ártico. Caso se encontrasse na posição de empreender uma tentativa de chegar ao Pólo, Cook pretendia agir de modo diferente — em termos de equipamento, táticas, caminho — do que, conforme ele presenciara, Peary e outros fizeram. Seria a sombra de Peary, "proprietário" de tudo que se referia ao Ártico que impulsionava aquele Cook independente e liberal? Peary anunciara os planos de partir em julho de 1907, para a derradeira tentativa de chegar ao Pólo. Então, para Cook, era um assunto de competição ou ambição pessoal? Nem mesmo Cook tinha certeza, mas sabia que sentia uma "fome desesperada" que precisava satisfazer.[18] Mais tarde tentaria justificar sua motivação: "A conquista do Pólo Norte significava naquela época, simplesmente, a realização de um feito esplêndido, sem precedente — um feito de cérebro e músculos segundo o qual eu poderia, se fosse bem-sucedido, superar outros homens. [...] Chegar lá significaria, eu sabia muito bem, uma exultação inigualável."[19]

Bradley perguntou quais seriam os custos adicionais para se equipar a expedição no caso de uma possível tentativa de se chegar ao Pólo. Cook fez um orçamento de 8 mil ou 10 mil dólares e acrescentou que gostaria de contribuir com alguns de seus próprios recursos.

Não havia garantia de que tal empreendimento fosse viável, advertiu Cook. Uma vez na Groenlândia setentrional, precisaria considerar várias possibilidades, incluindo clima, condições do gelo e a disponibilidade de esquimós e cães treinados. Cook reiterou que a caçada poderia ocorrer de qualquer modo. Portanto, se ele decidisse não tentar chegar ao Pólo, "voltaria discretamente", com Bradley, evitando assim qualquer publicidade em torno do projeto frustrado.

Bradley concordou com o plano; a caçada estava garantida, e ele admirava a vontade de Cook de se arriscar.

— Vamos providenciar essa expedição ao Pólo — disse Bradley —, mas não fale do assunto com ninguém.

Cook ficou bastante ocupado com os preparativos finais. A velocidade com que organizou a viagem foi inédita; no início, sem recursos nem navio e, quatro meses depois, pronto para partir. Além disso, organizou uma expedição polar em apenas *um mês*. De dia, encomendava provisões, e à noite debruçava-se em gráficos, definindo o trajeto e fazendo planos.

Depois que as meninas iam dormir, Marie, freqüentemente, sentava-se ao seu lado; tomavam chá enquanto examinavam mapas e conversavam. De início, não aprovou o afastamento do marido pois fazia pouco tempo que a expedição ao McKinley se realizara, e esperava que ele ficasse em casa pelo menos por um ano; mas, afinal, concordou que aquela era uma oportunidade que não se podia desprezar.

Ele explicou-lhe que a melhor chance para uma investida bem-sucedida ao Pólo baseava-se em deixar de lado os métodos malsucedidos de expedições anteriores. Pretendia deslocar-se rapidamente com um grupo pequeno, fazendo-se acompanhar por um número reduzido de esquimós e trenós. A princípio, Marie ficou preocupada. Não haveria mais segurança se o número fosse maior? Não. No Ártico, um número maior significava mais bocas a alimentar, o que envolvia carregar e armazenar suprimentos, dos quais poderiam ficar isolados e passar por situações arriscadas, como acontecera a Peary em 1906. Além disso, Cook decidira tomar um caminho completamente diferente para o Pólo, caminho que ele descobrira depois de estudar o livro de Otto Sverdrup, *Terra Nova*, que incluía os resultados dos vários anos que o norueguês passara trabalhando para mapear áreas inexploradas no Ártico. Sverdrup descreveu uma região promissora que continha bastante caça — com a qual se podia aumentar o estoque de provisões da expedição — e oferecia informações específicas e úteis sobre as condições do gelo. No entendimento de Cook, o novo percurso prometia "imunidade quanto aos graves efeitos de certas [...]correntes", significando que o gelo flutuaria mais lentamente e seria mais liso, facilitando o trajeto.[20]

Cook e Marie estavam de acordo que ela e as meninas viajariam com ele até Nova Escócia, onde passariam o verão em Baddeck, na ilha do cabo Breton, aguardando o retorno de Bradley, no outono. Estivesse ele a bordo ou tivesse permanecido no norte para se encaminhar ao Pólo, ela e as filhas voltariam para casa naquela ocasião.

Uma das últimas providências de Cook foi entregar o manuscrito completo de seu livro sobre o McKinley, *Ao Topo do Continente*, e fotos, à Doubleday, Page & Company, a editora que o contratara para narrar o relato de suas duas expedições ao monte.

No crepúsculo de 3 de julho de 1907, o *John R. Bradley* afastou-se do píer em Gloucester e direcionou a proa para o mar. Nenhum cerimonial fora programado para a ocasião, nenhum político ou repórter encontrava-se a bordo, não se ouviu nenhum apito de navio ou tiro de canhão. Pelo que se sabia, o pequeno navio levava o rico proprietário à Groenlândia para trazer troféus de caça para decorar as paredes da casa.

TRÊS MESES DEPOIS, uma carta foi expedida de Nova Escócia por John Bradley, no caminho de volta da caçada no Ártico na escuna que recebeu seu nome. A carta foi endereçada a Herbert Bridgman, secretário do Clube Ártico de Peary, e datada de 26 de agosto de 1907, de Etah, no norte da Groenlândia. Tratava-se, aparentemente, de um gesto respeitoso que dizia:

> Encontrei um novo caminho para o Pólo Norte e permanecerei na região a fim de percorrê-lo. Atravessar a baía de Buchana e a Terra de Ellesmere e, ao norte, o estreito de Nansen pelo oceano Polar, parece-me um bom trajeto. Haverá caça até 82°, e aqui se encontram nativos e cães dispostos ao trabalho. Então, vamos ao Pólo. [...]
>
> *Atenciosamente,*
> *Frederick Cook*[21]

CAPÍTULO 14

"Desta Vez Vencerei"

Outra vez, por determinação do presidente Roosevelt, Peary recebeu três anos de licença remunerada a partir de abril de 1907. E, novamente, as ordens do Departamento Naval foram explícitas: "para se encarregar de expedição ao Pólo".[1] Numa carta a Roosevelt, agradecendo-lhe o apoio continuado, Peary, que tinha certeza de que a expedição seguinte seria sua "última tentativa", escreveu: "Desta vez vencerei, e acredito que este é o trabalho para o qual o Altíssimo me designou."[2]

Peary também recebeu ajuda, mas de natureza menos construtiva: "uma enxurrada de cartas excêntricas" de pessoas "contribuindo com inúmeras invenções e os mais variados métodos" que, "sem dúvida, haveriam de assegurar a descoberta do Pólo".[3] Um indivíduo pretendia vender-lhe uma serraria portátil para ser montada no oceano Polar, através da qual se tornaria viável a preparação de madeira para a construção de um túnel por cima do gelo, até o Pólo. Outra proposta envolvia estabelecer uma central de sopa, e dispor tubos por cima do solo gelado com o objetivo de revigorar o grupo explorador com sopa quente. A "pérola de toda a coleção", no entanto, foi um inventor que sugeriu transformar o explorador numa bala de canhão. Embora o homem tivesse omitido vários detalhes, por receio de que sua invenção fosse roubada, alegou que, em determinado momento, a equipe haveria de apontar o canhão na direção certa e atirar Peary no Pólo. Não constava explicação de como Peary aterrissaria ou do modo que haveria de retornar.

Outros métodos de se chegar ao Pólo, sugeridos a Peary, incluíam "veículos motorizados, com a garantia de rodar em qualquer superfície gelada", "aparelhos voadores" e um "barco submarino", embora Peary tenha observado que não se explicava "de que maneira voltaríamos à superfície, através da camada de gelo, depois de termos viajado até o Pólo por baixo do gelo". Essas propostas o impressionaram, por refletirem "uma corrente contemporânea de idéias criativas". De fato, algumas idéias se mostravam mais à frente do seu tempo do que propriamente excêntricas.

Apesar dos contratos terem previsto a conclusão dos reparos do *Roosevelt*, por volta de 1º de julho de 1907, ao custo de 75 mil dólares, o trabalho de substituição das caldeiras se arrastou, levando Peary a adiar a partida para o verão seguinte. Um golpe arrasador, para Peary, que tinha completado 51 anos de idade e teria um ano a mais antes de partir. Já admitia que a cada ano havia uma "perda do entusiasmo, da flexibilidade, energia e vitalidade inesgotáveis da juventude, que esse trabalho exige".[4]

Peary considerou sua inabilidade de chegar ao Pólo na viagem anterior "a maior decepção que tive na vida".[5] Homens, cães e suprimentos tinham atingido o limite, explicava ele, acrescentando tristemente: "Diante de mim via-se uma extensão de gelo — 320 quilômetros até o Pólo. Mais dez dias e teríamos conseguido."

Peary sabia da importância de uma história de sucesso. Seu livro *Mais Perto do Pólo*, a respeito da viagem que o levou mais ao longe, no sentido norte, fracassou; apenas 2.230 cópias vendidas em 1907, quantia insuficiente para cobrir os 5 mil dólares adiantados que recebera da editora Doubleday, Page & Company. Ao que parecia, o público leitor que normalmente devorava histórias sobre aventuras no Ártico já estava farto de *o mais distante* e *o mais próximo*.

Naquele outono, Peary recebeu a visita de Vilhjalmur Stefansson, um antropólogo nascido no Canadá e residente na Islândia, que acabara de chegar de sua primeira expedição (liderada pelo explorador dinamarquês Ejnar Mikkelsen), cujo objetivo era encontrar um continente misterioso, supostamente localizado ao norte do Alasca. Depois que o navio afundou e se puseram a caminhar, levando os trenós, não se afastaram muito, chegando apenas a 1,5 quilômetro ao norte de Yukon, de onde voltaram. Stefansson relatou a Peary o que ouvira dos habitantes do Alasca, que se sentiam ultrajados porque um forasteiro estivera na região e alegara ter escalado a montanha *deles*; dizia-se que Cook não tinha chegado ao topo. Peary ignorou o relato, julgando-o um boato malicioso e disse a Stefansson que conhecia Cook muito bem e o considerava um "homem honrado".[6]

Não demorou muito e Peary levou a sério o que ficou sabendo sobre Cook: a notícia perturbadora de que o médico que lhe prestara assistência em expedições passadas encontrava-se no ponto de onde iniciaria o percurso visando o Pólo, antes mesmo que o *Roosevelt* saísse do estaleiro.

Quando John Bradley apareceu em Nova Escócia, ao final da caçada, o jogador extravagante concedeu entrevistas a repórteres de jornais sobre os planos ambiciosos de Cook, que resultaram em manchetes de primeira página em todo o país, semelhantes à do *Boston Herald* em 2 de outubro de 1907:

CORRIDA AO PÓLO
PLANO DE DR. F. A. COOK
É ANTECIPAR PEARY

Cook Atracou em Etah levando
Provisões, e na Primavera
Empreenderá Viagem que
Frustrou Muitos
Exploradores do Mundo

Dois dias depois, o *New York Times*, citando Bradley, que afirmara que a expedição de Cook "contava com provisões para dois anos, além de estar equipada com cães e trenós", divulgou um editorial onde se lia, em parte: "O fato de que Cook está à frente de Peary não tem muita importância. Peary participará da corrida [...] Devemos nos voltar a homens desse tipo [...] se desejarmos adquirir quaisquer conhecimentos adicionais sobre a geografia do Extremo Norte. O Dr. Cook conhece o trabalho que faz, e começou da maneira certa."

Mesmo o jornal da cidade de origem de Peary, o *Portland (Maine) Press*, que sempre demonstrara entusiasmo por suas façanhas, comentou: "Peary ficará decepcionado se chegar ao Pólo e descobrir que Cook esteve lá antes dele."

Os membros do Clube Ártico de Peary ficaram atônitos diante do projeto de Cook em relação ao Pólo, depois de todo tempo, esforço e dinheiro despendido para apoiar Peary. A diretoria realizou uma reunião de emergência, com a presença de Peary. Antes, Cook fora considerado amigo e companheiro ártico; afinal de contas, o clube recrutara-o para liderar o resgate de Peary, em 1901. Mas, agora, Cook era visto de um ponto de vista completamente diferente: um rival e um concorrente ao prêmio valioso almejado pelo próprio candidato do clube. Em conseqüência da reunião, uma carta foi enviada ao Centro Internacional de Pesquisa Polar, em Bruxelas, na Bélgica, na qual constavam queixas a respeito das táticas de Cook, assim como acusações de que ele era um rebelde que, sem autorização, intrometeu-se na esfera de influência de Peary, e por conseguinte suas realizações futuras não deveriam ser oficialmente reconhecidas. A carta foi assinada por Peary.

Peary irritou-se diante do que considerava uma violação à etiqueta polar, ao saber que Cook tinha seguido "secretamente" para o norte até Etah, conforme escreveu numa carta para o *New York Times*, "local que tem sido o meu ponto de encontro durante anos", onde Cook se "apropriaria" dos serviços dos esquimós e cães que adquiriram experiência "através de minha liderança e orientação", serviços dos quais Peary pretendera se utilizar na sua própria expedição ao Pólo.[7] Tudo isso era, segundo Peary, um empenho consciente e antiético de "me interceptar [...] do qual nenhum homem dotado de senso de honra seria culpado". De repente, Peary não mais considerava Cook tão honrado.

Mais notícias ruins chegaram logo depois das comemorações de fim de ano, que Peary gostaria de ter passado no navio, sobre a calota de gelo do Ártico. Em 22 de janeiro de 1908, Morris Jesup, que jamais freqüentara a universidade, mas enriquecera através dos setores bancário e manufatureiro e fazia generosas contribuições a muitas instituições de caridade, morreu na cidade de Nova York, aos 78 anos.

Na opinião de Peary, a perda do patrocinador mais generoso — "um forte apoio, do ponto de vista financeiro" e o sustentáculo do Clube Ártico de Peary — era incalculável.[8] Parecia "uma derrota paralisante", e ele tinha razão de suspeitar que seria impossível conseguir o financiamento para uma nova expedição. O trabalho no estaleiro tinha esgotado os recursos financeiros do clube, e mais verba era necessária para a aquisição de equipamento e provisões.

As reportagens a respeito dos planos audaciosos de Cook pressionaram Peary ainda mais para que obtivesse mais recursos financeiros que possibilitassem a viagem do *Roosevelt* no verão seguinte, a não ser que a corrida terminasse antes que ele pusesse o pé no terreno. O país achava-se atolado noutra crise financeira, e Peary, chapéu na mão, a quem quer que se dirigisse, "só encontrava pobres". Quando a situação se tornou mais crítica para ele, o vento começou a mudar.

Uma doação inesperada de 5 mil dólares foi feita pela viúva de Jesup. Peary considerou a contribuição "magnânima", não apenas pela necessidade premente de recursos, mas também porque a quantia foi doada "em meio à sua [...] tristeza". (Embora Jesup tenha deixado um milhão de dólares para o Museu Americano de História Natural, não havia qualquer indicação de recursos para financiar o trabalho de Peary na sua herança de 13 milhões de dólares.)*

Mais adiante, Peary sentiu-se aliviado diante da boa vontade de Thomas Hubbard, advogado nova-iorquino, rico e poderoso, eleito presidente do Clube Ártico de Peary, assumindo as atribuições revogadas

---

* No entanto, a família Peary se beneficiou mais uma vez da generosidade dos Jesup. Em fevereiro de 1910, Josephine, que durante anos tentara vender os três meteoritos, Cão, Mulher e Barraca, ao Museu de História Natural, recebeu um cheque de 40 mil dólares da Sra. Morris Jesup, que por sua vez doou os meteoritos ao museu, onde ainda se encontram em exposição. Josephine, que afirmara que seu marido lhe dera os meteoritos para que ela os vendesse para angariar fundos para a educação dos dois filhos do casal, recebeu o equivalente a 750 mil dólares em valores atuais. [N. do A.]

por Jesup na qualidade de principal angariador de fundos. Ao tomar posse, Hubbard fez uma grande doação à viagem em vista, atitude que foi multiplicada várias vezes pela velha-guarda do clube, e a maioria, como Hubbard, já havia contribuído muito para que se fizessem os reparos no *Roosevelt.*

O dinheiro agora surgia de fontes imprevistas: Zenas Crane, fabricante de papel, sediado em Massachusetts, escreveu pedindo a Peary que o visitasse. Ele o fez, e voltou com um cheque de 10 mil dólares, não solicitado, e a promessa de que mais seria doado, caso necessário. Crane aceitou a vice-presidência do clube.

De certo modo, tudo se concretizava para a partida no verão de 1908 — um acontecimento, Peary já sentia, "grande demais para fracassar". Assim que as novas contribuições chegaram, foram feitas as encomendas de mais equipamento e provisões.*

O projeto de Peary visando a sua última tentativa ao Pólo era semelhante àquele de 1906, apesar de apresentar alterações quanto a alguns elementos que não funcionaram. O trajeto seria idêntico — por ele rotulado "Rota Norte-americana ao Pólo" —, ao norte do estreito de Belle Isle, entrando pelo estreito de Davis, através da baía de Baffin, do estreito de Smith e da bacia de Kane.[9] Segundo sua avaliação, esse era "o melhor de todos os trajetos para uma investida determinada e agressiva ao Pólo", relacionando, entre as vantagens, o estabelecimento de uma base (em Grant Land, na extremidade norte da ilha de Ellesmere) a 100 metros do Pólo, isto é, mais próximo do Pólo do que qualquer outro ponto na periferia do oceano Ártico, bem como um longo trecho da costa norte da Groenlândia, pelo qual seria possível retornar. Peary sentiu-se aliviado ao saber do novo caminho planejado por Cook, com base no mapeamento de Sverdrup. Peary rejeitou-o sumariamente, tão convencido estava de que seu caminho era o mais prático para se chegar ao Pólo.

Como acontecera antes, Peary pretendia que o *Roosevelt* passasse o inverno no litoral norte de Grant Land, e a viagem de trenó teria início

* As compras de Peary para sua nova expedição incluíam 7.200kg de farinha, 450kg de café, 360kg de chá, 4.500kg de açúcar, 1.500 litros de querosene, 3.200kg de *bacon*, 4.500kg de bolachas, 13.600kg de fiambre, 1.360kg de peixe desidratado, 450kg de fumo e 100 caixotes de leite condensado. [N. do A.]

em fevereiro. Dessa vez haveria de se distanciar mais no sentido oeste, até cabo Colúmbia, antes de se voltar para o norte — um esforço para compensar o deslocamento da massa de gelo que, da última vez, afastou-o para o leste. Uma diferença seria "o grupamento mais compacto das minhas divisões de trenós a caminho", para prevenir a separação de trenós e provisões "conforme ocorreu na última expedição". Além disso, Peary localizou seu acampamento principal ao norte de Big Lead, determinando o ponto de partida para se lançar ao Pólo 160 quilômetros, aproximadamente, mais ao norte do que o anterior. Dessa vez, antecipando o deslocamento do gelo, Peary planejou retornar ao navio pelo litoral norte da Groenlândia, onde uma das suas equipes de apoio assentaria um depósito de provisões.

Para completar as fileiras de sua expedição, Peary fizera uma seleção criteriosa de voluntários, pois acreditava que "naqueles espaços gelados" um homem se vê "cara a cara com si mesmo e com seus companheiros; se ele é um homem, o homem aflora; e se ele é um patife, o patife logo aparece".[10]

Matthew Henson, "meu auxiliar negro", de novo estaria ao lado de Peary, devido à "sua adaptabilidade e aptidão ao trabalho" e "sua lealdade". Ele considerava que Henson sabia conduzir um trenó melhor do que "qualquer homem, com exceção dos melhores caçadores esquimós". Também precisava de Henson por causa da sua facilidade com o idioma esquimó — apesar dos anos que se passaram, Peary falava poucas palavras — e para atuar como intermediário quando houvesse qualquer "tarefa desagradável" a cumprir, envolvendo nativos, como demitir um caçador ou "desembarcar os indesejáveis".[11] A despeito do valor inestimável de Henson, e do fato de ele ter percorrido a mesma distância em direção ao norte ao lado de Peary, este não se empenhou para que a Sociedade Nacional Geográfica ou qualquer outra organização que o homenageou por ter chegado ao ponto mais distante ao norte reconhecesse o leal companheiro.

Aos quarenta anos, e após experiências como operário, cabineiro de trem e empregado em outras funções nas quais encontrou pouca satisfação, Henson faria a sétima expedição ártica. O casamento de 1891, abalado pelas longas ausências, terminara em 1897, quando sua esposa, Eva, obteve o divórcio. Em 1902, na Groenlândia, Henson desenvolveu uma relação íntima com Akatingwah, jovem irritadiça e independente, que por vontade da família casou-se com o caçador, Kitdlaq, contratado várias vezes por Peary. Os dois nativos integravam a tribo Moriussaq (ao sul de Etah), que possuía cerca de duzentos membros. Henson era reverenciado pelos esquimós da Groenlândia setentrional, que lhe deram o nome de Mahri-Pahluk ("Matthew, o Bondoso"), e ocupava posição de destaque na tribo. Segundo o costume, era permitido à mulher casada coabitar com outros homens da tribo, e, em vista de todo o tempo que Henson conviveu com os nativos, era considerado mais que um simples forasteiro. No verão de 1906, Akatingwah, que havia convivido com Henson desde seu retorno no outono anterior, deu à luz, a bordo do *Roosevelt*, um bebê de pele escura e cabelos crespos, traços genéticos não encontrados entre os esquimós. Ninguém teve dúvidas a respeito da linhagem do menino chamado Anaukaq.*

Outros veteranos da expedição de 1905-06 eram: "o primeiro e o mais importante de todos", Robert Bartlett, atuando mais uma vez como capitão do *Roosevelt*; e Ross Marvin, engenheiro civil formado pela Universidade de Cornell e membro do corpo docente da universidade, que atuava mais uma vez como assistente de Peary e responsável por sua correspondência. Os recém-chegados à expedição eram: Dr. John W. Goodsell, médico da Pensilvânia, descendente de uma das famílias mais antigas da América do Norte (seu bisavô fora soldado do Exército em Washington quando lorde Cornwallis se rendeu); Donald MacMillan, professor de matemática e treinador físico da Worcester Academy de Massachusetts, filho de um capitão naval cujo navio saíra de Boston trinta anos antes e jamais fora encontrado; George Borup, diplomado pelas universidades de Groton e Yale (turma de 1907), onde fizera parte das equipes de golfe e luta livre, mas era mais conhecido como atleta velocista. Com exceção do engenheiro-chefe, George Wardwell, que agira com

* Outro nascimento ocorreu naquele mesmo verão a bordo do *Roosevelt*. Allakasingwah ("Ally"), a amante de Peary durante muito tempo, deu à luz o segundo filho, que chamou Kalipaluk. Assim como seu primeiro filho, o novo bebê tinha a pele clara e os olhos azuis do pai. [N. do A.]

sangue-frio ao trazer de volta o *Roosevelt* avariado, Peary incumbiu Bartlett de fazer a seleção dos outros 14 oficiais e da tripulação do navio.

Pouco depois da uma hora da tarde, em 6 de julho de 1908, o *Roosevelt* afastou-se do ancoradouro, situado na extremidade da rua 24, e desceu o East River. Num dos dias mais quentes na cidade de Nova York — 13 mortes atribuídas ao calor foram noticiadas naquele dia —, o resistente quebra-gelo e sua tripulação davam início à viagem a um dos lugares mais frios da Terra.

A bordo havia cerca de cem visitantes, incluindo os administradores do Clube Ártico de Peary, Thomas Hubbard, Zenas Crane e Herbert Bridgman — a maioria no tombadilho, olhando por cima da amurada enquanto o navio zarpava rio acima, em meio à bulha dos apitos das centrais elétricas, fábricas e de outros navios. Assim que o navio passou pela ilha de Blackwell, muitos internos da prisão estatal acenaram, sem dúvida desejando trocar de lugar com o marinheiro mais simples naquela viagem para uma terra sem grades ou vigias. Próximo ao Forte Totten, passaram pelo iate do presidente Roosevelt, o *Mayflower*, de cujo convés foi disparado um tiro em sinal de despedida.

Pouco depois, os visitantes foram levados para terra pelo rebocador *Narkeeta*. Peary e familiares também desembarcaram, para passar a noite num hotel, e o *Roosevelt* seguiu para o ancoradouro da antiga residência de seu homônimo na baía de Oyster, em Long Island, onde os Peary almoçariam com os Roosevelt, no dia seguinte.

Durante aquele almoço na extensa propriedade rural conhecida por Sagamore Hill, Roosevelt falou "com toda sinceridade e seriedade" de seu interesse no trabalho de Peary no Ártico e aceitou o convite de conhecer o navio destinado àquela região.[12] O presidente se fez acompanhar da esposa, Edith, e dos três filhos mais novos, e passou uma hora averiguando cada compartimento, "fazendo perguntas e comentários a respeito de tudo que via"[13] e cumprimentando cada membro da equipe da expedição e da tripulação, exclamando "Bravo! Bravo!" para "transmitir-lhes confiança".[14]

Peary, que considerava Roosevelt "o homem mais vital [...] até então produzido pela América", tomou a palavra, assim que o presidente decidiu partir na companhia dos familiares.

— Sr. Presidente — disse em voz alta e clara —, nesta tentativa hei de empenhar tudo que existe em mim — corpo, mente e espírito.

Roosevelt deteve-se próximo à amurada e parecia avaliar o homem alto e esguio diante dele. Os dois usavam ternos brancos de verão, camisas engomadas, gravatas e chapéus de palha quase idênticos, com fitas de seda preta.

O cabelo espesso de Peary já era grisalho, assim como as sobrancelhas pesadas e o bigode de leão-marinho. No entanto, os olhos cor de aço pareciam atentos, e com o tórax e ombros largos, braços longos e pernas ligeiramente arqueadas, ainda parecia uma figura de peso com a qual se podia contar.

— Acredito em você, Peary — disse Roosevelt, no seu estilo direto, sincero. — E acredito no seu sucesso, se estiver ao alcance de um homem.

CAPÍTULO 15

BUSCA POLAR

A VIAGEM DA ESCUNA *John R. Bradley* ao norte da Groenlândia no verão de 1907 ora transcorria sem dificuldades, ora em meio a mares agitados por tempestades. Depois de se deter no caminho para que o proprietário pudesse caçar, o iate chegou a Etah, e em seguida percorreu uma curta distância, na direção norte, até chegar ao povoado de Annoatok, onde normalmente viviam poucos esquimós, mas onde se encontravam, naquela ocasião, os melhores caçadores, suas famílias e cães de tração, reunidos para a caça aos ursos no período do inverno.

Cook percebeu que não teria dificuldade alguma em preparar a expedição e recrutar homens a partir daquele povoado, trocando "prêmios da civilização", tais como facas, armas, munição, agulhas e fósforos, por bens e serviços nativos.[1] Cook sabia o que fazer, pois, "dispondo de um milhão de dólares, a expedição encontrava-se numa situação muito vantajosa. Uma oportunidade tão boa não poderia ser desperdiçada".

Certa manhã, durante a refeição matinal, Cook disse a Bradley:

— Vou ficar.[2]

— Está certo. Você já tem mais de 21 anos.

Então, falando a um homem a quem respeitava e do qual se tornara amigo, Bradley acrescentou:

— Pense bem antes de tomar a decisão final.

Entretanto, no íntimo um jogador, teria apostado que a trajetória do médico estava definida. Bradley observara que todas as atitudes de Cook, desde o almoço em Holland House, no início do verão, eram voltadas à preparação para o Pólo. Durante a viagem, notara que Cook praticava o uso do sextante para fazer observações em intervalos regulares, ao lado do capitão Moses Bartlett, experiente navegador (e primo de Robert Bartlett, capitão do *Roosevelt*). Bartlett cobiçou o sextante de ótima qualidade de Cook — de alumínio, modelo usado por agrimensor, fabricado por Hurleman, na França, e comprado na Keuffler & Esser em Nova York, com um nônio (pequena escala que se move ao longo de uma escala fixa) de dez polegadas, lentes telescópicas terrestres, astronômicas e noturnas, e prismas de dupla refração — um instrumento de alta qualidade, leve, que Bartlett usava para medir, diariamente, a posição do navio, enquanto Cook ocupava-se de outros assuntos. Bradley admirava a paciência de Cook, "como ele lida com as coisas e não desiste", seja ao fazer observações ou trabalhando "12 horas seguidas" para fazer funcionar um motor de lancha enguiçado durante uma caçada a leões-marinhos, sem desistir até escutar o "alegre ruído do motor". "Nunca reclama, nunca pragueja [...] e segue trabalhando."[3]

A tripulação exultou diante da comunicação de Cook de que faria a tentativa de chegar ao Pólo. Todos se ofereceram para participar da aventura, mesmo Bartlett, embora logo tenha percebido que, sem o capitão, a viagem de volta da escuna seria uma imprudência. Portanto, Bartlett ofereceu a Cook toda a tripulação, excetuando o cozinheiro e o engenheiro-chefe.

Cook queria apenas um homem branco para acompanhá-lo a Groenlândia no inverno, pois pretendia levar um grupo extenso de esquimós na viagem de trenó; tinha a convicção de que nenhuma equipe de homens brancos, por mais fortes e determinados que fossem, "poderia se equiparar aos esquimós no seu próprio elemento".[4] Escolheu para o acompanhar Rudolph Franke, de 29 anos, alemão corpulento, formado em ciências, pessoa agradável, forte e "um entusiasta do Ártico".

Em acréscimo às provisões que Cook havia reunido, Bradley mandou descarregar, pelo bem de Cook, toda comida, combustível e outras mercadorias excedentes desnecessárias ao retorno. Bradley também ofereceu mandar o navio de volta no verão seguinte — às suas custas —, para buscar Cook e Franke, mas os planos do médico eram outros. No próximo verão, seguiriam de trenó a um dos portos dinamarqueses, ao sul da Groenlândia, Cook explicou, e tomariam um dos barcos próprios à caça de focas que costumavam fazer o trajeto de ida e volta a Copenhague, e retornariam num navio proveniente da Europa.

Na manhã de 3 de setembro, houve despedidas e o *John R. Bradley* zarpou para o sul, rumo ao horizonte, deixando Cook "a sós com o [seu] destino", a 1.126 quilômetros de distância do Pólo.

Ao cair da noite naquele primeiro dia, Cook e Franke tinham erguido uma estrutura de 4 x 5 metros, feita de caixotes unidos por ripas, as junções vedadas com pasta de papel, para servir de depósito, oficina e alojamento. Na estrutura do telhado, usaram tábuas longas, e as tampas dos caixotes serviram de telhas. Cortaram placas de grama, que foram colocadas por cima das telhas de madeira para a calefação. Naquela noite dormiram bem, no interior da nova moradia aquecida por um fogão à base de carvão. Logo trouxeram as provisões para o interior do alojamento, para que ficassem a salvo da devastação do inverno, e lhes bastava dar alguns passos para encontrar o que precisassem.

A prioridade seguinte de Cook era montar os trenós polares; visava combinar o que ele e Amundsen aprenderam na Antártida com a "durabilidade do trenó esquimó e a leveza do trenó Yukon do Alasca".[5] Os trenós que ele levaria para o norte mediam 3,60m de comprimento por 70 centímetros de largura, e cada um pesava 55 quilos. Os trenós de Peary pesavam o dobro; a diferença no peso, Cook calculou, seria suficiente para levar a quantidade necessária de alimento para um homem no trajeto de ida e volta ao Pólo. Uma vez que o sucesso de um explorador polar e mesmo sua sobrevivência baseavam-se, principalmente, na habilidade de transportar comida suficiente, Cook considerava crucial o fato de "eliminar peso inútil".

Para a armação dos trenós, Cook trouxera madeira de nogueira. Tinha conhecimento desse tipo de madeira no condado de Sullivan —

resistente e durável e, ao mesmo tempo, leve e flexível — desde os tempos de menino, quando construiu os primeiros trenós para se divertir no inverno.*

No lugar de estruturas sólidas para as lâminas dos trenós, conforme Peary e os esquimós preferiam, Cook entrelaçou traves, suportes e estacas para apoiar as lâminas mais leves, o que lhe parecia oferecer menos atrito, facilitando o deslocamento sobre o gelo. Para adicionar resistência, as lâminas foram calçadas com tiras de ferro. Algumas peças tinham uso múltiplo e assim serviriam não apenas em outros trenós, como também em outras partes do mesmo trenó.

Sob a supervisão de Cook, oito a dez homens trabalharam diariamente na oficina, moldando e vergando lâminas, ajustando os suportes e rebitando as tiras de ferro nas lâminas. Os trenós aerodinâmicos possuíam uma estrutura flexível e inquebrável, e nos encaixes foram utilizadas tiras de couro de foca, para maior mobilidade.

Cook também redesenhou o arreio tradicional do cão esquimó, feito de couro cru de leão-marinho que era comido pelos cães quando sentiam fome. Empregou lona para os arreios e linha grossa de algodão para os tirantes.

Um elemento-chave do plano polar de Cook era manter um barco à sua disposição. Sabia que Nansen fora salvo por dispor de um caiaque esquimó, e que as vidas de outros se perderam por falta de barco. Preocupado que um caiaque ocuparia espaço e seria difícil de transportar sem ser danificado, Cook escolheu um barco dobrável de 3,60m e aco-

* Frederick não foi o único membro da família a se tornar perito na confecção de trenós; seu irmão, Theodore, também foi um competente construtor de trenós, e só utilizava nogueira no condado de Sullivan . Theodore escrevera algumas vezes a Peary, oferecendo-se para construir trenós para suas expedições. Em 1905, Peary dispôs-se a rever os projetos e pedir uma estimativa. Peary decidiu não utilizar os trenós quando encontrou um fornecedor de madeira mais barata, e também porque questionava a conveniência dos trenós longos de Theodore, de 2,40m, pois preferia os mais largos e mais pesados. Os trenós de Theodore foram usados na expedição polar de Baldwin-Ziegler (1901-02) e por outros exploradores árticos. Em 1903, fez a entrega de 63 trenós artesanais. Considerado um gênio, Theodore passou toda a vida no condado de Sullivan e jamais foi ao Ártico. Em 1923, ficou preso num depósito de gelo e morreu congelado. [N. do A.]

modou-o no navio. Serviria para transportar homens, cães e mesmo um trenó através das passagens de água, além de ser útil nas excursões de caça. Cook desmontou o barco e trabalhou as peças para adaptá-las ao desenho de um trenó com ripas, separadores e pranchas inferiores que reforçavam as partes do trenó e uma cobertura de lona que também servia para forrar o chão. O barco "jamais se tornou um traste inútil" durante a viagem; na verdade, qualquer um que visse passar a equipe de trenó não perceberia que esta levava um barco.[6]

Para testar o equipamento e se preparar fisicamente, Cook saiu para caçar com os esquimós na escuridão do inverno que se aproximava — veado, rena, narval, urso, raposa. Na ocasião, percorreram 316 quilômetros de trenó; para alegria de Cook, o equipamento polar demonstrou ser seguro. A carne foi estocada, e com o couro e as peles as mulheres confeccionaram botas e vestimentas. Cook queria que cada homem levasse na viagem dois trajes de pele, para que um conjunto pudesse secar; o suor constante resultava da caminhada que exigia o máximo da resistência de cada um. Segundo Cook, evitar peles molhadas de suor nas temperaturas congelantes era o "único meio seguro de se preservar a saúde".[7]

Numa caçada, no início de dezembro, na região onde passara o primeiro inverno na Groenlândia, 17 anos antes (próximo ao local onde se achava Red Cliff), Cook deparou-se com uma equipe que incluía Knud Rasmussen, um groenlandês nascido de mãe esquimó e pai dinamarquês. Os dois se encontraram pela primeira vez quando o *Bradley* fez uma parada próximo ao cabo York; Cook soubera que Rasmussen freqüentara a escola na Dinamarca e regressara à terra nativa para pesquisar a vida esquimó e escrever sobre o assunto. Rasmussen se parecia tanto com um esquimó que, quando Cook o convidou para jantar a bordo do navio, Bradley não o deixou entrar no salão dos oficiais, e Cook teve de pedir a Rasmussen que jantasse com a tripulação. Sabendo que Rasmussen estava se dirigindo a Upernavik, o povoado dinamarquês, de onde a correspondência era expedida nos navios, Cook apressou-se em escrever uma carta a Marie:

> Tenho a oportunidade de mandar uma carta para Upernavik por intermédio de Rasmussen, durante a presente fase da lua, e preciso

> relatar logo nosso progresso até o presente momento. Tenho à minha disposição 100 cães e quantos mais desejar, com os 15 melhores homens da tribo, aqui reunidos para a investida na nova rota através de Ellesmere Land, passando pelo estreito de Nansen e retornando pelo canal de Kennedy, valendo-me das correntes e do boi-almiscarado, tão farto em Ellesmere Land. Todo o equipamento está pronto e esperamos partir para o objetivo em fins de janeiro. Com homens e cães bem alimentados, e sob condições normais [...] sinto-me confiante, pois nosso equipamento é perfeito.*[8]

Próximo ao fim de janeiro, um grupo avançado composto por Franke e um número de esquimós atravessou o estreito de Smith para estabelecer um depósito de provisões na ilha de Ellesmere. Quando retornaram e notificaram que o gelo era sólido e oferecia boas condições para o percurso, Cook recebeu a informação como se fosse um bom presságio. Um grupo avançado de oito trenós conduzidos por nativos partiu na primeira semana de fevereiro para levar suprimentos mais ao norte, para a baía Flager, onde seria possível caçar para alimentar os integrantes do grupo.

Cook mal podia esperar o momento de partir, mas, em meio à noite polar, e com "a luminosidade ainda inconstante, não se podia correr o risco".[9] Portanto, aguardaram que a intensidade da luz solar fosse maior. A ocasião propícia à viagem era restrita, uma vez que o inverno, nessas latitudes altas, durava de nove a dez meses; as três outras estações comprimiam-se nos dias restantes do calendário.

Antes de partir, Cook deixou uma carta para Rasmussen, o qual lhe indicara que faria o percurso de volta ao norte depois de passar por

* A carta de Cook, datada de 6 de dezembro de 1907, chegou às mãos de Marie sete meses depois, em 11 de julho de 1908, dias após a partida de Peary rumo ao Pólo, a bordo do *Roosevelt.* Sem notícias de Cook durante quase um ano, a preocupação sobre seu bem-estar tinha aumentado. Aliviada, Marie compartilhou a carta com a imprensa, imediatamente, e as notícias sobre Cook circularam nos jornais do país, que publicaram manchetes como esta: "EXPLORADOR COOK ABRE CAMINHO PARA O PÓLO NORTE: Amigos Receavam que Ele Tivesse Fracassado" (*Boston Herald,* 12 de julho de 1908). [N. do A.]

Upernavik. Cook explicou que estava se dirigindo ao "extremo norte" e ofereceu ao groenlandês sua casa e suprimentos.[10] Cook disse que esperava estar de volta a Annoatok em maio ou início de junho. Entretanto, havia uma "possibilidade de nos distanciarmos para o leste", na massa de gelo flutuante, escreveu Cook, e caso isso acontecesse ele desceria pela costa leste da Groenlândia — ou, caso encontrassem "terra a oeste de Crocker Land", talvez seguissem por ali, caminhando na direção do Alasca.

O alvorecer em 19 de fevereiro proporcionou a primeira visão do sol, e uma fila de trenós logo se formou à porta do depósito de provisões. Levavam 1.800 quilos de víveres e equipamento, e certa quantidade de pele e gordura de leão-marinho para alimentar os cães, até que Cook encontrasse bois-almiscarados em grande número.

Às oito horas daquela manhã, a última corda foi amarrada e tudo estava pronto — oito trenós com carga total, puxados por 103 cães, conduzidos por Cook, Franke e nove esquimós, "escolhidos a dedo" entre um grande número de nativos que se ofereceram a acompanhá-los. Cook atribuía sua habilidade de "conquistar a amizade e a confiança dos nativos" ao fato de falar sua língua "o suficiente para discutir assuntos corriqueiros". Também lhe fora útil, desde os primeiros dias no Ártico, ter se interessado por seus costumes e respeitado suas tradições.

As tribos esquimós do norte da Groenlândia não admitiam que a Terra fosse redonda. Em algum lugar da extremidade mais escura do mundo plano, um imenso prego fora cravado no gelo; por isso, "Grande Prego" era o nome que davam ao Pólo. Acreditavam que, de algum modo, esse prego gigantesco tinha caído e desaparecido e, uma vez que ferro era mais importante para eles do que ouro, reconheciam seu valor. Através da tradição oral, sabiam que homens brancos, falando várias línguas diferentes, empenharam-se na busca — em face da constatação do valor do prego —, e também era de seu conhecimento que muitos desses homens jamais retornaram. Os próprios esquimós jamais saíam à procura do Grande Prego, pois sabiam muito melhor do que qualquer povo dos perigos das longas viagens através do gelo que cobria o oceano mais ao norte do mundo. Preferiam permanecer em terra ou próximo à terra, perto dos campos onde seria possível caçar, obtendo desse modo alimento e roupa. Era de caçar o que mais entendiam, e quando Cook lhes falou sobre novas terras onde o boi-almiscarado, cuja carne apreciavam, andava à vontade, encantaram-se. Além das ferramentas, armas e outros utensílios que Cook lhes oferecera por seus serviços, eram motivados a tomar parte na expedição em virtude da chance de descobrir novos campos favoráveis à caça.

Ao supervisionar a fileira de trenós que aguardava o sinal de partida, Cook sentiu o "coração disparar", sabendo que chegara o momento de dar início à sua busca ao Pólo. Os caçadores também demonstravam entusiasmo pelo começo da jornada, e os cães meio selvagens, assimilando a energia dos homens reunidos, latiam, ansiosos por começar a puxar os trenós. Açoites estalaram no ar, e as equipes de cães avançaram.

No sentido noroeste atravessaram o estreito de Smith, passando pela camada de gelo coberta com alguns centímetros de neve fresca. Um vento suave veio do sul, e a temperatura era -38 graus Celsius. Com o céu escuro já era possível ver estrelas piscando acima de nuvens finas, mas o brilho alaranjado dos raios solares riscando o céu permitia boa visibilidade para se viajar até o final da tarde, quando tudo se tornava cinza. Pararam, construíram iglus e passaram uma noite fria e sofrida; "as primeiras noites ao ar livre são sempre assim", Cook sabia.[11]

Na caminhada do segundo dia, circundaram "uma selva de montanhas e espinhaços de gelo" até encontrarem solo gelado plano, através do qual prosseguiram rapidamente — a cerca de 5 quilômetros por hora. Ao entardecer, interromperam a marcha, e se serviram de "café da caixa sempre aquecida", um luxo improvisado quando se colocava uma lata cheia de café quente numa caixa forrada de couro de rena, que mantinha o calor por 12 horas.

Quando, em poucos dias, chegaram ao cabo Sabine, Cook se deparou com "um curioso capricho do destino". O acampamento da infeliz expedição Greely, que enfrentara a fome e a morte, agora servia apenas para uma parada rápida daquela "empreitada moderna com vistas ao Pólo".

Dirigindo-se ao norte, ao longo do litoral de Ellesmere, encontraram o clima mais seco e temperaturas mais baixas, abaixo de 17 graus negativos. O frio mais intenso dificultava as atividades, desde alimentar os cães — o couro congelado de leão-marinho tinha de ser cortado com um machado e descongelado — à caçada, que resultou em queimaduras dolorosas quando a pele descoberta tocava o metal das armas.

Próximo à baía Flager, encontraram o grupo avançado que esteve caçando na área desde que chegou com as provisões e estabeleceu o abrigo. Os nativos tinham percorrido todo o vale, conseguindo abater apenas um boi-almiscarado e 11 lebres, o que não era o bastante para suprir suas próprias necessidades. Restava ao grupo de caçadores retornar a Annoatok; com a escassez de carne fresca, viajar com eles estava fora de questão. Cook também decidiu que Franke deveria voltar, considerando que ele seria mais útil se tomasse conta dos suprimentos e haveres deixados para trás — incluindo a coleção relativamente grande de peles de raposa-azul, chifres de narval e presas de leão-marinho que Cook adquirira nas caçadas e negociações. Franke recebeu instruções de aguardar por quatro meses e, se Cook não regressasse em torno de 5 de junho, deveria deixar os estoques sob a supervisão de um esquimó de confiança e se dirigir para o sul a fim de embarcar num navio que estivesse de partida. Antes que Franke e outros saíssem, Cook escolheu os melhores cães e trenós, e somente os nativos mais saudáveis foram selecionados para continuar em direção ao norte.

A cabeceira da baía Flagler foi alcançada tarde da noite, após uma jornada exaustiva de 40 quilômetros, durante a qual o frio excessivo quase "paralisou os cães" e os homens sobreviveram porque correram sem parar ao lado dos animais.[12]

De manhã, Cook percebeu que os companheiros ainda estavam muito animados, como se fossem "soldados na véspera de uma batalha que por muito tempo aguardaram". Tomaram o rumo do interior, passando pelo centro de Ellesmere, onde esperavam encontrar o pasto dos bois-almiscarados segundo se sabia. Vários dias depois, não havia qualquer sinal das criaturas corpulentas. Os bois-almiscarados eram a chave de todo o empreendimento; Cook sabia que, se não fossem localizados, seu intento haveria de fracassar, porque logo teriam de utilizar os suprimentos destinados ao trecho final da viagem.

Os cães passaram a receber rações reduzidas, e a fome aumentou seus instintos selvagens. Durante uma parada para descansar, os cães se alteraram, e os focinhos voltaram-se para uma área de declives, onde várias sombras escuras logo foram detectadas na encosta coberta de neve. Os cães davam saltos, e os homens alcançaram as armas. Para alcançar velocidade, cinqüenta cães foram atrelados a três trenós vazios. Os caçadores tomaram as posições nos trenós e estalaram os chicotes de 9 metros. O grupo de caça partiu, trenós e homens resvalando sobre o terreno — fosse ele coberto de neve ou pedregoso. Em uma hora, após um ataque coordenado de cães e homens, três carcaças gordas foram fatiadas e carne fresca foi servida tanto aos animais quanto aos humanos.

Tendo atravessado Ellesmere, seguiram para o norte pelo litoral leste da ilha de Axel Heiberg. A Providência enviou bois-almiscarados àquela região também, e numerosas caçadas bem-sucedidas foram realizadas durante o trajeto. Numa carnificina, 21 bois foram derrubados, um por um, depois de terem formado um círculo, quando os touros tentaram em vão defender as vacas e bezerros dos cães, homens, balas e lanças. "Dessa vez até os esquimós satisfizeram a sede selvagem de sangue", observou Cook. "A panela foi mantida no fogo, e os iglus vibravam, ao som dos cantos primitivos."[13]

A carne obtida seria alimento estocado para ser consumido quando estivessem no litoral do oceano Ártico. Cook respirou aliviado, pois, apesar de confiar nos relatos de Sverdrup, começava a duvidar que "pudesse contar com caça mais ao norte".

Pegadas de ursos e lobos se misturavam às dos bois-almiscarados; respiradouros de focas — que um esquimó vigiava durante 24 horas até atingir com a lança uma foca surgindo por baixo do gelo para respirar — eram incontáveis. Animados, os nativos combinavam voltar àquelas terras férteis, no ano seguinte, para caçar.

Cook percebera que eles tinham "ultrapassado os limites da vida primitiva. Nenhuma voz humana quebrava o silêncio gélido".[14] Sverdrup tinha mapeado os canais do litoral oeste, e um braço de mar fora nomeado por um visitante anterior, Nansen, mas no interior da região "não havia sinal de moradia moderna ou aborígine".

Ao acampar nas planícies logo ao sul de Svartevoeg, viram-se cercados de relva e campos de grama e musgo, surpresos de encontrar no litoral do oceano Ártico "um jardim de delícias vegetais e animais". No cabo Svartevoeg, na ponta mais setentrional da ilha de Axel Heiberg, havia uma escarpa enegrecida, com os paredões íngremes vertendo no mar congelado. Naquele local, a cerca de 82º graus de latitude norte, chegaram à extremidade da região, de onde a verdadeira jornada ao Pólo começaria.

Cook analisou a situação. Tinham resistido às piores tempestades e aproveitavam os dias mais longos, à medida que o inverno se despedia. Tinham chegado ali graças aos recursos da região e dos suprimentos que tinham trazido de Annoatok, e que praticamente se achavam intocados. Pela primeira vez, Cook viu o "gelo acidentado, pesado e sem trilhas que cobria o mar polar", imaginando à sua frente os "campos de gelo quebrado, cintilando à luz do sol nascente com faíscas em tons de verde-safira; terreno que foi aos poucos pressionado para baixo, por correntes intensas do norte, sovados e empilhados em montes denteados, estendendo-se por quilômetros".

Enviar desse ponto grupos avançados não daria resultado, segundo Cook acreditava, devido, principalmente, à dificuldade de um seguir o outro na calota móvel de gelo. Também pensava que uma grande expedição de homens e equipamento seria imprudente, reconhecendo que um número maior de homens não haveria de garantir o carregamento de provisões durante mais dias; ao contrário, um grupo mais numeroso exigiria que quantidade bem maior de provisões fosse arrastada para alimentar estômagos excedentes. Além disso, os trenós mais pesados, devido à sobrecarga de suprimentos, dificultariam o avanço da expedição.

Cook decidiu reduzir o grupo ao menor número possível. Tendo observado e avaliado todos os nativos, decidiu levar com ele Etukishook e Ahwelah, os dois com vinte anos, aproximadamente, certo de que os jovens caçadores "teriam a capacidade de resistir tanto quanto ele". Pelo seu empenho, cada um receberia uma arma e uma faca, recompensas que, segundo Cook, manteriam neles "vivo interesse" durante a longa jornada.[15]

Levariam dois trenós, incluindo aquele feito com as peças do barco de lona desmontado, a ser conduzidos por 26 cães escolhidos entre os mais fortes. Na viagem de volta, Cook calculava que estaria limitado a um trenó e seis cães. Os outros vinte animais "seriam usados, um após o outro, para a alimentação durante o percurso, assim que a quantidade de carga fosse menor e as condições de gelo o permitissem".[16] Segundo estimou, resultaria em 450 quilos de carne fresca para alimentar os cães (e homens, se necessário), além do suprimento de fiambre que levavam.

Começaram a carregar os trenós.

Levariam comestíveis para oitenta dias, sendo o fiambre o principal, e o restante servindo apenas "para agradar o paladar". Acondicionaram 365 quilos de fiambre de boi, 59 quilos de fiambre de leão-marinho, 23 quilos de lombo de boi-almiscarado, 11 quilos de sebo de boi-almiscarado, 1 quilo de chá, 1 quilo de café, 11 quilos de açúcar, 18 quilos de leite condensado, 27 quilos de bolachas, 4,5 quilos de sopa de ervilha em pó, 18 litros de combustível, 1 litro de álcool metanol, 1 quilo e 300 gramas de velas e 500 gramas de fósforos. Também acrescentaram à carga uma barraca de seda, duas cobertas de lona para os trenós, peles para o chão, sacos de dormir de couro de rena, madeira, parafusos, pregos e rebites para reparos nos trenós.

O material para o equipamento foi reduzido ao mínimo: um lampião, três baldes de alumínio, três canecas de alumínio, três colheres das de chá de alumínio, uma colher das de sopa, três pratos de latão, seis canivetes, duas facas de cortar carne, medindo 25 centímetros, uma faca de serra de 33 centímetros, uma faca longa de 38 centímetros, uma espingarda de tiro único (também conhecida por Buffalo Gun), um rifle Winchester de alavanca, 110 cartuchos, uma machadinha, uma picareta alpina, cordas e tiras sobressalentes e três sacolas de uso pessoal. Nas sacolas havia quatro pares de botas forradas de pele, um suéter de lã, três pares de luvas de couro de foca, dois pares de luvas de pele, um cobertor, um casaco de couro de foca, e um estojo de costura. Na caminhada usariam óculos para a neve, feitos especialmente por Cook com lentes que eliminavam o brilho do sol no gelo, casacos de pele de raposa-azul, camisas de couro de pássaro, calças de couro de urso, botas de couro de foca e meias de couro de lebre.

Os instrumentos de Cook incluíam um sextante Hurleman; compasso em alumínio, dotado de aferidor de azimute; um horizonte artificial de vidro, com armação de metal e ajustável por meio de nível de bolha e parafusos; um barômetro metálico; um estojo de alumínio contendo termômetro de álcool; um binóculo; três cronômetros Howard, portáteis; três termômetros; um relógio Tiffany; um podômetro; material para confeccionar mapas. Levava uma câmera fotográfica e pacotes de cartuchos de filme, um caderno de anotações e lápis. (Tinha conhecimento da dificuldade de escrever quando as temperaturas eram baixas e o papel esfriava tanto que o lápis mal deixava a marca. Aprendeu a aquecer, por alguns minutos, sobre a chama de uma vela, a folha na qual desejava escrever, e o lápis também. Dedos descobertos também precisavam se aquecer antes de segurar o lápis.)

Desde que deixara Annoatok, Cook e seus companheiros tinham percorrido um trajeto tortuoso de 1.185 quilômetros para avançarem cerca de 300 quilômetros na direção norte. Desse ponto em diante, Cook planejou fazer a investida "através do caminho mais direto [...] possível", rumo ao Pólo.[17]

Na manhã de 18 de março estavam prontos. Antes de partir, Cook trocou um aperto de mão com todos os caçadores para se despedir. Era seu costume, não o deles, mesmo assim, deram apertos de mão firmes e sorriram com vontade. Na língua dos esquimós, agradeceu-lhes pelo trabalho dedicado. "*Tigishi ah yaung-uluk!*", exclamou cada caçador antes que terminasse a saudação.[18] O Grande Prego! Foi o que disseram, como se ordenassem aos homens diante deles que fizessem a descoberta.

No curso de uma tempestade de neve, os trenós, cães e três homens desapareceram.

A 963 quilômetros achava-se o Pólo Norte.

CAPÍTULO 16

"Em Frente! Marche!"

O *Roosevelt* largou âncora em Etah na primeira semana de agosto de 1908.

Sem condições de partir na direção da calota glacial antes do rigor do inverno, Peary reconheceu que seu atraso em relação a Cook era de três meses. Embora convicto de que o trajeto anunciado por Cook fosse menos favorável do que o percurso por ele denominado "Rota Norte-americana", o assunto principal das suas conversas, no decorrer da viagem, girava em torno do médico do Brooklyn; durante certa refeição, Peary não parou de fazer comentários sobre o concorrente. Em cartas endereçadas aos amigos e familiares, alguns integrantes da expedição de Peary demonstraram indignação diante da animosidade do líder em relação a Cook.

O *Erik*, vapor contratado pelo Clube Ártico de Peary, chegou a Etah alguns dias depois, transportando 300 toneladas de carvão para reabastecer o *Roosevelt* e outras 50 para serem estocadas no litoral, visando à viagem de retorno no ano seguinte. Cinqüenta toneladas de carne de leão-marinho e de baleia também foram transferidas para o *Roosevelt.*

Vários passageiros que haviam comprado passagens encontravam-se a bordo do *Erik*, incluindo Harry Whitney, desportista milionário, de trinta e poucos anos de idade, residente em Connecticut, que pretendia caçar no norte. Homem alto e magro, bem-sucedido (propriedades rurais e cobre), Whitney, que passara uma temporada no norte da Groenlândia e conversara com os nativos no idioma deles, foi convidado por Peary a jantar a bordo do *Roosevelt*. De paladar apurado, Whitney serviu-se do recheio de um biscoito e o deixou de lado, no prato. Uma voz proveniente da cabeceira da mesa se fez ouvir; era Peary comunicando ao convidado de que *todos* os alimentos servidos no navio deveriam ser consumidos, pois não se admitia qualquer desperdício. Humildemente, Whitney pegou o biscoito que descartara e o levou à boca.

Peary logo partiu para fazer o recrutamento de esquimós. Seus receios de que Cook esgotaria o suprimento de nativos e cães mostraram-se infundados, uma vez que conseguiu tudo o que desejava levar na viagem ao norte: 22 condutores experientes (incluindo suas famílias — 17 mulheres e dez crianças — que permaneceriam a bordo do navio) e 246 cães, a maior quantidade que, até aquele momento, integrara uma expedição polar.

Durante a ausência de Peary, Rudolph Franke surgiu no convés do *Roosevelt*. Sua aparência era a pior possível; cabelos longos e emaranhados, barba malfeita e olhos vidrados, avermelhados, esbugalhados no rosto murcho com a pele amarelada. Tinha aguardado notícias de Cook até 5 de junho, conforme as instruções, mas, sem receber qualquer sinal, deu início à longa viagem de trenó, rumo ao sul, acompanhado de vários esquimós de Annoatok. Detidos por tempestades e condições de gelo inadequadas, chegaram depois que as baleeiras tinham partido para a temporada de caça. Continuando o percurso de volta, em condições precárias de viagem, chegaram a Etah, quase ao mesmo tempo que o *Roosevelt*.

Franke tinha se aproximado do navio num barco pequeno, e perguntara por Peary, mas lhe disseram que o explorador tinha saído. Um marinheiro observou que Franke "mal podia andar".[1] Apesar de constatar as limitações óbvias do visitante, o comissário de bordo recusou a Franke "uma gota de café ou qualquer coisa para comer", e ele foi embora. Na manhã seguinte, depois de saber do incidente, o capitão Bartlett dirigiu-se a terra firme, encontrou Franke e pediu desculpas, levando-o de volta ao navio, onde lhe deram de comer. Quando Bartlett mencionou que o *Erik* logo partiria para o sul, Franke suplicou uma passagem para voltar para casa. Bartlett explicou que somente Peary tinha autoridade para atender tal pedido.

Naquela tarde, Peary voltou ao navio com Henson, o Dr. Goodsell e os esquimós. Franke adiantou-se e segurou o braço do explorador. "Por favor, bendito Deus, leve-me. Não suporto mais."[2] Segurando um papel dobrado, exclamou: "Veja! Posso ir embora! Tenho a permissão do Dr. Cook."

Quando o nome de Cook foi mencionado, o rosto de Peary contraiu-se. Quis saber por onde Cook andava, e Franke explicou que não tivera notícias dele desde a partida de Axel Heiberg para o Pólo, cinco meses atrás. Franke entregou a Peary uma carta contendo instruções que Cook lhe deixara. Peary leu a carta e resumiu-a aos demais: "Este é Rudolph Franke. Cook deixou-o a cargo de um depósito de suprimentos e o autorizou a voltar para casa na primeira embarcação que encontrasse."

Peary desejava saber mais detalhes e considerou interessante o fato de que Cook se dirigira à calota de gelo com dois esquimós e três trenós. Franke, desesperado para receber o consentimento de Peary a fim de fazer a viagem de volta, cobriu o rosto com as mãos trêmulas. Goodsell, o médico, aproximou-se e levou Franke para ser examinado. Peary voltou-se aos homens reunidos: "Aí está, senhores, um exemplo do que pode acontecer a um homem branco no Ártico."

Quando o *Erik* partiu para Terra Nova em 21 de agosto, Franke se encontrava a bordo. Embora Goodsell tivesse diagnosticado que ele sofria de "escorbuto" e de "graves condições mentais", Peary não facilitou as coisas.[3] Insistiu que Franke abandonasse os estoques de couro, peles, chifres e marfim. Peary também cobiçava os suprimentos de Cook em Annoatok.

Para Franke, era uma decisão difícil, devido à sua lealdade a Cook. Sabia que Cook, ao voltar, além de contar com os suprimentos estocados, pretendia negociar as mercadorias de valor. Numa carta entregue pelos últimos esquimós que retornaram em março de Axel Heiberg, Cook explicava a Franke que algumas peles de raposa-azul "reverteriam em dinheiro para a viagem de volta".[4]

Mais tarde Franke declarou: "Numa situação crítica [...] e sob coação, fui obrigado a entregar todos os pertences do Dr. Cook. [...] Peary apresentou-me as alternativas: ou as peles etc., ou você permanece aqui [e], o que significava, no estado de invalidez em que me encontrava, que eu morreria."[5] Quando Franke aquiesceu, Peary exigiu uma liberação por escrito, segundo a qual Franke o autorizava a "fazer o melhor proveito" das cinco caixas de madeira e um baú contendo duzentas peles de raposa-azul, peles de outros animais, chifres e marfim.[6] Franke também permitiu que Peary se apropriasse de "todo o estoque deixado em Etah e Annoatok", anotando: "Segundo seu discernimento e experiência, poderá dispor do estoque, como lhe aprouver." Franke recebeu então a passagem para viajar no *Erik*, até Terra Nova, e um adiantamento de 50 dólares, concedido por Peary, para a passagem de barco de Terra Nova até Nova York.*

Peary designou dois homens da tripulação do *Roosevelt* para permanecer em terra e supervisionar os estoques em Etah e Annoatok, evitando que os nativos cometessem furtos. Numa carta de cinco páginas contendo instruções a John Murphy, contramestre do navio, escreveu: "Franke transferiu todas essas provisões e materiais para o meu nome, e o Dr. Cook não terá mais nenhum direito sobre esses bens."[10] Peary utilizou os artigos conforme a necessidade e os trocou com os nativos por "peles, chifres e peças de couro cru", explicando-lhes como tais artigos deveriam ser preparados e conservados para alcançar o valor

* Ao retornar a Nova York, em outubro de 1908, Franke disse a um administrador do Clube Ártico da América que fora forçado a ceder os bens de Cook, "assim como o inimigo tem que entregar as armas ao lado vitorioso".[7] Relatou que era do conhecimento de todos no *Erik* que as peças de couro, as peles e o marfim encontravam-se a bordo durante a viagem da Groenlândia. Em novembro (1908), o jornal *Brooklyn Eagle* tentou em vão descobrir o paradeiro dos pertences de Cook, mais tarde por ele avaliados em 10 mil dólares. Membros do Clube Ártico de Peary confirmaram que "mercadorias em consignação foram enviadas por Peary, e passaram pela alfândega", mas não permitiram a vistoria das listagens de carga.[8] De acordo com a história de Franke, Marie Cook enviou um cheque de 50 dólares ao Clube Ártico de Peary para pagar a quantia que Peary lhe adiantara. Em seguida, o Clube mandou uma conta de 100 dólares a John Bradley, para cobrir as despesas incorridas no regresso de Rudolph Franke, integrante da sua equipe ("por questões humanitárias").[9] [N. do A.]

máximo. Na eventualidade de Cook surgir, disse Peary, seus dois representantes desembarcados deveriam "continuar a se responsabilizar pelo posto [...] e não permitir que o Dr. Cook interferisse nas suas ações ou no controle dos nativos". Se Cook necessitasse de comestíveis ou outros suprimentos, estes poderiam ser entregues a ele mediante "recibo" — Cook teria, nesse caso, que pagar pelos próprios bens.

Whitney também permaneceria em Annoatok. Decepcionado em virtude da falta de sorte nas caçadas, decidiu passar o inverno naquela região, para dispor de "um ano em que pudesse caçar animais de grande porte à sombra do Pólo".[11] Ele também tivera permissão de Peary de fazer uso dos bens estocados por Cook.

Antes de partir, Peary redigiu várias cartas a amigos influentes; a correspondência (que seguiria no *Erik*) foi entregue ao seu auxiliar, Ross Marvin, que, na qualidade de engenheiro civil experiente, também assistira Peary no planejamento dos detalhes do avanço gradativo através da calota polar, assim como nas várias atribuições dos grupos de apoio. Em suas cartas, preocupado, Peary advertiu seus patrocinadores em relação a Cook, dizendo que, se o médico reaparecesse, eles deveriam desconsiderar quaisquer reivindicações que ele fizesse.

Em carta a um amigo, Marvin expressou preocupação a respeito do "caso do Dr. Cook" que, segundo sua descrição, se "tornara confuso, um osso duro de roer". E disse ainda:

> Tenho escrito cartas confidenciais em nome de Peary a respeito do assunto, e portanto devo manter a boca fechada. [...] Sei mais a esse respeito do que qualquer um, mas falarei pouco [...] seria uma violação de confiança. Suponho que o episódio [Franke] dê o que falar nos jornais quando o *Erik* retornar, portanto quero me manter longe disso. [...] Gostaria de lhe contar tudo, mas devo lealdade ao comandante Peary.[12]

Pouco depois das quatro horas da tarde de 18 de agosto, o *Roosevelt* levantou âncora e zarpou em direção à bacia de Kane para retornar ao cabo Sheridan, onde Peary, outra vez, passaria o inverno no litoral congelado do oceano Ártico, preparando-se para a investida ao Pólo. Vários integrantes da tripulação e da expedição, acompanhados por grande número de esquimós, ficaram no convés, acenando, enquanto o navio desaparecia no nevoeiro da região norte até se perder de vista.

Antes de partir, Peary afixou um aviso no depósito de Cook para que todos lessem:

> ESTE ABRIGO PERTENCIA AO DR. F. A. COOK, MAS ELE MORREU HÁ MUITO TEMPO E É INÚTIL PROCURÁ-LO. POR ESSA RAZÃO, EU, COMANDANTE ROBERT E. PEARY, INSTALEI MEU CONTRAMESTRE NESTA MORADIA ABANDONADA.[13]

APÓS UM INVERNO de planejamento e preparativos — quando os membros de sua expedição caçavam com os nativos, aprendiam a conduzir trenós e preparavam-se física e mentalmente para a tarefa em vista —, Peary começou, no início de fevereiro de 1909, a encaminhar as equipes de apoio, que deveriam deixar o *Roosevelt* e seguir até o cabo Colúmbia, 30 quilômetros a oeste. Por volta de 22 de fevereiro, os membros da expedição estavam a postos, com exceção de Peary e dos nativos que o acompanhavam. Quando ele partiu, às dez horas daquela manhã, sete integrantes da expedição, 19 esquimós e 140 cães já estavam em campo. A equipe foi dividida em seis divisões para dar apoio a Peary, o único membro da expedição que não conduzia o próprio trenó. Cada grupo e cada trenó era equipado para ter autonomia de viagem, no caso de se separarem.

Cada trenó levava suprimentos para um homem e sua equipe de cães, o bastante para cinqüenta dias, que poderiam ser estendidos por dez dias, "sacrificando-se alguns cães e utilizando-os para alimentar outros cães e homens".[14] A ração diária para os cães era 450 gramas de fiambre; Peary julgava que "esses descendentes de lobos árticos" pudessem "trabalhar por muito tempo à base de pouquíssima comida".

A ração diária para os homens na investida final ao Pólo, quando todas as equipes de apoio teriam retornado à base, consistiria em 450 gramas de fiambre, 450 gramas de bolachas, 113 gramas de leite condensado, 15 gramas de chá e 170 gramas de combustível para derreter gelo e preparar chá. Com essa ração, Peary acreditava, um homem poderia "trabalhar com afinco e se manter em boas condições nas temperaturas mais baixas, durante muito tempo".

Peary pretendia substituir o grupo avançado por divisões a cada cinco caminhadas, distribuindo, desse modo, entre homens e cães, a tarefa mais cansativa. O primeiro a ser designado a indicar o caminho foi Bartlett, homem competente, tanto no comando de um navio quanto de um trenó. Quanto aos nativos que integrariam os grupos, Peary deixou que os líderes de cada divisão os escolhessem. Seria diferente quando ele selecionasse os integrantes da sua própria divisão para a investida ao Pólo; no momento decisivo, pretendia recrutar "os seus preferidos entre os esquimós mais eficientes".[15]

Quando Peary chegou ao cabo Colúmbia, no acampamento-base, que fora estabelecido durante o inverno e equipado com provisões, materiais e itens sobressalentes, aborreceu-se diante do que lhe pareceu inatividade. Aos gritos, logo começou a dar ordens e, "quando se acalmou", Bartlett tinha se preparado e seguia em frente na calota glacial, tendo Borup, o maratonista de Yale, logo atrás; cada um comandava uma divisão de quatro trenós e três esquimós.

Henson, que considerava o método de disciplina de Peary a "mão-de-ferro sem luva", sabia que mais autoritarismo os aguardava, enquanto "buscassem o troféu" que o comandante perseguia há tanto tempo.[16] Henson, MacMillan, Goodsell, Marvin e 14 esquimós esperavam o momento de partir, pois, segundo a vontade de Peary, o grupo avançado deveria se adiantar em relação aos demais.

Ao amanhecer do dia 1º de março, o grupo se deparou com o vento furioso de uma tempestade que obstruía a visão. Peary não se deteria. Um de seus atos finais foi dobrar e acondicionar bandeiras no seu trenó — flâmulas que esperava agitar no topo do mundo. Por volta das seis horas da manhã, cada condutor encontrava-se a postos no trenó, equipes de cães preparadas, todos prontos para dar partida mediante o comando de Peary, que jamais variava. Como se liderasse um regimento, ele bradava no começo de cada dia de viagem de trenó: "Em frente! Marche!"

Henson foi o primeiro a sair, seguido pelas outras equipes, que formavam fila única, enquanto os trenós de Peary, conduzidos por esquimós, "seguiam na retaguarda".[17] Do mesmo modo que fizera na ocasião de sua jornada ao ponto mais distante ao norte, Peary agia como um general à retaguarda de seu exército — tomando decisões, dando ordens, poupando energias e seguindo a trilha aberta pelas tropas.

O trenó de Henson quebrou antes que ele percorresse 2 quilômetros, forçando-o a abandonar a caravana para fazer o reparo. As demais equipes, incluindo a de Peary, passaram por Henson quando ele consertava o trenó. Assim que a equipe de Henson retomou o percurso, um dos nativos que a integravam bateu o trenó, e dessa vez não foi possível realizar o conserto. Tiveram de descarregar toda a bagagem na superfície gelada, e o esquimó levou os cães de volta a cabo Colúmbia, onde conseguiria um trenó sobressalente para que pudesse mais tarde alcançar os demais.

Depois de percorrer quase 20 quilômetros, sob temperaturas em torno de 45 graus negativos, os grupos avançados, cansados de combater o vento contrário que se transformara numa ventania, dirigiram-se para o primeiro acampamento estabelecido pelo grupo de Bartlett. Assim que chegaram, a equipe de Bartlett saiu. Conforme Peary planejara, o grupo avançado estaria viajando enquanto o grupo principal descansasse, e vice-versa, para garantir a comunicação diária e facilitar a transmissão de novas ordens. Quando Peary chegasse ao acampamento, um dos iglus seria sempre seu, e a ocupação do outro seria alternada entre as divisões. Os que eram deixados ao relento, no frio, construíam seus próprios iglus (uma hora de trabalho para três esquimós), ou, se estivessem muito cansados, dormiriam nos trenós, envoltos em peles.

Na manhã seguinte, o caminho aberto pelas equipes de Bartlett e de Borup era perceptível na neve fresca, que tanto lhes dificultara o avanço. O grupo se aproximou de uma região onde havia um espinhaço — montes de gelo compactado, da altura de uma casa e cuja extensão chegava a 40 quilômetros — e às vezes era necessário remover pedregulhos de gelo com picaretas, abrindo espaço para os trenós. Quando o grupo parava para desobstruir o caminho, os cachorros entendiam que era hora de se deitarem e descansarem com os focinhos por baixo dos rabos peludos.

Peary considerava os espinhaços de gelo compactado um dos obstáculos mais difíceis da viagem polar. Depois de se desprenderem das banquisas que cobriam nove décimos do oceano Ártico, mantas de gelo seguiam à deriva pelo mar até se chocarem com mais gelo, quando então interrompiam o curso — "batendo-se umas contra as outras, dividindo-se em duas partes em conseqüência do impacto violento [...], esmagando o gelo mais fino, despedaçando as extremidades que se empilhavam formando cadeias de montanhas de gelo compactado".[18] (Essa massa de gelo estável não deve ser confundida com a grande massa de gelo flutuante que cobre o restante do oceano polar e é formada pelo congelamento da água do mar durante o inverno. Normalmente, sem exceder 1,80m de espessura, a banquisa derrete no verão, dando origem às aberturas no gelo quase sempre intransponíveis.)

Próximo ao final do segundo dia, Peary avistou uma "nuvem escura e agourenta acima do horizonte setentrional" que, na maioria das vezes, indicava aberturas no gelo.[19] Ao chegar mais perto, viu manchas escuras contrastando com a neve; identificou seus trenós, detidos por uma abertura no gelo. Achavam-se diante de uma passagem de água de 400 metros de largura que se alongava nos dois sentidos, a perder de vista. Feita uma sondagem à beira da passagem de água, constatou-se que a profundidade era de 96 braças, aproximadamente 180 metros. Tudo indicava que a abertura ocorrera depois que a equipe de Bartlett havia passado, no dia anterior — como resultado da ação dos ventos fortes e do deslocamento das banquisas. Não havia o que fazer além de acampar e esperar que as forças da natureza voltassem a fechar o gelo.

Integrantes da expedição já haviam erguido o iglu para Peary, onde o explorador exausto, de 53 anos de idade — dez anos mais velho que os demais —, logo se abrigou. Além dos pés aleijados, que o impediam de usar raquetes, ainda que por pouco tempo, a perna que se quebrara na Groenlândia, em 1891, doía pela primeira vez, em 16 anos, causando-lhe "bastante transtorno".[20] Caminhar no gelo tornou-se tão difícil que ele logo passou a ocupar um trenó forrado de pele, dirigido por esquimó, assim procedendo durante grande parte da viagem.*

Ao amanhecer, o gelo tinha fechado alguns trechos da passagem de água; em outros lugares, gelo novo tinha se formado à superfície. Sem querer esperar mais, Peary deu o sinal de avançar. Logo deram início à travessia, levando os trenós — como se "cruzassem um rio através de uma sucessão de pedregulhos gigantescos, às vezes um, outras vezes dois ou três, todos flutuantes e em movimento".[22] A travessia era perigosa e assustadora; a qualquer momento, um trenó e sua equipe, ou um homem calçando raquetes, poderia romper o gelo fino e cair nas águas gélidas.

Do outro lado, nenhum indício do trajeto feito por Bartlett foi encontrado, o que foi atribuído por Peary ao movimento lateral do gelo que teria arrastado a trilha. Nativos foram instruídos a encontrar a trilha, e em meia hora eles o fizeram. Retomando o percurso, observaram a partir de pegadas de homens e cães que outro grupo passara por ali em direção ao sul. Peary sabia que se tratava de Borup, dirigindo-se a cabo Colúmbia como fora planejado; sua equipe seria a primeira a retornar ao acampamento principal para reabastecer os trenós e levar de balsa provisões adicionais para a jornada ao norte.

A divisão de Marvin, também transportando suprimentos, logo alcançou o acampamento de Peary, que decidiu mandar Marvin e um esquimó de volta ao acampamento-base para buscar mais combustível. Algumas latas de álcool e de querosene tinham vazado em decorrência de soldas defeituosas, e ninguém queria correr o risco de ficar sem combustível.

Depois de dois dias de caminhada, todas as divisões se acharam novamente impedidas de prosseguir devido à nova abertura no gelo. "A vastidão de gelo entrecortada por um rio de água escura, entintada", era

* Nos relatos publicados sobre sua última expedição ao Ártico, Peary dava a impressão de ter caminhado e corrido ao lado dos trenós durante todo o trajeto de ida e volta. Entretanto, Henson forneceu ao público uma descrição diferente do método de viagem de Peary. "Devido aos pés aleijados, [Peary] viajou nos trenós durante a maior parte da jornada de ida, assim como na volta", relatou Henson. "Seu peso era excessivo para os cães. Sabia que não poderia caminhar muito no gelo acidentado. [...] Via-se compelido a andar de trenó."[21] [N. do A.]

uma "visão já conhecida e indesejável" — reminiscente da Grande Passagem, que os detivera na viagem de 1905 a 1906. Apesar da experiência, Peary, mais uma vez, viajava sem barco ou qualquer outro meio para atravessar as aberturas no gelo.

Dias se passaram e a preocupação de Peary aumentou. Sabia que se a passagem de água não se fechasse logo, sua última tentativa de alcançar o Pólo fracassaria em poucos dias. Há muito Peary julgara as aberturas "a pior característica" do gelo ártico, "muito mais difíceis e perigosas" que as cordilheiras de gelo compactado.[23] Havia algo mais a considerar: e se a abertura fechasse, permitindo que fizessem a travessia, mas depois reabrisse, impedindo-lhes o retorno à terra firme? Peary sabia que havia essa possibilidade e, é claro, o mesmo pensavam os esquimós, sempre receosos de percorrer a calota glacial.

Os nativos começaram a se queixar da situação. Finalmente, dois dos mais velhos — um deles, Panikpa,* que acompanhara Peary na expedição ao ponto mais distante ao norte — "fingiram estar doentes".[24] Peary não se compadeceu. "Tivera experiências de sobra", mais tarde escreveu, "sabia reconhecer um esquimó doente, e [suas] desculpas [...] não me convenceram." Na intenção de dar exemplo aos outros, Peary demitiu-os, imediatamente, ordenando que retornassem ao navio. A perda dos condutores mais experientes da expedição surtiu o efeito oposto do que Peary desejava, e a revolta logo ameaçou se espalhar, à medida que mais nativos se queixavam "deste e daquele mal imaginário", na expectativa de serem mandados de volta. Peary percebia que os esquimós estavam se descontrolando por se acharem imobilizados, distantes da terra firme, mas sentia-se "bastante confuso" a respeito de que atitude tomar. MacMillan, professor universitário e entusiasta de educação física entrou em ação, organizando jogos como luta livre e cabo-de-guerra. Os esquimós se animaram e tomaram parte dos torneios, preferindo a atividade física a ficarem parados, à espera do desconhecido.

No sexto dia, a abertura começou a se fechar, e Peary deu ordens para que o grupo se preparasse para partir na manhã seguinte. Sua preo-

---

* Panikpa, pai de Etukishook, companheiro de Cook, trabalhou como caçador e guia de muitas expedições posteriores ao Ártico. Em 1929, Panikpa e sua segunda mulher caíram no gelo marítimo e morreram congelados. [N. do A.]

cupação agora era outra: Marvin ainda não retornara com as latas de combustível. Antes de sair, Peary afixou um bilhete no local do acampamento dizendo a Marvin que o estoque de combustível era insuficiente, e ordenava: "Siga em frente a toda velocidade possível para nos alcançar. [...] *Não acampe aqui.* ATRAVESSE A ABERTURA. Dê a ração completa aos cães para que se apressem. É *vital* que você nos alcance e traga o combustível."[25]

Atravessaram a abertura no gelo sem maiores contratempos e completaram mais quatro caminhadas até que a divisão de Marvin, com o valioso carregamento de combustível, alcançou-os na tarde de 14 de março, um dia depois que a divisão de Borup chegara com mais suprimentos. Naquela noite, mais aliviado, Peary "dormiu como uma criança".

Pela manhã, determinou que a divisão de Henson avançasse, e o grupo saiu, imediatamente. Peary também ordenou a Goodsell que retornasse com a sua divisão, uma vez que o trabalho fora realizado. Segundo ele, o trabalho de Goodsell naquela esfera de ação era "desnecessário", considerando sua habilidade médica. Em vez de submetê-lo a mais perigos causados pelo gelo, Peary ponderou que o médico deveria assumir a função apropriada a bordo do navio, onde havia maior número de pessoas.

Cada vez que uma divisão se preparava para deixar a expedição, Peary selecionava homens e equipamento, concedendo ao grupo que retornava os cães em pior estado, trenós avariados e os esquimós mais despreparados ou rebeldes. Depois que ajustes finais foram feitos nos trenós e o carregamento foi redistribuído, Peary recebeu notícias desanimadoras de MacMillan. O professor queixou-se de uma ulceração no calcanhar, provocada pelo frio, da qual sofria em silêncio, havia vários dias. Embora Peary tivesse esperado que MacMillan "chegasse a uma latitude comparativamente alta", só lhe restava mandá-lo de volta também.

Novamente a caminho, a expedição principal agora consistia em 16 homens, 12 trenós e cem cães, divididos em três divisões de apoio, além do próprio grupo de Peary. Tinham percorrido poucos quilômetros quando se viram bloqueados por outra passagem. Estreitava-se no sentido oeste, portanto, seguiram naquela direção, chegando ao local onde grandes blocos de gelo — alguns de 30 metros de largura — formavam "uma espécie de ponte flutuante".[26]

Deslocando cães e trenós de um bloco de gelo para outro, seguiram em ritmo estável até que os cães de Borup escorregaram por uma rachadura e se precipitaram na água. Dando um salto à frente, o jovem atleta conseguiu evitar que o mesmo acontecesse ao trenó. Controlando as rédeas, puxou os cães para fora da água. Um homem menos ágil e musculoso, Peary comentou, teria perdido todo o grupo de cães e ainda o trenó, cujo carregamento de 226 quilos de provisões "valia mais para nós do que diamantes". Se o trenó tivesse caído na água, o peso o teria arrastado para o fundo com tudo o que estava atrelado a ele, inclusive os cães.

Após outro dia de caminhada, Peary decidiu que, mais uma vez, era hora de reduzir o grupo, e determinou o retorno do grupo de Borup. Embora Borup tivesse atuado bem, conduzindo seu grupo "quase com a mesma destreza de um esquimó", era o menos experiente. Além disso, a sola de um de seus pés estava parcialmente afetada por dolorosa ferida causada pelo frio. O jovem e seus esquimós fizeram a volta com os trenós e se foram; o rosto de Borup refletia "tristeza diante da decepção".

A expedição agora consistia em 12 homens, dez trenós e oitenta cães. Marvin reuniu-se à divisão de Peary, com os dois grupos restantes liderados por Henson e Bartlett, e o de Bartlett, mais uma vez, era o grupo da frente. Satisfeito com a maneira de o capitão "reagir aos [seus] anseios como uma pessoa bem educada e treinada", decidiu manter o terra-novense na liderança durante o máximo de tempo.[27]

Em 22 de março, Peary, pela primeira vez na viagem, pediu a Marvin que medisse a latitude. Até então tinham prosseguido por meio de "cálculo de posição", baseando-se na "experiência anterior na superfície glacial", embora Peary confiasse apenas em dois outros membros da expedição para calcularem a distância percorrida num dia de viagem: Marvin e Bartlett, os únicos (além de Peary) que sabiam manejar o sextante.[28]

Até aquele ponto, Peary considerara a "altitude do sol [...] tão baixa que as observações seriam falíveis". Mesmo com o sol mais alto no céu, as observações seriam feitas somente quando "necessário, para verificar os cálculos de posição".[29] Peary pretendia que Marvin fizesse todas as observações até que chegasse a vez dele de voltar, quando Bartlett assumiria a função. Peary tinha duas razões para assim proceder: "em parte para poupar minha vista, mas, principalmente, para dispor de observações independentes com as quais seria possível verificar nosso avanço".

Primeiro, para isolar o vento, um abrigo semicircular, com uma abertura voltada para o sul, foi construído com blocos de neve, e uma pele de boi-almiscarado foi disposta no chão. Enquanto no interior de um iglu o mercúrio do horizonte artificial era aquecido por uma chama, uma caixa de instrumentos foi posicionada na abertura do abrigo. Em cima da caixa foi colocada uma vasilha rasa. Quando o mercúrio estava pronto, foi derramado na vasilha até preenchê-la, sendo esta, em seguida, coberta com tampa de vidro.

De bruços, voltado para a abertura e apoiado nos cotovelos, Marvin segurava com firmeza o sextante para obter o contato do ângulo do sol na faixa estreita do horizonte artificial. Feito isso, anotava os números num caderno — números de altitude que tinham de ser corrigidos por refração baseada em temperatura.

Marvin calculou que se encontravam a 85 graus, 48 minutos, norte — a 453 quilômetros do Pólo e a 289 quilômetros ao norte de cabo Colúmbia. Em 16 dias de viagem (sem contar os dias em que se detiveram por causa das aberturas no gelo), tinham avançado, em média, 18 quilômetros por dia, na direção norte.*

Instruído por Peary a fazer outra observação em 25 de março, Marvin definiu a latitude de 86 graus, 37 minutos — 45 quilômetros aquém do ponto mais distante que Peary atingira ao norte. Seria a última observação feita por Marvin, pois Peary determinou que o grupo dele seria o próximo a retornar, assinalando que seu assistente teria se afastado mais do que Nansen, no sentido norte, privilégio que Peary esperava que Marvin compartilhasse com o corpo docente e antigos alunos da Universidade de Cornell, sendo vários deles "generosos patrocinadores do Clube Ártico de Peary".[30]

* Atenção à nota referente às distâncias, no Capítulo 8. [N. da T.]

Na manhã seguinte, depois de redistribuir trenós, cães e suprimentos, Marvin preparou uma declaração, atestando a latitude de onde retornava. Verificou que Peary "prosseguia com um grupo formado por nove homens, sete trenós com as cargas habituais e sessenta cães. Homens e cães de primeira linha".[31]

Marvin e dois esquimós, escolhidos por Peary, seguiram na direção sul, levando um trenó e 17 cães. Os nativos que acompanhavam o professor de engenharia eram Kudlooktoo, de 19 anos, que estivera no grupo de Peary desde que partiram de cabo Colúmbia, e Inukitsoq, integrante do grupo avançado de Bartlett. As últimas palavras de Peary ao assistente foram de advertência: "Cuidado com as aberturas no gelo, rapaz!"[32]

Marvin, que guardava os segredos de Peary, nunca mais foi visto.*

Sob céus escuros e carregados, Peary e os demais deram início à caminhada, quase sempre sobre gelo novo, com pouco mais de 30 centímetros de espessura. Seguiam a trilha de Bartlett, sem a qual "a caminhada teria sido ainda mais difícil".[34] Conforme planejado, Peary chegou ao acampamento seguinte no momento em que o grupo avançado se preparava para sair. Peary e Bartlett concordaram que tinham percorrido "cerca de 28 quilômetros", a despeito do percurso difícil, e se sentiam satisfeitos com o progresso.

O dia 27 de março apresentou um espetáculo esplêndido do sol ártico. Apesar do céu ensolarado, a caminhada foi uma das mais difí-

---

* Kudlooktoo e Inukitsoq, ao chegarem ao *Roosevelt*, relataram o afogamento de Marvin numa grande passagem de água que encontraram no caminho de volta. Trouxeram alguns objetos pessoais de Marvin, inclusive uma bolsa de lona contendo anotações e cartas que mais tarde foram entregues a Peary, mas alegaram que fora impossível resgatar o corpo. Quando Bartlett, ao retornar, soube da história, recusou-se a acreditar e acusou os esquimós de terem causado a morte de Marvin. Quando Peary voltou, ficou "atordoado" com a notícia, embora tenha aceitado de antemão as circunstâncias da morte de Marvin conforme relatadas pelos dois esquimós.[33] No seu livro *O Pólo Norte* (1910), Peary forneceu detalhes do afogamento de Marvin, como: "quando percebeu que o gelo afinava gradualmente na direção do centro da abertura, já era tarde demais e ele caiu na água". Tal afirmação é surpreendente, quando se sabe que Peary também escreveu: "Nenhum olho humano o viu quando ele rompeu o gelo novo e traiçoeiro que se fechara recentemente sobre uma faixa de água." [N. do A.]

ceis, pois o grupo precisou transpor superfícies de gelo quebrado tão afiado e pontiagudo que chegava a cortar o couro das vestimentas e das botas. Em seguida, chegaram a um trecho de gelo fragmentado, coberto por neve profunda, através do qual foram forçados, "literalmente, a lavrar o gelo, erguendo e equilibrando os trenós até sentirem dores nos músculos".

Durante a caminhada seguinte, depois de percorrer a trilha de Bartlett por seis horas, Peary encontrou o grupo avançado acampado ao lado de uma abertura no gelo, ampla e intransponível, que se alongava até desaparecer numa parede de denso nevoeiro. A fim de não ser perturbado durante o sono, Peary determinou que os esquimós construíssem os iglus a 100 metros de distância, e os nativos também se recolheram depois da costumeira refeição à base de fiambre, bolacha e chá. Quase adormecido, Peary ouviu, próximo de onde se encontrava, o barulho forte de algo "rachando", que atribuiu à pressão exercida pelo gelo para fechar a abertura.[35] Virou-se na cama feita de couro, mas, antes que o sono chegasse, ouviu gritos.

De pé, Peary viu através do visor uma grande faixa de água escura entre o seu iglu e o de Bartlett. Chutou para fora o bloco de gelo da entrada e saiu.

A banquisa tinha se rompido entre os dois acampamentos e os nativos do grupo de Bartlett gritavam enquanto eram levados por uma balsa de gelo em direção à abertura. Aos gritos, Peary instruiu Bartlett a carregar os trenós, atrelar os cães e se preparar para fazer a travessia tão logo houvesse uma oportunidade.

Peary percebeu que outra rachadura, de vários metros de largura, tinha isolado os iglus dele e de Henson numa pequena ilha de gelo. Vociferou mais ordens, determinando que os homens pegassem as picaretas e nivelassem o gelo ao seu redor, atirando os pedregulhos na fenda para preenchê-la, de modo que pudessem conduzir os trenós. Foi o que fizeram, com rapidez e ordem, e logo todos passaram para o outro lado.

A parte que isolara a divisão de Bartlett começou a flutuar de modo constante na direção do local onde Peary e os demais aguardavam, até que as extremidades se chocaram com a banquisa. Naquele instante, os homens de Bartlett, com os trenós e os cães, fizeram a travessia às pressas.

Alguns homens não tinham dormido ainda. Tendo perdido os iglus, a alternativa era construir novos abrigos de gelo, o que fizeram, e logo se recolheram. Ao acordar, viram-se diante da mesma quantidade de água, escurecida por alta condensação. Não era possível ver até onde se estendia, se é que havia um limite. Ocorreu a Peary que o grupo estivesse acampado na extremidade do mar aberto polar, "imaginada por criadores de mitos" desde a Renascença.[36] Todo projeto de navegação pelo Pólo Norte tinha se frustrado devido ao gelo aparentemente infindável. Embora Peary jamais tivesse acreditado na existência de uma rota pelo mar aberto polar, ali estava ele, com a expedição — à beira da água e incapaz de prosseguir.

Depois do desjejum, inspecionaram os trenós, fizeram remendos nas roupas e estenderam algumas peças molhadas acima de pequenas lamparinas a óleo usadas para essa finalidade. À tarde, Bartlett fez uma sondagem na extremidade da abertura, deixando baixar, cuidadosamente, uma linha com um peso na ponta, por mais de 1,5 quilômetro, mas sem conseguir chegar ao fundo. Depois de comer, e quando os relógios mostravam que era hora de dormir — era agora o período de luz solar perene —, voltaram aos iglus.

Muito se falou a respeito do gelo mutável no decorrer daquela noite. Em dado momento, Peary olhou para fora e viu que o nevoeiro estava subindo. Às oito horas da manhã, tinha desaparecido e o atrito havia cessado — além disso, milagrosamente, a passagem de água se fechara. Todos se apressaram para atravessar antes que o gelo reabrisse.

Naquele dia os trenós saíram juntos, em fila única — os de Bartlett, os de Henson e, afinal, os de Peary —, contornando e atravessando lagos cobertos de gelo novo, tão extenso e fino que assim que os trenós passavam o gelo vergava por baixo; era uma corrida de vida ou morte, para alcançar o outro lado.

A região que percorriam fazia Peary pensar "em possibilidades desagradáveis", ou seja, que na volta as caminhadas poderiam ser impedidas de modo tão repentino e imprevisível quanto na ida.[37] Além do mais, o retorno seria muito mais tarde, no verão, quando as aberturas no gelo eram mais freqüentes. Caso se encontrassem com o estoque de alimentos baixo, doentes ou gravemente feridos, períodos longos de espera poderiam ser perigosos.

Acampado em 30 de março, à noite, Peary informou a Bartlett que ele seria o próximo a retornar para o sul após a caminhada do dia seguinte. Peary explicou que decidira levar Henson ao Pólo, além dos quatro melhores esquimós.

No entender de Bartlett, foi uma "decepção amarga".[38] Sentia-se bem, fisicamente, e julgava que seu trabalho difícil e decisivo ao liderar o grupo avançado até aquele ponto distante ao norte tivesse lhe garantido uma passagem para o Pólo. Na verdade, Bartlett se convencera de que não seria mandado de volta, pois provara seu valor diante de Peary, ao manter sua equipe na liderança para a investida final, e também por saber usar o sextante e fazer observações, o que Henson não era capaz de fazer.

Peary, no entanto, mantinha-se irredutível. Evidentemente, tinha seus motivos.

Na manhã seguinte, Bartlett levantou-se cedo, enquanto os demais dormiam, e começou a caminhar no sentido norte. Sentia-se muito abalado e "ligeiramente descontrolado".[39] O marinheiro experiente "chorou um pouco" — lágrimas de autopiedade que congelaram nas maçãs do rosto. Tinha percorrido milhares de quilômetros para chegar àquele ponto e agora recebia ordens de voltar. Parecia-lhe que conseguiria "realizar o feito" por conta própria, sem cães nem comida, nem coisa alguma. Estava tão seguro que continuou a caminhar. Passados 8 quilômetros, aproximadamente, recobrou o equilíbrio e admitiu que "precisava voltar".

O acampamento estava agitado quando Bartlett retornou. Logo se dirigiu a Peary e lhe disse, com convicção, que desde que causasse qualquer embaraço e prejudicasse o avanço, conformava-se em retornar.

Impassível, Peary disse apenas que Bartlett devia voltar.

Novamente, Bartlett custava a crer. Embora não desejasse discutir abertamente com seu comandante, decidiu que seria preferível percorrer a trilha e morrer durante o esforço isolado a "desistir". Então caminhou na direção norte, outra vez, seguindo a própria trilha, e "de certo modo entrou em estado de torpor". No entanto, mais uma vez, chegou a um ponto onde se conscientizou que o certo seria obedecer às ordens.

Ao retornar, tendo concordado, afinal, com o decreto de Peary, embora com relutância, Bartlett preparou-se para a viagem de volta. Antes de ir embora, fez a última observação ao meio-dia, que os situou a 87 graus, 46 minutos, norte. O capitão preparou e assinou dois originais de uma declaração por escrito, confirmando tal posição — uma para Peary e outra para si mesmo — e depois de despedidas emocionadas partiu para o sul, com dois esquimós, um trenó e 18 cães.

Num mês, Peary e sua equipe tinham avançado cerca de 518 quilômetros ao norte. Quando se compensava os dias em que estiveram detidos pelas aberturas e impedidos de viajar, sua média por caminhada chegava a 24 quilômetros por dia.

Peary permaneceu com Henson e quatro esquimós: Ootah, Egingwah, Seegloo e Ooqueah. Ootah tinha participado da expedição que os levara ao ponto mais distante ao norte, e Egingwah e Seegloo eram também experientes em viagens polares. O quarto nativo, Ooqueah, era o mais novo e jamais integrara uma expedição, embora Peary o considerasse "mais bem-disposto e entusiasmado que os demais".[40] A motivação de Ooqueah era evidente para Peary: "Sempre pensava nos grandes tesouros que eu prometera a cada homem que fosse comigo ao ponto mais distante do norte — baleeira, rifle, espingarda, munição, facas *et cetera* —, riquezas que se encontravam além dos sonhos mais excêntricos dos esquimós." Com seus objetos de valor, Ooqueah pretendia conquistar a filha de um ancião de cabo York.

Peary acreditava que seus acompanhantes tinham "plena confiança" de que ele "de algum modo os levaria de volta à sua terra". Também pensava que "todo o ímpeto do grupo concentrava-se" nele. A despeito do ritmo que lhes impusesse, "teriam um bom desempenho", mas se ele de algum modo falhasse, "eles haveriam de parar como um carro com o pneu furado".

Trenós carregados e cães atrelados, todos se voltaram para Peary. Ele inspirou profundamente o ar frio "que vem diretamente do Pólo, e varre a massa de gelo, pura e lisa". Além do horizonte, a 215 quilômetros de distância, o sonho de sua vida, quem sabe seu destino, esperava por ele.

"Em frente! Marche!"

CAPÍTULO 17

"CHEGUEI AO PÓLO"

NO SEU RETORNO A ANNOATOK, em abril de 1909, Cook teve a sensação de que envelhecera vinte anos nos 14 meses em que estivera viajando. Com os dois companheiros esquimós, sobrevivera à luta mais árdua de sua vida de explorador.

Perguntava a si mesmo se a "batalha desesperadora contra a fome e o gelo" teria valido a pena.[1] A melhor resposta, ele sabia, era que em dado momento tiveram pouca escolha ao se encontrarem "suspensos na ponte entre vida e morte". Muitas vezes tinham se resignado à morte, embora não perdessem a vontade de viver. Uma "aptidão desconhecida do espírito" mantinha-os ativos muito depois que devessem ter sucumbido. De cada situação em que andaram a esmo, perdidos e temerosos da "sombra da morte", emergiam, inexplicavelmente, e presenciavam o amanhecer.

Cook compreendia que seus companheiros, Etukishook e Ahwelah, consideravam a jornada através do vasto oceano congelado um projeto inútil, porque não tinham encontrado áreas de caça desde que se afastaram da terra firme. Na verdade, os dois esquimós passaram a se sentir tão inseguros na calota glacial que Cook, "com boas intenções, incentivou neles uma crença falsa na proximidade de terra".[2] A idéia de tentar amenizar a ansiedade dos nativos — "que todo aborígine sente, involuntariamente, quando a terra desaparece no horizonte" — ocorreu a ele quando um esquimó, no último grupo de apoio, mostrou um conjunto de nuvens baixas ao norte, sobre o oceano polar, e disse em tom aprovador: *"Noona"* (Terra).[3] Os demais concordaram. Depois que a jornada ao Pólo começou, Cook indicou "miragens" semelhantes em contraste com a paisagem marítima, brilhante e congelada, para promover a "ilusão" de proximidade de terra e evitar que os nativos perdessem o entusiasmo, e decidissem voltar, pois sabiam, melhor que ninguém, do perigo do gelo marítimo se quebrar e levar as pessoas à morte.

Nos primeiros dias em que esteve de volta a Annoatok, depois de comer e descansar, Cook encontrou em Harry Whitney um amigo confidente, que parecia estar compenetrado de sua missão de ajudar o explorador a se recuperar. Através de Whitney, Cook foi informado a respeito do péssimo estado de saúde de Rudolph Franke e de seu retorno ao sul, no navio de suprimentos de Peary, oito meses antes. Também soube da vinda de Whitney à Groenlândia, a bordo do *Erik*, e de sua estada, na esperança de caçar bois-almiscarados e ursos com a chegada da primavera e do verão. Com tal propósito, Cook marcou num mapa os locais em Ellesmere onde encontrara grandes rebanhos de boi-almiscarado.

Whitney contou-lhe a respeito dos problemas que teve durante o inverno com John Murphy, o contramestre encarregado por Peary. Cook fez suas próprias queixas, atônito diante do fato de Peary ter confiscado seus pertences, incluindo mercadorias valiosas como as peles de raposa-azul e de outros animais, chifres e presas de marfim. Mais de uma vez, Cook discutiu com o contramestre a respeito do assunto. "Se o Sr. Peary exigisse a posse de minhas provisões com vistas à legítima exploração", escreveu Cook mais tarde, "eu teria o maior prazer de lhe ceder o último pedaço de pão; mas fazer uso de meus bens para satisfazer sua ganância por lucro comercial foi [...] um remédio amargo."[4]

À medida que recuperava as forças, Cook contou a história a Whitney, que se sentiu "honrado [...] e extasiado" diante do que Cook logo revelou: que ele e os dois esquimós tinham chegado ao Pólo Norte em 21 de abril de 1908.[5]

"Cheguei ao Pólo."[6] Ao ouvir ele mesmo fazer tal declaração em inglês, pela primeira vez, Cook se perguntou se o feito era "algo notável". Percebeu que Whitney não demonstrara "grande surpresa, e suas felicitações discretas" reforçaram as idéias de Cook — de que ele não realizara "nada extraordinário ou inacreditável". Para Cook, chegar ao Pólo na primavera anterior não exigira tanto do grupo quanto um ano de luta pela sobrevivência.

Cook falou da grande quantidade de boi-almiscarado em Ellesmere e Axel Heiberg, provendo o sustento até a orla do oceano Ártico. Traçando sua rota num mapa, e consultando um diário que continha os resultados das leituras de cálculos do sextante, assim como dados variáveis como temperatura, direção do vento, leituras barométricas, tipos de formações nebulosas, cor do céu e outras observações, Cook descreveu como estivera detido, durante três dias, diante de uma grande abertura no gelo, aproximadamente na mesma latitude em que Peary relatou que interrompera a marcha devido à Grande Passagem em 1906. Decidiu esperar para ver se a passagem — "uma abertura imensa, de vários quilômetros de largura — se fecharia antes de inaugurar o bote de lona.[7] No dia seguinte, constataram que o gelo já era espesso e propício à travessia a pé. Após seis dias de jornada, Cook fez a primeira observação que determinou a latitude de 83 graus, 31 minutos. Cinco dias depois, em 30 de março, avistou a oeste o que lhe pareceu uma terra distante, para a qual "dirigiu o olhar curioso e demorado".[8] Embora não pudesse ser "vista claramente", em meio à "neblina baixa" que obscurecia o horizonte, estimou que a massa elevava-se à altura de 304 metros e abrangia uma área de 80 quilômetros. Etukishook e Ahwelah animaram-se ao saber que a promessa de haver terra nas proximidades seria cumprida em pouco tempo. Cook decidiu não se empenhar em examinar o local avistado, pois, a seu ver, "o Pólo era o foco da ambição". Fez outra observação, estabelecendo a posição deles a 84 graus, 50 minutos, e deu à região desconhecida o nome de Bradley Land,* em homenagem ao seu patrocinador.**

---

* Terra de Bradley. [N. da T.]

** Cook informou ter feito sete leituras com o sextante, a caminho do Pólo: em 24 de março, 30 de março, 8 de abril, 11 de abril, 14 de abril, 19 de abril e 21 de abril. Devido ao denso nevoeiro, quase todos os dias, durante a viagem de volta, comunicou ter feito apenas três observações: em 30 de abril, em 24 de maio e em 13 de junho. [N. do A.]

Após 24 dias, tinham avançado 666 quilômetros depois que se afastaram da terra firme do continente, afirmou Cook, tendo feito, em média, 28 quilômetros por dia. Àquela altura, tinham consumido menos da metade da comida que levavam. À medida que a carga dos trenós tornava-se mais leve, o número de cães era reduzido, sendo os mais fracos executados e servidos aos demais, visando poupar ração. Segundo Cook avaliara, se mantivessem a velocidade média de percurso, teriam comida suficiente para percorrerem os 296 quilômetros restantes, rumo ao Pólo, e voltar em segurança. No entanto, qualquer demora excessiva seria um risco à realização do projeto — e provavelmente às suas vidas.

Em 13 de abril, tendo viajado cinco dias, enfrentando ventos violentos e congelantes que tornavam a respiração dolorosa, Ahwelah e Etukishook recusaram-se a prosseguir. A "igualdade do comprimento das sombras à noite e de dia deixavam os nativos intrigados", assim como a posição fixa do sol, que se mantinha à mesma altura no céu, isto é, baixo no horizonte, a despeito do horário — fenômenos de latitudes muito altas (ou baixas), que jamais tinham alcançado.[9] "Perdidos numa região sem terra, sem vida, onde o céu, as condições meteorológicas, o sol e tudo o mais era misterioso", escreveu Cook, empregando um tom enfático, ao se referir aos receios dos esquimós. Disseram-lhe que queriam voltar para casa. Cook compreendia o desejo que sentiam de voltar para o convívio da família, das namoradas e dos campos de caça, mas estimava que "o Pólo se localizava a 185 quilômetros de onde estavam", e "a conquista parecia quase certa".[10] Fez o possível para tranquilizá-los; "jamais falei com tanta veemência". Disse: *"Tigishu-conti"* (O Pólo está próximo). Prometeu: *Sinipa tedliman dossa-ooahtonie tomongma ah youngulok tigilay toy hoy"* (No término de cinco noites de sono a jornada será concluída, tudo estará bem, voltaremos a salvo, rapidamente). *"Ashuka-alningahna-matluk"*, disse, prevendo o retorno, em dois meses, às terras esquimós, onde há aberturas no gelo e carne fresca. Enquanto ouviam, atentos, Cook acrescentou: *"Kabishuckto-emongwah"* (Vamos em frente, mais um pouco). Os dois nativos, magros e famintos como resultado de uma dieta à base de fiambre e chá, dirigiram-se aos trenós, ergueram os açoites e deram ordem de comando aos cães para que seguissem, dizendo *"Huk, Huk, Huk"*. Para o norte seguiram na intenção de cobrir "os 185 quilômetros restantes".

Cook contou a Whitney que, em 21 de abril, determinara, ao meio-dia, que se achavam "no ponto mais próximo" ao Pólo Norte. Permaneceram no local durante dois dias, quando Cook fez observações e medições para confirmar a latitude.[11] Antes de partir, deixou um bilhete num tubo de latão, que enterrou numa fenda da geleira. Em seguida, teve início a corrida para retornarem vivos.

O tempo logo se tornou abominável, e o gelo começou a se abrir formando banquisas deslizantes. Se não fosse o barco dobrável, Cook explicou, teriam ficado isolados inúmeras vezes naquela primavera e no verão. Ao verem a rachadura na massa de gelo flutuante, transferiam apenas um trenó e o restante dos suprimentos para o barco e atravessavam as aberturas, uma após a outra — e até mesmo uma baía ampla quando se aproximavam da terra firme. No caminho de volta, quase sempre detido pelo nevoeiro, Cook relatou que, depois de fazer uma leitura com o sextante, em 13 de junho, ficou atônito quando constatou que, em vez de seguir para o sudeste, como esperara, tinha tomado a direção sudoeste. Sua observação de 79 graus, 32 minutos, norte, e 101 graus, 22 minutos, oeste, situava-os no oceano Príncipe Gustavo, a 80 quilômetros da ilha de Axel Heiberg e a sudoeste do cabo Svartevoeg, muito distantes do seu local de destino. Ao mesmo tempo, tinham se distanciado dos abrigos, estabelecidos em Ellesmere, quando estava previsto o deslocamento para o sudeste. Naquela região, o movimento da calota glacial na direção oposta — então desconhecido e inesperado — quase lhes custou as vidas. Fizeram várias "tentativas exaustivas" para fazer a travessia de barco até Axel Heiberg, a leste, mas foram repelidos por áreas de "gelo fragmentado".[12] Havia o risco de o barco de lona ser esmagado na massa instável de gelo, atirando-os e tudo que levavam nas águas profundas e gélidas. Além disso, mesmo que chegassem a Axel Heiberg, ainda haveria um percurso desconhecido de 148 quilômetros através de uma ilha desolada até alcançarem o depósito de provisões mais próximo, no litoral leste. Ao sul, a terra ficava mais próxima, portanto, rumaram naquela direção. No dia seguinte, chegaram a uma pequena ilha na entrada do estreito de Hassel, próximo ao litoral noroeste da ilha de Amund Ringnes. Após 86 dias percorrendo o gelo flutuante polar, tiveram a satisfação e o alívio de finalmente pisar em terra firme, sabendo que a jornada perigosa sobre o gelo marítimo chegara ao fim.

A alegria, no entanto, seria passageira. Os suprimentos estavam quase esgotados (com rações reduzidas, tinham o suficiente para vinte dias, apenas), os cães não estavam mais com eles (em vez de matá-los, soltaram o punhado de sobreviventes na expectativa de que se reunissem aos seus semelhantes, os lobos árticos), e não tinham munição, exceto os quatro cartuchos que Cook "guardara em segredo, para serem usados em última instância". Esperando chegar a um povoado nativo, continuaram no sentido sul, de barco e a pé, valendo-se dos recursos da região para se alimentar, sempre que possível. Em setembro, tinham chegado ao cabo Sparbo, no litoral norte da ilha de Devon. Com a aproximação do inverno, Cook sabia que precisavam encontrar abrigo e preparar um estoque de alimentos para sobreviver à noite ártica. Escavaram as ruínas de antiga caverna de gelo, que uma vez servira de moradia — composta de uma plataforma para se dormir, um buraco para se fazer fogo e uma despensa. Lá encontraram uma "caveira", e embora "não fosse bom presságio", não havia tempo para se importar com a má sorte de outra pessoa.[13] A fim de melhorar a calefação, cortaram relva para acrescentar à cobertura, antes que o gelo dificultasse a operação. Caçaram durante o mês de outubro, com armas da idade da pedra, feitas de madeira e metal retirado do trenó e do barco, adotando um método eficiente (apesar de muito arriscado), que utilizava cordas e lanças para abater boi-almiscarado, por natureza "um animal pacífico e amistoso", mas que ao ser forçado a lutar torna-se "uma das criaturas mais perigosas das regiões ermas". Encontrando suficiente caça, estocaram a carne na caverna, onde congelou rapidamente. No abrigo tão restrito, viveram de novembro a fevereiro, quando as condições de clima e gelo possibilitaram o início de sua caminhada de dois meses até Annoatok.

Agora ansiosos por retornar à civilização, Cook preparou-se para viajar. Explicou a Whitney o plano de percorrer de trenó 1.296 quilômetros na direção sul, até o entreposto dinamarquês de Upernavik, e embarcar no navio rumo à Dinamarca. Durante a viagem de trenó seria preciso subir montanhas e geleiras, atravessar passagens de água na estação em que o gelo se deslocava e a neve desmoronava, e ainda arrastar os trenós através de "neve parcialmente derretida e água".[14] Cook não nutria falsas ilusões sobre o trajeto, considerando-o "quase tão difícil quanto a viagem ao Pólo".

Whitney tentou dissuadi-lo, oferecendo-lhe uma passagem gratuita num navio fretado que deveria chegar a Etah no final do verão, para levá-lo de volta — acordo que seus dois amigos caçadores, que tinham retornado no *Erik*, logo trataram de providenciar. No entanto, Cook achava que estaria em casa alguns meses antes, se embarcasse num navio rumo a Copenhague, de onde seguiria para Nova York.

Desde que Ahwelah e Etukishook tinham retornado ao seu vilarejo ao sul de Annoatok, Cook recrutou outros dois esquimós para o acompanharem. Imaginou que se encontraria com Ahwelah e Etukishook, e uma vez que Whitney não dispunha de número suficiente de nativos e cães para a caçada em Ellesmere, Cook afirmou que tentaria planejar o retorno deles a Annoatok para servirem de guias a Whitney.

Um dia antes de partir, um dos esquimós com quem viajaria adoeceu, o que significava que Cook levaria um trenó a menos. Whitney sugeriu que ele deixasse quaisquer pertences dos quais não fosse necessitar de imediato. Whitney, que esperava chegar a Nova York em outubro, depois de passar pela baía de Hudson, prometeu levar tais pertences e devolvê-los, pessoalmente, a Cook, no Brooklyn.

Cook aprovou a idéia. Além de dados meteorológicos, coleções etnológicas, espécimes geológicos, alguns casacos de pele e outras roupas, encaixotou os instrumentos de precisão e os deixou com Whitney. Entre esses, constavam: o sextante francês, bússola magnética, horizonte artificial de vidro, barômetro de alumínio, termômetro de álcool e uma bússola líquida — que o ajudaram a medir parâmetros críticos, incluindo sua posição durante a trilha polar. Seriam desnecessários na viagem em questão, pois ele percorreria o litoral da Groenlândia e não desejava que os instrumentos se perdessem ou quebrassem durante o trajeto de trenó. Também decidiu separar os registros originais da viagem, preferindo ficar com o manuscrito, o diário e alguns papéis que continham cálculos astronômicos para embasar leituras com o sextante feitas durante a viagem ao norte. Guardou o que restara dos registros originais da viagem — "folhas de papel rasgadas, velhas, gastas e engorduradas" e também cadernos e folhas soltas que continham "retificações instrumentais e leituras diretas [com o sextante]".[15] Whitney disse que poderia guardar melhor a bandeira que Cook hasteara no Pólo. Cook concordou e, depois de dobrá-la cuidadosamente, colocou-a junto aos instrumentos. Ao todo, deixou três caixas com Whitney.

Cook estava ciente de que seus instrumentos, especialmente o sextante, e as medições originais realizadas em campo seriam "importantes para cálculos a serem refeitos no futuro", e como prova da alegação que chegara ao Pólo no caso de haver algum contratempo, impedindo-o de chegar a Upernavik.

Antes de partir, deixou instruções por escrito para que Whitney, ao partir no verão, cedesse a casa e o restante das provisões a Etukishook e Ahwelah, pelos bons serviços prestados. Além disso, Cook consentiu que os dois marujos do *Roosevelt*, Murphy, o contramestre e William "Billy" Pritchard, o cabineiro, "continuassem a ser locatários da casa até partirem, mediante o acordo de que o aluguel destina-se à compra da passagem de volta de Franke [...] e todas as despesas incidentes".[16]

Além de Whitney, a única pessoa que ouviu Cook falar sobre a descoberta do Pólo Norte foi Pritchard, jovem amável, da confiança de Whitney. Cook pediu a Whitney e Pritchard que não revelassem a Peary nem a qualquer membro da tripulação do *Roosevelt* que ele chegara ao Pólo Norte, até que fosse feita a notificação a uma agência de notícias de boa-fé. Foi decidido que no momento em que Peary reaparecesse, diriam apenas que Cook alegara ter ultrapassado o ponto mais distante ao norte alcançado por Peary.

Cook partiu para Annoatok na terceira semana de abril. Ao atravessar uma geleira para chegar à baía Sonntag, Cook e o companheiro nativo foram surpreendidos por uma ventania que os afundou em dunas de neve nas montanhas. Descendo no sentido do mar, encontraram condições bem melhores e logo se encontraram com Etukishook e Ahwelah no vilarejo nativo de Nuerke, que aproveitavam a temporada de caça ao leão-marinho, durante a primavera. Os caçadores achavam-se em "estado de estupor glutônico por excesso de alimentação", e Cook e seu companheiro logo "sucumbiram a prazeres semelhantes".[17] Percebeu que, naquele local, "o principal passatempo dos nativos era fazer comentários a respeito do Pólo Norte", à medida que Etukishook e Ahwelah recontavam a longa jornada à região de sombras estranhas, onde o sol jamais se erguia ou se punha e onde não havia nem caça nem qualquer outro sinal de vida. Cook instruíra Etukishook e Ahwelah a nada revelar a Peary ou aos homens de sua equipe a respeito de terem alcançado o Grande Prego, embora soubesse que eles não deixariam de fazer relatos à sua gente. Os nativos, raramente, tinham grandes notícias a comentar, além de nascimentos e mortes, portanto, jovens e idosos reuniam-se para ouvir histórias que se tornariam lendas orais da tribo. Segundo observação de Cook, o tipo de dificuldades por que passavam e os métodos diferentes de se caçar durante o inverno escasso pareciam os temas de maior interesse para os ouvintes, fascinados ao tomar conhecimento das histórias de caçadas nas quais eram utilizados estilingues, armadilhas de laço e lanças.

Ao seguirem em direção ao cabo York, Cook começou a considerar, pela primeira vez, a "dimensão pública" de seu retorno.[18] Pensou que os jornais dariam à "sua notícia três dias de destaque e nada mais". Seu principal pensamento, à medida que rumava para o sul, era que, após centenas de vidas e milhões de dólares sacrificados na busca ao Pólo, ele provara que o feito poderia ser "alcançado através de métodos simples".

Em 21 de maio, Cook chegou a Upernavik. Dirigiu-se à residência do governador dinamarquês, que o instalou no quarto de hóspedes até que o transporte fosse providenciado. A demora veio a ser mais longa do que Cook imaginara. Somente em agosto surgiu um navio com destino a Copenhague: *Hans Egede*, do governo dinamarquês, levava dignitários e cientistas num *tour* oficial à Groenlândia. O navio ancorou ao largo de Egedesminde, na embocadura da baía Disko, a 480 quilômetros de Upernavik — viagem feita por Cook numa traineira.

Para alguns funcionários do governo que o trataram com gentileza, Cook falou de sua conquista do Pólo Norte. Na noite anterior à partida do *Hans Egede* um jantar foi oferecido em homenagem a Cook, no King's Guest House, o único hotel da Groenlândia. Em torno de vinte funcionários graduados e cientistas estavam presentes e, entre eles, um rosto familiar do Extremo Norte, o groenlandês Knud Rasmussen. Durante 45 minutos, Cook falou de sua jornada polar na primavera e sobre a árdua experiência no inverno.

O seguinte a se pôr de pé foi Rasmussen, que começou dizendo que os nativos com quem conversara, além de confirmarem o relato de Cook, forneceram detalhes adicionais. Rasmussen esclareceu que tinha passado o verão em cabo York, onde soubera, através dos nativos, da viagem ao Pólo Norte. Bastante interessado no relato, entrevistou um grande número de esquimós — coletando dados para um artigo que esperava publicar. Embora, naquela ocasião, Ahwelah e Etukishook estivessem em Ellesmere, caçando com Whitney, Rasmussen conversou com 35 nativos, vários dos quais declararam que ouviram a história diretamente dos dois caçadores, inclusive como Cook "dançara como um *angacock*" (médico feiticeiro) ao olhar através de "seus óculos de sol" e chegar à conclusão que, depois de um dia de caminhada, estariam no Pólo.[19] Rasmussen soube do receio de Etukishook e Ahwelah, ao longo da extensa caminhada, de que jamais regressassem aos seus lares, e da decepção por não terem encontrado passagens de água ou caça, nada mais que gelo.

Rasmussen congratulou Cook, julgando que ele "alcançara a maior vitória [...] da história do Ártico". O groenlandês fez uma advertência em relação a Peary, cuja reputação conhecia através dos nativos — homem que durante anos dominara o mercado lucrativo de raposa-azul e marfim no norte da Groenlândia, proibindo os nativos por ele contratados, ou com os quais negociava, de fazer transações comerciais com outros brancos; homem conhecido por ter se apropriado de bens essenciais que outros exploradores deram aos nativos, obrigando-os a negociar com ele; homem que há muito tratava os nativos como um governador colonial supervisiona uma província indisciplinada; homem que não suportava a competição ártica. Rasmussen não acreditava que tal homem se prestasse a dar parabéns assim que voltasse do norte e soubesse da reivindicação de Cook em relação à conquista do Pólo. Naquela noite, Rasmussen "prenunciou o retorno de Peary e a discórdia".[20]

O *Hans Egede* partiu rumo a Copenhague em 9 de agosto, levando Cook a bordo. Nas três semanas seguintes, durante a travessia do Atlântico Norte, Cook entreteve passageiros e tripulação com fascinantes relatos sobre a descoberta polar e a luta pela sobrevivência. A pedido do capitão, proferiu uma palestra a um grupo de funcionários graduados, correspondentes da imprensa e cientistas que se impressionaram com o conhecimento do explorador sobre o Ártico e seu povo, aliado à sua conduta modesta.

A reação entusiástica de jornalistas, em particular, fez Cook pensar que sua história teria "valor financeiro considerável". Poderia fazer bom uso do dinheiro. Como de costume, seus recursos estavam esgotados. As despesas feitas no hotel, em Egedesminde, e no *Hans Egede*, não tinham sido pagas; contava com apenas 50 dólares e, além de comprar roupas novas para se apresentar melhor, precisava adquirir uma passagem de Copenhague a Nova York. Em sua cabine, dedicou-se a revisar uma narrativa de 2 mil palavras que rascunhara em Upernavik, com a intenção de oferecê-la a algum jornal americano. Nesse breve relato, resumo de outros escritos, de seu diário e de anotações, Cook proporcionou as primeiras descrições das condições naturais do Pólo Norte, e mesmo de outras regiões por onde viajou. O capitão, que reconhecia o valor informativo da história de Cook, sugeriu que ele enviasse um telegrama do porto mais próximo, e ofereceu aportar nas ilhas Shetland, um grupo de cem ilhas, com população dispersa, localizadas no extremo norte do território britânico.

Em 1º de setembro, o *Hans Egede* entrou no porto de Lerwick, nas ilhas Shetland, atracou e lançou um barco a remo. Somente dois homens receberam permissão de desembarcar naquela parada imprevista: um oficial de bordo e Cook.

Da única sala de estação telegráfica, Cook passou um telegrama para Marie, que se encontrava em casa, no Brooklyn, dizendo-lhe que "tinha alcançado êxito e estava bem", e outro para a mãe de Harry Whitney, para avisá-la de que o filho estava são e salvo.[21]

Em seguida telegrafou para o *New York Herald*, o jornal mais influente da maior cidade da América do Norte. Embora Cook jamais tivesse tido qualquer contato com o *Herald*, o jornal mantinha a tradição de cobrir feitos de exploradores, tendo enviado seu célebre repórter, Henry M. Stanley, à África, em 1871, para localizar o Dr. David Livingstone, do qual pouco se soubera desde sua partida, cinco anos antes, quando se empreendera na busca malsucedida da nascente do rio Nilo.

Cook informou aos editores do *Herald*:

> CHEGUEI AO PÓLO NORTE EM 21 DE ABRIL DE 1908.
> DESCOBRI TERRA NO EXTREMO NORTE.
> DEIXEI UM CABOGRAMA EXCLUSIVO E SELADO DE 2.000 PALAVRAS
> PARA OS SENHORES COM O CÔNSUL DINAMARQUÊS EM LERWICK.
> ESPERO RECEBER 3.000 DÓLARES PELO RELATO.
> SIGO NO VAPOR *HANS EGEDE* PARA COPENHAGUE.
> FREDERICK A. COOK*[22]

O oficial de bordo enviou um telegrama a Copenhague, em nome de Jens Daugaard-Jensen, o funcionário mais graduado do governo da Groenlândia, que, por acaso, se encontrava a bordo do *Hans Egede*. Endereçado a Maurice Francis Egan, embaixador dos EUA na Dinamarca, comunicava o feito de Cook no Pólo e acrescentava: "Os esquimós de cabo York certificam Knud Rasmussen do relato da viagem do Dr. Cook."[23]

Dois dias depois, o *Hans Egede* foi recepcionado ao largo de Skagens Gren, no extremo norte do continente europeu, por um torpedeiro da Marinha Real dinamarquesa, cujo capitão veio a bordo trazendo um telegrama de felicitações do primeiro-ministro da Dinamarca, e notícias de que jantares e recepções seriam oferecidos a Cook em Copenhague. Também entregou a Cook uma cópia do jornal dinamarquês que republicara a reportagem do *New York Herald*, ocasião em que Cook soube, pela primeira vez, que seu relato sobre o Pólo fora vendido. Passando os olhos pelo explorador — que usava botas de esquimó, paletó

---

* O telegrama de Cook seguiu para o escritório do *Herald*, em Paris, de onde o filho do fundador, proprietário e editor, James Gordon Bennet Jr., administrava o jornal. No entender de Bennet, o preço estipulado por Cook pela história a respeito do Pólo Norte era uma pechincha, e imediatamente enviou um telegrama a Lerwick, para obter a narrativa de Cook, que foi publicada abaixo de uma manchete de primeira página no dia seguinte (2 de setembro de 1909). [N. do A.]

sujo e calças frouxas —, o oficial, tendo recebido ordens de acelerar o navio e comunicar quando era prevista a chegada do *Hans Egede* em Copenhague, logo providenciou que se tomassem as medidas de Cook para que ele tivesse um traje apropriado para participar das festividades.

Alguns visitantes tiveram permissão de embarcar no torpedeiro. Entre eles havia um jovem repórter do jornal *London Daily Chronicle*, chamado Philip Gibbs, que mais tarde admitiu que desconhecia o assunto das explorações árticas, não tivera tempo de pesquisar e mal se lembrava do nome de Cook, repetindo-o para si mesmo a caminho do encontro a bordo do navio. Ao encontrar Cook, Gibbs tentou igualar a saudação de Stanley a Livingstone começando a dizer: "Dr. Cook, presumo."[24] Sem-cerimônia, pediu para ver o diário de Cook, todos os documentos e registros. Era um pedido insolente que ignorava a possibilidade de Cook ter vendido ou pretendido vender o relato exclusivo. Cook desviou-se de Gibbs, explicando que tinha deixado os instrumentos de precisão e muitos relatos originais na base na Groenlândia, com um amigo esportista que levaria o material aos Estados Unidos.

Gibbs não acreditava.

— Qual é a prova de que o senhor dispõe para demonstrar que esteve, realmente, no Pólo Norte? — perguntou.

Cook dirigiu o olhar firme ao repórter impetuoso e arrogante. Na história da exploração do Ártico, a palavra dos exploradores sempre era considerada. O repórter não sabia disso? Nansen, Amundsen e Sverdrup foram levados a sério, disse Cook. "Bastava-lhes fazer o relato. Por que o senhor não acredita em mim?"*[25]

Quando o *Hans Egede* entrou a vapor no porto de Copenhague, na manhã de 4 de setembro, embarcações menores, de todos os tipos, aglomeraram-se — bandeiras agitavam-se, buzinas se faziam ouvir, gente

* Amundsen, o companheiro de Cook durante a viagem no *Bélgica*, veio a ser o primeiro a navegar a Passagem Noroeste (1903-06), ao encontrar uma rota navegável ligando os oceanos Atlântico e Pacífico ao longo da costa setentrional da América do Norte. Seu êxito em superar dificuldades — escorbuto, fome, exaustão — enfrentadas por outros exploradores que tentaram realizar o mesmo feito foi atribuído à sua excelente preparação. Amundsen aprendera algumas lições naquele longo período em que esteve preso no gelo antártico. [N. do A.]

aclamava a bordo de rebocadores, lanchas motorizadas, barcos a vela, a remo, muitos deles enfeitados. Bandeiras das diversas nações agitavam-se ao vento, várias dos Estados Unidos. Durante séculos, os dinamarqueses tinham enviado marinheiros corajosos ao Ártico, e notícias de conquista traziam milhares de pessoas ao porto para saudar os vitoriosos. Cook, de pé no convés, sentia-se "aturdido, simplesmente, aturdido" diante do "clamor dos aplausos de Copenhague", e observou bandos de "cinegrafistas trabalhando [...] as cabeças encapuzadas de preto".[26]

Um comitê de recepção logo subiu a bordo. Incluía o príncipe Christian (o príncipe coroado), o irmão do rei Frederico, príncipe Waldemar, o embaixador Egan, dos Estados Unidos, e outros eminentes funcionários. Através de uma multidão de espectadores, Cook foi levado às pressas ao Hotel Phoenix, onde um quarto repleto de buquês de flores frescas tinha sido reservado para ele. Um telegrama de casa o esperava: "GRAÇAS A DEUS TUDO BEM = MARIE."[27] Chegou um barbeiro, seguido de manicure, e depois alfaiates trazendo ternos prontos, necessitando de pequenos ajustes.

Impecavelmente arrumado e vestido, sem qualquer semelhança com a figura maltrapilha daquela manhã, Cook foi levado numa carruagem por uma missão diplomática dos Estados Unidos ao palácio real, onde o aguardava o rei Frederico. Deixados a sós durante o encontro que durou duas horas, o rei idoso e o explorador de voz aveludada logo se envolveram no assunto sobre o Pólo Norte.

Um dos primeiros repórteres a congratular Cook em Copenhague foi o conhecido editor inglês William T. Stead, o principal correspondente da Hearst Publicações na Europa. Stead ajudara Cook a passar pela multidão exultante reunida na zona portuária e mais tarde escreveu que o explorador dava a impressão de ser uma "criança ingênua e inexperiente, que precisava muito de alguém que cuidasse dele".[28] Enquanto se esforçavam para se deslocarem em meio à multidão, Stead disse a Cook que poderia organizar uma entrevista coletiva à imprensa para que ele enfrentasse, de uma vez, todos os repórteres que estariam solicitando entrevistas. Cook perguntou se o encontro poderia ser adiado para o dia seguinte. Stead escreveu depois: "Por que tanta pressa? Era o que sempre perguntava, com o ar distraído de um homem que vivera na solidão intemporal da noite ártica. [...] Como se o estômago voraz da imprensa mundial com suas edições especiais pudesse esperar pacientemente durante 24 horas para ouvir o que ele tinha a dizer!"

Depois da visita ao rei Frederico, Cook voltou ao hotel, onde cinqüenta repórteres, representando os maiores jornais e revistas do mundo, reuniram-se num salão de banquetes que mais parecia uma caverna. Cook entrou sem ser reconhecido pelos repórteres, com exceção de Stead, que o apresentou aos demais.

Stead aproveitou a oportunidade para fazer as primeiras perguntas. "No fundo do coração", Cook tinha a certeza de ter descoberto o Pólo?[29]

— Creio que sim — respondeu Cook, enrubescendo como se fosse um estudante.

— O senhor colocou o pé exatamente no Pólo?

— Isso não poderia afirmar. Cheguei aonde não havia qualquer longitude.

Foi a primeira citação fascinante — *Cheguei aonde não havia qualquer longitude* —, todos os repórteres presentes rabiscaram-na nos blocos de anotações. Stead prosseguiu, pedindo a confirmação de Cook de que os registros feitos por ele eram autênticos e de que ele se considerava capaz de efetuar tais registros.

— Mas o senhor não colocou seu pé no ponto exato do Pólo? — insistiu Stead.

— Duvido que qualquer um o faça — argumentou Cook, deixando de explicar, para o benefício de qualquer neófito em assuntos do Ártico que fizesse parte do grupo, que a calota polar está sempre à deriva. — Entrei no círculo, é o que penso. Andei ao redor do Pólo, durante dois dias, fazendo observações.

— Como é o Pólo? — perguntou o repórter.

— Gelo.

— Alguns detalhes da sua viagem até chegar lá, doutor.

— Pode-se dizer que foi [...] uma investida apressada. Decidimos não levar todos os aparelhos pesados. [...] Não há nada de tão científico em relação à conquista. Viajamos com o mínimo de peso, e percorremos 28 quilômetros por dia.

— Impossível — alguém murmurou.

— O senhor diz "viajamos" — afirmou Stead.

— Eu e dois esquimós.

— Pode trazer esses dois homens para confirmarem que o senhor esteve no Pólo? — perguntou outro repórter.

— Eles podem confirmar, em termos gerais, ao se referirem ao número de dias de viagem a partir de determinado ponto [...]. Não têm conhecimento de latitude nem longitude.

Cook compreendia que o papel da imprensa era se manter cética, e àquela altura percebeu a necessidade de explicar ao "círculo de olhos faiscantes" que não tinha motivos para enganar o mundo, mas que eles teriam de aceitar sua palavra até que o registro completo da viagem e seus instrumentos polares fossem examinados por uma junta de especialistas.

— É por amor que me dedico a esse trabalho, senhores — disse. — E eu trouxe o tipo de registros e provas que todo explorador ártico traz ao retornar.

Exceto que ainda não tinha em seu poder os instrumentos de precisão e um relatório completo, explicou, itens que se achavam em trânsito, desde a Groenlândia, com um amigo, Harry Whitney, que levaria o material a Nova York.

Naquele momento, os representantes da imprensa mundial baixaram a guarda, afastaram o ceticismo e passaram a se entusiasmar diante do descobridor norte-americano. Demonstravam aceitação ao fazer perguntas superficiais.

— Gosta de carne de raposa?

— O senhor é cristão?

Uma hora depois, o explorador recebeu os agradecimentos dos repórteres e foi dispensado.

Apreendendo a conduta de Cook assim como suas palavras, repórteres que tinham prazo para entregar a matéria correram para enviar os relatos, para que fossem publicados o quanto antes.

"Calmo e imperturbável, embora parecesse estremecer diante da malícia de certas perguntas", escreveu o correspondente da United Press.

"Dr. Cook, modestamente, enfrentou cada pergunta com uma objetividade e franqueza que logo conquistaram aqueles que o escutavam."[30]

"Satisfez, plenamente, por sua boa-fé", relatou o correspondente do *Times* de Londres. "O modo sincero de responder a perguntas estranhas causou profunda impressão em todos os presentes."[31]

Cook recusou as três maiores ofertas por sua história — inclusive a que foi feita pelo chefe de Stead, William Randolph Hearst, de dobrar a melhor oferta de qualquer outro jornal ou periódico — e vendeu sua extensa narrativa sobre a conquista polar ao *New York Herald* por 25 mil dólares.* A respeito da decisão de Cook, Stead escreveu:

> É de fazer chorar! Mas, como ele costumava dizer, em tom lamentoso: "Não estou em busca de dinheiro." Com certeza, é o último homem que um empresário mandaria em busca de dinheiro. [...] Tudo que um embusteiro faria instintivamente, se quisesse ludibriar o público, o Dr. Cook não fez. [...] Alguns acreditaram no Dr. Cook, no começo; todos acreditam nele agora.[32]

A declaração de Stead não era de todo correta, porque Philip Gibbs, repórter do *Daily Chronicle,* estava em pé de guerra. Desde o momento em que Cook se recusou a exibir registros a bordo do *Hans Egede*, Gibbs, "por intuição, em vez de evidência", convenceu-se de que o americano não tinha ido ao Pólo Norte.[33] Gibbs se tornou tão vago em seu relato que chegou a ser afastado do caso pelos editores. De toda maneira, ele só foi afastado depois que havia escrito vários artigos em que arrasava Cook, incluindo o que dizia respeito ao dia da entrevista coletiva à imprensa — evento ao qual Gibbs não compareceu, mas que foi incluído na sua matéria como se tivesse participado, e observa-

---

* Cook, grato ao *Herald* por imprimir seu primeiro relato da conquista do Pólo, aceitou a última oferta do editor Bennett sem se preocupar com minúcias, acreditando que era importante publicar, o quanto antes, sua "história, prova honesta e sincera da [sua] alegação". Cook enviou ao *Herald* uma narrativa de 25 mil palavras, "A Conquista do Pólo", datilografada por secretárias, a partir do manuscrito original que começara a escrever durante o inverno, em cabo Sparbo. A série de 12 partes teve início no *Herald* em 15 de setembro de 1909. [N. do A.]

do que "as respostas de Cook ao Sr. Stead geraram bastante intranqüilidade", o que não ocorreu, ao menos para o homem que fizera as perguntas. Gibbs foi muito criticado por seus contemporâneos; o *Politiken* de Copenhague comentou: "Afirmações [de Gibbs] repletas de mentiras." Um jornalista dinamarquês ficou tão aborrecido com o tratamento que Gibbs deu a Cook que desafiou o inglês atrevido a um duelo.*[35]

Naquela noite, Cook jantou com a família real no palácio de verão do rei Frederico. Quando pressionado pelos membros mais jovens da família, falou com entusiasmo a respeito da fauna existente no Extremo Norte e as caçadas a animais de grande porte no Ártico.

Ao retornar, exausto, ao hotel, por volta das dez horas da noite, Cook encontrou dois representantes da Sociedade Geográfica Real Dinamarquesa que o aguardavam. Ao longo de várias horas, respondeu a perguntas dirigidas a ele pelo comandante Hovgaard, da Marinha Real dinamarquesa, membro da expedição Nordenskiöld (que empreendera uma tentativa de atravessar a Groenlândia em 1883), e o professor Olafsen, secretário da sociedade, no que dizia respeito às observações astronômicas. A ênfase era conferida às questões de navegação e de determinação de localização na calota de gelo móvel do oceano Ártico. Certo da "veracidade" de seu argumento e admitindo que fora "tão preciso no [seu] trabalho científico, como qualquer outro seria", Cook forneceu detalhes dos métodos aplicados.[36]

Tomando por base a discussão técnica que os especialistas tiveram com Cook, a sociedade concedeu ao descobridor do Pólo Norte a prestigiosa medalha de ouro, no Salão de Concertos do Palácio, diante do rei, da rainha, da família real e da elite da sociedade de Copenhague. De vareta em punho, em traje de gala, Cook proferiu uma conferência num palco, diante de um amplo mapa que exibia a bandeira norte-americana no topo do mundo.

* Os artigos de Gibbs foram reeditados no *New York Times*, a partir de 5 de setembro de 1909 — um dia depois que seu competidor do outro lado da cidade, o *New York Herald*, imprimiu a matéria exclusiva sobre a descoberta do Pólo Norte, por Cook. O *New York Times* tinha adiantado 4 mil dólares a Peary, por sua história sobre a expedição, mediante acordo de que se a tentativa de chegar ao Pólo falhasse, parte da quantia em dinheiro seria devolvida.[34] Indeléveis, as linhas da batalha dos jornais foram traçadas: o *Herald* estava com Cook e o *Times*, com Peary. [N. do A.]

— A investida ao norte ocupou a mente de diversos homens por mais de trezentos anos — disse Cook. — Aos poucos, mas com segurança, os degraus de latitude foram galgados e, à medida que estágios de experiência foram alcançados, cada expedição se beneficiava dos infortúnios das viagens precedentes. O fracasso de uma expedião resultava no sucesso de projetos subseqüentes. Eis a arte da viagem polar. [...] Por conseguinte, os exploradores pioneiros do Pólo merecem toda honra. Nossa dívida de gratidão, em particular, a Nansen, Sverdrup, Peary.[37]

No dia seguinte, durante o almoço com uma delegação da Universidade de Copenhague, enviada com o propósito de determinar se o explorador merecia receber um título honorário, Cook, mais uma vez, respondeu a questões sobre navegação celestial, assim como a "uma série exaustiva de perguntas sobre matemática" feitas por um professor do referido assunto.[38] O reitor da universidade, Dr. Carl Torp, que participou da sessão, relatou: "O Dr. Cook respondeu a todas as perguntas [que lhe fizemos], para nosso contentamento. Em nenhum momento demonstrou nervosismo ou exaltação. Atrevo-me a dizer que não há motivos para alguém lançar a menor dúvida sobre sua reivindicação de ter alcançado o Pólo Norte."

De volta ao hotel, Cook quase submergiu num mar de telegramas, muitos deles contendo "ofertas espantosas de dinheiro".[39] Da *Outing Magazine*: "O SEU PREÇO NARRATIVA DESCOBERTA PÓLO." De um organizador de eventos: "ACEITARIA 25 MIL DÓLARES QUANTO À SUA DESCOBERTA PÓLO? TURNÊ EXCLUSIVA SEIS MESES. PALESTRA INAUGURAL CARNEGIE HALL."[40] Do major Pond: "PODEMOS RESERVAR PALESTRA. PRERROGATIVAS SUAS." Cook leu as mensagens "como um homem que consulta o relógio e o põe no bolso sem prestar atenção ao horário", uma vez que não teria a oportunidade de responder, dada a agitação "durante o dia [...] e à noite", e mesmo nos seus "sonhos". Queria muito retornar aos Estados Unidos e participar das "alegrias da reunião familiar", e foi com satisfação que reservou a passagem para voltar para casa no vapor *Oscar II*, da Scandinavian-American Line e se preparou para deixar Copenhague e fazer a travessia de dez dias, rumo a Nova York.[41]

Na cerimônia de encerramento, diante de 1.200 espectadores que o aplaudiram sem interrupção por cinco minutos antes que ele começasse a falar, Cook recebeu o título honorário de doutor em filosofia da Universidade de Copenhague, uma da mais antigas instituições de ensino superior da Europa, e *alma mater* da maioria dos dinamarqueses cultos. Tal reconhecimento recebeu a bênção do rei Frederico, presidente titular da universidade. Em consideração ao reconhecimento da instituição, assim como à acolhida e hospitalidade oferecida pelos dinamarqueses, Cook ofereceu submeter a uma comissão de professores universitários o relatório original completo de sua viagem, além de seus aparelhos de precisão, assim que recuperasse todo o material. A direção da universidade exultou e se surpreendeu diante da oferta, pois era de se esperar que Cook, sendo norte-americano, atribuísse tal responsabilidade e honra a uma instituição do seu próprio país. Ao término da palestra no salão nobre da universidade, Cook reafirmou a intenção de submeter aos dinamarqueses seus dados e instrumentos referentes ao Pólo Norte. "Nada mais tenho a dizer", acrescentou, estendendo as mãos à sua frente. "Nada mais tenho a fazer."[42] O aplauso foi espontâneo e intenso.

Por volta de 6 de setembro, segundo a perspectiva dos repórteres reunidos em Copenhague, a história inédita foi registrada, e a maioria fez as malas e se preparou para viajar. Como despedida, o dono do *Politiken* ofereceu um jantar, naquela noite, para a imprensa estrangeira, no restaurante Tivoli, e Cook foi convidado. "Extremamente cansado e necessitando dormir", recusou o convite.[43] No entanto, alguns dos jornalistas com os quais travou melhor conhecimento foram ao hotel e tentaram convencê-lo a não ser desmancha-prazeres e comparecer ao menos por tempo limitado. Afinal, ele era a razão por que vieram à Dinamarca.

Quando Cook entrou na sala de jantar, uma guirlanda de flores foi colocada sobre seus ombros e ele foi saudado com entusiasmo. A noite era de divertimento e não de trabalho — beber, comer, fumar charutos e muita conversa. Logo depois que o primeiro palestrante se apresentou — um francês que representava o *Le Matin* —, um mensageiro aproximou-se, pé ante pé, e entregou um envelope ao anfitrião. O editor dinamarquês abriu-o, demonstrou surpresa, e passou a mensagem para Stead, sentado a seu lado.

Stead levantou-se, imediatamente, erguendo uma das mãos. Enquanto o silêncio tomava conta do salão, o jornalista anunciou:

— Trata-se de um telegrama à Associated Press, de Indian Harbor, em Labrador, datado de 6 de setembro de 1909:[44] "A bandeira dos Estados Unidos* cravada no Pólo Norte. Peary."[45]

Considerando a atmosfera daquela noite, alguns pensaram que seria uma brincadeira enviada por um comediante. Quando perguntaram a Cook qual era a sua opinião, ele respondeu que achava que o telegrama era legítimo. Reconhecia o estilo patriótico, característico de Peary.

Nesse caso, um dos repórteres perguntou, tinha ele algum comentário a fazer?

De repente, surgiram blocos de anotações, e o recinto repleto de jornalistas aguardou.

— Orgulho-me de saber que um companheiro norte-americano chegou ao Pólo — disse Cook. — De acordo com as palavras do contra-almirante Schley, em Santiago, "Existe glória suficiente para todos nós".[46]

Cook afirmou que Peary era um homem corajoso e acrescentou que tinha certeza de que se as notícias eram verdadeiras, "as observações dele hão de corroborar as minhas".

Mais tarde, Cook descreveria que seus primeiros sentimentos "não foram de inveja, nem de decepção", pois desconhecia "qualquer rivalidade em relação ao Pólo".[47] Ao contrário, pensou nos "longos e difíceis anos de esforço" vividos por Peary, e acreditava que sua viagem "teria grande valor científico". Provavelmente, Peary "tenha descoberto novas regiões e mapeado novos mares glaciais".

Alguns hóspedes correram para os telefones do hotel e agências telegráficas.

Naquela noite, Cook passou um telegrama para o *New York Herald*:

CORDIALMENTE TRANSMITO AO SR. PEARY FELICITAÇÕES POR SUCESSO OBTIDO. A VITÓRIA É CERTAMENTE NORTE-AMERICANA. ESTOU FELIZ POR ELE TER VENCIDO, POIS DOIS REGISTROS SÃO MELHORES DO QUE UM. [...][48]

* No original, "Stars and Stripes", isto é, estrelas e listras, expressão que alude à bandeira norte-americana. [N. da T.]

O *Herald* transmitiu o telegrama de Cook a Labrador.

Mais tarde, naquele mesmo dia, de Labrador, Peary telegrafou à Associated Press:

> O RELATO DE COOK NÃO DEVE SER LEVADO A SÉRIO.
> OS DOIS ESQUIMÓS QUE O ACOMPANHARAM DIZEM QUE ELE NÃO
> SE DISTANCIOU AO NORTE E NÃO SE AFASTOU DA TERRA FIRME.
> OUTROS MEMBROS DA TRIBO CONFIRMARAM
> AS PALAVRAS DOS ESQUIMÓS.[49]

CAPÍTULO 18

"Cravada no Pólo"

Quando Peary iniciou a viagem de retorno do norte em agosto de 1909, Cook já estava atravessando o Atlântico Norte, a bordo do *Hans Egede*, com destino a Copenhague.

A primeira ancoragem do *Roosevelt* na Groenlândia, depois de uma viagem de lazer a partir do cabo Sheridan, que incluiu uma caçada a leões-marinhos no estreito de Smith, foi ao largo de Nuerke, vilarejo onde Cook fizera uma parada quatro meses antes, a caminho de Upernavik, e se banqueteara com Ahwelah, Etukishook e outros nativos. A tripulação dirigiu-se a terra firme para desembarcar nativos, deixando com eles certa quantia de carne fresca para o inverno. Em Nuerke e Etah, onde o *Roosevelt* chegou a 17 de agosto, os homens que integravam a expedição de Peary souberam das notícias de que Cook e os dois esquimós tinham chegado ao Grande Prego no ano anterior.

Temendo tal cenário, desde a carta de Cook, proveniente de Etah, no verão de 1907 — "Encontrei um novo caminho para o Pólo Norte e permanecerei na região a fim de percorrê-lo" —, Peary avaliava a situação com o máximo de seriedade.[1] Primeiro quis saber de Whitney o que Cook lhe dissera. Whitney disse-lhe que, segundo Cook, "a viagem fora bem-sucedida e que ele realizara tudo que pretendera", e declarou ter superado o recorde de Peary quanto ao ponto mais distante ao norte.[2] Em seguida, no intuito de ampliar a investigação, Peary interrogou o contramestre e o cabineiro; o primeiro não tinha conhecimento das viagens de Cook, e Pritchard comentou ter ouvido alguma conversa a respeito de Cook ter seguido "bem, bem, para o norte". Pritchard e Whitney mantiveram a promessa feita a Cook.

No mesmo dia, Ahwelah e Etukishook foram abordados e levados ao navio. Ainda incapaz de conversar com os nativos no próprio idioma deles, Peary preparou uma lista de perguntas e incumbiu uma comissão composta por Bartlett, MacMillan, Borup e Henson de fazer as entrevistas. Embora Henson estivesse acostumado à língua esquimó, falava um jargão misto, e seu vocabulário era limitado. Borup, recém-chegado ao Ártico, começara a aprender o dialeto, mas, de modo geral, Bartlett relatou, o grupo "não falava esquimó".[3] O Dr. Goodsell, que falava o idioma nativo fluentemente, pediu para tomar parte do interrogatório, mas seu pedido foi negado por Peary.

Os dois esquimós foram interrogados separadamente no camarote de Henson. O método foi mais tarde descrito por Borup: "Fingimos ter conhecimento de que eles tinham ido ao extremo norte, levando-os a admitir que estiveram [apenas] a dez ou 15 caminhadas além do mar."[4] Foi solicitado aos nativos que traçassem o trajeto por eles percorrido num mapa de Sverdrup. Antes, nenhum deles tinha consultado qualquer mapa ou usado um lápis.

Etukishook foi o primeiro a entrar no camarote. Quando saiu e Ahwelah foi encaminhado, Whitney encontrava-se próximo à ponte de comando. Whitney, que se afeiçoara aos dois jovens nativos desde a longa viagem de caça em Ellesmere, falava esquimó tão bem quanto Goodsell. A presença de Whitney também não foi requisitada na cabine de Henson. Observando que Etukishook parecia "exaltado", Whitney aproximou-se e lhe perguntou se havia algo de errado.[5] "*No sabe*", respondeu o nativo, agitado. "*No sabe.*" O jovem esquimó explicou que lhe mostraram papéis e mapas que ele não compreendia e que lhe fizeram perguntas confusas.

Whitney tivera boa impressão de Ahwelah e Etukishook durante o período que passou em companhia deles; com a sua assistência, tinha conseguido alguns troféus impressionantes. Considerava que eram os "melhores condutores de cães e trenós", capazes de movimentar os trenós no gelo "mais rápido do que quaisquer outros condutores". Ouviu deles os detalhes de sua viagem ao norte e da longa e árdua experiência durante o inverno. Baseando-se não apenas no que Cook lhe dissera, mas igualmente no que soube naquele verão por meio de Ahwelah e Etukishook, Whitney "não tinha dúvidas" de que Cook e os companheiros esquimós tinham chegado ao Pólo.[6]

Certo de ter munição para contra-atacar qualquer reivindicação feita por Cook, Peary providenciou a transcrição dos interrogatórios, e instruiu Bartlett, MacMillan, Borup e Henson a assinarem o documento de oito páginas. O "testemunho" fornecido pelos dois esquimós companheiros de Cook foi considerado "inabalável à inquirição [...] corroborado por outros homens da tribo [e] obtido sem ameaças ou promessas".[7] Segundo a citação, afirmaram que não se distanciaram com Cook, e que se aventuraram por alguns dias depois de terem deixado a terra firme. A declaração era concluída com as seguintes palavras: Ahwelah e Etukishook disseram que Cook "lhes fizera ameaças se eles revelassem a alguém o que se passara".

Quando o *Roosevelt* se preparava para regressar, ainda não havia sinal do navio que Whitney estava aguardando para levá-lo de volta. Peary assinalou que podia ter ocorrido um naufrágio ou algum outro incidente, e alertou que não seria sensato que Whitney ficasse à espera; com a temporada de viagem ao oceano Ártico chegando ao final, ele poderia se ver bloqueado pelo gelo durante um segundo inverno, a não ser que viajasse no *Roosevelt.*

Whitney aceitou a oferta de Peary de deixar a Groenlândia e foi buscar seus pertences. Retornou acompanhado de uma fila de nativos que transportavam vários baús, caixas e mesmo um trenó, e acomodou tudo a bordo, sob o olhar vigilante de Peary.

— Alguma bagagem pertence ao Dr. Cook? — perguntou Peary.[8]

Whitney indicou as três caixas contendo os instrumentos, blocos de anotações e outros artigos pessoais, explicando que os entregaria a Cook em Nova York. Também se encontrava em seu poder o trenó polar de Cook — ao menos o que restou dele —, que o médico lhe dera de lembrança.

Peary aproximou-se e olhou para o trenó desgastado.

No entender de Whitney, o estado lastimável do trenó confirmava a história de Cook de uma jornada longa e difícil através do gelo. O veículo estava bastante danificado; alguns pedaços de madeira tinham sido retirados para servir de lenha. A base da estrutura tinha sido cortada para se fazer lanças e arpões para caçar, e as lâminas de ferro removidas para se fazer facas. Whitney considerava o trenó um objeto valioso.

— Bem entendido: não quero nada disso a bordo deste navio — disse Peary. Não havia discussão; Peary deu as costas e se afastou.

Whitney reconheceu que enfrentava um dilema parecido com aquele de Rudolph Franke. Se ele não aceitasse embarcar no navio de Peary, provavelmente não voltaria para casa antes que outro ano se passasse, mas se ele cedesse à exigência de Peary, teria de abandonar os pertences de Cook.

Whitney procurou se aconselhar com um membro do círculo de Peary, que ele "conhecia bem", dando a entender que lhe desagradava abandonar o material de Cook. "Eu não o faria, se fosse você", disse o integrante da expedição. "O comandante vai se esquecer do assunto, e seria uma lástima deixar tudo aqui."*

Whitney providenciou que o trenó de Cook fosse levado a terra firme e refez o empacotamento, retirando o suficiente de suas próprias malas para liberar espaço para os objetos de Cook. Assim que tudo foi acondicionado a bordo do navio, duas horas antes da partida do *Roosevelt*, Whitney foi chamado ao camarote de Peary.

— Quando afirmei que não queria qualquer pertence do Dr. Cook a bordo deste navio — disse Peary —, é porque não queria coisa alguma que pertencesse a ele. Agora não tenho mais nada a dizer. Quero que você, como cavalheiro, me dê sua palavra de honra de que não trará nenhum pertence do Dr. Cook a bordo deste navio.

Desarmado pelo ultimato de Peary, Whitney concluiu que não lhe restava mais nada a fazer, a não ser retirar todos os pertences de Cook do navio. Com a ajuda de Bartlett, colocou o conteúdo das caixas de Cook

---

* Whitney jamais revelou a identidade desse integrante da expedição de Peary com quem falou, que poderia ter sido Bartlett, o qual, mais tarde, prestou assistência a Whitney, em relação aos bens de Cook. [N. do A.]

num baú de armas vazio e fechou a tampa com pregos. A caixa foi levada para a praia, e escondida no meio de rochedos, na esperança de que não fosse roubada por nativos. Àquela altura, a intenção de Whitney era retornar um dia e resgatar tudo.

O *Roosevelt* zarpou para o sul em 20 de agosto, com Whitney a bordo.

Três dias depois, a 76 graus, 40 minutos, norte, depararam-se com a escuna *Jeanie*, enviada para buscar Whitney, e que também fora designada pelo Clube Ártico de Peary a entregar 60 toneladas de carvão ao *Roosevelt*. Além de Whitney e do Clube Ártico de Peary, o Clube Ártico da América pagou parte do fretamento do navio para que Cook pudesse voltar, caso estivesse vivo — a pedido de Marie Cook, que não conseguiu levantar 30 mil dólares para contratar um navio que resgatasse o marido, do qual não recebera notícias durante mais de um ano.

O *Jeanie* se demorara devido a problemas com o motor auxiliar e não dispunha de engenheiro a bordo para fazer o conserto. Os navios emparelharam nas águas calmas da baía North Star, para que o *Roosevelt* recebesse o carregamento de carvão. A bordo da escuna encontrava-se Royal K. Fuller, repórter do *New York Herald*, que solicitou uma entrevista com Peary.

Peary e o repórter conversaram demoradamente em 24 de agosto. No decorrer da conversa, Peary não deu qualquer notícia sensacional ao repórter, embora tivesse comentado que Cook retornara em abril de sua mais recente expedição. Peary disse que não acreditava que seu recorde quanto ao ponto mais distante ao norte fora superado por Cook, mas não fez menção ao interrogatório aos dois esquimós. Fuller mais tarde escreveu que ao opinar sobre a distância que ele julgava que Cook percorrera em direção ao norte, Peary "deu a entender que Fuller se baseava no estado do trenó [de Cook]".[9]

Whitney também conversou com o repórter, declarando: "Para mim, chega de invernos árticos."[10] Descreveu o encontro com Cook, do qual "chegaram a pensar que tinha falecido no Norte, há muito tempo", quando ele deixou a calota glacial em Annoatok, em abril, "faminto e muito magro".[11] Whitney, mantendo a palavra de não fazer referência ao Pólo até que Cook tivesse a oportunidade de fazer o próprio anúncio, assegurou ao correspondente que o explorador tinha "ido além do recorde alcançado por Peary".

Depois de se transferir para o *Jeanie*, Whitney precisou tomar a decisão. Voltaria a Etah para buscar os pertences de Cook? Ou deveria dar continuidade ao percurso de volta? O capitão da escuna pertencia à família Bartlett de marinheiros: Samuel Bartlett, trabalhador braçal do Ártico e tio do capitão Bartlett, do *Roosevelt*. Quando soube que os bens de Cook foram retirados do *Roosevelt* e abandonados nas pedras, Sam Bartlett dispunha-se a tomar a direção norte para resgatar os pertences, mesmo sabendo que não contava com o motor auxiliar, e que nessa época do ano o gelo novo poderia, rapidamente, obstruir o estreito de Smith e preparar uma armadilha para um pequeno navio a vela como o *Jeanie*. Whitney hesitava — prometera a Ahwelah e Etukishook rifles Winchester, mas não encontrara a bordo nenhuma arma sobressalente. Whitney sentia-se desconsolado diante da possibilidade de voltar a Etah com as mãos vazias. Convenceu-se de que os objetos mais valiosos de Cook eram os instrumentos de navegação e concluiu que ele poderia substituí-los quando chegasse a Nova York. Com certeza, o explorador se contentaria com novos instrumentos. Quanto aos documentos e o restante dos bens de Cook, Whitney imaginou que alguém — ele ou mesmo Cook — pudesse voltar a Etah no verão seguinte e buscá-los. Além disso, desde que não precisaria retornar, justamente quando o inverno se aproximava, teria mais tempo para caçar. Portanto, seguiram na direção oeste, e depois de cruzarem a baía Baffin, Whitney determinou que a escuna fizesse uma parada ao longo da costa de Ellesmere para a última caçada. O esportista, ao que se sabia, ainda não baleara um urso polar.

A vapor, o *Roosevelt* cobriu a curta distância até o cabo York, chegando ao local em 26 de agosto, para deixar o último esquimó, Minik, que viera ao norte a bordo do *Jeanie*. Minik, um dos nativos da Groenlândia que Peary levara aos Estados Unidos e entregara ao Museu Americano de História Natural, tinha morado em Nova York, onde fora adotado por um funcionário do museu, William Wallace, e sua mulher. (Uisaakassak, o outro jovem sobrevivente dos seis esquimós do museu, tinha retornado à Groenlândia em 1898.) Alguns anos após a morte de seu pai, Quisuk, e o funeral simulado para satisfazer o menino, Minik constatou a terrível verdade: descobriu que os restos mortais do pai encontravam-se em exposição no museu, dentro de uma vitrine. Desde então, o que Minik mais desejava era voltar à terra natal, levando os restos mortais do pai. Decepcionado após cada tentativa frustrada de sua campanha pública, foi mencionado na imprensa por ter declarado que gostaria de atirar em Peary. Finalmente, através de Herber Bridgman e em nome do Clube Ártico de Peary mediante contrato segundo o qual Minik concordava em absolver o museu, Peary e seus patrocinadores de "toda e qualquer acusação", o esquimó recebeu a passagem para o norte.[12] Antes de embarcar no *Jeanie*, diante dos repórteres, Minik disparou: "Vocês não passam de uma raça de criminosos científicos. Sei que jamais conseguirei do Museu Americano de História Natural os ossos de meu pai. Estou contente de ir embora antes que peguem o meu cérebro e o metam num frasco!"[13] Fuller, o repórter do *Herald* que viajou no *Jeanie* para cobrir também a história da repatriação de Minik, relatou que depois de receber peles, comida, objetos de uso pessoal, armadilhas, armas e munição, o esquimó foi deixado em cabo York, "de novo entre os companheiros de tribo do Extremo Norte", e teve que reaprender o idioma nativo e a técnica de caçar para sobreviver.[14] Como previu, os ossos de seu pai permaneceram em exposição no museu de Nova York.*

Durante a longa ausência do *Roosevelt*, a correspondência enviada à tripulação ficara guardada em cabo York. À espera de Peary também havia um bilhete do capitão de uma baleeira norte-americana chamada *Morning Star*, que há pouco havia retornado ao local de partida. Segundo a mensagem, Peary era advertido de que Cook declarara ter descoberto o Pólo Norte em 21 de abril de 1908 e que se dirigia a Copenhague para o anúncio oficial.

Conversa fiada no norte da Groenlândia era uma coisa, mas o fato de Cook revelar ao mundo que *ele* descobrira o Pólo Norte, era demais!

---

* Incapaz de se ajustar à vida esquimó, Minik voltou a Nova York em 1916; triste e debilitado, morreu dois anos mais tarde, aos vinte e poucos anos. No verão de 1995, os ossos de Quisuk, pai de Minik, e dos demais esquimós, expostos em museus e que há muito tinham falecido, foram devolvidos à Groenlândia setentrional para serem enterrados. [N. do A.]

Peary ordenou que Bartlett acendesse o fogo das caldeiras do *Roosevelt* visando obter a máxima potência, e que zarpasse a toda velocidade ao posto telegráfico mais próximo — situado a 4.300 quilômetros de Indian Harbor, em Labrador.

De repente, Peary necessitava, com urgência, fazer o próprio anúncio ao mundo.

PEARY, QUE JAMAIS fora conhecido pela modéstia, quando se tratou de declarar um recorde de exploração, não revelara a qualquer tripulante do *Roosevelt* que chegara ao Pólo, nem dissera qualquer coisa a Borup, MacMillan ou Goodsell, membros da expedição. Presumindo o que acontecera, Bartlett correu ao encontro de Peary, para cumprimentá-lo quando este voltava ao navio em 27 de abril de 1909, da jornada através da calota polar, com um efusivo "Parabéns, senhor, pela sua descoberta do Pólo!".[15]

Exausto, Peary retrucou: "Como você adivinhou?"

E assim terminou o debate sobre o Pólo.

Henson acreditava que Peary tinha alcançado o objetivo, mas é claro que ele não sabia fazer observações, e dependia de Peary para documentar, através dos instrumentos, a posição em que se achavam. Durante muito tempo Henson lembrava-se dos últimos trechos de caminhadas em direção ao norte após o retorno de Bartlett a 87 graus, 47 minutos, quando se sentiam desgastados pelo "trabalho pesado e pela exaustão".[16] Normalmente, no início de uma nova caminhada, enquanto Henson e os quatro esquimós atrelavam os cães e desmontavam o acampamento, Peary, calçando raquetes, saía arrastando os pés, abrindo a trilha até que eles o alcançassem em menos de uma hora. Daí em diante, Peary viajava envolto em peles no trenó de Egingwah, ao passo que os trenós de Henson, Ootah, Seegloo e Ooqueah levavam o volume de provisões e equipamento. Segundo Henson, o avanço era feito "em linha reta, praticamente", embora "muitas vezes perdessem a trilha".

Peary fez uma observação em 5 de abril e registrou 89 graus, 25 minutos — a 65 quilômetros de distância ao Pólo. Henson "presenciou a decepção" no rosto "longo e sério" do líder. Na manhã seguinte, Peary demorou a se levantar. Depois de acordar os esquimós, Henson arreou seu grupo de cães e "saiu apressado". Seguiu em frente até se certificar de que "havia percorrido a distância necessária para garantir a chegada [deles] ao topo do mundo", embora achasse que o local "não fosse diferente de qualquer outra região da superfície glacial do oceano Polar".[17]

Henson deteve-se e, com a ajuda de Ootah, pôs-se a construir dois iglus.

Passados 45 minutos, o trenó de Egingwah chegou, trazendo seu passageiro.

Correndo para se encontrar com Peary, Henson disse:

— Agora estamos no Pólo, não é mesmo?[18]

Henson tinha a "impressão" de que haviam percorrido 244 quilômetros desde que Bartlett voltara, "se é que viajaram no sentido certo".

— Suponho que não podemos jurar que estamos exatamente no Pólo — foi a resposta evasiva de Peary.

Peary descarregou vários pacotes do trenó. Retirou do bolso um pequeno invólucro dobrado, e Henson sabia do que se tratava: a bandeira de seda feita havia vários anos por Josephine Peary, e que Peary levava a todas as viagens ao Ártico. Foram cortados quadrados pequenos da bandeira dos Estados Unidos e deixados como registros do percurso em outros marcos alcançados por Peary, à medida que avançava para o norte.

Em silêncio, Peary prendeu a bandeira a um bastão e cravou-a no topo do iglu. Por alguns instantes, pendeu "flácida e sem vida" até que uma brisa fez algumas dobras se esticarem "mostrando as cores vibrantes".[19] A bandeira com estrelas e listras tinha sido "cravada no Pólo". Sob as ordens de Peary, Henson fez os esquimós darem três vivas, e em seguida todos se recolheram. Peary estava "exausto, física e mentalmente", e naquele momento "nada mais desejava no mundo" além de "dormir".[20]

Na manhã seguinte, Peary fez uma observação, tomando notas "com os olhos ofuscados pelo sol [...] num pedaço de lenço de papel". Devido ao "formato quadrado e resoluto dos maxilares [de Peary]", Henson pensou que o líder sentia-se "satisfeito" com o cálculo obtido. "Confiante de que a jornada terminara", Henson retirou a luva da mão direita e foi ao encontro do homem que servira durante tantos anos. Rapidamente, Peary virou-se antes do aperto de mão — forçado a se desviar, especulou Henson mais tarde, talvez devido a "uma rajada de vento [que] soprou algum cisco nos seus olhos, ou quem sabe a ardência decorrente do longo tempo em que se deteve olhando para o sol".

Uma tira no sentido diagonal da bandeira e um bilhete foram colocados numa lata vazia e enterrados no gelo. As outras bandeiras que Peary trouxera foram hasteadas — as cores da associação de estudantes da sua universidade, Delta Kappa Epsilon,* a bandeira da Liga Naval e a bandeira da Cruz Vermelha. Em seguida, bateram fotos, fizeram uma refeição e dormiram. Desde o momento em que Peary deu o comando "com a voz trêmula", Henson observou que em todo o caminho de volta à terra firme seu estado era "de constante apatia" como se fosse "um peso morto".

Por três semanas, depois de retornarem ao *Roosevelt*, Peary parecia melancólico e evitava Henson, que se lembrava: "Nenhuma vez, durante todo aquele período, ele se dirigiu a mim."[21] E quando Peary voltou a se comunicar com Henson, foi apenas "em relação a assuntos corriqueiros. [...] Nem uma palavra sobre o Pólo Norte ou qualquer coisa relacionada ao pólo". Novamente na companhia do grupo que perseverou à custa de grande risco pessoal e o ajudou a realizar o "propósito de sua vida", Peary permaneceu recluso no camarote, sem ver ninguém.[22] Não houve brindes nem vivas.

Incapaz de entender o que se passara, por muito tempo Henson questionou as atitudes de Peary em seguida àquele momento tão importante, quando hastearam as bandeiras e bateram fotos em 7 de abril de 1909. Por que o comandante não quis celebrar?

DEPOIS DO DESEMBARQUE URGENTE em cabo York em 26 de agosto, o *Roosevelt* largou âncora em Indian Harbor em 5 de setembro, às 22 horas. A viagem não fora agradável; em vista das notícias do anúncio que Cook pretendia fazer, o estado emocional de Peary mudou da depressão à fúria. No entender de Peary, era uma terrível afronta o fato de Cook estar prestes

* Associação estudantil universitária norte-americana. [N. da T.]

a fazer a declaração do que ele considerava seu, de direito. A quem quer que estivesse disposto a escutar, desabafava sua raiva, prometendo revelar ao mundo uma história que faria desmoronar o castelo de Cook.

Na manhã seguinte, Bartlett levou Peary a terra firme num barco a remo. No posto telegráfico, Peary escreveu a mão a primeira de uma série de mensagens que pretendia enviar. "Tudo deu certo", telegrafou a Josephine. "Conquistei o Pólo. Estou bem. Afetuosamente, Bert."[23] Em seguida, Peary telegrafou a Herbert Bridgman fazendo uso do código que tinha estabelecido, avisando que chegara ao Pólo e que o *Roosevelt* estava em boas condições. Foi então que mandou à Associated Press o telegrama com os dizeres "A bandeira dos Estados Unidos cravada no Pólo Norte" e mensagem similar ao *New York Times*, comunicando que logo teria uma "grande reportagem" para enviar.[24] O telegrafista esteve ocupado naquela manhã; ao todo, Peary mandou 17 telegramas, inclusive aos seus patrocinadores Thomas Hubbard, George Crocker, Zenas Crane e outros. Também telegrafou a Henry Romeike, dono de uma firma de clipagem em Nova York, instruindo-o a recortar "todos os editoriais, ilustrações, quadrinhos e charges" referentes ao Pólo Norte. Peary não queria perder nenhuma notícia.

Nem precisava ter se preocupado, porque as notícias vieram ao encontro dele, através dos repórteres que não pretendiam aguardar seu retorno. Afinal, era uma história impressionante: depois de três séculos de empenho, envolvendo coragem e despesas, dois descobridores norte-americanos, num intervalo de cinco dias, apenas, alegavam ter descoberto o Pólo Norte.

A partir de Indian Harbor, o *Roosevelt* percorreu o litoral de Porto de Battle, na entrada do estreito de Belle Isle, chegando a 8 de setembro. Foi naquele local que Peary recebeu felicitações de Cook, encaminhadas pelo *New York Herald*, e de onde Peary, por sua vez, disparou os primeiros comentários depreciativos sobre Cook, assegurando que o antigo médico de sua expedição "não deveria ser levado a sério" e que os nativos a serviço de Cook relataram que "jamais tinham deixado de avistar terra firme".[25]

Peary telegrafou ao *New York Times*: "NÃO PRESTEM ATENÇÃO À HISTÓRIA DE COOK. DEVE SER DESMASCARADO." Também enviou ao *Ti-*

mes um "resumo" de duzentas palavras, publicado em 9 de setembro, fornecendo datas e latitudes de sua viagem, sem qualquer tipo de descrição geográfica ou física, com a seguinte conclusão: "Todos os membros da expedição retornaram em boas condições de saúde, exceto o Prof. Ross G. Marvin, que se afogou em 10 de abril."*

No dia seguinte, Peary enviou um telegrama extenso ao *New York Herald*, pois, segundo fora informado, o jornal publicara na semana anterior o primeiro relato de Cook sobre a jornada polar. Enquanto Cook, alegando ter chegado ao Pólo antes de Peary, com a diferença de um ano, agia com generosidade, com Peary era diferente. Se Cook prevalecesse, a declaração de Peary ser o descobridor do Pólo Norte iria por terra. Depois de meditar durante dias sobre o assunto, Peary decidiu fazer uma investida direta contra o opositor, e enviou o seguinte telegrama ao editor do *Herald*:

PORTO DE BATTLE, VIA CABO RAY, N.F. 10 SET., 1909
NÃO IMAGINO *HERALD* SEJA ENGANADO PELO RELATO COOK, MAS PARA SUA INFORMAÇÃO COOK SIMPLESMENTE LUDIBRIOU O PÚBLICO. ELE NÃO ESTEVE NO PÓLO EM 21 DE ABRIL, 1908, OU QUALQUER OUTRA OCASIÃO. A DECLARAÇÃO ACIMA É FEITA EM CARÁTER DE ADVERTÊNCIA E NO MOMENTO CERTO SERÁ COMPROVADA.
PEARY[27]

---

* Em 1926, depois de sua conversão ao cristianismo, Kudlooktoo, um dos esquimós que acompanharam Marvin na sua jornada fatal, disse que atirara no homem branco, na cabeça, no terceiro dia após ter deixado o local onde Peary se encontrava. Questionado após a confissão de Kudlooktoo, Inukitsoq, o outro nativo que acompanhou Marvin, admitiu ter contado uma história falsa sob coerção de Kudlooktoo, que ameaçou matá-lo se contasse a verdade sobre o afogamento. Mais tarde, ambos alegaram que o motivo do assassinato fora o fato de Marvin ter ameaçado deixar Inukitsoq sozinho. Outros detalhes fornecidos pelos dois nativos variavam; Marvin estava aborrecido com Inukitsoq "por não seguir à frente do trenó" (segundo Kudlooktoo) ou porque Inukitsoq não seguiu, prontamente, a trilha de Marvin (segundo Inukitsoq). Os comentários daqueles que melhor conheciam Marvin sob a pressão da viagem ártica desmentiram a acusação de que Marvin fizera ameaças de deixar qualquer homem para trás. Henson: "[Marvin] era um jovem de poucas palavras, mas de personalidade forte. Um homem equilibrado, calmo e justo."[26] E Bartlett, que desde o começo tinha razão de desconfiar de algo ilícito: "Era o melhor de todos aqueles que foram para o norte. Sempre tranqüilo, bem-humorado, excelente no relacionamento com os esquimós." [N. do A.]

Peary, então, agiu de maneira estranha: com o mundo preparado para saber mais notícias dele — e o *Times* ansioso por opor à matéria exclusiva sobre o Pólo Norte, publicada pelo *Herald*, sua própria história —, ele se demorou em Porto de Battle, e nem mesmo enviou ao *Times*, por telégrafo, a narrativa que prometera e pela qual recebera o adiantamento de 4 mil dólares. Nenhum problema quanto às condições de navegação do *Roosevelt* foi divulgado, nem mesmo circulou qualquer notícia sobre falta de vontade, por parte da tripulação, de regressar; na verdade, os marinheiros, com saudades de casa, estavam cada vez mais descontentes diante da demora.

Um rebocador oceânico, *Douglas H. Thomas*, fretado em Sydney, Nova Escócia, chegou a Porto de Battle em 13 de setembro. Chuva e vento varriam o pequeno povoado baleeiro e missionário quando o rebocador se aproximava lentamente. O correspondente John Regan de Associated Press tinha enfrentado uma viagem tempestuosa, de quase 800 quilômetros, com o objetivo de ser o primeiro repórter no cenário. Peary ficou impressionado diante da determinação do jornalista. "É um novo recorde da empresa jornalística e aprecio sua homenagem."[28]

Após a longa jornada para alcançar Peary, Regan dispensou as gentilezas e foi direto ao cerne da questão:

— O Dr. Cook esteve no Pólo?[29]

— Cook não esteve no Pólo em 21 de abril de 1908, ou em qualquer ocasião — disse Peary. — Já declarei, publicamente, que Cook não esteve no Pólo. É o que reafirmo, e vou manter a palavra, mas recuso-me a discutir detalhes do assunto.

As notícias provenientes de Copenhague a respeito da declaração de Cook a Harry Whitney sobre a sua viagem bem-sucedida ao Pólo chegaram aos Estados Unidos.

— Harry Whitney fez quaisquer declarações importantes ao senhor quanto à outra expedição polar? — perguntou Regan.

— Não fez qualquer declaração — respondeu Peary. — A bordo da escuna de resgate *Jeanie* dirigiu-se ao litoral ocidental e agora, provavelmente, está caçando ursos.

A pergunta seguinte referia-se às informações de que ele levara a Etah suprimentos que pertenciam a Cook, mas Peary recusou-se a comentar o assunto. Ao ser perguntado sobre algumas descrições de elevações e fendas próximas ao Pólo que Cook fornecera através de sua narrativa e entrevistas, Peary afirmou: "Trata-se de um conjunto de informações que não me interessa conceder neste momento."

Peary disse que ia aguardar que Cook "publicasse uma versão completa e autorizada de sua viagem" antes de prestar o "comunicado público" contendo as informações de que dispunha. Caso contrário, explicou, estaria "fornecendo muita informação que poderia ser usada com outros propósitos". Peary insinuara um possível motivo para a sua demora em Labrador — estaria ganhando tempo? Sempre fora intensa a especulação em torno do que se encontraria no Pólo Norte — para começar, terra ou mar aberto? Peary meditara e fizera a si mesmo perguntas de tal natureza, mas agora parecia determinado a dar a Cook tempo suficiente para registrar o que se relacionasse a tais descrições e informações. O comentário de Peary ao repórter deixou claro que não pretendia prover detalhes do Pólo que pudessem, de certo modo, ser aproveitados por Cook.

— Por que o senhor dispensou uma testemunha de cor branca no Pólo?

— Porque depois de uma vida inteira de esforço desejava ardentemente que o mérito fosse meu — explicou Peary. — Sou o único homem branco que chegou ao Pólo Norte, e estou preparado para provar este fato no momento propício.

O *Roosevelt* ainda estava em Porto de Battle, três dias depois, quando o *Tyrian*, um vapor do governo canadense, chegou, trazendo 23 correspondentes.

Depois que os repórteres embarcaram no *Roosevelt*, e passaram a circular pelo convés principal, Peary saiu do camarote, "cada grama dele tão resistente quanto aço Bessemer", segundo um repórter do *New York World*.[30] Enquanto Peary enfrentava as "lentes de uma dúzia de câmeras", os repórteres deram três vivas. Peary fez uma reverência e sorriu "de orelha a orelha".

— Senhores, agradeço por virem ao meu encontro — disse Peary. — É uma honra, e desejo conversar com todos.

Em seguida, comandou o grupo como um político de Tammany Hall, apertando cada mão que surgia à sua frente. Entretanto, antes que qualquer pergunta fosse formulada, Peary se desculpou dizendo que precisava ler os jornais e as cartas de Nova York que o *Tyrian* lhe trouxera, prometendo que daria uma entrevista mais tarde. Foi o que fez, uma hora depois, num depósito de peixe que estava desocupado; Peary, acomodado numa pilha de redes, e os repórteres de pé ou agachados.

Peary recusou-se, outra vez, a fazer descrições de locais ou dar detalhes de sua viagem, embora soubesse, depois de ler os jornais, que Cook já fornecia ao público os próprios detalhes.

— Houve mais de uma observação feita no Pólo, e por quem?

— Foram várias observações, e eu mesmo as fiz — disse Peary. — Todas coincidiram. É preciso que se compreenda que o Pólo é um ponto teórico, sem comprimento, largura ou espessura. Sua verdadeira localização depende da precisão dos instrumentos utilizados e das condições sob as quais as observações foram obtidas.

Perguntado a respeito de sua mensagem segundo a qual Cook teria "ludibriado o público", Peary admitiu que deveria ter empregado "expressão mais comedida", mas disse que reafirmava tais palavras. Evitou fazer qualquer acusação a Cook diante da imprensa reunida.

Em resposta à pergunta se seria possível a uma "expedição concorrente" chegar ao Pólo sem que ele soubesse, embora as duas expedições tivessem percorrido a região ao mesmo tempo, Peary afirmou:[31]

— Seria possível à equipe do Dr. Cook, ou qualquer expedição, chegar ao Pólo Norte através de uma das centenas de trilhas e mesmo assim não se encontrar qualquer vestígio, caso as trilhas fossem distantes umas das outras.

Quando a sessão terminou, os jornalistas saíram pelo navio, fazendo perguntas aos tripulantes e membros da expedição, até Peary ordenar aos integrantes de sua equipe que não se dirigissem diretamente aos repórteres. No entanto, alguns já haviam feito comentários interessantes, e do posto telegráfico de Porto de Battle, histórias viajaram pelo ar até as sedes dos jornais, com vista à publicação.

"Membros da equipe de Peary" são citados, afirmando, segundo uma reportagem de 16 de setembro, que "quando o *Roosevelt* desceu a Etah, os esquimós de Cook foram localizados.[32] Os nativos informaram que Cook tinha chegado ao Pólo e, subitamente, Peary ficou ansioso por se dirigir aos postos telegráficos com o propósito de revelar sua história antes que Cook o fizesse. Aparentemente, os tripulantes e membros da expedição não tinham dúvidas de que Cook alcançara o Pólo, mas não queriam falar no assunto ou serem citados, desde que Peary os proibira de dar quaisquer informações sobre qualquer assunto relacionado à viagem".

Um membro da tripulação que recebera permissão de conversar com os repórteres era William Pritchard, pois Peary estava convicto de que o cabineiro desmentiria reportagens provenientes de Copenhague contendo citações de Cook, segundo as quais conversara com Pritchard e Whitney sobre seu feito no Pólo Norte. Antes da entrevista, mostraram a Pritchard um telegrama de Cook concedendo a ele e a Whitney permissão para falar livremente, desse modo desobrigando-os da promessa.

Para surpresa geral — principalmente de Peary —, Pritchard confirmou o relato de Cook. Disse que ouviu Cook descrever como chegara ao Pólo, onde permanecera durante dois dias. Disse que o médico valia-se de um mapa para ilustrar o trajeto percorrido.

— Por que não mencionou isto antes? — perguntou um repórter.[33]

— Porque o Dr. Cook pediu-me que nada dissesse — respondeu Pritchard, acrescentando que concordara em manter a promessa que fizera a Cook e dar ao médico a oportunidade de fazer sua própria declaração no que dizia respeito ao Pólo.

No dia seguinte, depois que os repórteres foram embora, Pritchard foi levado às pressas ao camarote de Peary e interrogado sobre tudo que sabia sobre Cook e sua viagem.

Depois de uma estada de 13 dias em Labrador, Peary, afinal, deu ordens para zarpar, e o *Roosevelt* partiu na manhã de 18 de setembro. Três dias depois, chegou a Sydney, em Nova Escócia, e ao entrar no ancoradouro agitava a bandeira norte-americana com uma faixa branca na diagonal, atravessando o campo de estrelas com as palavras escritas em letras pretas: PÓLO NORTE.

Entre os 3 mil espectadores que se aglomeravam na região portuária para saudar Peary, encontravam-se Josephine e os dois filhos, que há uma semana aguardavam em Sydney a chegada do *Roosevelt.* Escolas e estabelecimentos comerciais tinham fechado, e o primeiro-ministro liderava o comitê oficial de boas-vindas. Incentivado a fazer uma declaração, Peary agradeceu:

— Se um homem se dedica à realização de um projeto, persiste por tempo suficiente e faz de tal projeto o objetivo de sua vida, está destinado a vencer.[34]

Era o final da longa viagem marítima de Peary, pois no dia seguinte tomaria um trem para casa, com a família, enquanto Bartlett e a tripulação, assim como os outros membros da expedição, voltariam ao *Roosevelt*, com destino a Nova York.

Quando um repórter avisou Peary que Cook desembarcara em Nova York no dia anterior diante de 10 mil pessoas entusiasmadas, Peary "cerrou os maxilares e, abaixo das sobrancelhas espessas, seu olhar se enfureceu".

Peary recebeu um telegrama antes de partir. Logo depois de tomar conhecimento do conteúdo da mensagem, procurou os correspondentes e leu uma declaração que havia preparado:

> Por recomendação do general Hubbard e do Sr. Bridgman, respectivamente, presidente e secretário do Clube Ártico de Peary, desejo expressar minha gratidão a todos os amigos pelos generosos oferecimentos e convites, e gostaria de dizer que prefiro não aceitar convites para uma recepção pública ou aclamação até que a presente controvérsia seja resolvida por autoridade competente.

Na viagem de trem para casa, Peary foi procurado por Hubbard, viajando no sentido norte, para interceptá-lo. Uma estratégia começava a se delinear, e Bridgman, que esteve com Peary ao longo do percurso restante até o Maine, em breve apresentou sua declaração à imprensa:

> No que diz respeito ao Dr. Cook [...] que ele submeta seus registros e dados a alguma autoridade competente, e que a referida autoridade chegue à conclusão, de acordo com as anotações e registros. [...] A autoridade competente determinará, a partir dos dados, onde esteve

> o Dr. Cook. [...] Tudo que se espera obter são os dados e os registros obtidos no Ártico.[35]

Segundo parecia, o desafio público de Peary parecia justo.

Somente algumas pessoas tinham conhecimento das caixas de Cook contendo instrumentos e registros "feitos no Ártico", caixas essas que Peary se recusara a transportar no *Roosevelt*, e que naquele momento estavam escondidas no meio de rochedos no litoral acidentado da Groenlândia.

CAPÍTULO 19

ACOMETIDO POR "DEPRESSÃO"

LOGO DEPOIS DA MEIA-NOITE, em 21 de setembro de 1909, o *Oscar II* chegou à ilha Fire, onde deveria ficar sob quarentena.

Vendo as luzes de Nova York brilhando a distância, Cook falou a vários repórteres de jornais que subiram a bordo. Sua ausência de dois anos e meio parecia-lhe uma década, observou. Embora "ansioso por chegar a terra firme", admitiu que não lhe agradava pensar na "tribulação do desembarque do dia seguinte".[1] Cook disse que preferia desembarcar "rapidamente e com tranqüilidade, sem a repetição das cenas de Copenhague. Espero que me deixem em paz com minha família".

Os repórteres trouxeram-lhe os jornais de Nova York e Cook leu a reivindicação de Peary quanto à descoberta do Pólo Norte, assim como suas acusações infames. Quando lhe perguntaram qual era sua reação às últimas, Cook afirmou: "Quando desembarcar examinarei as acusações e responderei no momento oportuno. [...] Já manifestei disposição de submeter minhas observações a uma comissão examinadora [...] e o veredicto de tal comissão ratificará meu relato." Estimou que no período de "dois meses" seus registros e instrumentos estariam disponíveis para os "testes oficiais". Explicou como seriam, então, enviados à Universidade de Copenhague, "a primeira a reconhecer oficialmente [seu] trabalho na descoberta do Pólo".

De manhã cedo, no dia seguinte, dez dias depois de ter pisado no *Oscar II*, onde não era mais que um estranho a bordo, Cook desembarcou e já era considerado amigo dos passageiros, oficiais e tripulação; diante dos pedidos de muitos que queriam ser fotografados ao seu lado, Cook se mostrou incansável. Aclamado pela tripulação e centenas de passageiros, o explorador desceu a escada do tombadilho até o rebocador onde Marie e as filhas o aguardavam. Marido e mulher abraçaram-se e se beijaram como amantes há muito tempo separados, compondo uma cena reminiscente do "romance do errante Ulisses e sua fiel Penélope", comentou um jornal, com sentimentalismo.[2] Logo depois, Cook segurou no colo as meninas, Ruth e Helen, e lhes deu beijos.

A família Cook logo se transferiu para o navio a vapor *Grand Republic*, onde se encontrava um comitê oficial de recepção do qual fazia parte John Bradley, vibrando de alegria. Seguiu-se uma excursão triunfante ao Brooklyn, acompanhada por uma serenata de "apitos em homenagem ao explorador" e uma banda completa que ora tocava *Star Spangled Banner*, ora *Hail to the Chief*.*[3] Ao sul da Quinta Avenida, havia um mar de simpatizantes, inclusive centenas de crianças que foram dispensadas das aulas em virtude da comemoração, acenando lenços brancos e bandeiras americanas.

Na chegada à sua cidade natal, Cook emitiu uma declaração cujos termos iniciais eram: "Venho do Pólo."[4] Prometeu contar sua história e compartilhar os dados de que dispunha "sem a intenção de desencadear debates [...] mas para apresentar um registro claro em relação ao qual [tinha] o direito de demonstrar certo orgulho". Ele e a família foram levados num desfile de carros pelas ruas do bairro do Brooklyn.

Depois de se registrarem no Hotel Waldorf-Astoria, no centro de Manhattan — para fugir às multidões festivas e hordas de repórteres —, Marie revelou que a família tinha se arruinado financeiramente (em virtude do Pânico de 1907, de repercussão nacional), com a falência do eminente Knickerbocker Trust, onde o dinheiro deles fora depositado. O próprio patrimônio líquido de Marie também desaparecera e a casa da avenida Bushwick fora hipotecada. Durante a longa ausência de Cook, Marie tomara emprestado para sua manutenção e das crianças, ao mesmo tem-

---

* Isto é, "O Pendão Semeado de Estrela" (a bandeira dos Estados Unidos) e "Saudações ao Chefe", ou seja, ao presidente dos EUA. [N. da T.]

po que a família se hospedava nas casas de vários amigos, no Brooklyn e no estado do Maine. Cook garantiu-lhe que, agora que ele estava de volta, tudo seria diferente. Falou-lhe a respeito dos planos em relação a palestras e publicações, que o manteriam tão ocupado nos próximos anos que ele não pretendia, de imediato, retomar a prática da medicina.

Depois de procurar "descansar e se isolar"[5] durante a maior parte do dia seguinte, Cook enfrentou por duas horas, à noite, um grupo de representantes da imprensa, encarando, "alegremente, o fogo cruzado mais intenso" a que fora submetido. A Associated Press relatou que Cook "não se afastou muito de seu relato inicial mesmo estando sob o fogo cruzado de quarenta inquisidores".

— Por que o senhor não quer que o comandante Peary tenha conhecimento de sua proeza?[6]

Cook aprumou-se na cadeira e reagiu com "o mesmo tom firme" que empregara desde que chegara à sala.

— Por que eu deveria informar Peary antes de informar o resto do mundo? Ele não teria agido assim.

— O senhor considera o comandante Peary amigo ou inimigo?

Exibindo o que mais tarde foi descrito como um "sorriso triste", Cook respondeu:

— Devo dizer que não sei. Tenho tratado o Sr. Peary como um amigo, e até saber mais sobre a situação, devo manter a atitude.

Quando foi perguntado — por maldade ou ignorância — se as observações de Cook no Pólo tinham sido feitas com o auxílio da Estrela Setentrional, ele apoiou-se no encosto da cadeira e deu uma risada.

— Como a Estrela Setentrional pode ser vista quando o sol brilha o tempo todo?

Todas as suas observações no Pólo, explicou Cook, pacientemente, tinham de ser feitas medindo-se a altitude do sol no céu.*

---

* Nos Pólos, a altura do sol no céu varia pouco e as sombras não se alteram muito em extensão. Em 22 de abril de 1908, Cook relatou ter usado o sextante para medir, de tempo em tempo, a altura do sol no céu, no período de 24 horas consecutivas — variando de 12 graus, 9 minutos, 30 segundos, às 6 horas, até 12 graus, 18 minutos, 40 segundos, às 18 horas. Ao mesmo tempo, mediu o comprimento da projeção da sombra de Etukishook de pé no centro de um círculo desenhado. [N. do A.]

Perguntaram-lhe a respeito da importância da apresentação do sextante usado para as observações — e se algo acontecesse a Whitney e ele não retornasse? A expressão de Cook se mostrou séria. Disse que suas observações seriam questionadas se seus instrumentos se perdessem e não fossem examinados pelos especialistas.

— O senhor conhecia o Sr. Whitney antes da ocasião de seu retorno?

— Não, não conhecia.

— Por que lhe confiou seus instrumentos?

— As circunstâncias determinaram a confiança que nele depositei. Entreguei a ele os instrumentos para que os trouxesse porque julguei que seria menos provável que sofressem danos a bordo de seu navio do que se eu os levasse através dos glaciares e da região acidentada, coberta de gelo.

Quando perguntado se desaprovaria mostrar seu diário, Cook apresentou "um pequeno caderno de capa dura", de 176 páginas, cada qual "preenchida com cinqüenta ou sessenta linhas de escrita a lápis, com os menores caracteres", totalizando cerca de 100 mil palavras.

Naquela noite, Cook foi homenageado com um jantar de gala no Waldorf-Astoria, oferecido pelo Clube Ártico da América, grupo formado por indivíduos que exploravam ou patrocinavam expedições nos mares frígidos do mundo. Sentados às mesas, postas com elegância, forradas de toalhas brancas e com arranjos de flores frescas, mais de mil homens abastados, alguns acompanhados de suas esposas e filhas, aplaudiram e brindaram o explorador, e em seguida ouviram atentamente sua narração sobre o feito polar. Ao concluir, Cook mencionou vários exploradores intrépidos, inclusive Peary, que tudo arriscaram na busca pelo Pólo.

Quatro dias depois, Cook recebeu um telegrama de Indian Harbour, em Labrador — a primeira notícia de Whitney desde que se separaram cinco meses antes, na Groenlândia setentrional.

INÍCIO VIAGEM DE VOLTA *ROOSEVELT*. NADA RECEBI. PEARY NÃO AUTORIZOU NENHUM DOS SEUS PERTENCES A BORDO. DISSE QUE DEIXASSE TUDO EM ABRIGO EM ETAH. ENCONTREI CAPITÃO SAM [NO] *NORTH STAR*. NÃO RETORNEI. APÓS SEGUIR DE ESCUNA PARA SAINT JOHN'S, PEGO VAPOR PARA VOLTAR. ESPERO VOCÊ ESTEJA BEM. EXPLICAREI TUDO. CAÇADA BOA.[7]

Cook foi acometido por "depressão" em virtude das notícias de que Whitney foi forçado por Peary a abandonar, "justamente, o material com o qual ele poderia eliminar dúvidas e deter a onda de infâmia imerecida".[8] Se tivesse previsto algo semelhante, Cook teria levado os instrumentos a Upernavik e completado suas "observações e notas, imediatamente".[9] Em retrospecto, ele sugerira deixá-los, "tal foi a minha insensatez — pela qual o destino me fez pagar". Sabia muito bem que seria impossível demonstrar em seu relatório a Copenhague uma "linha de observações concatenadas". Também não dispunha de qualquer correção para os instrumentos ou qualquer meio de verificar a precisão destes. Além do mais: "Tinha em meu poder algumas cópias de [meus] dados originais, mas não estavam completos. Teria de basear todo o meu argumento num relatório com observações limitadas", como fornecer as respostas de um teste de matemática e não as equações usadas para se obter as soluções — inaceitável em qualquer sala de aula do ensino médio.

Assim que os correspondentes abordaram Whitney, em Labrador, a notícia de que os instrumentos e registros de Cook tinham sido banidos do navio de Peary espalharam-se rapidamente. Ao tentar fazer um passeio tranqüilo no parque, com a família, Cook foi seguido por repórteres que lhe perguntaram se o fato "complicaria sua situação".[10]

— Na verdade, não sei — respondeu.

— Mas o senhor disse que sem os instrumentos que deixou em custódia com o Sr. Whitney seria impossível corroborar todas as provas que se encontram agora em seu poder.

Era evidente que o explorador "demorava a responder". Parecia olhar para o "vazio" antes de se manifestar.

— Contava que ele trouxesse os instrumentos e tudo o mais. Naturalmente, sinto-me decepcionado.

O que o impedia, perguntaram-lhe, de mandar, de imediato, um navio a Etah para o resgate dos itens?

— Quase nada — respondeu Cook com um sorriso —, a não ser o gelo e a escuridão. É o suficiente.

Qualquer empenho de resgatar os instrumentos e dados teria de esperar pelo verão. Cook também sabia que a não ser que esquimós responsáveis tivessem recebido "instruções explícitas" quanto a proteger o depósito de instrumentos de precisão e documentos, "tudo se perderia" em um ano, em conseqüência de curiosidade ou furto.[11]

Assim que os norte-americanos souberam da perda dos pertences de Cook, poucos descartaram a falsidade de Peary. "O Sr. Peary insiste que o Dr. Cook comprove seu relato", editou o *Philadelphia Inquirer*, "mas parece que Peary tem feito o possível para prejudicar Cook." Do mesmo modo, o *New York Evening Journal* expressou opiniões fortes em 27 de setembro: "O *Evening Journal* não sabe quem descobriu o Pólo. [...] No entanto, tudo leva a crer que Peary admite que Cook fez a descoberta. Caso contrário, por que a recusa de trazer os instrumentos e registros de pesquisa de Cook? Tais instrumentos e registros poderiam ter sido produzidos para provar a inautenticidade da reivindicação de Cook, se esta fosse falsa." No mesmo dia, o *New York Herald* publicou um editorial criticando Peary: "A bandeira, trenó e registros do Dr. Cook escondidos entre pedras em Etah são mais prejudiciais ao pleito do Sr. Peary do que seriam, caso tivessem voltado no *Roosevelt*."

O único grande jornal que saiu em defesa de Peary no assunto dos pertences de Cook foi o *New York Times*, que finalmente começou a publicar o relato de Peary sobre a conquista do Pólo Norte.* "Suponhamos que o comandante Peary tivesse permitido que as caixas permanecessem a bordo do *Roosevelt*, e as tivesse trazido para cá, fazendo-as chegar às mãos de Cook. Que defesa teria, mediante possíveis acusações de que os registros tinham sido roubados ou os instrumentos adulterados?"

Cook era o preferido do público. Numa pesquisa de opinião pública entre os leitores do jornal *Pittsburgh Press*, apurou-se que 73.238 leitores acreditavam que Cook descobrira o Pólo Norte; somente 2.814 acreditavam que Peary o fizera. Cerca de 18 mil pensavam que Peary tinha chegado ao Pólo um ano depois da descoberta de Cook, ao passo que 58.009 supunham que Peary não chegara ao Pólo. Outras pesquisas de jornais mostravam resultados similares favoráveis a Cook; o *Watertown*

---

* Quando exploradores e geógrafos tiveram a primeira oportunidade de comparar as duas narrativas polares, concluíram que o relato de Peary, "definitivamente, confirmava a história de Cook quanto a vários detalhes importantes, e não suscitava pontos de divergência", noticiou o *New York Daily Tribune*.[12] [N. do A.]

(New York) Times obteve 3 a 1 para Cook, e o *Toledo (Ohio) Blade*, 550 a 10 em favor de Cook.

Inicialmente, a reivindicação de Cook foi contestada pelos membros do Clube Ártico de Peary, quando o explorador declarou a média de velocidade através da superfície glacial de 28 quilômetros por dia. Salientaram que Nansen, grande viajante que percorreu as regiões glaciais, não conseguiu mais que 26 quilômetros por dia, e muitas vezes obtia média bem inferior; e a expedição Abruzzi, ao estabelecer o recorde do ponto mais distante ao norte em 1898, conseguiu a média de 13 quilômetros diários. Em seguida, vieram os relatos de Peary: durante seus últimos 555 quilômetros a caminho do Pólo (depois que Bartlett retornou) e na volta, teria de produzir a média acima de *55 quilômetros por dia* para cobrir as distâncias por ele declaradas. Até aquele momento, a melhor média diária de Peary fora 22 quilômetros. Os membros do Clube Ártico de Peary não fizeram mais comentários sobre a velocidade de Cook no gelo polar, embora a campanha que empreenderam contra o explorador, que alegou ter sido o primeiro no Pólo, fosse incessante, envolvendo divulgação de informações à imprensa, entrevistas e muito mais. "Quero que este assunto seja tratado como uma eleição presidencial", escreveu Peary a Hubbard, presidente do clube; e assim começou a antiga estratégia do explorador para uma total mobilização, com o intuito de vencer.[13] Os nomes de Thomas Hubbard e Herbert Bridgman, como representantes de Peary, apareciam quase todos os dias nos jornais — exigindo a comprovação do feito de Cook em relação ao Pólo (enquanto Peary não oferecera prova alguma), atacando as narrativas, os comentários e o caráter de Cook. A intenção era clara: "apoiar Peary através da destruição de Cook", relatou o *Lincoln (Nebraska) Evening News*. Somente pelo aniquilamento da reputação de Cook, no âmbito pessoal e profissional, Peary obteria o Pólo.

Em meados de outubro, o Clube Ártico de Peary lançou a publicação de um depoimento assinado por Edward Barrill, o ferreiro de Montana que acompanhara Cook na expedição de 1906 ao monte McKinley. Depois de declarar, durante anos, a amigos, vizinhos e mesmo ao jornal de Darby, em Montana, que tinha chegado ao topo do monte com Cook — exibindo, com todo orgulho, um exemplar do livro de Cook a respeito do McKinley, *O Topo do Continente*, que recebera à época da publicação em 1908 —, Barrill agora alterava o relato. Em momento algum ele e Cook tinham atingido o topo do monte McKinley — na verdade, não subiram mais que 2.400 metros, aproximadamente. Barrill conservara um diário de viagem, repleto de erros de ortografia e frases gramaticalmente incorretas, que por muito tempo exibiu a qualquer um que demonstrasse interesse na sua histórica escalada ao McKinley. Agora afirmava que Cook, em dado momento, ditara-lhe informações falsas — possivelmente frases incorretas, gramaticalmente, e tudo o mais, embora o discurso falado e escrito de Cook sempre fosse de um homem culto. A conquista do McKinley fora um grande logro, Barrill declarava. O depoimento foi publicado *ipsis litteris* num jornal pertencente a Hubbard, o *New York Globe* e, em seguida, republicado em jornais de todo o país.

— O depoimento de Barrill foi comprado, tenho certeza — disse Cook aos repórteres, no dia da publicação. — É uma mentira deslavada.[14]

Era uma inversão brusca e surpreendente por parte de Barrill, considerando que havia apenas um mês, em face das notícias a respeito de Cook ter descoberto o Pólo Norte, Barrill revelara, orgulhosamente, a um correspondente em Montana que ele e Cook "eram os únicos que tinham escalado o McKinley".[15] Duas semanas depois, o advogado J. M. Ashton, contratado pelo Clube Ártico de Peary, chamou Barrill ao seu escritório, em Tacoma, e abriu negociações, visando recompensá-lo por sua assinatura num documento contendo a alegação de que Cook mentira a respeito da ascensão ao McKinley.*

---

* Boatos persistiram a respeito do pagamento a Barrill, embora na ocasião fossem negados por Hubbard, que insistia que o ferreiro recebera não mais que 200 dólares por custos de viagem. No *New York Herald* (24 de outubro de 1909), o sócio de Barrill, C. G. Bridgeford, contou que Barrill lhe dissera que precisava ir a Tacoma para ver o representante do Clube Ártico de Peary e "isto quer dizer 5 mil a 10 mil dólares para mim".[16] Um documento

Seguindo-se à declaração juramentada de Barrill, Hubbard afirmou que o assunto do McKinley era de importância vital para a solução da disputa do Pólo Norte, citando a máxima latina: uma vez mentiroso, sempre mentiroso. Referia-se, claro, a Cook. Mas poderia ter aplicado as mesmas palavras a Barrill, estranha escolha de testemunha para refutar a verdade afirmada por um homem. O jornal *Nation* considerou que a declaração de Barrill "não se tratava de prova conclusiva da inverdade do relato do médico; pois, com certeza, um homem que assina uma declaração juramentada de que ele foi participante voluntário de uma trama fraudulenta não pode ser aceito como testemunha incontestável ao jurar que mentiu".[19] Talvez seja por essa razão que, depois de ser levado às pressas pelo Clube Ártico de Peary a testemunhar contra Cook num Clube de Exploradores quanto ao assunto McKinley, Barrill foi afastado e embarcado num trem para Montana.

Em menos de uma semana após a declaração de Barrill, Peary enviou à imprensa, de sua casa no Maine, uma denúncia contra Cook, somando 14 itens e 2.500 palavras, listando as razões pelas quais a reivindicação do competidor não deveria ser aceita. Peary ofereceu como prova os depoimentos que Ahwelah e Etukishook prestaram a bordo do *Roosevelt*, por meio dos quais os dois nativos, supostamente, traçaram o trajeto, indicando que percorreram ao lado de Cook apenas alguns trechos em direção ao norte, depois de terem se afastado da terra firme, em

---

assinado por um advogado local citava um técnico em contabilidade e funcionário do banco de Tacoma, J. D. Burke, que declarou ter observado Barrill recebendo, numa transação não contabilizada, 1.500 dólares em cédulas de 100 dólares, que guardou no cinto próprio para depositar dinheiro. A transação financeira definitiva foi documentada em 1989, quando uma cópia de um saque bancário de 5 mil dólares — em valores atuais, mais de 250 mil dólares — foi encontrada no Arquivo Nacional num setor da Coleção Peary, recentemente aberta ao público. O saque foi efetuado em nome de Ashton, pagável à "minha pessoa"[17] e debitado à conta do Fidelity Trust de Hubbard — datado em 1º de outubro, um dia depois que Ashton telegrafou a Hubbard "excede quantia estipulada — muitas [...] exigências extravagantes".[18] O documento de Barrill foi autenticado em tabelionato em 4 de outubro. Seja lá o que Barrill tenha recebido, se um monte de dinheiro ou uma série de pagamentos, o ferreiro e guia montanhista pôde comprar uma casa de cinco quartos e pomar e tornar-se o primeiro morador de Darby, em Montana — no interior das montanhas Bitter Root — a possuir um automóvel. [N. do A.]

Axel Heiberg. Uma pergunta sem resposta, feita por vários eruditos, foi a seguinte: por que razão, tendo Cook caminhado por apenas alguns dias na direção norte, teria voltado e tomado a direção sul, desviando-se dos abrigos e enfrentando a fome durante um ano? Peary também alegou ter inspecionado cuidadosamente o trenó de Cook em Etah, determinando que este não teria servido ao trabalho no Ártico — estranha acusação, uma vez que Cook estivera, sem dúvida, no Ártico, por mais de um ano, com aquele trenó. Também sem resposta ficou a pergunta: por que Peary, sabendo que o trenó serviria de prova contundente contra a futura alegação de que Cook percorrera qualquer distância ao norte da região, não trouxera o veículo no *Roosevelt*?

Começando por uma apresentação no Carnegie Hall, Cook deu início a uma turnê nacional de palestras, quase no final de setembro. No total, fez cerca de setenta apresentações em 24 dias e concedeu entrevistas à imprensa em cada cidade e lugarejo que visitou. Viu-se, cada vez mais, na posição defensiva, ora a respeito do que seus companheiros esquimós teriam dito aos subordinados de Peary, ora a respeito de Barrill ou do monte McKinley, ou ainda sobre diversas histórias estranhas e inverídicas que vinham à tona, inclusive uma que o tornou alvo de caricaturas editoriais, por ter levado ao Pólo um barril de balas de goma no intuito de subornar esquimós.

Para Cook, a perda dos instrumentos de precisão e dos registros não seria esquecida, tornando "cada vez mais difícil" comprovar sua reivindicação.[20] Sem conseguir dormir, lutava contra o desespero e a "depressão" que acarretavam "premonições desesperadoras". Foi acometido de grave laringite em Washington, D.C., e continuou doente ao chegar em Baltimore e Pittsburgh. Em Saint Louis, onde consta que tenha recebido 10 mil dólares por sua apresentação diante da maior platéia que conseguira atrair até aquele momento — mais de 12 mil pessoas —, mal conseguia sussurrar, e se sentiu "febril e atordoado" durante toda a palestra.

Além do "mal-estar físico", Cook percebia a "hostilidade" crescente e começou a se sentir "perseguido". A visão das multidões que uma vez ele abraçara, agora enchiam-no de "um terror cada vez maior". A perseguição dos repórteres e mesmo as "demonstrações de boa-fé e amizade" irritavam-no. De acordo com seus conhecimentos de medicina, estava ciente de que passava do estado de depressão ocasional a "estágios perigosos de tensão nervosa". Encerrou subitamente a turnê de palestras, no final de outubro, cancelando dúzias de apresentações, e se isolou para recuperar a saúde e trabalhar no relatório para Copenhague.

Desde que muitos dos relatórios de campo tinham ficado na Groenlândia, com os instrumentos e outros pertences, decidiu não enviar à universidade as partes do registro original que ainda possuía. Considerando que não formariam um registro completo, que era o que se esperava, solicitou a Copenhague que aceitasse uma reconstituição de sua viagem a partir de seu diário original e outros documentos que manteve em seu poder. Cook completou a reconstituição quase no final de novembro e enviou-a a Copenhague, através de um mensageiro particular. Solicitava à universidade que considerasse provisório o trabalho e lhe conferisse um julgamento neutro, até que no ano seguinte fosse feita uma tentativa de resgatar os registros perdidos.

A comissão da Universidade de Copenhague formada para examinar os registros polares de Cook recebeu seu relatório em 8 de dezembro de 1909. A reconstituição datilografada não era, evidentemente, o que esperavam, e os membros da comissão ficaram bastante decepcionados. Duas semanas depois, foi comunicado que o relatório de Cook não constituía prova de que ele chegara ao Pólo Norte. O veredicto oficial foi "Não comprovado", que levou muitos jornais e leitores dos Estados Unidos a interpretar que a Dinamarca, o primeiro país a homenagear Cook pela descoberta, determinara que ele não chegara ao Pólo.[21]

Cook não foi encontrado pela multidão de repórteres que desejava saber quais eram os seus comentários. Ao entregar o relatório final à secretária, no Waldorf-Astoria, dissera: "Agora vou conseguir dormir um pouco", e pegou um táxi para a estação de Penn.[22] Mais tarde Cook admitiu ter ficado confuso diante dos conselhos que recebeu dos amigos quanto aos ataques dos "inimigos".[23] Muitos acreditavam que ele deveria atacar Peary da mesma forma que Peary o atacava. Outros o aconselharam a formar sua própria associação para enfrentar as investidas do Clube Ártico de Peary. "Tal procedimento", escreveu Cook, "era revoltante para mim [...] a origem egoísta, invejosa de todas as acusações do Sr. Peary parecia evidente."

Alguns dias depois, Marie recebeu uma carta do Canadá, dizendo-lhe quando e onde encontrá-lo na Europa. "Minha vida é mais importante que o assunto sobre o Pólo", escreveu, "que pode esperar, se necessário."[24]

O veredicto de Copenhague, a campanha bem financiada contra ele e o exílio a que se impôs garantiram que o homem que, dois meses atrás, voltara na condição de herói, ainda cairia muito.

Cook ainda dispunha de defensores. Maurice Egan, o embaixador norte-americano na Dinamarca, que se encontrava entre os primeiros que o saudaram em Copenhague, revelou à imprensa que ainda acreditava que Cook chegara ao Pólo Norte. "A decisão da universidade dinamarquesa é, evidentemente, definitiva", disse Egan. "A não ser que o caso seja reaberto mediante a apresentação do material pertencente a Cook, que Harry Whitney foi obrigado a deixar em Etah."[25]

Tais instrumentos e registros polares de Cook jamais foram encontrados.

Resultado

Robert Peary considerou que sua aceitação como descobridor do Pólo Norte não foi nem imediata, nem unânime; decepção terrível que, segundo ele próprio, haveria de amargurá-lo pelo resto de seus dias.

Entretanto, sua reivindicação quanto à descoberta do Pólo recebeu o rápido endosso de seus aliados da Sociedade Geográfica Nacional (SGN). Uma organização com fins lucrativos, a SGN não era equivalente à Real Sociedade Geográfica de Londres ou qualquer outra das organizações independentes do mundo. Contudo, a SGN designou a si mesma a decisão das reivindicações conflitantes dos dois norte-americanos, convidando Peary e Cook, no início de outubro de 1909, a submeter seus registros polares a uma revisão. Tratava-se de uma função sem precedentes para a SGN, que jamais se preocupara em revisar registros de exploradores, nem mesmo a evidência de Peary ter chegado ao ponto mais distante ao norte, antes de lhe conferir a medalha em 1906. A SGN telegrafou a Copenhague solicitando que a universidade dinamarquesa abrisse mão dos registros de Cook, o que o estabelecimento se recusou a fazer. Devido ao envolvimento de Peary com a sociedade, que sempre apoiara seu trabalho (incluindo a doação de mil dólares à última expedição), Peary estava certo de receber tratamento favorável, e logo aceitou a oferta.

Uma comissão de três homens formou-se a partir do quadro de sócios para examinar a reivindicação de Peary; um dos membros, Henry

Gannett, geógrafo, era amigo pessoal de Peary; outro, O. H. Tittman, era superintendente da Inspeção Litorânea e Geodésica dos EUA, segundo a qual Peary fora oficialmente designado (mediante pagamento integral) pela recente expedição; o terceiro membro já havia sido mencionado como "um cético na questão do descobrimento do Pólo por Cook".[1] De início, Peary entregou à comissão apenas os dados coligidos até o ponto da jornada em que Bartlett retornou — etapa em relação à qual Peary declarou velocidades normais sobre o gelo e contava com testemunhas de confiança para fazer suas próprias observações. Depois de revisar esses dados referentes a dez dias, a subcomissão requisitou os dados pertinentes ao restante da viagem e aqueles obtidos no Pólo. Peary levou os registros a Washington, D.C., chegando em 1º de novembro de 1909. À noite, o exame, segundo Peary mais tarde testemunhou, ocorreu num depósito de bagagem de uma estação de trem; Peary abriu o baú e os homens deram uma olhada no conteúdo, sem ler os registros nem determinar a precisão dos instrumentos. Em seguida, dirigiram-se à residência do almirante Chester para jantar. Dois dias depois, a Sociedade Nacional Geográfica anunciou que Peary comprovara ter chegado ao Pólo Norte em 6 de abril de 1909.

Um requerimento feito pelos patrocinadores bem relacionados de Peary, para que ele fosse reconhecido como o descobridor do Pólo Norte, aposentado como contra-almirante e recebesse pensão anual, foi encaminhado à Comissão de Assuntos Navais da Câmara dos Deputados, no começo de 1910. A Subcomissão de Assuntos Navais tomou o depoimento de três membros da comissão de investigação da Sociedade Nacional Geográfica e orientou um congressista a considerar o exame dos dados de Peary referentes ao Pólo Norte (realizado na estação de trem) "superficial e apressado".[2] A subcomissão requereu os registros de Peary, mas ele declinou, alegando que não podia apresentar as provas por motivo de contratos editoriais. A subcomissão, percebendo que Peary atirara um "véu de mistério [...] por cima de suas provas e registros", adiou novas audiências até que Peary concordasse.

Apesar do impasse com o Congresso, o endosso da SGN — assim como as próprias dificuldades de Cook quanto ao veredicto da Universidade de Copenhague e a controvérsia em torno do McKinley — impulsionou o debate em favor de Peary. Uma por uma, a maior parte das instituições e editoras de livros de consulta aceitaram a reivindicação de Peary quanto ao Pólo Norte. Ele passou o verão de 1910 na Europa, recolhendo homenagens prestadas por entidades estrangeiras e universidades numa dúzia de países, sem base numa verificação independente de seus dados mas no reconhecimento da Sociedade Geográfica Nacional.

Em meio à controvérsia que ainda pairava sobre as velocidades inéditas que atingira ao atravessar a calota glacial depois que Bartlett o deixara (Peary negou ter viajado de trenó durante um período significativo), naquele inverno ele foi submetido a um teste de caminhada. Quando solicitado a percorrer a pé o total de 50 quilômetros em menos de vinte horas durante três dias consecutivos — ritmo bem mais lento do que ele relatara, referindo-se à semana anterior à chegada ao Pólo e à viagem de retorno —, Peary conseguiu cumprir a tarefa apesar dos pés aleijados, embora o teste se aplicasse à capacidade de uma pessoa andar calçando raquetes através do gelo e neve num terreno acidentado.

Após a publicação de sua narrativa exclusiva para um periódico nacional, *Hampton's Magazine*, e o lançamento de seu livro *O Pólo Norte*, Peary concordou em se apresentar ao Congresso em janeiro de 1911, e assim o fez por três dias consecutivos. Para antecipar sua apresentação, seus defensores prepararam o terreno, contratando, inclusive, um lobista para calcular e influenciar votos, e encomendando a impressão de um folheto, *Como Peary Chegou ao Pólo Norte*, distribuído a cada membro do Congresso. Peary também pagou pelo novo cálculo de suas observações, contratando dois técnicos do Levantamento Geodésico e Costeiro dos EUA para refazer suas observações polares. Tão organizado era o esforço para facilitar a transição do requerimento de Peary, que um representante da subcomissão, R. B. Macon, denominou-o "uma campanha contratada pelo Clube Ártico de Peary e pela Sociedade Geográfica Nacional".[3]

Quando perguntado por um congressista se as observações que ele registrou no Pólo poderiam ser feitas por alguém que não estivera no local, Peary respondeu que alguns especialistas admitiam que sim, e outros, não. Quando foi mencionado que duas testemunhas — os dois agrimensores do Levantamento Geodésico e Costeiro que ele contratara para assisti-lo — afirmaram que *era* possível para um indivíduo, com suficiente conhecimento de matemática, elaborar uma observação falsa, Peary deu de ombros, como se aquela fosse uma opinião pessoal.

Quando lhe foi solicitado que deixasse o diário e os dados do Pólo Norte para que fossem reexaminados pelos membros da subcomissão e assistentes, Peary declinou.

Um exame superficial do diário escrito a mão levou um congressista a observar que "não apresentava marcas de dedos ou sinais de desgaste; um livro muito limpo e bem cuidado".[4] Além disso, o diário não oferecia qualquer registro das trinta horas em que Peary esteve nas vizinhanças do Pólo, e várias páginas estavam em branco. A anotação de 6 de abril, quando se supunha que ele chegara ao Pólo, não fazia referência ao feito histórico. Em vez disso, uma página solta fora inserida, com a declaração: "O Pólo, finalmente!!! O prêmio de três séculos, meu sonho e minha ambição por 28 anos. *Meu*, afinal."[5]

O estado imaculado do diário causou indignação a Henry T. Helgesen, congressista de Dakota do Norte. "Fiambre é o alimento principal", disse. "O valor nutritivo baseia-se na sua característica oleosa. Como seria possível manusear o alimento gorduroso e, sem condições de lavar as mãos, fazer anotações num livro, todos os dias, e no final de dois meses apresentar o mesmo livro, sem impressões digitais ou sinais de desgaste?"

Desde que Peary não fornecia respostas razoáveis a questões controvertidas, o deputado Ernest W. Roberts qualificou trechos do testemunho de "vagos e imprecisos".[6] O presidente da subcomissão, Thomas S. Butler, da Pensilvânia, de modo geral solidário à causa de Peary, exasperou-se ao final do depoimento. "Temos a sua palavra e estas observações que demonstram que o senhor esteve no Pólo Norte", disse Butler a Peary. "Sua palavra e suas provas. Na condição de membro desta comissão, aceito sua palavra; mas de suas provas, nada sei."

A subcomissão votou 4 a 3 para aprovar uma versão retificada do requerimento. A minoria registrou em ata "dúvidas profundas" quanto à precisão das observações de Peary.[7] Afinal, o assunto em debate foi resolvido com base nas observações recalculadas de Peary, embora ainda houvesse dúvidas. "Aceitando que as observações foram feitas como

[Peary] afirma que foram feitas [...] [Peary] esteve a pequena distância do Pólo, bem próximo para justificar a reivindicação." No entanto, em vez de declará-lo o descobridor do Pólo Norte, o projeto aprovado pelo Congresso deu crédito a Peary pela "exploração ártica que resultou na [sua] chegada ao Pólo Norte". O requerimento foi transformado em decreto pelo presidente Taft, em 4 de março de 1911; Peary foi incluído na lista de engenheiros civis aposentados, tendo direito ao posto de almirante e a receber pensão anual de 6 mil dólares pelo resto da vida.

Amargurado pelo que julgara uma avaliação antagonista de seu trabalho e pelo rígido interrogatório pessoal a que foi submetido no Congresso, Peary nunca mais exibiu seu diário polar, os documentos da expedição, ou outros dados.

Em 1913, Donald MacMillan, membro da última expedição polar de Peary, e que pelo resto da vida foi seu fiel defensor, saiu à procura de Crocker Land, a região que Peary mapeara. MacMillan o fez, em parte, em repúdio a Cook, que relatara ter passado pelo local ao retornar do Pólo, e ter encontrado apenas gelo onde Peary indicara a nova região, em 1906. Contudo, decepcionado, MacMillan nada encontrou além de gelo flutuante, onde Peary informara ter encontrado novas terras, desse modo dando crédito ao relato de Cook.

Outras descobertas de Peary, como o "Canal Peary", "Peary Land" e o "Mar Groenlandês do Leste", também foram consideradas inexistentes por outros exploradores, entre eles, Mylius Erichsen, que, iludido por um mapa da Groenlândia feito por Peary, morreu quando não conseguiu chegar à determinada região de caça. Mais descobertas de Peary, incluindo "Jesup Land" e "Cabo Thomas Hubbard", foram desconsideradas porque haviam sido localizadas antes e nomeadas por outros exploradores. Por volta de 1916, o Escritório Hidrográfico da Marinha dos Estados Unidos tinha retirado a maioria dos descobrimentos de Peary dos mapas e gráficos oficiais.

Nos anos que se seguiram ao seu depoimento no Congresso, Peary raramente falava em público a respeito do Pólo Norte. Voltou-se para outros interesses — passando temporadas em Eagle Island, com a família, tornou-se um dos primeiros entusiastas da aviação, e pensou em se eleger para o Senado. Quando os Estados Unidos entraram na Guerra

Mundial, Peary ofereceu seus serviços e organizou a Comissão da Patrulha da Costa Aérea Nacional, que estabeleceu unidades de patrulhamento de base terrestre na orla marítima oriental e ajudou a instruir centenas de pilotos.

Em seguida ao armistício, em 1918, a saúde de Peary falhou devido à anemia perniciosa, o mal sangüíneo diagnosticado em 1901 por Cook, que aconselhara Peary a assimilar o conhecimento de dieta alimentar dos esquimós, que jamais contraíam escorbuto ou anemia — recomendação que Peary rejeitara. A última aparição pública de Peary foi num programa da Sociedade Geográfica Nacional, em 1919. Mais tarde, depois de várias hospitalizações e 35 transfusões de sangue, Peary morreu em 20 de fevereiro de 1920, aos 63 anos, vítima da enfermidade do Ártico.

Peary foi sepultado na condição de herói norte-americano no Cemitério Nacional de Arlington. Dois anos mais tarde, um monumento foi dedicado a ele no local da sepultura. Inscritas num esferóide de granito representando a Terra, achavam-se as palavras que Peary dissera muitos anos antes, quando se viu preso por uma tempestade ártica e impedido de avançar para o norte: *"Encontrarei um caminho ou abrirei um caminho."*

No decurso de 32 anos de casamento e sete expedições árticas, Josephine continuou a apoiar e incentivar o marido, a despeito da tristeza causada pela sua ausência, e mesmo o abandono. Embora tenha vivido 35 anos a mais que o amado, a família e os amigos observaram que algo no seu íntimo definhou quando ele se foi. Josephine morreu em 1955, com 93 anos, e foi enterrada não muito distante da sepultura do marido. O capelão da Marinha, oficiando a cerimônia ao lado da sepultura, disse que era adequado que Josephine também descansasse em Arlington, porque "sua coragem e dedicação tinham conquistado um lugar de honra na nossa nação".[8]

Em 1988, pouco depois que o diário e os dados de Peary sobre o Pólo Norte, por muito tempo ocultados, foram liberados por seus herdeiros, a revista *National Geographic* publicou um artigo sugerindo com veemência que Peary, sabendo que sua última tentativa falhara, forjara a reivindicação de 1909 de que atingira o Pólo.

"Ao longo de 75 anos, os únicos registros nos quais Peary baseou sua reivindicação foram mantidos isolados da verificação pública", escreveu o editor Wilbur E. Garrett, que descreveu a revista como "voltada a assuntos introspectivos, ainda que uma vez a cada século [...] colocava-nos diante do espelho".[9]

A *National Geographic* concluiu que Peary não chegara ao Pólo Norte, tendo se distanciado 128 quilômetros à esquerda.

FREDERICK COOK retornou à América no final de 1910, como um herói vencido. Ciente do "erro por ter permanecido em silêncio por tanto tempo", instalou-se no Palatine Hotel em Newburgh, Nova York, 96 quilômetros acima de Manhattan, às margens do rio Hudson, para escrever a história de sua descoberta do Pólo Norte para a revista *Hampton's*, que também publicara a história de Peary, "A Conquista do Pólo Norte".[10] A noção de "dirigir-se ao mesmo público, através do mesmo meio" usado por Peary, exerceu "forte influência" sobre Cook, levando-o a aceitar a oferta da revista.

O artigo, "A Própria História do Dr. Cook", foi publicado em janeiro de 1911, no mesmo mês em que Peary compareceu diante da subcomissão do Congresso, apresentando seus dados. Semanas antes, Cook tinha aprovado a primeira impressão e rubricado cada página das provas; em seguida reuniu a família em Londres, prevendo a mudança de volta aos Estados Unidos, na esperança de que o artigo da *Hampton's* representasse o início de sua reabilitação pública. Depois disso, os editores da revista "fizeram inserções e cortes", de acordo com Lilian Kiel, estenógrafa da *Hampton's*, que mais tarde afirmou que os editores da revista tinham "cortado e colado as provas do artigo [...] inserindo a confissão do Dr. Cook".[11] (Enquanto o contrato de Peary com a *Hampton's* tinha proibido expressamente quaisquer alterações editoriais sem a sua aprovação, Cook assinou um contrato destituído de tal cláusula.) As mudanças resultaram num novo artigo mencionado na capa como "A Confissão do Dr. Cook", na qual Cook declarava seu estado de "desequilíbrio mental" quando dissera pela primeira vez que chegara ao Pólo.[12] "Depois de reflexão amadurecida", Cook alegou por escrito: "Confesso que não sei, em absoluto, se cheguei ou não ao Pólo. [...] Jamais questionei a declaração do descobrimento do Pólo pelo comandante Peary. E agora não questiono. Não tive a intenção de me apoderar da honra que pertence, unicamente, ao comandante Peary." Para incentivar as vendas nas bancas de jornal, a *Hampton's* distribuiu amplamente a matéria, referindo-se à confissão de Cook e à "admissão de insanidade". Sob vários aspectos, a confissão falsa foi para Cook o pior golpe, e o mais doloroso. A matéria e o relato veicularam em centenas de jornais, levando o público a acreditar que Cook finalmente dissera a verdade. Cook anunciou "sua indignação e perplexidade" pelo fato de a revista fazer circular "uma mentira escandalosa" — "Eu não fiz confissão alguma", disse ele — mas a negação foi abafada pela maioria dos jornais.[13]

Mais tarde, em 1911, depois de um ano de trabalho feito principalmente enquanto ele assumia outra identidade e vivia em vários hotéis da Europa, o livro de Cook, *Minha Chegada ao Pólo* foi publicado. Na dedicatória — considerada a primeira na qual um explorador polar oferecia um livro aos nativos árticos — escreveu:

> Ao índio que inventou o fiambre e o calçado em forma de raquete;
> Ao esquimó que contribuiu com a arte de viajar de trenó;
> A esta segunda família de uma tribo selvagem que não tem bandeira
> Atribuo o primeiro mérito.

A dedicatória parecia adequada, pois o livro de Cook estava repleto de detalhes preciosos sobre os residentes aborígines do Ártico; obviamente, ele não buscara apenas a realização atlética que consiste em descobrir novos territórios, mas também se esforçara para conhecer a cultura dos nativos que encontrou pelo caminho. Quanto à descoberta do Pólo Norte, Cook escreveu que se preparava para que a história conferisse o julgamento final. "A história demonstra que a obra que fornece a narrativa oficial definitiva constitui a prova da reivindicação de um explorador. [...] Números hão de ser inadequados, e qualquer prova irrefutável será encontrada somente através da narrativa de tal busca."[14] No último parágrafo do livro, Cook escreveu: "Apresentei meus argumentos e forneci provas. Quanto aos méritos referentes à minha reivindicação e à do

Sr. Peary, disponha os dois registros lado a lado. Compare-os. Ficarei satisfeito com sua decisão."

Embora Cook admitisse "não estar certo de que atingira o Pólo matemático exato", acreditava que chegara o mais próximo possível. Considerando o constante deslocamento da calota glacial, pôr os pés no local exato seria o mesmo que acertar um alvo em movimento com um dardo. Qual seria a distância em relação ao Pólo que daria a alguém o direito de alegar que chegara até lá? Trinta metros? Mil e oitocentos metros? Mais do que simplesmente atingir aquele ponto de grande precisão no gelo a 90 graus norte por um momento antes que se movesse, Cook almejava ser julgado segundo a precisão de suas descrições polares, e ao mesmo tempo ser reconhecido por ter sido o primeiro a oferecer tais detalhes ao mundo — dias e até mesmo semanas à frente de Peary, que teve a oportunidade de ler a narrativa de Cook antes de lançar a própria, uma vantagem de que Peary, supostamente, desfrutou em relação a Cook.

Os pontos que sustentavam a declaração de Cook ter atingido o Pólo em 1908 eram os seguintes:

- *Experiência e Aptidão para a Jornada.* Cook adotou dos esquimós muitos métodos de viagem e projetou os próprios trenós e outros equipamentos. Acreditava na importância de um grupo menor que levasse a carga mais leve possível e se beneficiasse dos recursos da região, sempre que possível. Experiente em viagem polar, Cook tinha 43 anos, ótima forma física e dispunha para acompanhá-lo durante o percurso ao Pólo de dois entre os melhores caçadores e condutores de trenós da região.

- *Experiência Comprovada em Viagens sobre o Gelo.* Para ter chegado até o Pólo e retornado, Cook teria percorrido cerca de 4.960 quilômetros. A parte incontestável da jornada — aquela contestada por Peary, mas confirmada pelos nativos que acompanharam Cook — correspondia a 3.037 quilômetros. Desde que a capacidade de Cook realizar uma viagem longa e difícil no Ártico não pode ser questionada, conclui-se que ele era capaz de percorrer os 1.926 quilômetros adicionais para chegar ao Pólo e retornar.

• *Descrições Originais.* Com o passar do tempo, as descrições originais do Pólo feitas por Cook se confirmaram. Na ocasião de sua viagem, ninguém tinha visto a região entre 87 graus e 90 graus norte, e havia muita especulação em torno do que seria encontrado no Pólo; um oceano polar aberto até a terra firme ou mesmo uma nova raça humana. Ao retornar, Cook descreveu o que tinha visto: nenhuma terra, o prolongamento da massa de gelo polar, um oceano congelado em contínuo movimento e elevação. Relatos subseqüentes, incluindo as narrativas de Peary, confirmaram as descrições originais de Cook.

• *Corrente Leste Desconhecida.* Detido por forte nevoeiro durante o trajeto de volta do Pólo, Cook navegou por meio de cálculo de posição, efetuando ajustes que compensassem um leve deslocamento do gelo no sentido leste (antes ocorrido na banquisa ao norte de Ellesmere). Não se sabia, na ocasião, que a corrente na área pela qual ele passava fluía para o leste. Conseqüentemente, Cook e seus companheiros foram conduzidos na direção oeste, a 185 quilômetros do primeiro ponto de terra firme onde planejaram chegar, próximo aos abrigos, e o atraso resultante significou que caíram na armadilha do inverno. A corrente leste registrada pela primeira vez por Cook — entre o Pólo e 80 graus norte, aproximadamente a 100 graus de longitude — seria confirmada por exploradores futuros.

• *Ilhas Glaciais.* Cook relatou ter visto a 88 graus norte uma estrutura glacial incomum que descreveu como plana no topo e mais alta e espessa do que o gelo marítimo, com a superfície superior marcada por ondulações. O que Cook observou foi uma ilha glacial, uma característica do Ártico que não fora relatada. Com 16 quilômetros ou mais de comprimento, ilhas glaciais são "*icebergs* tabulares", que a distância podem ser facilmente confundidos com ilhas, considerando que a maior parte de seu volume se encontra acima da água, ao contrário dos *icebergs* menores e mais comuns, com apenas 10% de seu volume exposto acima do nível do mar.[15] Mais tarde foi descoberto que as ilhas glaciais se originam dos bancos de gelo que margeiam parte da costa norte de Ellesmere; quando se desprendem, flutuam na direção do oceano Ártico, entre o Alasca e o Pólo Norte, seguindo o movimento lento dos ponteiros de um relógio. A descrição de Cook da massa "achatada" foi esquecida até que, quarenta anos depois, várias ilhas glaciais com a mesma descrição — chamadas T-1, T-2 e T-3 por oceanógrafos — foram descobertas durante reconhecimento aéreo.

• *Narrativa Confiável e Coerente* — Além da visão de Bradley Land, as descrições de Cook de sua viagem polar jamais foram contestadas. Alguns especialistas modernos nos assuntos do Ártico concluíram que ao declararem ter avistado Bradley Land e Crocker Land (que distam 241 quilômetros uma da outra), Cook e Peary, respectivamente, talvez tenham visto ilhas glaciais flutuantes. "Nenhum dos dois investigou a descoberta de perto", afirmou o contra-almirante C. W. Thomas, veterano do trabalho científico no Ártico, cerca de cinqüenta anos após as descobertas de 1908 e 1909. Thomas considerou "sugestiva" a possibilidade de Cook e Peary terem avistado a mesma ilha — "é significativo", prosseguiu Thomas, "que, desde então, ninguém tenha avistado qualquer ilha em nenhum dos locais". Além dessa exceção, nenhuma outra descrição fornecida por Cook foi contestada.

Do mesmo modo, Cook defendeu suas descrições do monte McKinley no livro *Ao Topo do Continente*, embora, devido ao fato de se encontrar no Extremo Norte e sem condições de ver as provas antes da publicação, reconhecesse que o livro "continha alguns erros" no texto e nas legendas.[16] No entanto, jamais sugeriu que uma fotografia impressa no livro com a legenda "O Topo do Nosso Continente" não fosse o cume, apesar de que, cerca de cinqüenta anos mais tarde, fosse constatado que a foto mostrava um pico mais baixo. Teria sido trocada a legenda da foto, ou será que Cook, sem uma ilustração aceitável do pico, aproveitou outra imagem? Ao longo de sua vida, Cook manteve-se confiante de que o registro escrito de suas descrições um dia seria verificado, comprovando sua reivindicação quanto à conquista do monte McKinley.

Entre as descobertas de Cook, em 1909, que sobreviveram ao teste do tempo encontram-se as seguintes:

• *Elevação.* Cook registrou uma elevação de 6.215 metros. Medições que se beneficiaram de instrumentos modernos estabeleceram a altura de 6.193 metros. O erro quase constitui um acerto.

• *Picos Gêmeos.* Em 1906, não se sabia que havia dois picos, um ao norte e outro ao sul, ou que a distância entre eles era de 3.218 quilômetros, ou que o pico ao sul era mais alto — até Cook fazer o relato.

• *Encostas mais Altas.* As encostas acima de 5.608 metros, segundo Cook observou, eram mais fáceis de serem escaladas que as encostas mais baixas, permitindo a velocidade inesperada por ele relatada na subida. Cada equipe de escalada que chegou ao cume desde 1906 confirmou o fenômeno.

• *Vista do Pico.* As descrições detalhadas feitas por Cook sobre o panorama ao redor do pico foram verificadas várias vezes.

A rápida escalada ao ápice de uma montanha tão alta como o McKinley era revolucionária em 1906, porque a maioria das expedições da época levava semanas trabalhando no revezamento de carregamentos volumosos até o topo. Os montanhistas da era moderna aprovam a abordagem de Cook quanto a equipes pequenas, equipamento leve e subidas rápidas. Em 1910, Peter Anderson e William Taylor, dois operários que trabalhavam em minas, sem muita experiência em montanhismo, preparam-se para escalar o pico nordeste do McKinley, várias centenas de metros mais baixo que o pico do lado sul. Assim como Cook, consideraram a escalada final relativamente fácil e relataram ter começado a subida a partir de um acampamento situado a 1.371 metros abaixo do cume. Alcançaram o topo, onde afixaram um mastro de 4 metros de altura, e voltaram ao acampamento no final do dia. Foram chamados de mentirosos e sua reivindicação foi considerada falsa até que, três anos mais tarde, outro grupo montanhista viu o mastro destacando-se numa pilha de pedras no lado norte do pico.

Cook jamais regressou ao Ártico, embora Harry Whitney e Robert Bartlett tenham se dirigido à Groenlândia em 1910, detendo-se em Etah.

Houve relatos contraditórios a respeito de seu empenho em tentar localizar os dados e instrumentos desaparecidos, que, em todo caso, nunca mais foram recuperados.

Quanto a Etukishook e Ahwelah, Cook não os viu nem falou com eles outra vez.

Em 1914, o senador dos Estados Unidos Miles Poindexter, que demonstrava publicamente seu apoio a novas audiências relativas à descoberta do Pólo Norte, recebeu uma carta de Edwin S. Brooke Jr., membro da expedição de MacMillan, em 1913:

> 9 de março de 1914
>
> Caro Senhor:
>
> Talvez seja de seu interesse saber que, durante o verão de 1913, na condição de fotógrafo da expedição a Crocker Land, tive a oportunidade de conhecer e conversar com os dois esquimós que acompanharam o Dr. Cook na sua viagem polar.
>
> Durante boa parte da minha estada em Etah estive com esses dois rapazes e, embora não conseguisse obter deles uma história coesa, disseram-me que quando viajaram com o Dr. Cook, afastaram-se da terra firme durante muito tempo.
>
> A afirmação deles é contrária àquela prestada pelos membros da expedição de Peary ao retornarem do Ártico.
>
> Esses jovens ainda são leais ao Dr. Cook e perguntaram por ele.
>
> Espero que este relato ajude-o a apoiar o Dr. Cook na sua luta por justiça.

Poindexter, ex-promotor municipal e juiz da corte superior de Walla Walla, no estado de Washington, deu início a um processo, em abril de 1914, requerendo novas audiências do Congresso. Da tribuna do Senado, disse: "Tenho observado com muita atenção a conhecida 'Controvérsia polar', e estou convencido de que um grave erro foi cometido em relação ao Dr. Frederick A. Cook, por seu país ter falhado em recompensá-lo ou reconhecer oficialmente seus grandes préstimos em tal contexto."[17] O senador republicano observou um dos mais singulares aspectos da controvérsia: antes de afirmar ter sido o primeiro a conquistar o Pólo Norte (declaração que desencadeou a fúria de Peary e atraiu seus defensores), "todos aqueles que se associaram a Cook nas expedições exploradoras elogiaram seu caráter e talento". Somente depois que a controvérsia polar começou e se "tornou amarga", disse Poindexter, houve "uma tentativa de desacreditar Cook, investindo contra sua reivindicação referente à escalada ao monte McKinley".

Quanto ao McKinley, Poindexter observou que Hudson Stuck, que fora reconhecido em 1913 por ter chegado ao topo do monte, "confirmou cada detalhe do relato previamente publicado por Cook", inclusive o "costado íngreme da face nordeste, os formidáveis penhascos de granito na entrada das Grandes Vertentes, o Glaciar Mediano, os picos do lado norte e sul, e que o pico do lado sul era mais alto". Poindexter considerou "difícil explicar que o Dr. Cook tivesse feito, anteriormente, descrições precisas de tais acidentes, as primeiras que foram fornecidas, a não ser que se admitisse sua efetiva escalada ao topo do monte".

Uma vez que o Congresso, previamente, "investigou as provas de Robert E. Peary", disse Poindexter, "é justo que [nós] também investiguemos as de Frederick A. Cook — e se devido à injustiça cometida, a honra meritória foi negada, agora devemos conferi-la". Essa honra tardia envolveria prestar a Cook agradecimentos do Congresso por "sua descoberta do Pólo Norte em 21 de abril de 1909" e uma medalha de ouro "com desenho apropriado".

O encaminhamento de Poindexter foi designado a uma comissão, onde se extinguiu.

Em 21 de janeiro de 1915, uma deliberação semelhante, pela reabertura de audiências sobre a descoberta do Pólo Norte, foi introduzida na Câmara dos Deputados, e depoimentos foram prestados uma semana depois diante da Comissão de Educação. Entre os documentos apresentados à comissão constava uma lista de testemunhos de 32 exploradores árticos que apoiavam Cook. Várias testemunhas favoráveis a Cook prestaram depoimento, inclusive um engenheiro, Clark Brown, que confirmou que os dados polares de Cook comprovavam que ele chegara ao Pólo; e Lilian Kiel, a estenógrafa da revista *Hampton's*, que contou como a revista distorceu a narrativa de Cook sobre o Pólo, transformando-a numa confissão falsa e sensacionalista.

No entanto, antes que mais depoimentos fossem prestados, o empenho legislativo final para reconsiderar a descoberta do Pólo Norte foi "esmagado" na Comissão, relatou o *New York Times*, "que votou para que deliberações com aquele propósito não avançassem".[18] Quanto à votação, houve empate de 6 a 6 — as audiências não poderiam prosseguir sem o apoio da maioria —, resultante de pressões nos bastidores exercidas por defensores de Peary, que tentaram convencer os principais integrantes da comissão de que Cook era um mentiroso e que não estavam dispostos a correr o risco de que uma investigação provasse o contrário.

No meio do contínuo debate sobre o papel da América do Norte em face das crescentes hostilidades na Europa, as chances de Cook ainda obter a atenção do Congresso diminuíram, assim como decresceu o interesse do público pelo Pólo Norte. Quando um velho amigo de Chicago, Dr. Frank Thompson, pediu a Cook que utilizasse seus conhecimentos de exploração e geologia para examinar o potencial de uma companhia de exploração de petróleo de Wyoming, Cook se dispôs ao trabalho — e encontrou uma vocação nova, terminando por se responsabilizar por operações de campo da New York Oil Company em Casper, no estado de Wyoming, sendo, então, nomeado presidente da Cook Oil Company (embora fosse apenas sócio minoritário), que encontrou vários indícios da existência de petróleo e prosperou.

Em 1918, quando o petróleo foi descoberto no Texas, Cook vendeu sua participação nos lucros da empresa e se mudou com a família para Fort Worth. Depois de trabalhar durante quatro anos como prospector e geólogo no Texas e no Arkansas, fundou a Associação dos Produtores de Petróleo (APP), em 1922. Muitas das pequenas companhias de petróleo do Texas, sem condições de arcar com os custos de localizar e desenvolver campos de petróleo, tinham falido ou se encontravam em situação difícil. O plano de Cook era fundir as pequenas empresas que dispunham de suporte financeiro insuficiente, mas possuíam contratos de arrendamento valiosos numa operação maior e com melhor apoio financeiro. As ações da companhia foram postas à venda a acionistas de empresas menores — teriam de optar entre perder o que haviam investido em companhias menores ou arriscar dólares adicionais na nova companhia conglomerada. Se a APP fosse bem-sucedida, os acionistas seriam vencedores; caso contrário, perderiam mais dinheiro. Confiante nos resultados, Cook investiu o máximo de seu patrimônio líquido na APP. Passando a maior parte do tempo no campo, gerenciando as operações de exploração e perfuração, delegou a outros o *marketing* das ações da APP.

Embora, durante vários anos, Cook não tivesse suscitado o assunto do Pólo Norte, um antigo rival reaparecia: o Clube Ártico de Peary, personificado por seu antigo membro, Herbert Houston, então presidente de um grupo nacional que em breve seria conhecido por Better Business Bureau. Através de importante discurso à Associação Internacional de Clubes de Publicidade, em janeiro de 1923, Houston depreciou o que chamou de "esquema gigantesco de venda de ações" que estava ocorrendo nos campos de petróleo do Texas, que nos "levou à descoberta de nosso velho amigo, Dr. Cook. Ele não descobriu o Pólo Norte, mas, decerto, nós o descobrimos. [...]"[19]

As autoridades reguladoras estavam fiscalizando de perto os especuladores de petróleo, em conseqüência do escândalo do Teapot Dome, no ano anterior, envolvendo vários membros da administração do presidente Harding que arrendaram impropriamente as reservas de petróleo da nação em Wyoming e na Califórnia para privatizar companhias em troca de propinas e empréstimos escusos.

Investigadores federais surgiram rapidamente nos escritórios da APP, pedindo para ver Cook e à procura de quaisquer atividades ilegais. Cook colaborou, entregando as contas da companhia a um auditor financeiro do governo. Seguiu-se uma ordem de prisão para Cook, e ele se entregou às autoridades federais em 3 de abril de 1923. Foi acusado de usar a correspondência para defraudar — expedindo correspondência assinada por ele que, na condição de presidente, superestimou os prognósticos da APP de descoberta de petróleo, visando à venda de ações da nova companhia. Um consignatário foi designado a dirigir a APP, encerrando efetivamente as operações. Os bens financeiros da APP, principalmente os arrendamentos imobiliários, foram vendidos por preços de ocasião (alguns para a Standard Oil), e alguns acionistas receberam apenas centavos de volta. Dos trabalhos interrompidos pela ingerência do governo constava um poço de prospecção num campo de Corsicana que rendera

245 mil barris em 1922 — no ano seguinte, sob a supervisão dos novos proprietários e como resultado de perfuração profunda, o campo produziu 32 milhões de barris de petróleo. Em poucos anos, parte da terra que a APP arrendara integraria a Yates Pool, como veio a se chamar a maior descoberta de óleo continental na América do Norte no século XX, e que deu origem a incontáveis milionários.

O julgamento de cinco semanas de Cook começou em outubro de 1923, e diante dele mais de 283 testemunhas prestaram depoimento. Embora um auditor financeiro tivesse comprovado que os livros da APP estavam em ordem — significando que não havia sinais de desfalque —, a acusação conseguiu convencer os jurados de que a APP havia adulterado a situação da companhia para potencializar acionistas. A sentença foi imediatamente imposta pelo juiz — John Killits, da Corte Distrital dos Estados Unidos, trazido de Ohio para examinar o caso porque o juiz local achava-se muito ocupado para julgar um caso tão prolixo. Antes de proferir a sentença, Killits lançou mão de um comentário malicioso contra Cook: "Esta é uma daquelas ocasiões em que sua personalidade peculiar e hipnótica o destrói, não é? Finalmente, chegou ao ponto em que não engana ninguém. Chegou à montanha e não alcança a latitude; está além do senhor."[20]*

Cook foi condenado a 14 anos e nove meses de prisão.

Meses antes do julgamento, Marie e Frederick tinham se divorciado para poupar as crianças e proteger os poucos ganhos que Marie obtivesse por administrar um café na cidade. Entretanto, ela compareceu à corte todos os dias, sentando-se logo atrás do ex-marido, e todas as noites levava o jantar à penitenciária da comarca nos 16 meses durante os quais ele aguardou o resultado de um recurso, custeado por 10 mil dólares que ela levantou junto a indivíduos ligados ao petróleo no Texas e amigos.

Quando se esgotou o prazo da apelação, Cook entrou na penitenciária federal de Leavenworth, no estado de Kansas, em 6 de abril de

---

* Na ocasião, desconhecia-se o fato de que o juiz Killits era amigo da família de Peary. Ao trocar cartas a respeito do caso com a filha de Peary, Marie Peary Stafford, Killits escreveu mais tarde: "Concordo com você que se [Cook] receber o que merece por tudo que fez, deverá permanecer na penitenciária pelo resto da vida."[21] [N. do A.]

1925 — dia em que outros celebravam o 16º aniversário da descoberta do Pólo Norte, por Peary.

Cook se adaptou bem à vida na prisão, trabalhando no período noturno no hospital da instituição e, durante o dia, editando o jornal do presídio, *The New Era*,* na tentativa de se tornar bem aceito pelos prisioneiros, guardas e administradores. Embora se recusasse a receber visitas, mesmo familiares — pedindo especificamente a Marie que não trouxesse as meninas à cadeia —, Cook encontrou-se com uma pessoa especial em janeiro de 1926: Roald Amundsen, que participava de uma turnê de palestras nos Estados Unidos.

Em 1909, Amundsen planejara chegar ao Pólo Norte, mas ao saber das notícias de Cook e Peary, rumou para o sul. No verão de 1910 partira a bordo do *Fram*, antigo navio de Nansen, e no outono seguinte encontrava-se na posição de fazer uma tentativa por terra para chegar ao Pólo Sul. Depois de preparativos minuciosos, pôs-se a caminho com quatro homens, 52 cães e quatro trenós — do mesmo modo que Cook, preferindo uma equipe menor — e chegou ao Pólo em dezembro de 1911, derrotando por um mês o inglês Robert Scott. Regressando à Noruega na condição de herói, Amundsen montou um negócio de navegação e obtivera êxito.

Depois de sua visita a Cook, durante a qual os dois antigos exploradores conversaram a respeito de organizar outra expedição, Amundsen deixou o prédio da prisão e se deparou com um grupo de repórteres. Amundsen descreveu Cook como "o viajante mais distinto" que conhecera, acrescentando que era "prático, e que jamais diria basta".[22] Perguntado a respeito do Pólo Norte, Amundsen disse que a reivindicação de Cook era "tão válida quanto a de Peary". Seus comentários circularam por toda parte, e Amundsen logo foi informado de que o convite que recebera para proferir uma palestra remunerada à Sociedade Geográfica Nacional, em Washington, D.C., fora cancelado.

Cook pediu clemência quase no final de 1928 e encontrou apoio onde menos esperava. O representante distrital de Fort Worth escreveu

* Isto é, A Nova Era. [N. da T.]

ao presidente Coolidge, assinalando que houvera um grande número de instaurações de processos contra indivíduos ligados ao petróleo na região, "contudo, ninguém recebera uma sentença tão severa como a que foi dada ao Dr. Cook".[23] O juiz que teria se encarregado do julgamento, James Wilson da Corte Distrital dos Estados Unidos, do distrito do sul do Texas, chegou a escrever ao presidente no intuito de apoiar o pedido de clemência de Cook, declarando que "a sentença no caso era excessiva".[24]

O juiz Killits opôs-se veementemente à clemência, e esta foi negada.

Cook, aos 65 anos, recebeu liberdade condicional em março de 1930. Ao pisar fora dos muros da prisão vestia um terno mal cortado e levava uma pequena mala. "Estou cansado e pretendo repousar", disse aos repórteres ali reunidos.[25]

Depois de residir em Chicago por algum tempo com Frank Thompson, seu amigo e médico, encarregado de administrar a liberdade condicional do colega de profissão, Cook alternava estadas nas casas de suas filhas casadas, Ruth Hamilton e Helene Cook Vetter (que modificaram a grafia de seus primeiros nomes).

Mantinha-se em contato com Marie, que vivia só ao sul da Califórnia, e às vezes se encontravam nas casas das filhas. Era evidente que se gostavam, mas era como se o tempo os tivesse deixado para trás. "Quando você subscreve 'com amor resignado', fico desorientada, sem saber o que você quer dizer com a palavra 'resignado'", escreveu Marie em 11 de maio de 1931. "Então me vejo no dilema de repreendê-lo severamente ou me entregar a você. Acho que vou me entregar." No final da carta ele fez uma anotação: *"Resignado à vida, assim mesmo"*; aparentemente, um lembrete para explicar o que ele queria dizer, na realidade.

No mês seguinte, Marie escreveu:

> É quase meia-noite e estou um pouco alta. Você sempre tentou me convencer de que "é um prazer ficar só", mas não concordo com isso. [...] Por que cargas-d'água você sempre fala de nossos "dias de outono"? Não há dias de outono e motivos para não se sentir na primavera da vida. [...] Agora quero lhe dizer uma coisa, e não se emocione, mas no meu rádio o órgão está tocando "Träumerie", que no meu entender é a composição mais linda que foi escrita, e é a mesma peça que

> Lotta Davidson tocou a primeira vez que eu o vi, e que sempre esteve no meu pensamento. É tão bonita, e vou apreciá-la; gostaria que você também ouvisse. [...] Desejo-lhe muitas felicidades. Sempre, Marie.

Cook fez uma tentativa final de que seu caso em relação ao Pólo Norte fosse reconsiderado. Em fevereiro de 1936, escreveu para R. Roland Redmond, presidente da Sociedade Geográfica Americana (SGA).

> Vinte e oito anos atrás, deixei Annoatok, na Groenlândia, em viagem de trenó que resultou na conquista do Pólo Norte em 21 de abril de 1908. Quando cheguei à civilização, 18 meses depois, e anunciei minha proeza, fui imediatamente atacado por um rival invejoso, e nos meses e anos seguintes fui alvo da mais cruel campanha de calúnia e injúria da história. [...] Chegou o momento [para] uma investigação completa e imparcial do meu relato. Considerando a reputação dessa Sociedade, no que concerne à justiça e objetividade, solicito, respeitosamente, que tal investigação seja conduzida pela Sociedade Geográfica Americana.[26]

O pedido de Cook foi recusado pela SGA, que decidiu que uma investigação seria muito dispendiosa. Além do mais, ainda havia ressentimento entre os geógrafos norte-americanos. "O Dr. Cook teve a oportunidade de apresentar seu caso há 28 anos", disse um porta-voz da SGA.[27] "Na ocasião, a Sociedade demonstrou interesse em investigar o caso. No entanto, ele enviou o material à Dinamarca."

Em 3 de maio de 1940, quando era hóspede de Ralph Shainwald von Ahlefeldt, membro da expedição de 1903 ao McKinley, e depois de três dias e três noites prestando atendimento domiciliar à esposa agonizante do amigo, Cook sofreu um infarto. Enquanto se encontrava no hospital em situação crítica, Shainwald e outros amigos solicitaram um indulto presidencial de sua condenação por delito grave. A absolvição foi concedida pelo presidente Franklin Roosevelt em 16 de maio. Fotografado por um profissional da imprensa no momento em que Shainwald exibia o indulto presidencial, Cook disse, sem energia: "Obrigado. Feliz."[28]

Mais animado, Cook melhorou bastante e deixou o hospital no início de junho, retornando à residência de Shainwald para se recuperar.

Marie veio se encontrar com ele e lhe prestar atendimento. Na carta que parecia ser a última a Marie, Cook escrevera três meses antes que "lhe desejava tudo de melhor na vida" e assinou: "Apaixonadamente, Fred."[29]

Em 24 de julho, Cook teve uma recaída e foi novamente hospitalizado.

Uma das últimas pessoas que o visitou foi um velho amigo: Rudolph Franke, que segurou a mão de Cook e falou do inverno que passaram juntos, muito tempo atrás na Groenlândia setentrional.

Depois de entrar em coma, Cook morreu em 5 de agosto, aos 75 anos. Foi enterrado numa cerimônia realizada no Cemitério Forest Lawn, em Búfalo, estado de Nova York, com a presença de um grupo de sessenta pessoas, entre familiares e amigos. O reverendo William G. Woodward falou sobre o homem que, "literalmente, chegou aos limites da Terra" durante os anos de exploração, e se referiu ao médico como um "homem de coragem, resistência e humildade, que perdoou seus caluniadores e sofreu indignidades e grandes infortúnios".[30]

Nenhum monumento assinalava o túmulo de Cook.

Marie Cook morreu em 1943, sem ter se casado novamente.

Trinta anos depois da morte do explorador, devido ao empenho da Sociedade de Frederick Cook — um grupo de 138 indivíduos obstinados, que se encontram anualmente e publicam uma revista anual narrando os feitos de Cook —, foi dedicada, em Forest Lawn, uma simples placa de bronze na qual se lê:

> DR. COOK FOI O PRIMEIRO A DECLARAR A DESCOBERTA DO PÓLO NORTE EM 1908. O PRIMEIRO A ESCALAR O MONTE MCKINLEY, NO ALASCA, EM 1906, E O PRIMEIRO NORTE-AMERICANO A EXPLORAR AS DUAS REGIÕES POLARES. FOI SAGRADO CAVALEIRO PELO REI DOS BELGAS E RECEBEU MEDALHAS DE OURO DE DIVERSAS SOCIEDADES GEOGRÁFICAS.

MAIS PESSOAS foram ao espaço ou escalaram o monte Everest do que viajaram de trenó ao Pólo Norte. A grande extensão de gelo flutuante que Peary e Cook atravessaram está desaparecendo rapidamente, de acordo com estudo da Nasa feito por satélite. Derretendo à razão de 9%

por década, à medida que o clima mundial aquece, a calota de gelo ártica desaparecerá antes do final deste século.

Peary e Cook, respectivamente, declararam ter deixado no Pólo Norte um monte de pedras onde guardaram um registro de seus feitos. Nenhum registro foi encontrado.

"Não ficarei satisfeito enquanto meu nome não for conhecido de um extremo ao outro do mundo. [...] *Preciso* alcançar a fama."

Robert E. Peary

"Cheguei ao Pólo. Escalei o monte McKinley.
A controvérsia, a meu ver, está encerrada."

Frederick A. Cook

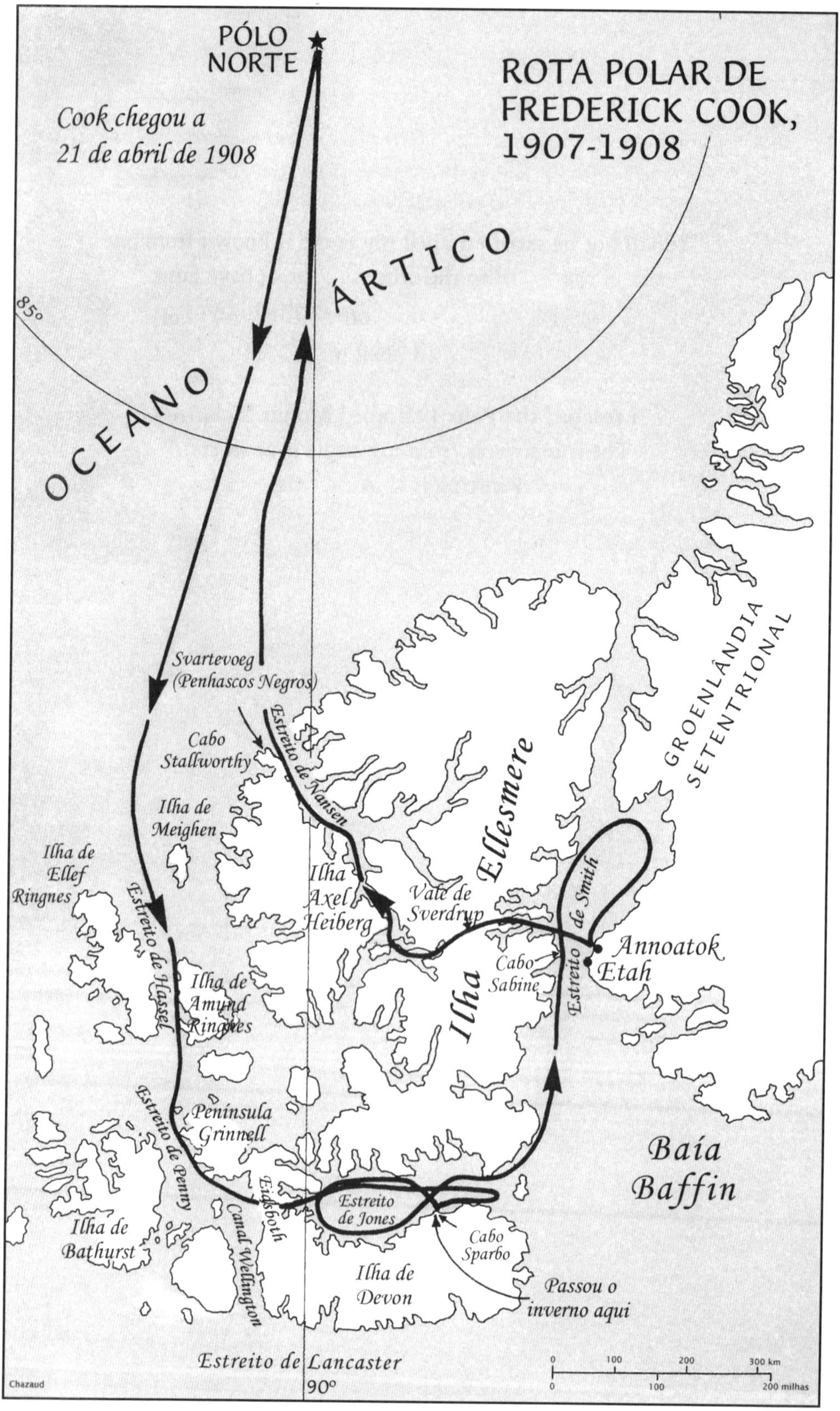

ROTA POLAR DE FREDERICK COOK, 1907-1908
PÓLO NORTE
Cook chegou a 21 de abril de 1908
OCEANO ÁRTICO
85º
Svartevoeg (Penhascos Negros)
Cabo Stallworthy
Ilha de Meighen
Ilha de Ellef Ringnes
Estreito de Nansen
Ilha Axel Heiberg
Ilha Ellesmere
Vale de Sverdrup
GROENLÂNDIA SETENTRIONAL
Estreito de Smith
Annoatok
Etah
Cabo Sabine
Estreito de Hassel
Ilha de Amund Ringnes
Península Grinnell
Estreito de Penny
Eidsboth
Canal Wellington
Estreito de Jones
Cabo Sparbo
Ilha de Bathurst
Ilha de Devon
Passou o inverno aqui
Baía Baffin
Estreito de Lancaster
90º
0 100 200 300 km
0 100 200 milhas
Chazaud

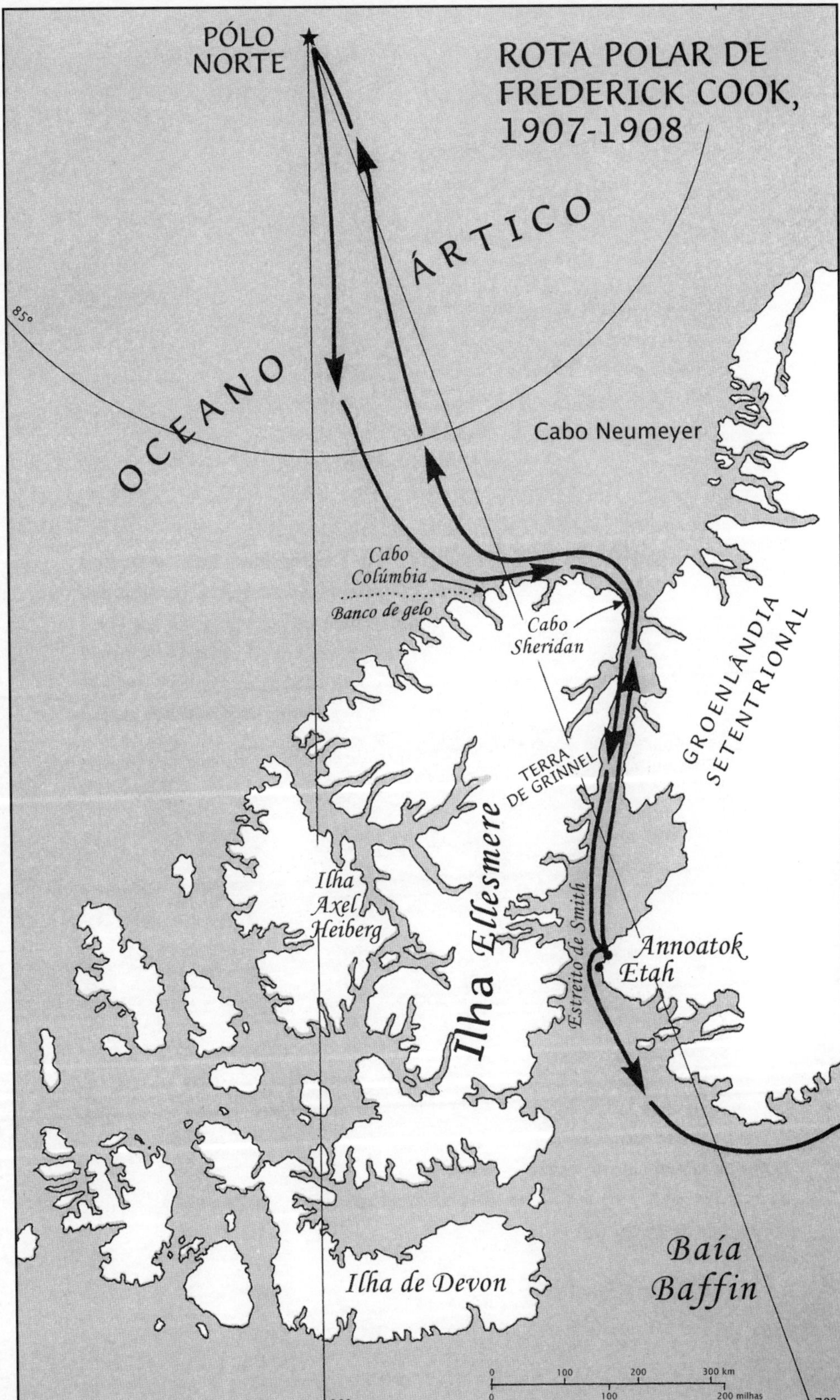

PÓLO NORTE
ROTA POLAR DE FREDERICK COOK, 1907-1908
OCEANO ÁRTICO
85°
Cabo Neumeyer
Cabo Colúmbia
Banco de gelo
Cabo Sheridan
GROENLÂNDIA SETENTRIONAL
TERRA DE GRINNEL
Ilha Ellesmere
Ilha Axel Heiberg
Estreito de Smith
Annoatok
Etah
Ilha de Devon
Baía Baffin
0 100 200 300 km
0 100 200 milhas
90°
70°
Chazaud

Notas Acerca das Fontes

Os dados completos relativos a livros publicados são fornecidos na bibliografia. Quanto a cartas, ensaios, diários e outros materiais inéditos referentes a Peary e Cook, respectivamente, podem ser encontrados na coleção Robert E. Peary, catalogada no National Archives II, em College Park, no estado de Maryland; e na coleção Frederick A. Cook, catalogada na Biblioteca do Congresso e no Byrd Polar Research Center, na Universidade do Estado de Ohio.

Prólogo

1 Cook, *Return from the Pole*, pp. 205-9. Mais observações a respeito do encontro: Whitney, *Hunting with the Eskimos*, pp. 268-69.

Capítulo 1 O Apelo do Norte

1 Cook, "Hell Is a Cold Place", livro de memórias inédito, cap. 1, p. 6.
2 Cook, *My Attainment of the North Pole*, p. 26.
3 "Aprovado" e detalhes dos cuidados de Cook com a esposa agonizante: manuscrito inédito, de autoria do grande amigo e confidente de Cook, Milton Lory, "I Knew This Man", arquivos do Byrd Polar Research Center, Universidade do Estado de Ohio (*circa* 1935).
4 Cook, *My Attainment of the North Pole*, p. 27.
5 Ibid., p. 27.

6 Carta de Peary à mãe, 18 de junho de 1865.
7 Ensaio de Peary, 3 de fevereiro de 1872.
8 Hobbs, *Peary*, p. 14.
9 Carta de Peary à mãe, 7 de dezembro de 1879.
10 Carta de Peary à mãe, 16 de agosto de 1880.
11 Stafford, *Discoverer of the North Pole*, p. 35.
12 Diário de Peary, 6 de setembro de 1880.
13 Carta de Peary à mãe, 28 de dezembro de 1884.
14 Citações relacionadas ao interesse de Peary pela calota glacial da Groelândia: Peary, *Northward over the "Great Ice"*, 1:xxxiv.
15 Carta de Peary à mãe, 27 de fevereiro de 1887.
16 Carta de Peary à mãe, 14 de abril de 1888.
17 Citações relacionadas à opinião de Cook a respeito da própria educação: Cook, "Hell Is a Cold Place", cap. 1, p. 10.
18 *American Weekly*, 19 de julho de 1925.
19 Diálogos entre Cook e Peary: Ibid.

Capítulo 2 Expedição ao Norte da Groenlândia

1 Diebitsch-Peary, *My Arctic Journal*, p. 3.
2 Carta de Peary à mãe, 6 de novembro de 1880.
3 Citações relacionadas ao encontro entre Henson e Peary: Robinson, *Dark Companion*, pp. 51-52.
4 Peary, *Northward over the "Great Ice"*, 1:46.
5 Robinson, *Dark Companion*, p. 59.
6 Cook, "Hell Is a Cold Place", cap. 1, p. 12.
7 Citações do contrato da expedição: Contrato entre F. A. Cook e R. E. Peary, firmado em 4 de junho de 1891, tendo por testemunha Josephine Diebitsch-Peary.
8 Diebitsch-Peary, *My Arctic Journal*, p. 24.
9 Ibid., p. 27.
10 Ibid.

Capítulo 3 Novatos no Ártico

1 Diálogos acerca do primeiro encontro com os nativos: Cook: "Hell Is a Cold Place", cap. 3, pp. 7-11.
2 Ibid, p. 12.
3 Ibid, p. 13.

4 Frederick A. Cook, "Customs regarding Disease, Death, and Grief of the Most Northern Eskimo", *To-day*, junho de 1894.
5 Peary, *Northward over the "Great Ice"*, 1:149.
6 Diálogos entre Cook e Peary relacionados a escorbuto: Cook, "Hell Is a Cold Place", cap., 5, pp. 11-12.
7 Ibid., cap. 7, p. 5.
8 Diebitsch-Peary, "Snow Baby", versão preliminar, cap. 26, p. 6.
9 Ibid.
10 Diebitsch-Peary, "Among the Arctic Highlanders", *Home Queen: A Monthly Journal for Ladies*, fevereiro de 1896.
11 Cook, "Hell Is a Cold Place", cap. 4, p. 1.
12 Astrup, *With Peary near the Pole*, p. 192.
13 Diebitsch-Peary, *My Arctic Journal*, p. 157.
14 Ibid., pp. 158-59.

Capítulo 4 Morte na Geleira

1 Cook, "Hell Is a Cold Place", cap. 10, p. 9.
2 Ibid., p. 10.
3 Diebitsch-Peary, *My Arctic Journal*, p. 177.
4 Ibid., p. 178.
5 Cook, "Hell Is a Cold Place", cap. 10, p. 11. A morte de Kyo, em 1902, pelas mãos da própria tribo também foi relatada por Peary em carta a Josephine, em 5 de março de 1902.
6 Diebitsch-Peary, *My Arctic Journal*, p. 182.
7 Peary, *Northward over the "Great Ice"*, 1: 438.
8 Ibid., p. 387.
9 Ibid., p. 394.
10 Citações relacionadas à opinião de Cook sobre Verhoeff: Cook, "Hell Is a Cold Place", cap. 4, p. 6.
11 Cook, *My Attainment of the North Pole*, p. 63n.
12 Citações do relato feito por Cook a Peary sobre a busca por Verhoeff: Carta de Cook a Peary, 9 de setembro de 1892.

Capítulo 5 Regidos por Mão-de-ferro

1 Cook, "Hell Is a Cold Place", cap. 4, p. 4.
2 Ibid., p. 7.

3 Citações atribuídas a Peary, ao elogiar os integrantes da expedição: Peary, *Northward over the "Great Ice"*, 1: 423-26.
4 Ibid., p. xlii.
5 Carta de Peary à mãe, 22 de dezembro de 1892.
6 Cook, "Hell Is a Cold Place", cap. 5, p. 1.
7 Herbert L. Bridgman, "Peary", *Natural History* 20, no. 1 (1920): 7.
8 Diálogos entre Henson e o oficial da Marinha com o qual firmou a aposta: Robinson, *Dark Companion*, pp. 79-80.
9 Carta de Cook a Peary, 30 de janeiro de 1893.
10 Carta de Cook a Peary, 2 de fevereiro de 1893.
11 Carta de Cook a Peary, 7 de março de 1893.
12 Declarações atribuídas a Peary, quando Cook solicitou permissão para publicar resultados da pesquisa ao Ártico: Cook, "Hell Is a Cold Place", cap. 5, pp. 1-2.
13 Carta de Peary a Cook, 21 de março de 1893.
14 Carta de Cook a Peary, 26 de abril de 1893.
15 Carta de Peary a Cook, 9 de maio de 1893.
16 *New York Medical Examiner* 3 (1893): 23-24.
17 Peary, *Northward over the "Great Ice"*, 1:xiv.
18 *Brooklyn Standard-Union*, 11 de julho de 1893.
19 Carta de Peary a Cook, 15 de junho de 1893.
20 Cook, "Hell Is a Cold Place", cap. 5, p. 2.
21 *Brooklyn Standard-Union*, 11 de julho de 1893.

Capítulo 6 O Bebê da Neve

1 Diebitsch-Peary, *My Arctic Journal*, p. 220.
2 *Discoverer of the North Pole*, p. 126.
3 Diário de Peary, 9 de setembro de 1894.
4 Diário de Peary, 30 de dezembro de 1894.
5 Peary, *Northward over the "Great Ice"*, 2: 115.
6 Carta de Peary a Josephine, 31 de março de 1895.
7 Carta de Peary a "Sra. Peary, ou meu Representante no Navio", 31 de março de 1895.
8 Carta de Josephine a Peary, 25 de junho de 1895.
9 *New York Times*, 2 de outubro de 1895.
10 Peary, *Northward over the "Great Ice"*, 1: xlvii.
11 Carta de Josephine a Morris K. Jesup, 16 de outubro de 1895.
12 Carta de Cook a Samuel Entrikin, 25 de setembro de 1895.
13 *New York Times*, 2 de outubro de 1895.

Capítulo 7 "*Resort* no Verão Polar"

1 *Brooklyn Standard-Union*, 14 de novembro de 1893.
2 *Brooklyn Standard-Union*, *circa* 1893.
3 *New York Journal*, 17 de junho de 1894.
4 Artigo anônimo publicado em jornal, 14 de junho de 1894.
5 *New York Sun*, 21 de setembro de 1894.
6 Carta de Cook "Aos capitães de várias escunas norte-americanas", 16 de agosto de 1894.
7 Anotações de Cook acerca de pacientes, 18 de dezembro de 1894.
8 Diálogos relacionados ao encontro entre Cook e Andrew Carnegie: Cook, "Hell Is a Cold Place", cap. 5, pp. 5-6.

Capítulo 8 Caça ao Tesouro

1 Hobbs, *Peary*, p. 177.
2 Comentários atribuídos a Peary, no que diz respeito à expedição polar por ele realizada: Versão, assinada pelo próprio Peary, do discurso proferido diante do "Senhor Presidente e Membros do Conselho da Sociedade Geográfica Norte-Americana", 12 de janeiro de 1897.
3 Peary, *Northward over the "Great Ice"*, 1: lii.
4 Ibid., p. liii.
5 Green, *Peary*, p. 166.
6 Diálogos relacionados ao debate com o presidente McKinley, no que toca à concessão de uma licença de cinco anos a Peary: ibid., pp. 166-67.
7 Carta de Peary "Aos passageiros a bordo do SS *Hope*", 20 de setembro de 1897, assinada por 17 passageiros.
8 Peary, *Northward over the "Great Ice"*, 2: 610.
9 Berton, *The Arctic Grail*, p. 521.

Capítulo 9 Destino Antártida

1 Cook, "Hell Is a Cold Place", cap. 5, p. 6.
2 Cook, *Through the First Antarctic Night*, p. 48.
3 Ibid., p. 127.
4 Frederick Cook, "My Experience with a Câmera in the Antarctic", *Popular Photography*, fevereiro de 1938.
5 Amundsen, *My Life as an Explorer*, pp. 25-26.

6 Cook, "Hell Is a Cold Place", cap. 12, p. 1.
7 Amundsen, *My Life as an Explorer*, p. 27.
8 Cook, *Through the First Antarctic Night*, p. 200.
9 Kugelmass, *Roald Amundsen*, p. 37.
10 Cook, *Through the First Antarctic Night*, pp. 310-11.
11 Cook, ibid., p. 312.
12 Kugelmass, *Roald Amundsen*, p. 41.
13 Cook, *Through the First Antarctic Night*, p. 331.
14 Ibid.
15 Kugelmass, *Roald Amundsen*, p. 42.
16 Cook, *Through the First Antarctic Night*, p. 300.
17 *American Geographical Society Journal* 27 (1895): 61.
18 Peary, *Northward over the "Great Ice"*, 2: 159.
19 Amundsen, *My Life as an Explorer*, pp. 28-29.
20 Ibid., p. 30.
21 *Brooklyn Eagle*, 5 de setembro de 1909.
22 Amundsen, *My Life as an Explorer*, p. 31.
23 Pond, *Eccentricities of Genius*, p. 293.

Capítulo 10 O Explorador do Gelo

1 Cook, ensaio autobiográfico (inédito).
2 Cook, "Voyage of the Eric in 1901 for the Relief of Peary", anotações feitas a mão (inéditas).
3 Herbert, *The Noose of Laurels*, p. 206.
4 Diário de Peary, 1885.
5 Carta de Josephine a Peary, 23 de janeiro de 1901.
6 Ibid.
7 Cook, "Hell Is a Cold Place", cap. 5, p. 7.
8 Descrições e diálogos relacionados ao exame feito por Cook em Peary: Ibid., cap. 5, p. 9.
9 Sverdrup, *New Land*, p. 200.
10 Diálogos entre Peary e Hensen: Robinson, *Dark Companion*, p. 134.
11 Minot e Murphy, "Treatment of Pernicious Anemia by a Special Diet", *Journal of the American Medical Association* 87 (1926): 470-75.
12 *New York Herald*, 11 de novembro de 1902.
13 *New York Herald*, 10 de novembro de 1902.
14 Robinson, *Dark Companion*, p. 170.

Capítulo 11 O Topo do Continente

1 Carta de Marie Hunt Cook a Cook, 16 de junho de 1931.
2 Carta de Marie a Cook, 11 de maio de 1931.
3 *National Geographic Magazine*, janeiro de 1903.
4 Cook, "Round Mount McKinley" (1904), *Bulletin of American Geographical Society* 36, no. 6 (1904).
5 Cook, *To the Top of the Continent*, p. xvii.
6 Ibid., p. 7.
7 Ibid., p. 10.
8 Ibid., p. 9.
9 Dunn, *World Alive*, p. 103.
10 Ibid., p. 109.
11 Robert Dunn, "Across de Forbidden Tundra", *Outing Magazine*, janeiro de 1904, p. 462.
12 Steffens, *The Autobiography of Lincoln Steffens*, p. 323.
13 Robert Dunn, "Home by Ice and by Swimming from Mount McKinley", *Outing Magazine*, maio de 1904, p. 215.
14 Cook, *To the Top of the Continent*, p. 48.
15 Ibid., p. 49.
16 Ibid., p. 51.
17 Washburn e Cherici, *The Dishonorable Dr. Cook*, p. 38.
18 Ibid., p. 55.
19 Ibid., p. 62.
20 Dunn, *World Alive*, p. 109.
21 Cook, *To the Top of the Continent*, pp. 66-67.
22 Dunn, *World Alive*, p. 112.
23 Cook, *To the Top of the Continent*, p. 89.
24 Cook, "Round Mount McKinley".

Capítulo 12 O Norte Mais Longínquo

1 Green, *Peary*, p. 233.
2 Robinson, *Dark Companion*, p. 171.
3 Green, *Peary*, p. 193.
4 Carta de Peary aos sócios do Peary Arctic Club, 1900.
5 Green, *Peary*, pp. 195-96.
6 Uberman, *The Presidents and Their Wives*, p. 35.

7 Peary, *Nearest the Pole*, pp. 356-57.
8 Hayes, *Robert Edwin Peary*, p. 54.
9 Carta de Peary a Cook, 14 de dezembro de 1903.
10 *New York Sun*, 15 de setembro de 1904.
11 Peary, *The North Pole*, p. 31.
12 *New York Tribune*, 17 de julho de 1905.
13 *New York Herald*, 9 de julho de 1905.
14 Peary, *Nearest the Pole*, p. 59.
15 Green, *Peary*, p. 253.
16 Diário de Peary, 20 de abril de 1906.
17 Henson, *A Black Explorer at the North Pole*, p. 19.
18 Diário de Peary, 20 de abril de 1906.
19 *Harper's Weekly*, 13 de julho de 1907.
20 Peary, *Nearest the Pole*, p. 135.
21 Diálogos entre Peary e Henson: Robinson, *Dark Companion*, pp. 198, 199, 201.
22 *Harper's Weekly*, 13 de julho de 1907.
23 Berton, *The Arctic Grail*, p. 561.
24 Ibid.
25 Bartlett, *The Log of Bob Bartlett*, p. 166.

Capítulo 13 "Fome Desesperada"

1 *Seattle Post-Intelligencer*, 10 de novembro de 1906.
2 *New York Herald*, 12 de setembro de 1909.
3 Cook, *My Attainment of the North Pole*, p. 532 n.
4 Parker, "The Exploration of Mount McKinley", *Review of Reviews*, janeiro de 1907.
5 *Seattle Post-Intelligencer*, 10 de novembro de 1906.
6 Cook, "The Conquest of Mount McKinley", *Harper's Monthly Magazine*, maio de 1907.
7 *Seattle Post-Intelligencer*, 10 de novembro de 1906.
8 Cook, *The Top of the Continent*, p. 232.
9 Ibid., p. 289.
10 *National Geographic Magazine*, janeiro de 1907.
11 Citações atribuídas a Cook, por ocasião do banquete na Sociedade Geográfica Nacional: Ibid.
12 Citações atribuídas a Roosevelt: Peary, *Nearest the Pole*, pp. viii-ix.

13 Citações atribuídas a Peary, por ocasião do banquete na Sociedade Geográfica Nacional: Ibid., pp. ix, xi.
14 Cook, *My Attainment of the North Pole*, p. 29.
15 Bradley, "My Knowledge of Dr. Cook's Polar Expedition", *Independent*, 16 de setembro de 1909.
16 Cook, "The Conquest of Mount McKinley".
17 Citações atribuídas a Cook e Bradley, por ocasião do almoço em que estiveram juntos, em março de 1907: Bradley, "My Knowledge of Dr. Cook's Polar Expedition", *Independent*, 16 de setembro de 1909.
18 Cook, *My Attainment of the North Pole*, p. 30.
19 Ibid., p. 74.
20 *Brooklyn Eagle*, 10 de setembro de 1909.
21 Carta de Cook a Herbert Bridgman, 26 de agosto de 1907.

Capítulo 14 "Desta Vez Vencerei"

1 Hobbs, *Peary*, p. 319.
2 *Harper's Weekly*, 13 de julho de 1907.
3 Peary, *The North Pole*, pp. 17-18.
4 Robert Peary, "The Discovery of the North Pole", *Hampton's Magazine*, janeiro de 1910.
5 *Harper's Weekly*, 13 de julho de 1907.
6 *Saturday Review*, 8 de dezembro de 1951.
7 Carta de Peary, com data de maio de 1908, publicada no *New York Times*, 9 de setembro de 1909.
8 Peary, *The North Pole*, pp. 15-16.
9 Ibid., pp. 4,5.
10 Ibid., pp. 19, 20.
11 Henson, *A Black Explorer at the North Pole*, pp. 24-25.
12 Peary, *The North Pole*, pp. 26-27.
13 Herbert Bridgman, "Peary", *National History* 20, no. 1 (1920).
14 Robinson, *Dark Companion*, p. 211.

Capítulo 15 Busca Polar

1 Cook, *My Attainment of the North Pole*, p. 70.
2 Diálogos travados entre Cook e Bradley durante o café-da-manhã: Bradley, "My Knowledge of Dr. Cook's Polar Expedition", *Independent*, 16 de setembro de 1909.

3 Diálogos relacionados à determinação de Cook: *New York Herald*, 2 de setembro de 1909.
4 Cook, *My Attainment of the North Pole*, p. 72.
5 Ibid., pp. 131n, 132.
6 Ibid., p. 134.
7 Ibid., p. 78.
8 *Boston Herald*, 12 de julho de 1908.
9 Cook, *My Attainment of the North Pole*, pp. 154-56.
10 Carta de Cook a Knud Rasmussen, fevereiro de 1908.
11 Cook, *My Attainment of the North Pole*, pp. 157-58.
12 Ibid., p. 161.
13 Ibid., p. 185.
14 Ibid., pp. 192-93, 196-97.
15 Ibid., p. 243.
16 Ibid., p. 199.
17 Ibid., p. 194.
18 Ibid., p. 200.

Capítulo 16 "Em frente! Marche!"

1 *Tourist Magazine*, outubro de 1910.
2 Robinson, *Dark Companion*, p. 213.
3 Peary, *The North Pole*, p. 76.
4 Carta de Cook a Rudolph Franke, 17 de março de 1908.
5 Carta de Rudolph Franke ao Departamento de Justiça, Washington, D.C., 19 de maio de 1914.
6 *New York Times*, 16 de novembro de 1908.
7 *Tourist Magazine*, outubro de 1910.
8 *Brooklyn Eagle*, 16 de novembro de 1908.
9 *New York Herald*, 10 de setembro de 1909.
10 Citações da carta de instruções escrita por Peary: Carta de Peary, 17 de agosto de 1908.
11 Whitney, *Hunting with the Eskimos*, p. 111.
12 Carta de Ross Marvin a L. C. Bement, 15 de agosto de 1908.
13 *New York American*, 13 de setembro de 1909.
14 Peary, *The North Pole*, pp. 208, 210.
15 Ibid., p. 246.
16 Henson, *A Black Explorer at the North Pole*, pp. 73-75.

17 Peary, *The North Pole*, p. 216.
18 Ibid., pp. 195-96.
19 Ibid., p. 221.
20 Ibid., p. 219.
21 *Boston American*, 17 de julho de 1910.
22 Peary, *The North Pole*, pp. 222, 225.
23 Ibid., p. 196.
24 Ibid., p. 230.
25 Ibid., pp. 232, 235-36.
26 Ibid., pp. 238, 240, 244.
27 Ibid., p. 251.
28 Ibid., p. 248.
29 Ibid., p. 212.
30 Ibid., p. 252.
31 Ibid., p. 321.
32 Ibid., p. 254.
33 Ibid., p. 318.
34 Ibid., p. 256, 257.
35 Ibid., pp. 258, 260.
36 Ibid., p. 262.
37 Ibid., p. 265.
38 *New York Herald*, 22 de setembro de 1909.
39 Citações relacionadas às atitudes e aos sentimentos de Bartlett, quando Peary lhe ordenou que voltasse para o sul: *New York Herald*, 22 de setembro de 1909.
40 Peary, *The North Pole*, pp. 271, 274.

Capítulo 17 "Cheguei ao Pólo"

1 Cook, *Return from the Pole*, pp. 208-09.
2 Cook, *My Attainment of the North Pole*, p. 452n.
3 Ibid., p. 206.
4 Ibid., p. 444.
5 *Outing Magazine*, dezembro de 1909.
6 Cook, *My Attainment of the North Pole*, p. 437.
7 Ibid., p. 217.
8 Ibid., pp. 243, 245-46.
9 Ibid., p. 271.

10 Ibid., pp. 272-73.
11 Ibid., p. 287.
12 Ibid., p. 329.
13 Ibid., p. 155-57.
14 Ibid., p. 449.
15 Ibid., pp. 497-99.
16 Carta de Cook a Harry Whitney, 21 de abril de 1909.
17 Cook, *My Attainment of the North Pole*, p. 452.
18 Ibid., pp. 454-55.
19 *Rosary Magazine*, novembro de 1909.
20 Cook, *My Attainment of the North Pole*, pp. 463-64.
21 *New York Sun*, 9 de setembro de 1909.
22 *New York Herald*, 2 de setembro de 1909.
23 *New York Times*, 2 de setembro de 1909.
24 *New York Times*, 5 de setembro de 1909.
25 Gibbs, *Adventures in Journalism*, p. 46.
26 Cook, *My Attainment of the North Pole*, pp. 466-67.
27 Telegrama original, 2 de setembro de 1909, de Brunswick, Maine.
28 W. T. Stead, "Dr. Cook, the Man and The Deed", *Review of Reviews*, outubro de 1909.
29 Citações relativas à entrevista coletiva concedida em Copenhague: H. M. Lyon, "When Cook Came to Copenhagen", *Collier's*, 25 de setembro de 1909.
30 *Brooklyn Standard-Union*, 5 de setembro de 1909.
31 *New York Times*, 6 de setembro de 1909.
32 Stead, "Dr. Cook, the Man and the Deed".
33 Gibbs, *Adventures in Journalism*, p. 47.
34 Cook, *My Attainment of the North Pole*, p. 492.
35 *New York Times*, 5 de setembro de 1909.
36 Ibid., p. 472.
37 *New York Herald*, 8 de setembro de 1909.
38 *New York Times*, 7 de setembro de 1909.
39 Cook, *My Attainment of the North Pole*, pp. 470-71.
40 Telegramas originais, setembro de 1909.
41 Ibid., p. 454.
42 *New York Times*, 11 de setembro de 1909.
43 Cook, *My Attainment of the North Pole*, p. 473.
44 *New York Times*, 7 de setembro de 1909.
45 Telegrama original, 6 de setembro de 1909.

46 *New York Herald*, 8 de setembro de 1909.
47 Cook, *My Attainment of the North Pole*, p. 474.
48 *New York Herald*, 7 de setembro de 1909.
49 Associated Press, 8 de setembro de 1909.

Capítulo 18 "Cravada no Pólo"

1 Carta de Cook a Herbert Bridgman, 26 de agosto de 1907.
2 Artigo exclusivo publicado em *The Record*, 30 de setembro de 1909. *Philadelphia Public Ledger*, 20 de setembro de 1909.
3 Bartlett, *The Log of Bob Bartlett*, p. 149.
4 Cook, *Return from the Pole*, p. 221.
5 Artigo exclusivo publicado em *The Record*, 30 de setembro de 1909.
6 *New York Herald*, 27 de setembro de 1909.
7 Declaração feita sob juramento e registrada em cartório público do estado de Nova York, 23 de novembro de 1909.
8 *New York Herald*, 1º de outubro de 1909.
9 *New York Herald*, 12 de outubro de 1909.
10 *New York Herald*, 20 de setembro de 1909.
11 Whitney, *Hunting with the Eskimos*, pp. 268-69.
12 Contrato do Peary Arctic Club, assinado por William Wallace e Minik Wallace, 9 de julho de 1909.
13 *Evening Mail*, 9 de julho de 1909.
14 *New York Herald*, 20 de setembro de 1909.
15 Bartlett, *The Log of Bob Bartlett*, pp. 197-98.
16 Henson, *A Black Explorer at the North Pole*, pp. 129-30.
17 Robinson, *Dark Companion*, pp. 223, 225.
18 *Boston American*, 17 de julho de 1910.
19 Henson, *A Black Explorer at the North Pole*, pp. 130, 133, 135, 140.
20 Peary, *The North Pole*, pp. 297-98.
21 Henson, *A Black Explorer at the North Pole*, p. 153.
22 Peary, *The North Pole*, p. 287.
23 *New York Times*, 7 de setembro de 1909.
24 *New York Times*, 8-9 de setembro de 1909.
25 Associated Press, 8 de setembro de 1909.
26 Lewin, *The Great North Pole Fraud*, pp. 160, 164.
27 *New York Herald*, 11 de setembro de 1909.
28 Peary, *The North Pole*, p. 334.

29 Citações atribuídas à entrevista concedida por Peary a dois repórteres da Associated Press, no Porto de Battle, 15 de setembro de 1909.
30 *New York World*, 20 de setembro de 1909.
31 *New York World*, 16 de setembro de 1909.
32 Relato exclusivo ao periódico *North American*, 16 de setembro de 1909.
33 *New York Herald*, 19 de setembro de 1909.
34 *New York Sun*, 22 de setembro de 1909.
35 *New York Times*, 24 de setembro de 1909.

Capítulo 19 Acometido por "Depressão"

1 *Pittsburgh Press*, 21 de setembro de 1909.
2 *Saint Louis Globe Dispatch*, 24 de setembro de 1909.
3 *New York Evening Post*, 21 de setembro de 1909.
4 *New York Herald*, 21 de setembro de 1909.
5 *Philadelphia Public Ledger*, 23 de setembro de 1909.
6 Citações da entrevista coletiva concedida por Cook a quarenta repórteres, em Nova York: *Philadelphia Evening Bulletin* e *Philadelphia Public Ledger*, 23 de setembro de 1909.
7 *Philadelphia Evening Bulletin* e *Philadelphia Public Ledger*, 27 de setembro de 1909.
8 Cook, *My Attainment of the Pole*, pp. 497, 499.
9 Ibid., pp. 499, 500.
10 *Philadelphia North American*, 27 de setembro de 1909.
11 Cook, *My Attainment of the Pole*, p. 500.
12 *New York Daily Tribune*, 10 de setembro de 1909.
13 Carta de Peary a Thomas Hubbard, setembro de 1909.
14 *New York Evening Mail*, 15 de outubro de 1909.
15 *New York American*, 9 de setembro de 1909.
16 *New York Herald*, 24 de outubro de 1909.
17 Documento original da Fidelity Trust Company, 1º de outubro de 1909.
18 Carta enviada por J. M. Ashton, Tacoma, estado de Washington, 30 de setembro de 1909.
19 *Nation*, 21 de outubro de 1909.
20 Cook, *My Attainment of the Pole*, pp. 504-05.
21 *New York Herald*, 22 de dezembro de 1909.
22 *Travel Magazine*, junho de 1910.
23 Cook, *My Attainment of the Pole*, p. 501.

24 *New York Times*, 27 de dezembro de 1909.
25 Associated Press, 22 de dezembro de 1909.

Resultado

1 *New York Times*, 20 de outubro de 1909.
2 Private Calendar nº 733, 61º Congresso, 3ª Sessão, House Report nº 1.961, p. 17.
3 *Record*, 61º Congresso, 3ª Sessão, volume 46, pt. 3, pp. 2.701-25.
4 *Congressional Record*, 61º Congresso, 3ª Sessão, volume 46, "Extension of Remarks", deputado Henry Helgesen, p. 275.
5 Diário manuscrito de Peary, com dados sobre o Pólo Norte, registro com data de 6 de abril de 1909.
6 *Congressional Record*, 61º Congresso, 3ª Sessão, 1911, volume 46, pt. 3, pp. 2.701-25.
7 Private Calendar no. 733, 61º Congresso, 3ª Sessão, House Report nº 1.961, p. 23, 1.
8 Associated Press, 19 de dezembro de 1955.
9 *National Geographic*, setembro de 1988.
10 Cook, *My Attainment of the Pole*, p. 554.
11 Depoimento de Lilian Eleanor Kiel, Comissão de Educação da Câmara dos Deputados, 28 de janeiro de 1915.
12 *Hampton's Magazine*, janeiro de 1911.
13 Cook, *My Attainment of the Pole*, p. 554.
14 Ibid., p. 566.
15 *Seattle Times*, 6 de dezembro de 1956.
16 Cook, *My Attainment of the Pole*, p. 522.
17 *Congressional Record*, 63º Congresso, 2ª Sessão, 30 de abril de 1914, volume 51, nº 116, p. 8.065.
18 *New York Times*, 2 de fevereiro de 1915.
19 *New York Times*, 11 de janeiro de 1923.
20 Registro nº 2.273, da Corte Distrital dos Estados Unidos, Forth Worth, Texas.
21 Carta de John M. Killits a Marie Peary, 23 de janeiro de 1930.
22 *New York Times*, 24 de janeiro de 1926.
23 Carta enviada por Jesse E. Martin, promotor público, condado de Tarrant, Forth Worth, Texas, ao presidente Calvin Coolidge, 1º de setembro de 1928.

24 Carta enviada pelo juiz James C. Wilson, da Corte Distrital dos Estados Unidos, a Sua Excelência, senhor presidente, Calvin Coolidge, 27 de agosto de 1928.

25 *Seattle Daily Times*, 10 de março de 1930.

26 Carta enviada por Frederick Cook a R. Roland L. Redmond, presidente da Sociedade Geográfica Norte-americana, 19 de fevereiro de 1936.

27 *Boston Post*, 9 de abril de 1936.

28 20 de maio de 1940.

29 Carta enviada por Frederick Cook a Marie Cook, em 23 de janeiro de 1940.

30 *Polar Priorities*, setembro de 1999, p. 3.

Bibliografia

Abramson, Howard S. *Hero in Disgrace: The Life of the Arctic Explorer Frederick A. Cook.* New York: Paragon House, 1991.

———. *National Geographic: Behind America's Lens on the World.* New York: Crown, 1987.

Acheson, Sam Hanna. *Joe Bailey: The Last Democrat.* New York: Macmillan, 1932.

Amundsen, Roald. *My Life as an Explorer.* New York: Doubleday, 1928.

Astrup, Eivind. *A Journey round Melville Bay.* London: Royal Geographical Society, 1895.

———. *With Peary near the Pole.* Philadelphia: J. B. Lippincott, 1898.

Bartlett, Robert A. *The Log of Bob Bartlett: The True Story of Forty Years of Seafaring and Exploration.* New York: G. P. Putnam's Sons, 1928.

Berton, Pierre. *The Arctic Grail: The Quest for the North West Passage and the North Pole, 1818-1909.* Toronto: McClelland and Stewart, 1988.

Borup, George. *A Tenderfoot with Peary.* New York: Frederick A. Stokes, 1911.

Browne, Belmore. *The Conquest of Mount McKinley.* Boston: Houghton Mifflin, 1956.

Bryce, Robert M. *Cook & Peary: The Polar Controversy, Resolved.* Mechanicsburg, Pa.: Stackpole Books, 1997.

Cook, Frederick A. *My Attainment of the Pole.* 1911. Reprint, Pittsburgh: Polar Publishing, 2001.

———. *My Attainment of the Pole.* Revised ed. 1913. Reprint, New York: Cooper Square Press, 2001.

———. *Return from the Pole.* New York: Pellegrini & Cudahy, 1951.

———. *Through the First Antarctic Night.* New York: Doubleday, Page, 1909.

———. *To the Top of the Continent: Discovery, Exploration and Adventure in Sub-arctic Alaska: The First Ascent of Mt. McKinley, 1903-1906.* 1908. Reprint, Mukileto, Wash.: Alpen Books, 1996.

———. "Hell Is a Cold Place." Unpublished. Frederick Cook Collection, Library Congresso.

Cookman, Scott. *Ice Blink: The Tragic Fate of Sir John Franklin's Lost Polar Expedition.* New York: John Wiley, 2000. *Miragem Polar.* Rio de Janeiro: Gryphus, 2001.

Counter, S. Allen. *North Pole Legacy: Black, White & Eskimo.* Amherst: University of Massachusetts Press, 1991.

Davies, Thomas D. *Robert E. Peary at the North Pole.* Rockville, Md.: Foundation for the Promotion of the Art of Navigation, 1989.

Diebitsch-Peary, Josephine. *My Arctic Journal: A Year among Ice-fields and Eskimos.* New York: Contemporary Publishing, 1893.

Driscoll, Charles B. *The Life of 0. 0. McIntyre.* New York: Greystone Press, 1938.

Dunn, Robert. *The Shameless Diary of an Explorer: A Story of Failure on Mount McKinley.* 1907. New York: Modern Library, 2001.

———. *World Alive: A Personal Story.* New York: Crown, 1956.

Eames, Hugh. *Winner Lose All: Dr. Cook and the Theft of the North Pole.* Boston: Little, Brown, 1973.

Fleming, Fergus. *Ninety Degrees North. The Quest for the North Pole.* New York: Grove Press, 2001.

Freeman, Andrew A. *The Case for Doctor Cook.* New York: Coward-McCann, 1961.

Gibbs, Philip. *Adventures in Journalism.* New York: Harper & Brothers, 1923.

Gilberg, Aage. *Eskimo Doctor.* Translated by Karin Elliott. New York: W. W. Norton, 1948.

Gillis, Kim Fairley, e Silas Hibbard Ayer III, eds. *Boreal Ties: Photographs and Two Diaries of the 1901 Peary Relief Expedition.* Albuquerque: University of New Mexico Press, 2002.

Green, Fitzhugh. *Peary: The Man Who Refused to Fail.* New York: G. P. Putnam's Sons, 1926.

Guttridge, Leonard F. *Ghosts of Cape Sabine: The Harrowing Story of the Greely Expedition.* New York: G. P. Putnam's Sons, 2000.

Haig-Thomas, David. *Tracks in the Snow.* New York: Oxford University Press, 1939.

Hall, Thomas. *Has the North Pole Been Discovered?* Boston: Gorham Press, 1917.

Harper, Kenn. *Give Me My Father's Body: The Life of Minik, the New York Eskimo.* South Royalton, Vt.: Steerforth Press, 2000.

Hayes, J. Gordon. *The Conquest of the North Pole.* London: Thornton Butterworth, 1934.

——. *Robert Edwin Peary: A Record of His Explorations, 1886-1909.* London: Grant Richards & Humphrey Toulmin, 1929.

Henson, Matthew A. *A Black Explorer at the North Pole.* 1912. Reprint, New York: Walker, 1969.

Herbert, Wally. *The Noose of Laurels: Robert E. Peary and the Race to the North Pole.* New York: Doubleday, 1990.

Hobbs, William Herbert. *Peary.* New York: Macmillan, 1936.

Houben, H. H. *The Call of the North.* Translated by H. J. Stenning. London: Elkim Mathews & Marrot, 1932.

Huntford, Roland. *The Last Place on Earth.* New York: Atheneum, 1986. *O Último Lugar da Terra.* São Paulo: Companhia das Letras, 2002.

Kirwan, L.P. *A History of Polar Exploration.* New York: W. W. Norton, 1959.

Kugelmass, J. Alvin. *Roald Amundsen: A Saga of the Polar Seas.* New York: Julian Messner, 1955.

Lewin, Henry W. *The Great North Pole Fraud.* London: C. W. Daniel, 1935.

Lord, Walter. *Peary to the Pole.* New York: Harper & Row, 1963.

Lory, Milton. "I Knew This Man." Unpublished: OSU Polar Archives, ca. 1935.

MacMillan, Donald B. *Four Years in the White North.* Boston: Medici Society, 1925.

Miller, J. Martin. *Discovery of the North Pole.* N.p.: J. T. Moss, 1909.

Mirsky, Jeannette. *To the Arctic!: The Story of Northern Exploration from Earliest Times to the Present.* Chicago: University of Chicago Press, 1970.

Molett, William. *Robert Peary & Matthew Henson at the North Pole.* Frankfort: Elkhorn Press, 1996.

Morris, Charles, org. *Finding the North Pole: Dr. Cook's Own Story of His Discovery, April 21, 1908, the Story of Commander Peary's Discovery, April 6, 1909, together with the Marvelous Record of Former Arctic Expeditions.* N.p.: W.E. Scull, 1909.

Mowat, Farley. *The Polar Passion: The Quest for the North Pole.* Toronto: McClelland and Stewart, 1967.

Peary, Robert E. *Nearest the Pole: A Narrative of the Polar Expedition of the Peary Arctic Club in the S.S. Roosevelt, 1905-1906.* New York: Doubleday, Page, 1907.

——. *The North Pole: Its Discovery in 1909 under the Auspices of the Peary Arctic Club.* New York: Frederick A. Stokes, 1910.

——. *Northward over the "Great Ice": A Narrative of Life and Work along the Shores and upon the Interior Ice-cap of Northern Greenland in the Years 1886 and 1891-1897.* 2 vols. London: Metheuen, 1898.

Pond, J. B. *Eccentricities of Genius: Memories of Famous Men and Women of the Platform and Stage.* London: Chatto and Windus, 1901.

Rasky, Frank. *The North Pole or Bust.* Toronto: McGraw-Hill Ryerson, 1977.

Rawlins, Dennis. *Peary at the North Pole: Fact or Fiction?* Washington: Robert B. Luce, 1973.

Roberts, David. *Great Exploration Hoaxes.* New York: Modern Library, 2001.

Robinson, Bradley. *Dark Companion.* New York: Robert M. McBride, 1947.

Sale, Richard. *Polar Reaches: The History of Arctic and Antarctic Exploration.* Seattle: Mountaineers Books, 2002.

Savours, Ann. *The Search for the North West Passage.* New York: St. Martin's Press, 1999.

Shackleton, Ernest. *South: The Endurance Expedition.* New York: Signet, 1999. *Sul: A Fantástica Viagem do* Endurance. São Paulo: Alegro, 2002.

Stafford, Marie Peary. *Discoverer of the North Pole.* New York: William Morrow, 1959.

Steffens, Lincoln. *The Autobiography of Lincoln Steffens.* New York: Harcourt, Brace, 1931.

Sverdrup, Otto. *New Land: Four Years in the Arctic Regions.* Translated by Ethel Harriet Hearn. 2 vols. London: Longmans, Green, 1904.

Uberman, C. M. *The Presidents and Their Wives.* Maryland: National Souvenir Center, 1961.

Washburn, Bradford, e Peter Cherici. *The Dishonorable Dr. Cook: Debunking the Notorious Mount McKinley Hoax.* Seattle: Mountaineers Books, 2001.

Weems, John Edward. *Peary: The Explorer and the Man.* Boston: Houghton Mifflin, 1967.

——. *Race for the Pole.* New York: Henry Holt, 1960.

Whitney, Harry. *Hunting with the Eskimos: The Unique Record of a Sportsman's Year among the Northernmost Tribe — The Big Game Hunting, the Native Life, and the Battle for Existence through the Long Arctic Night.* New York: Century, 1910.

Wright, Theon. *The Big Nail: The Story of the Cook-Peary Feud.* New York: John Day, 1970.

Índice Remissivo

Abercrombie, David T., 152
Abruzzi, Luigi Amedeo, duque de, 148, 176*n*, 283
Academia de Ciências Naturais da Filadélfia, 38, 42, 47, 73, 81, 82
Agência de Recenseamento dos EUA, 37
Ahwelah, 21, 22, 215, 237, 239, 240, 243, 244, 245, 246, 259, 260, 264, 301
    interrogatório de Peary, 261, 263, 285
Akatingwah, 202
Alasca, 150, 162
Alexander (cabo), 92
Allakasingwah, 139-40, 202*n*
Alojamento do Aniversário, 92-96, 99
Amund Ringnes, ilha de, 242
Amundsen, Roald, 122, 133-35, 136, 152, 159, 207, 249*n*
    amizade com Cook, 127-28, 129, 130, 131, 132, 306
Anatomia de Gray, A, 163
Anaukaq, 202
Anderson, Peter, 300
Andrée, Salomon, 121
anemia, 130
    Peary diagnosticado com, 143-45, 294
Annoatok, Groenlândia, 19, 22, 205, 211, 213, 215, 217, 221, 222, 237, 242, 243, 244, 308
Antártida, 123*n*
    ver também Expedição Antártica Belga
Ao Topo do Continente (Cook), 194, 284, 299
Ashton, J. M., 284
Associação Cristã de Moços, 101
Associação da Marinha Americana, 170, 268
Associação de Geógrafos Norte-americanos, 190
Associação dos Produtores de Petróleo (APP), 303-5
Associação Internacional de Clubes de Publicidade, 304
Associated Press, 257, 258, 269, 271, 279
Astrup, Eivind, 42, 47, 52, 54, 56, 60, 62, 64-68, 75, 76, 80, 83, 95
    relacionamento com Peary, 66-67, 132-33
Austrália, 124
Axel Heiberg, ilha de, 143*n*, 178, 214, 215, 220, 239, 241, 286
"A Própria História do Dr. Cook" (Cook), 295

"A Tribo Mais Setentrional da Terra" (Cook), 87

Bache (península de), 21
baía de Independência, 96, 99
Baldwin-Ziegler, expedição polar de 1901-1902, 208*n*
Barraca (meteorito), 97, 112-13, 116, 199*n*
Barrill, Edward, 184, 185, 191, 283-85
Bartlett, Moses, 206
Bartlett, Robert, 174*n*, 179, 300
 na expedição de Peary de 1908-1909, 202, 203, 206, 219, 220, 224-26, 227, 230, 231, 232-236, 260-61, 262, 264, 266, 267, 269, 270*n*, 275, 283, 290, 291
Bartlett, Samuel, 264
Base Naval da ilha League, 38
Battle (Porto de), 269, 270, 271, 272
Beach Club, 190
Beecher, Samuel, 184, 185
Bélgica (navio), 120, 122-27, 129, 130, 133, 134-36, 145, 151, 249*n*
Bélgica, 122, 151
Bell, Alexander Graham, 188
Belle, Isle (estreito), 45, 200, 269
Bennett, James Gordon, Jr., 248*n*, 253*n*
Better Business Bureau, 304
Borup, George, 202, 224, 225, 227, 230, 260, 261, 266
Boston Herald, 197
Bowdoin (baía), 77, 92, 96, 97
Bowdoin College, 33, 101, 168
Bradley Land, 239, 299
Bradley, Edward, 190
Bradley, John R., 190-93, 194, 197, 205-6, 209, 221*n*, 278
Breton (cabo), ilha do, 194
Bridgman, Herbert, 83, 139, 146, 170, 194, 203, 265, 269, 275, 283
Brooke, Edwin S., Jr., 301
Brooklyn Eagle, 221*n*
Brooklyn Standard-Union, 139
Brooks, Alfred, 150-51, 183
Brown, Clark, 302
Browne, Belmore, 184, 185
Bryan, William Jennings, 115
Buchana (baía), 194
Butler, Thomas S., 292

Cagni, Umberto, 148
Câmara dos Deputados, EUA, 302
 Comissão de Assuntos Navais, 290
 Comissão de Educação, 302-3
 Subcomissão, 290
Cão (meteorito), 97, 112, 199*n*
Carnegie, Andrew, 110-11
Carroll, Jack, 153
caverna de gelo, 242
Cemitério Nacional de Arlington, 294
Centro Internacional de Pesquisa Polar, 198
Chase Manhattan Bank, 166
Chester, Colby M., 290
Christian, príncipe herdeiro da Dinamarca, 250
Chugach (montanhas), 154
Chulitna (rio), 161
Círculo Antártico, 122, 126
Círculo Ártico, 31, 122*n*
Clara (Katakata), 91, 105, 106
Cleveland (cabo), 48
Cleveland, Grover, 163
Clube Alpino Norte-americano, 190
Clube Ártico da América, 221*n*
Clube Ártico de Peary, 138, 139, 146, 164-65, 168, 170, 178, 189, 194, 199, 203, 218, 221*n*, 231, 263, 265
 controvérsia envolvendo Cook e Peary, 275-76, 282-84, 287, 291
 escândalo de Cook no âmbito da indústria petrolífera, 304
 rivalidade entre Cook e Peary, 198
 sócios, 166
Clube da Liga da União, 110

Clube dos Exploradores, 190, 285
Clube Geográfico da Filadélfia, 101
Colgate (cabo), 178
Colgate, James, 167, 178
Colombo, Cristóvão, 35, 46, 165
Colúmbia (cabo), 201, 223, 224, 225, 227, 231, 232
Com Peary Perto do Pólo (Astrup), 133*n*
Comissão de Patrulha da Costa Aérea Nacional, 294
Como Peary Chegou ao Pólo Norte, 291
Companhia Comercial do Alasca, 154
Companhia Telefônica Bell, 188
Congresso dos EUA, 290, 291-93
  ver também Câmara dos Deputados dos EUA; Senado dos EUA
"Conquista do Monte McKinley, A" (Cook), 191
"Conquista do Pólo Norte, A" (Peary), 295
"Conquista do Pólo, A" (Cook), 253*n*
Contemporary Publishing Company, 87
controvérsia envolvendo Cook e Peary
  anúncio da conquista, feito pelo próprio Peary, 257
  artigo de Peary contrário a Cook, 285
  audiências no Congresso, 290-92, 301-3
  Clube Ártico de Peary, 275-76, 283-84, 287, 291
  "confissão falsa", 295-96, 302-3
  decreto do Congresso, 293
  depoimento de Barrill, 283-85
  desavença entre Cook e Peary, 84-88
  descobertas falsas de Peary, 293
  diário de Peary, 292
  endosso que a SGA confere a Peary, 289-90
  expedição ao monte McKinley, 283-86
  interrogatório dos esquimós que acompanharam Cook, 260-61, 263, 285
  "ludibriou" telegrama, 269-70, 273
  mídia, 249-50, 252-54, 269-76, 282-83
  observações novamente calculadas, 292
  papel da SGA, 289-90, 291
  perda de instrumentos e registros de Cook, 276, 279, 280-82, 286-87, 288
  pontos a favor de Cook, 297-99
  SGA, 308
  telegramas de Peary à AP, 257
  teste de resistência , 291
  Whitney, 261-64
Cook Oil Company, 303
Cook, Frederick A.
  amizade com Amundsen, 127, 128-29, 131, 306
  Carnegie, 110-11
  conferência posterior à expedição polar, 286
  confissão falsa, 295-96, 302-3
  contrato com Peary, 44-45
  correspondência com Peary, 84-85, 87
  Dedrick, 145-47
  descrição, 36-37
  desenvolvimento de equipamentos, 131-33, 152, 158, 208, 209, 216
  divórcio, 305
  entrevista com Peary, 37-40
  envolvido no escândalo da indústria petrolífera, 303-5
  esquimós estudados, 57-62, 85-87, 91
  examinando Peary, 141-46
  exílio voluntário, 287
  expedição de Hoppin, 89
  formação educacional, 29-30
  fracasso financeiro, 278
  homenageado pela SGA, 187-88
  honrarias e prêmios, 136, 189-90, 254, 255-56, 280, 302
  interesse em automóveis, 150

interesse pela Antártida, 104, 110-11, 120-21
montanhismo, 151, 185-86
morte, 308-9
origens, 27-29
prática de medicina, 83, 110, 120, 136, 149
primeiro casamento, 29-30
prisão, 304-7
registros e instrumentos perdidos, 276, 279, 280-82, 286-87, 288, 301
relato sobre o Pólo Norte, 296-99
rompimento com Peary, 84-88
segundo casamento, 149-50
ver também controvérsia envolvendo Cook e Peary; *expedições específicas*
Cook, Helen, 184, 278, 307
Cook, Magdalena Long, 27, 28
Cook, Marie Fidèle Hunt, 149-50, 152, 154, 161, 184, 190, 193, 194, 221*n*, 247, 263, 278, 288, 305-9
Cook, Mary Elizabeth Forbes, 29-30
Cook, Ruth Hunt, 149, 150, 153, 161, 185, 186, 278, 307
Cook, Theodore, 27-28, 208*n*
Cook, William, 28, 30
Coolidge, Calvin, 307
Copenhague, Universidade de, 255-56, 277, 289, 290
relatório de Cook, 287
cordilheira do Alasca, 161, 183
Crane, Zenas, 200, 203, 269
Crocker Land, 178, 211, 293, 299, 301
Crocker, George, 168, 269
Cruz Vermelha, 268
Cruzadas, 61
Cuba, 118

Danco, Émile, 127, 128
Darling, Charles H., 167
Daugaard-Jensen, Jens, 248
Davidson, Lotta, 149, 308
Davidson, Robert, 149
Davis (estreito de), 46, 90, 91, 108, 200
Dedrick, Thomas, 144, 145-48
Delta Kappa Epsilon, 268
Departamento Naval dos EUA, 164, 177
Devil Dog (cão esquimó), 67
Devon (ilha), 242
Dickey, W. A., 150
Diebitsch, Emil, 73, 98
Diebitsch, Herman H., 37
Diebitsch, Josephine, *ver* Peary, Josephine Diebitsch
Dinamarca, 242, 243, 248, 255-56, 287, 288
Dora N. French, 109
Doubleday, Page & Company, 194, 196
Douglas H. Thomas, 271
Dunn, Robert, 153, 155, 156, 159, 160-61
Dyche, L. L., 103

Eagle (ilha), 167, 170, 293
Eastman Kodak, 59
Egan, Maurice Francis, 248, 250, 288
Egingwah, 236, 266, 267
Ellesmere (ilha), 15, 20, 143*n*, 165, 171, 178, 194, 200, 210, 212, 213, 214, 238, 239, 241, 243, 246, 264
Erichsen, Mylius, 293
Erie Railroad, 166
Erik (navio), 139, 145, 146, 218, 220, 221, 222, 238, 243
escândalo do Teapot Dome, 304
escorbuto, 60-61, 130, 220, 249*n*, 294
esquimós não apresentam incidência da enfermidade, 61, 145
Escritório de Docas e Estaleiros do Departamento Naval, 164
Escritório Hidrográfico da Marinha dos EUA, 293
Espanha, 118, 120
Esparbo (cabo), 15, 242
espinhaços, 225-26

esquimós Moriussaq, 202
Esquimós, 16-17, 20, 31, 87, 89, 116, 117-18
ausência de escorbuto, 61, 145-46
criado por, 59-60
estudos de Cook, 57-62
hábito de compartilhar alimentos, 69-70
hábito de trocar as mulheres, 55
na expedição de Cook de 1907-1908, 211-12
na expedição de Peary de 1891-1892, 52-59, 63, 65, 69-70, 74, 76, 80
na expedição de Peary de 1893-1895, 93, 95
na expedição de Peary de 1905-1906, 172, 174-75
na expedição de Peary de 1908-1909, 219, 220, 223, 224, 228, 236, 267-68
papel das mulheres, 63-64
percepção de Josephine Peary, 62-63
prática de cozinhar, 63-64
relato original do Pólo Norte, 211-12
religião, 58
Estaleiro da Marinha do Brooklyn, 82, 112
Estradas de Ferro Southern Pacific, 168
Etah, Groenlândia, 205, 221, 243, 264, 271, 273, 280, 288
Etukishook, 21, 22, 215, 228*n*, 237, 239, 240, 244, 246, 259, 264, 279*n*, 301
interrogatório de Peary, 260-61, 263, 285
evolução, 39
excursão de Cook à Groenlândia (1894), 104-10
colisão com *iceberg*, 106
colisão com recife, 106-9
fracasso, 109-10, 112
integrantes da equipe, 104-5
naufrágio, 109
Expedição Antártica Belga, 120-37, 167
Cook como voluntário, 120-21
equipamento projetado e desenvolvido, 131-33
escassez de alimentos e provisões, 133
escorbuto e anemia, 129-30
exaustão mental, 128, 129, 130-31
icebergs encontrados, 125
integrantes da equipe, 122
livo de Cook sobre, 136
mapeamento de Shetland do Sul, 123-24
morte de Danco, 128
morte de Poulson, 129
morte de Wiencke, 123
presos no gelo, 125-35
expedição de Cook ao monte McKinley (1903), 151-62, 308
avalanches, 160
choque de personalidades, 155-56
descoberta de passagem não-cartografada, 161, 183
dificuldades, 152
escalada, 158-60
financiamento, 153
fracasso da primeira tentativa, 157-58
integrantes da equipe, 153
jornada de retorno, 161-62
trecho marítimo, 153-55
trecho terrestre, 154-55
expedição de Cook ao monte McKinley (1906), 183-87
chegada ao cume, 187
discurso de Cook diante da SGA, 189
financiamento, 183
integrantes da equipe, 183-84
repúdio por parte de Barrill, 283-85
rumores de fracasso, 196
trecho terrestre, 184-86
verificação final das reivindicações de Cook, 299-302
expedição de Cook ao Pólo Norte (1907-1908), 190-94, 237-58, 287-99
barco dobrável utilizado, 208, 241
celebração na Dinamarca, 249-56

confisco feito por Peary dos registros e suprimentos de Cook, 220-23
decisão de tentar alcançar o Pólo, 205-6
entrevista coletiva de Cook à imprensa, 250-53
episódio com urso polar, 16-19
esquimós, 211
ilhas glaciais encontradas, 298-99
investida ao Pólo, 215-17
localização da caverna de gelo, 242
localização do estoque de alimentos, 20
mídia, 247-54, 256-57
motivação de Cook, 192
movimento do gelo para oeste, 298
navio adquirido, 191
organização e planejamento, 192-93
partida, 194
planos, 206-9
Pólo é alcançado, 238-39
pontos a favor da reivindicação de Cook, 297-99
proposta de Bradley, 190-91
reação de Peary à notícia, 197-98
relato de Cook, 296-97
relatório de Cook, 287
rota, 194, 200-1, 209-10, 218, 239
suprimentos e equipamentos, 206-10, 211, 216, 241
trenós utilizados, 207-8
tribulações na viagem de regresso, 15-24, 238-43
viagem de Cook à Dinamarca, 245
ver também controvérsia envolvendo Cook e Peary
expedição de Nordenskiöld (1883), 35, 254
expedição de Peary ao norte da Groenlândia (1891-1892), 41-82, 132
acampamento de inverno, 49-51
alimento e provisões, 50-51, 56-57, 71
comunidade esquimó, 51-59, 62-63, 64, 69-70, 74, 76, 80
conflitos pessoais, 52-53, 62, 77-78
contrato de Cook, 44-45, 85
desaparecimento de Verhoeff, 77-79
entrevista com Cook e Peary, 36-40
escorbuto, 60-61
estudos etnológicos desenvolvidos por Cook, 57-61
excursão, 77
jornada ao norte, 45-48
missão de exploração, 64-67, 75-77
participantes, 42-44
perna quebrada de Peary, 47
reivindicações de Peary, 76, 133*n*
resultados, 80-81
suprimentos e equipamentos, 45
expedição de Peary ao norte da Groenlândia (1893-1895), 92-103
desavença entre Peary e Cook, 85-88
episódio da grande onda, 94
explorações feitas por Peary, 94-96
financiamento, 87
fracasso, 99, 103
meteoritos encontrados, 96-97, 102
nascimento da filha de Peary, 93-94
partida de Josephine, 98
partida, 88
proposta encaminhada por Pond, 82
tempestades e desastres, 94-96
ulcerações provocadas pelo frio, 96
expedição de Peary ao Pólo Norte (1898-1902), 116-19, 138-48
missão de resgate de Cook, *ver* missão de resgate ao norte da Groenlândia (1901)
missão de resgate de Josephine, 138-39
partida de Peary, 119
relacionamento com os Peary, 139-40
expedição de Peary ao Pólo Norte (1905-1906), 164-79
anúncio feito por Peary, 168
atribuição de nomes às terras, 178
construção do navio, 165, 166, 168-71

episódio com a banquisa, 171-72
esquimós, 171, 174
estratégia de Peary, 172-75
financiamento, 164-65, 168-69
Grande Abertura, 174
jornada ao norte, 170
reivindicação do Extremo Norte, 175
retirada para o sul, 176-77
expedição de Peary ao Pólo Norte (1908-1909), 195-204, 210*n*, 218-36, 259-76, 291
aberturas encontradas, 233-34
anúncio do sucesso, 256-58
bandeiras transportadas, 267-68
cartas mal-humoradas, 195-96
conclusão, 274-76
condições físicas de Peary, 226, 267
corrida ao Pólo, 236, 267
encontro com Franke, 219-21
espinhaços encontrados, 225-26
esquimós, 219, 220, 223, 225, 228, 266
financiamento, 199
interrogatório com os esquimós que acompanharam Cook, 260-61, 263-64, 285
mídia, 269-73
morte de Marvin, 232, 270
o Pólo é alcançado, 267-69
observações feitas com base nas estrelas, 230-31, 235-36, 267, 273
organização e deslocamento, 223-25
participantes, 201-3
partida, 203
planejamento, 200
registros e instrumentos de Cook abandonado, 261-64, 280-81, 283
registros e suprimentos de Cook são confiscados, 220-22, 238, 243-44
reparos realizados no navio *Roosevelt*, 197, 199, 200
rivalidade entre Cook e Peary, 197-98
rota, 200, 218, 254
ver também controvérsia envolvendo Cook e Peary
Expedição de Pesquisas e Exploração dos Estados Unidos (expedição Wilkes), 111
Expedição Greely de 1881, 20, 52, 61, 114, 146, 212
Expedição Polaris Arctic (1871), 31
Explorações Árticas (Kane), 35

Fairweather (monte), 153
Falcon, 88, 92-93, 97, 98, 140
Feira Mundial de Chicago (1893), 84-85
Fernando II, rei da Espanha, 165
Filhas da Revolução Americana, 170
Flagler (baía), 210, 213
Forbes, Anna, 120-21, 135
Forbes, Mary Elizabeth, *ver* Cook, Mary Elizabeth Forbes
Forbes, Sra., 120
Forte Conger, 143, 144, 147
Fram (navio), 113, 114, 165, 306
Frank (cão de Peary), 51
Franke, Rudolph, 207, 210, 211, 213, 219-21, 222, 238, 244, 262, 309
Franklin, John, 51*n*
Frederico VIII, rei da Dinamarca, 250, 251, 256
Freuchen, Peter, 77*n*
Fuller, Royal K., 263, 265

Gannett, Henry, 289-90
Garrett, Wilbur E., 295
geleira Fidèle, 161
Gerlache, Adrien de, 122, 124, 125
Gibbs, Philip, 249, 253-54
Gibson, Longdon, 42-43, 47, 52-54, 56, 62, 64, 65, 66-67, 70, 80
Godhavn, Groenlândia, 46

Goodsell, John W., 202, 220, 224, 229, 260, 266
Grand Republic (navio), 278
Grande Passagem, 174, 201, 228, 239
Grande Prego, 211, 217, 245, 259
"Grandiosa Jornada Branca, A" (Peary), 85*n*
Grant Land, 178, 200
Great Northern Railway, 166
Greely, Adolphus, 20-21, 190
Green, Nelson, 110
Groenlândia, 15, 19, 20, 21, 165, 171
 geografia, 46
 interior, 64
 primeira travessia, 35*n*
 primeira viagem de Peary, 35-36
 ver também expedições específicas
"Groenlândia Revisitada" (Josephine Peary), 93
Grosvenor, Gilbert, 188
Guerra Civil Norte-americana, 61, 163
Guerra Hispano-americana, 118-19, 120

Hall, Charles Francis, 31
Hampton's Magazine, 291, 295-96, 302
Hans Egede (navio), 245, 246-49, 253, 259
Harding, Warren G., 304
Harper's Monthly, 153, 183, 190, 191
Hassel (estreito de), 241-42
Hayes, Isaac, 52
Hearst, William Randolph, 250, 253
Heilprin, Angelo, 73-74
Helgesen, Henry T., 292
Henson, Eva, 201
Henson, Matthew, 47, 52, 59, 62, 83-84
 na expedição de Peary de 1891-1892, 43-44, 65, 66, 69, 71-73
 na expedição de Peary de 1893-1895, 96, 98-99
 na expedição de Peary de 1905-1906, 173-77
 na expedição de Peary de 1908-1909, 201-2, 220, 224, 225, 227*n*, 229-30, 233-35, 236, 260-61, 266-68, 270*n*
Holsteinborg, Groenlândia, 108
Hope, 117
Hoppin, Benjamin, 89
Hoppin, James, 89
Horn (cabo), 120
Houston, Herbert, 304
Hovgaard, comandante, 254
Hubbard, Gardiner Greene, 189
Hubbard, Thomas H., 168, 199-200, 203, 269, 275, 283-85
Hudson Bay Company, 91
Hunt, Marie Fidele, *ver* Cook, Marie Fidèle Hunt
Hunt, Willis, 149
Huyler, John S., 168

Idade do Gelo da América do Norte, A, 105
iglus, 65
Ikwah, 54, 55, 56, 70, 71
ilhas glaciais, 298-99
Instituto de Artes e Ciências de Brooklyn, 101
 interrogatório de Peary, 261, 263, 285
Inukitsoq, 232, 270*n*

Jack (cão de Peary), 51
Jackson, Frederick, 114
Jeanie, 263-65, 271
Jesup Land, 143*n*, 178, 293
Jesup, Morris K., 101, 113, 138, 167, 168-69, 170, 189, 199
John R. Bradley, 191, 194, 205, 207, 209
Jones (estreito), 15
Journal of the American Medical Association, 145*n*

Kalipaluk, 202*n*
Kane (bacia), 19, 20, 200, 222

Kane, Elisha Kent, 31, 52
Katakata (Clara), 91, 105, 106
Keen, William W., 163
Kennedy (canal), 210
Kiel, Lilian, 295, 302
Killits, John, 305, 307
King William (ilha), 51*n*, 124*n*
Kitdlaq, 202
Kite, SS (navio), 41, 43, 44, 45-51, 53, 73, 76, 78, 79, 80
Klayuh, 59, 74
Klondike, 153
Knickerbocker Trust, 278
Koch, Theodore, *ver* Cook, Theodore
Koolootingwah, 69
Kudlooktoo, 232, 270*n*
Kyo, 69-70, 74, 93
Kyoshu, 71

Labrador, 90, 91, 106, 274
Lands-Lokk (O Limite da Região), 178
Lecointe, Georges, 123, 125, 130
Lee, Hugh, 98, 99
Leopoldo II, rei da Bélgica, 136
Levantamento Geológico dos EUA, 150
Lincoln (Nebraska) Evening News, 283
linha da Cruz Vermelha, 104-5
Livingstone, David, 247, 249
Logan (monte), 153
London Daily Chronicle, 249, 253
Long, Magdalena, *ver* Cook, Magdalena Long
Louis Napoléon (cabo), 21

M'Clintock, Francis Leopard, 110, 173
MacMillan, Donald, 202, 224, 228, 229, 260, 261, 266, 293, 301
Macon, R. B., 291
Maine, USS (navio), 118-19
Mais Perto do Pólo (Peary), 196
Manee, 54, 55, 57, 62
Marinha dos EUA, 34, 38, 76, 113, 119
afastamentos remunerados de Peary, 82, 115, 167, 195
Escritório Hidrográfico, 293
Marvin, Ross, 174*n*, 202, 222, 224, 227-32
morte de, 232, 270
"Mar Groenlandês do Leste", 293
Matin, Le, 256
Matterhorn, 151
Mayflower (navio), 203
McCormick (baía), 48, 50, 63, 66, 100
McKay e Dix, 167
McKinley (monte), 150-52, 167, 284
descoberta, 150
geografia, 156
ver também expedição de Cook ao monte McKinley (1903); expedição de Cook ao monte McKinley (1906)
McKinley, William, 115-16, 150, 166
Melville (baía), 46-47, 132
meteoritos, 97, 102, 112-13, 116-17
metereorito Cranbourne, 112-13
meteoritos de Peary, 112-13, 117*n*
Meu Diário Ártico (Josephine Peary), 85*n*, 87
Meyuk, 59
Mikkelsen, Ejnar, 196
Miller, Walter, 153, 154-55, 184
Milsok (Willie), 91, 105, 106
Minha Chegada ao Pólo (Cook), 296
Minik, 118, 264-65
Miranda (navio), 105-9, 110, 120
naufrágio, 109
missão de resgate a Cook na Groenlândia Setentrional (1901), 138-48
conflito entre Peary e Dedrick, 145-48
exame médico que Cook faz em Peary, 141-45
Extremo Norte, 147
relacionamento de Cook com o casal Peary, 141
"Mistérios da Natureza" (Peary), 33
Montanha de Ferro (meteorito), 97
Moore, Charles A., 115, 116

Morgan, J. P., 111*n*
Morning Star, 265
Mulher (meteorito), 97, 112, 199*n*
Murphy, John, 221, 238, 244
Museu Americano de História Natural, 101, 199, 264, 265
Museu Britânico, 113

Nansen (estreito), 178, 210
Nansen (gato do navio), 129
Nansen, Fridtjof, 35*n*, 38, 39, 110, 113, 121, 148, 165, 169, 176*n*, 208, 214, 231, 249, 255, 306
Napoleão I, imperador da França, 61
Narkeeta, 203
Nation, 285
National Aeronautic and Space Agency (Nasa), 309
National Geographic, 150, 189, 294-95
Navy Cliff, 76, 100
Nelson, Horatio, 61
New Era, The, 306
New York Daily Tribune, 282*n*
New York Evening Journal, 282
New York Globe, 284
New York Herald, 13, 31, 247, 248, 253, 254*n*, 257, 258, 263, 269-71, 282
New York Medical Examiner, 87
New York Oil Company, 303
New York Sun, 87
New York Times, 13, 103, 197, 198, 254*n*, 269-71, 282-83, 303
New York World, 272
Nicarágua, 34, 35, 37, 38, 43
Nipzangwa, 59
Nordenskiöld, A. E., 35
Noruega, 114, 132
Nova Escócia, 108, 109, 197, 274
Nuerke, Groenlândia, 244, 259

oceano Príncipe Gustavo, 241
Oitavo Congresso Geográfico Internacional, 167
Olafsen, professor, 254
Olrich (baía), 92
Ona, índios, 122
Oongwah, 59
Ooqueah, 236, 266
Ootah, 236, 266, 267
Oscar II, 255, 277
Outing Magazine, 156*n*, 255

Panamá, 34
Pânico de 1893, 163*n*
Pânico de 1907, 278
Panikpa, 21, 228
Parker, Herschel, 183, 184, 185
Passagem Noroeste, 249*n*
Peare, Stephen, 31
Peary (canal), 76, 293
Peary Land, 76, 293
Peary, Charles, 31
Peary, Francine, 140
Peary, Josephine Diebitsch, 81, 85*n*, 87, 88, 116, 138, 140-41, 168, 169, 170, 189, 199*n*, 267, 269, 274
    entrevista com Peary e Cook, 37-39
    expedição de Peary (1891-1892), 41-42, 44, 47-48, 49, 50, 52, 56, 57, 62-67, 69, 71-78
    expedição de Peary (1893-1895), 92, 93-94, 97-98, 140-41, 146
    expedição de Peary (1898-1902), 138-40
    filhos, 93-94, 167
    morte, 294
    percepção dos esquimós, 63
    relacionamento com Peary, 139-40
Peary, Marie Ahnighito, 94, 116, 138, 146, 170, 305*n*
Peary, Mary Wiley, 31-33, 37, 100
Peary, Robert E
    "ludibriou" o telegrama, 269-70, 273
    abrigo na ilha Eagle, 167, 170, 293

amante e filhos esquimós, 139-40, 202*n*
ambição e motivação, 36, 165
anemia, 143-45, 294
aposentadoria, 293
ataque da mídia a Cook, 269-76
carreira após a aposentadoria, 293-94
cartas mal-humoradas recebidas, 195-96
casamento, 37
circuito de conferências, 82, 83, 88, 112, 164
conflito com Dedrick, 145-47
contrato firmado com Cook, 44-45
correspondência com Cook, 84-85, 88
depoimento ao Congresso, 291-92
desavença com Cook, 85-89
descobertas inexistentes, 293
descrição, 37-38, 142, 204
educação, 32-33
encontro com Sverdrup, 143-44
endosso da Sociedade Geográfica Nacional, 289-90
entrevista com Cook, 36-40
estilo de comando, 224-25, 246
exame médico feito por Cook, 141-45
homenagem da SGN, 187-89
honrarias e prêmios, 168-69, 187-89, 289, 291, 293
início de carreira, 33-36
interrogatório com os esquimós que acompanharam Cook, 260-61, 263
levantamento de recursos, 164-65
meteoritos resgatados, 113, 116-17
morte, 294
navio por ele desenhado, 165, 169-71
origens, 31-33
perna quebrada, 47
personalidade, 32
primeira viagem à Groenlândia, 35, 38, 50
relacionamento com a mãe, 32, 37
relacionamento com Astrup, 66, 132
rivalidade com Cook, 197-98
ulcerações provocadas pelo frio, 143-46, 163-64
Whitney, 218-19, 261-62
ver também controvérsia envolvendo Cook e Peary; *expedições específicas*
Peary, Robert E., Jr., 167, 170
"Percorrendo a Nicarágua com Passagens e Facão" (Peary), 189
Pesquisa Geodésica Litorânea dos EUA, 33, 290, 291
Philadelphia Inquirer, 282
Philadelphia Press, 163*n*
piblokto (doença que afeta animais), 95
Pike, Richard, 47, 48
Pittsburgh Press, 282
Poindexter, Miles, 301, 302
Politiken, 254, 256
Pólo Norte magnético, 124*n*
Pólo Norte, 110, 119, 121
derretimento, 309-10
expedição de Nansen, 113-14
interesse de Peary, 113-14
Pólo Norte, O (Peary), 232*n*
Pólo Sul magnético, 124
Pólo Sul, 104, 110, 124*n*, 306
pólos magnéticos, 124*n*
Pond, James B., 82, 84, 91, 136, 255
Porter, Russell, 183, 184, 185
Portia, 109
Portland (Maine) Press, 198
Poulson, Ernest, 129
Primeira Noite Antártica, A (Cook), 136
Primeira Travessia da Groenlândia, A (Nansen), 35*n*
Printz, Fred, 153, 156, 161, 184
Pritchard, William "Billy", 244, 260, 274

Qisuk, 118, 265
Qujaukitsoq, 118

Rasmussen, Knud, 77*n*, 209, 246, 248
Real Sociedade Geográfica de Bruxelas, 122

Real Sociedade Geográfica de Londres, 289
Red Cliff, Casa, 50, 51, 52, 55, 56, 57, 59, 62, 64-67, 70, 73, 77, 82, 209
Redmond, R. Roland, 308
Regan, John, 271
relacionamento de Cook com o casal Peary, 141
Remington Typewriter Company, 166
Rigel, 108
Rigolet, Groenlândia, 91, 106
Roberts, Ernest W., 292
Romeike, Henry, 269
Roosevelt, 23, 24, 169-74, 177, 178, 179, 196, 197, 199, 200, 202, 206, 210*n*, 218, 219, 222, 223, 232*n*, 244, 259, 261, 262, 263, 264, 265, 266, 268-72, 273-76
  camarote de Peary, 170
  colisão com a banquisa, 171-72
Roosevelt, Edith, 203
Roosevelt, Franklin D., 308
Roosevelt, Theodore, 166, 167, 169, 188-89, 195, 203-4
Ross, James, 110, 124*n*
Ross, John, 97, 110
Rumo ao Norte no Gelo (Peary), 85*n*, 98*n*, 133*n*, 140
Ruth (geleira), 161, 185

Sabine (cabo), 19, 20, 82, 92, 146, 148, 212
Saint Elias (monte), 153
Santa Ana, 153, 154
Schley, contra-almirante, 257
Scott, Robert, 306
Seegloo, 236, 266
Senado dos Estados Unidos, 293, 301
Shainwald von Ahlefeldt, Ralph, 153, 159, 308
Sheridan (cabo), 171, 222, 259
Shetland (ilhas), 247
Shetland do Sul (ilhas), 123
"Sistema Peary", 173-75
Smith (estreito), 19, 92, 117, 147, 200, 210, 212
Sociedade de Frederick A. Cook, 309
Sociedade Geográfica Americana (SGA), 87, 114, 115, 308
Sociedade Geográfica de Paris, 132, 168
Sociedade Geográfica Nacional, 101, 201, 306
  controvérsia envolvendo Cook e Peary, 289-90, 291
  discurso de Cook, 187-88
  homenagem prestada a Peary, 188-90
Sociedade Geográfica Norueguesa, 76*n*, 132
Sociedade Geográfica Real Dinamarquesa, 254
Sociedade Médica de Kings County, 85
St. John, Terra Nova, 106
Standard Oil, 304
Stanley, Henry M., 247, 249
Stead, William T., 250-52, 253, 254, 256
Stefansson, Vilhjalmur, 196-97
Steffens, Lincoln, 7, 12, 156*n*
Stuck, Hudson, 302
Sukkertoppen, Groenlândia, 107-8
Susitna, Estação de, 161, 184
Svartevoeg (cabo), 178, 214-15, 241
Sverdrup, Otto, 110, 143-44, 178, 193, 200, 214, 249, 255
Swartenbaak, Groenlândia, 90
Szent-Györgyi, Albert, 61*n*

Taylor, William, 300
Terra do Fogo, 122
Terra Nova (Newfoundland), 45, 90
Terra Nova (Sverdrup), 193
Thomas Hubbard (cabo), 178, 293
Thomas, C. W., 299
Thompson, Frank, 303, 307
Times (Londres), 253
Tittman, O. H., 290
Toledo (Ohio) Blade, 283
Torp, Carl, 255
"Träumerei" (Schumann), 149, 307

Tungwee, 59
Tyonek, Alasca, 154
Tyrian, 272-73

Uisaakassak, 118, 264
ulceração causada por frio, 95-96, 143-46, 163-64, 229, 230
Umanak (fiorde), 90
Unidade Militar dos Engenheiros Civis, 164
United Press, 252
Universidade de Cornell, 231
Upernavik, Groenlândia, 46, 90, 209, 211, 242, 245, 247, 259, 281
urso polar *(Ursus maritimus)*, 16-19
Ursus maritimus (urso polar), 16-19
Uruguai, 135

Valdez, Alasca, 154
Verhoeff, John M., 43, 52, 54, 56, 62, 64, 70, 93
    desaparecimento, 77-79
Viagem do Kite, *A* (Keely e Davis), 85*n*
Vincent, Edwin, 96
vitamina C, 61*n*

Waldemar, príncipe da Dinamarca, 250
Wallace, William, 264
Wardwell, George, 202
Watertown (N.Y.) Times, 282-83
Western Union, 168
Whitney, Harry, 23, 222, 238-39, 241, 242-44, 246, 247, 252, 259, 260-61, 271, 274, 280, 281, 288, 300
    e Peary, 218-19, 261-62
    registros e instrumentos de Cook abandonados, 261-64
Whymper, Edward, 151
Wickersham, James, 158*n*
Wiencke, Carl, 123
Wiley, Mary, *ver* Peary, Mary Wiley
Willie (Milsok), 91, 105, 106
Wilson, James, 307
Windward, 119, 138, 139, 141, 146, 147, 148
Wistar, Isaac Jones, 82
Wolf, Louie, 174*n*
Woodward, William G., 309

Yahgan (índios), 122
Yates Pool, 305
York (cabo), 53, 90, 97, 116, 245, 246, 265, 268

Zeta, 89-91

Conheça mais sobre nossos livros e autores no site
www.objetiva.com.br

Disque-Objetiva: (21) 2233-1388

markgraph

Rua Aguiar Moreira, 386 - Bonsucesso
Tel.: (21) 3868-5802 Fax: (21) 2270-9656
e-mail: markgraph@domain.com.br
Rio de Janeiro - RJ